U0853935

PREFACE 前言

党的二十大报告指出："我们要坚持教育优先发展、科技自立自强、人才引领驱动，加快建设教育强国、科技强国、人才强国，坚持为党育人、为国育才，全面提高人才自主培养质量，着力造就拔尖创新人才，聚天下英才而用之。"互联网、云计算、人工智能、数字技术等，正深刻地改变人类社会的生产方式、生活方式、教育方式，加快学校教育的数字化、信息化变革，必须加快推进信息技术、数字技术、人工智能技术向教育领域转移，推动数字技术全方位赋能高等教育事业发展，加快推进教育数字化转型和智能化升级。在这样的背景下，我们着手编写了智慧财经系列教材之一《智能财税综合实训》。

本书是智能财税课证融合系列教材，其编写理念基于既符合专业教学标准要求，又覆盖相关多类职业技能等级证书（或职业资格证书）要求，其开发目标是将专业目标和证书目标加以整合，既保证学历培养规格，又能促进就业。高职专业教学标准为每一个专业的课程体系都设置了综合实训课程。综合实训课在操作技能培养上的作用是使学生在不同课程中学到的知识、技能得以整合，形成综合职业能力。我们编写本书的目的就是确保理论知识与职业技能等级接轨，并让学生能进行基本技能的训练。

在本书的编写过程中，我们得到了深圳信息职业技术学院和中联集团教育科技有限公司的大力支持。中联集团是全国首屈一指的跨行业开展业、财、税、票、审、评一体化的集团化综合性财经专业服务机构，也是参与"1＋X证书"制度试点的第二批职业教育培训评价组织。中联集团为本书的编写提供了大量的企业实务案例，以及考证情况的参考和建议。

本书可作为专科生和应用本科生的"会计信息系统"课程教材。在内容的编排上，上篇对接《智能财税等级标准》（初级）证书考试内容，贯穿大量的真实业务或仿真教学案例，通过强化训练，培养学生快速适应财税职业工作岗位初级任职要求。下篇可用于学有余力的专科生以及应用本科生，对接《智能财税等级标准》（中级）证书考试内容，涵盖的内容难度、范围比初级都会有所增加和扩大，以满足学生适应财税职业工作者更高级岗位的任职需求。为方便教学，本书配备了对应的数字化资源电子版课件和操作视频。

本书由高职院校教师共同编写，由深圳信息职业技术学院朱吉总体设计，朱吉、张露、张立军担任主编，林娜、杨慧、陈燕明参与编写本书配套的《智能财税综合实训手册》。本书的编写还得到了企业代表林明等同志的帮助，得到了院校领导以及中国人民大学出版社的大力支持，在此一并表示感谢。

由于编者水平有限，加之时间仓促，不当之处在所难免，恳请读者批评指正，以使本书不断充实、完善。

编者

新编21世纪高等职业教育精品教材 智慧财经系列

智能财税综合实训

主 编/朱 吉 张 露 张立军

中国人民大学出版社
·北京·

图书在版编目（CIP）数据

智能财税综合实训 / 朱吉，张露，张立军主编. --
北京 : 中国人民大学出版社，2024.4
新编 21 世纪高等职业教育精品教材. 智慧财经系列
ISBN 978-7-300-32581-1

Ⅰ.①智… Ⅱ.①朱… ②张… ③张… Ⅲ.①财税－管理信息系统－高等职业教育－教材 Ⅳ.①F810-39

中国国家版本馆 CIP 数据核字（2024）第 044575 号

新编 21 世纪高等职业教育精品教材 · 智慧财经系列
智能财税综合实训
主　编　朱　吉　张　露　张立军
Zhineng Caishui Zonghe Shixun

出版发行	中国人民大学出版社		
社　　址	北京中关村大街 31 号	**邮政编码**	100080
电　　话	010－62511242（总编室）		010－62511770（质管部）
	010－82501766（邮购部）		010－62514148（门市部）
	010－62515195（发行公司）		010－62515275（盗版举报）
网　　址	http://www.crup.com.cn		
经　　销	新华书店		
印　　刷	北京昌联印刷有限公司		
开　　本	787 mm×1092 mm　1/16	**版　　次**	2024 年 4 月第 1 版
印　　张	22.75	**印　　次**	2024 年 4 月第 1 次印刷
字　　数	538 000	**定　　价**	59.00 元（赠送配套实训手册）

版权所有　侵权必究　　印装差错　负责调换

CONTENTS 目 录

智能财税基础业务二　社会共享初级外包实务

智能财税基础业务三　社会共享企业管家

下篇

智能财税基础业务四 社会共享中级代理实务

智能财税基础业务五　社会共享中级外包实务

导 读

一、智能财税认知

（一）智能财税发展趋势

财税是事关企业经营发展的大事，早期财税工作完全采用手工核算方式进行，随着电子技术的出现和普及，会计电算化逐步发展起来。进入互联网时代，智能设备普及，依靠云计算、区块链等大数据技术，财税工作方式进一步发展，出现了 ERP 系统。但是当前的财务 ERP 系统依然不够完善，财与税没有实现无缝衔接，二者相互独立，信息不能实时互通，增加了财务人员的工作量，也降低了企业财税工作的效率。国家税务总局秉承财税为民的思想，高度重视智能财税的发展。2014 年，发布了《关于创新税收服务和管理的意见》，大力提倡企业创新税收服务，简化办税流程，推进税收管理科学化、精细化、现代化。在党的二十大报告提出的“数字中国”建设目标引领下，我国企业已经实现通过创新税收服务，简化办税流程，推进智能财税一体化。

党的二十大报告指出，“教育、科技、人才是全面建设社会主义现代化国家的基础性、战略性支撑”，“统筹职业教育、高等教育、继续教育协同创新，推进职普融通、产教融合、科教融汇，优化职业教育类型定位”。聚焦主要支撑产业，深化校企合作形式，是学校提高人才培养质量的必然选择。作为财税第三方服务专业机构的领军企业，中联集团研发的智能财税平台将互联网、大数据、智能化、云计算、物联网等现代技术应用于财税行业。大数据时代，我国企业通过税收征管平台电子税务局，足不出户就可以实现纳税申报。财税一体化必是财税行业的发展趋势，其大大提升了财务人员的工作效率，促使低效琐碎的传统工作方法向高效便捷的现代财务工作方法转变。那么，如何实现智能财税一体化，如何将财与税二者整合起来实现同质化涉税业务数据的无缝对接，是财税行业正在探讨和实践的方向。

基于我国以票控税的监管体制，很多进行财税第三方服务的社会专业机构都在努力研发票财税共享化、便捷化、一体化智能财税平台，数字经济时代下，智能财税蓬勃兴起，正在从治理范式、作业模式、运营方式等层面改变甚至颠覆传统财税行业。智能财税平台也将构成中小微企业以财税为中心的财经治理结构的基本专业支柱。

（二）智能财税社会共享平台

1. 智能财税社会共享平台介绍

作为财税第三方服务专业机构的领军企业，中联集团研发的智能财税平台将互联网、大数据、智能化、云计算、物联网等现代技术应用于财税行业，是企业和经济领域价值管理与运行的基本业态及核心基础工程。它适应服务于产业升级和创新创业的需求，以核算流程与管理行为智能化、人机交互为基础，以工厂化、共享化、专业化、产业化为典型模式，以技能升级与管理革命为功能特征，实现了财税工作与大智移云技术的深度融合发展，并通过智能财税分析促进企业财务管理和经营管理的转型升级。其中，智能财税社会共享业态以智能财税社会共享互联网平台为枢纽，以业票财税融一体化为核心牵引，集成工商、人社、证照等服务系统，形成中小微企业智慧财经管家与大中型企业财税外包并举的智能财税社会共享服务 O2O 体系，集成“智能财税社会共享平台＋智慧财经专业服务机构＋智慧企业财经管家”的智能财税社会共享生态。同时，智能财税以企业财税智能化、数字化引领形态为坐标，体现智能财税的共通性、普适性，形成线上、线下相结合的通用业务生态。线上服务是智能财税社会共享平台，包括中小微企业的财税代理服务和大中型企业的财税外包服务，线下服务是中小微企业智慧财经管家，如图 0－1 所示。线上平台＋线下管家，人机交互构成了大智移云技术赋能下的智能财税服务 O2O 体系。

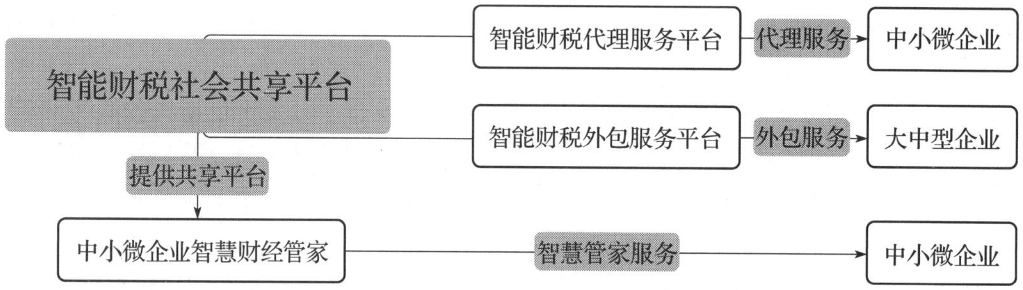

图 0－1　智能财税社会共享生态

2. 智能财税社会共享平台业务处理流程

智能财税社会共享平台在我国运用广泛。主流平台包括财天下、云代账、慧算账、大账房等，这些平台在票财税一体化、智能化、共享化方面具有相似的特点，依据相同法规准则，具有竞争性选择的市场条件。本教材主要依托的是中联集团开发的智能财税社会共享平台，平台主要包括三个部分：票天下、财天下和金税师。图 0－2 为这三部分的主要功能模块介绍。

“票天下”整合了国内的百望和航信两大税控厂商接口，实现了统一平台跨服务开票。委托公司只需提供税控盘以及公司名称、纳税人识别号、地址、电话、开户银行、开户银行账号等相应票种的票面上所需信息，代理记账公司即可通过票天下完成申请开票服务。

“财天下”系统是成功应用在中小微企业的账务处理系统；同时，中联集团根据市场需要对现有系统进行了全面升级，实现了票、财、税一体化的专业财税系统。

“金税师”是与国家金税工程相对接的服务于征纳双方的智能管理税务申报系统。这就相当于搭建了一条从纳税人到国家税务征收机关之间的高速公路。“金税师”实现了智能报税，智能接入票天下系统信息、匹配财天下取数，由财报到税报智能生成，实现无错轻松报税。

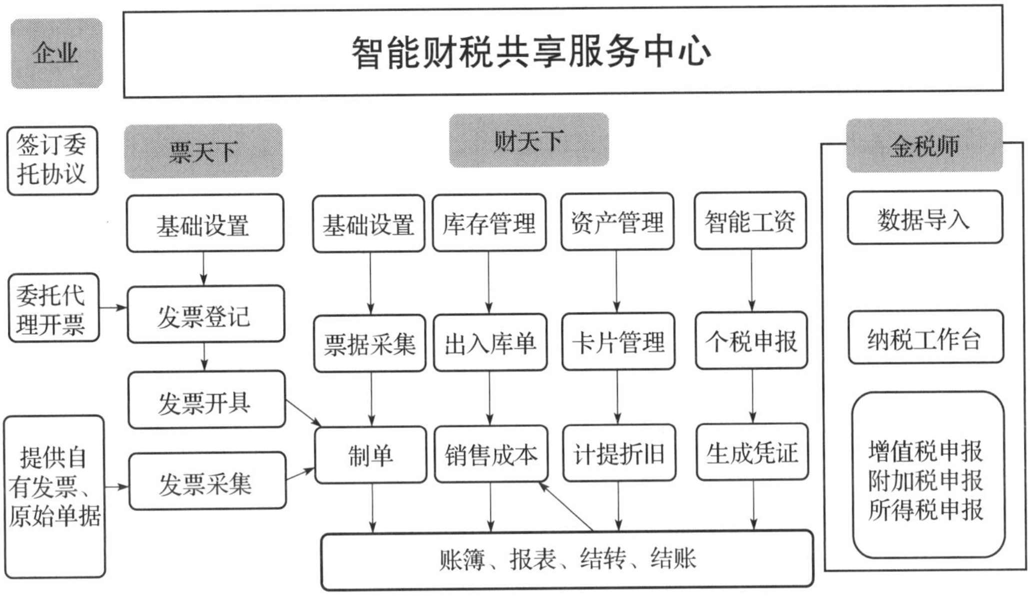

图 0-2 社会共享平台主要模块

票天下、财天下和金税师如何实现票、财、税一体化呢？企业票财税一体化流程如图 0-3 所示。票天下开具和采集的票据可以链接到财天下，还可以自动生成增值税发票凭证。金税师可以从财天下取数，生成纳税申报表，并进行纳税申报。

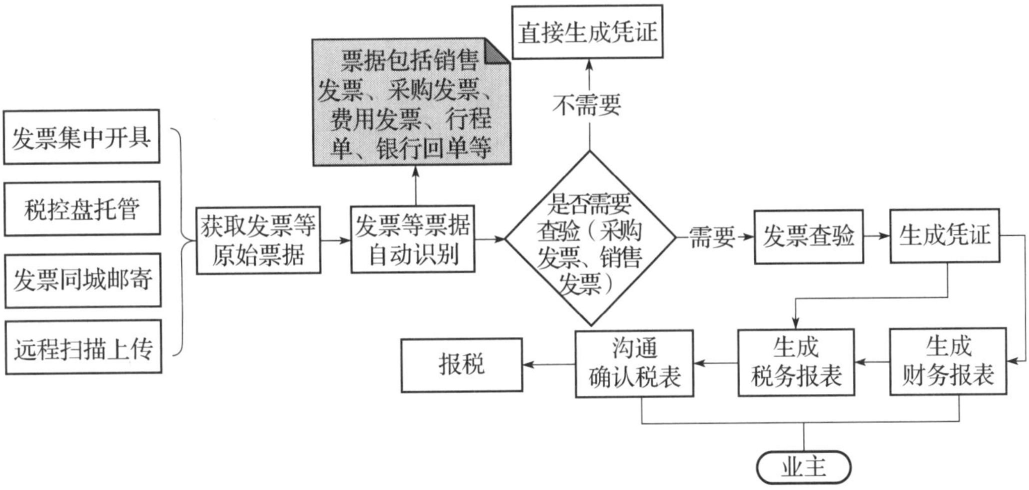

图 0-3 企业票财税一体化流程

二、“智能财税等级证书”认知

（一）考核内容

党的二十大报告提出，“深入实施人才强国战略”，“加快建设国家战略人才力量，努力培养造就更多大师、战略科学家、一流科技领军人才和创新团队、青年科技人才、卓越工程师、大国工匠、高技能人才”。高技能人才为经济发展注入原动力，我国针对长期以来“单纯的学历教育”或“简单的技能教学”两个倾向，提出了“1+X”证书制度，并将其作为中国特色职教发展模式的一项重大制度创新和基础性工程，该制度受到各方高度关注，并由教育部启动试点。“1+X”证书制度作为一项职业教育人才培养制度的重大创新，具有深远的意义和价值，是新时代我国职业教育改革的又一个里程碑。2019年底，教育部将智能财税职业技能等级证书纳入第二批“1+X”证书制度试点项目，并遴选财经专业服务领域领军企业中联企业管理集团旗下的中联教育具体承担该证书试点工作。

中联集团的智能财税职业技能等级证书考核内容以产业对标、岗位分析、需求引领、调研数据论证的方法，对标企业内部财务管理岗、会计核算岗、税务管理岗、票务管理岗、财务共享岗等岗位群，分析提炼形成不同工作领域、多个典型工作任务和岗位操作技能，并据此划分了智能财税工作技能的初级（智能财税基础）、中级（智能财税运营）、高级（智能财税管理与决策）三个等级标准。其中，初级证书涉及三个模块：初级代理、初级外包、初级企业管家，其技能标准包括代开、开具发票，以及各类票据采集与业务处理、所得税与增值税等税收申报、智能工资业务处理、企业设立变更信息业务管理等内容。详细考核内容见表0-1。中级证书涉及三个模块：中级代理、中级外包、中级企业管家，其技能要求比初级更高，主要是复杂特殊业务的财务核算、业财审核、代理、外包和会计主办、财税筹划等智能财税主办工作。详细考核内容见表0-2。

表0-1 智能财税职业技能初级证书考核内容

考核模块	工作领域
1. 财税社会共享初级代理实务	1. 发票开具
	2. 单据整理与制单
	3. 凭证与报表规范性审核
	4. 小规模纳税人纳税申报
	5. 一般纳税人纳税申报
2. 财税社会共享初级外包服务	1. 单据外包服务
	2. 财务核算外包服务
	3. 薪酬业务外包服务
	4. 固定资产业务外包
	5. 纳税申报外包服务
3. 财税社会共享初级企业管家	1. 企业设立和信息公示
	2. 货币资金业务处理
	3. 税务管理
	4. 人力资源与社保公积金管理
	5. 日常行政事务与资质证照办理

表0-2 智能财税职业技能中级证书考核内容

考核模块	工作领域
1. 社会共享中级代理实务	1. 合同管理
	2. 系统初始化设置
	3. 日常业务和特殊业务账务处理
	4. 期末会计事项处理
	5. 涉税事项处理

续表

考核模块	工作领域
2. 社会共享中级外包服务	1. 商旅与费用报销外包服务
	2. 薪税业务外包服务
	3. 购销业务外包服务
	4. 成本核算外包服务
	5. 固定资产外包服务
3. 社会共享中级企业管家	1. 创业计划
	2. 组织设立变更及注销
	3. 证照办理业务
	4. 产权及其他服务

（二）考核要求

智能财税职业技能等级培训建议采用线上和线下混合式模式，平台记录学生学习全过程，对学生进行全面、客观、动态的评价。平时培训考核合格才能报名参加全国智能财税职业技能等级统一考试，考试合格即可取得由全国考核认证管理中心颁发的相应等级证书。

各学校根据实际情况自行安排培训。建议采用线上线下混合式培训模式，培训时间建议3周，共计90个学时，将部分学时用于线上培训和练习，线下主要用于教师重难点讲解和答疑。培训课时建议如表0－3所示。

表0－3　智能财税职业技能等级培训

考核模块	工作领域	培训时间（学时）
1. 财税社会共享初级代理实务	1. 发票开具	10
	2. 单据整理与制单	
	3. 凭证与报表规范性审核	
	4. 小规模纳税人纳税申报	
	5. 一般纳税人纳税申报	
2. 财税社会共享初级外包服务	1. 单据外包服务	15
	2. 财务核算外包服务	
	3. 薪酬业务外包服务	
	4. 固定资产业务外包	
	5. 纳税申报外包服务	
3. 财税社会共享初级企业管家	1. 企业设立和信息公示	5
	2. 货币资金业务处理	
	3. 税务管理	
	4. 人力资源与社保公积金管理	
	5. 日常行政事务与资质证照办理	
4. 社会共享中级代理实务	1. 合同管理	20
	2. 系统初始化设置	
	3. 日常业务和特殊业务账务处理	
	4. 期末会计事项处理	
	5. 涉税事项处理	

续表

考核模块	工作领域	培训时间（学时）
5. 社会共享中级外包服务	1. 商旅与费用报销外包服务	30
	2. 薪税业务外包服务	
	3. 购销业务外包服务	
	4. 成本核算外包服务	
	5. 固定资产外包服务	
6. 社会共享中级企业管家	1. 创业计划	10
	2. 组织设立变更及注销	
	3. 证照办理业务	
	4. 产权及其他服务	
合计		90

上篇

智能财税基础业务一

社会共享初级代理实务

学习指引与学习目标

代理记账是指从事代理记账业务的社会中介机构接受委托人的委托办理会计业务。其中，委托人是指委托代理记账机构办理会计业务的单位。代理记账机构的服务对象主要是中小微企业，比如中小型科技创新型公司、大学生自主创业兴办的公司，个人独资有限公司等没有条件设置专职会计人员的独立经济组织。代理记账的业务主要包括审核原始凭证、填制记账凭证、登记会计账簿、编制财务会计报告、对外提供财务会计报告和向税务机关提供税务资料等。随着社会快速发展、科技变革，财务机器人的普及使得会计记账模式发生巨大的变革，代理记账业务也将从手工会计、电算化会计迈入智能财税时代。我们就从社会共享代理记账业务出发，认识大智移云时代下的财经新业态。社会共享代理记账主要是指代理记账机构依托某个社会共享服务平台进行代理记账。本课程中演示的代理记账流程主要依托中联教育公司开发的智能财税社会共享平台。智能财税社会共享平台集互联网、大数据、人工智能、云计算、物联网等现代技术于一体，通过它我们可以初步感受到智能财税带来的便捷与挑战。和传统代理记账相比，社会共享代理记账的整个会计核算流程都可以在智能财税社会共享平台实现，所有原始凭证经扫描形成电子版后都通过OCR技术被采集进入平台，平台在开票、记账、报税等环节都引入了RPA财务机器人，可以实现自动生成凭证、税表自动取数功能，减少了许多重复性工作，会计人员可以将更多精力放在解决委托企业存在的经营管理问题上，提高工作效率和质量。

在本部分中，我们将学习到的内容包括发票开具、单据整理与制单、凭证与报表规范性审核、小规模纳税人纳税申报、一般纳税人纳税申报等。通过学习和完成相应工作任务，学生可以达到以下学习目标：

（1）能在智能化操作平台上正确录入开票票面数据信息并对税控信息进行匹配，能对开具发票的信息进行复核并完成发票的开具。

（2）能对销售类、成本类、费用类发票资料的完整性和正确性进行核查并与实际业务核对一致，能对发票进行分类归档整理；能按照业务类型划分票据的种类，准确记入会计科目并生成记账凭证；熟悉智能化操作平台批量制单的流程并能一键生成记账凭证。

（3）掌握企业日常会计核算和账务处理方法；能对原始票据、记账凭证、科目余额表和报表进行审核；能对年度财税业务进行审核；能对年度所得税汇算清缴进行复核。

（4）掌握小规模纳税人和小微企业的账务处理流程与各项税收优惠政策；能在智能化

操作平台上对增值税和企业所得税进行纳税申报。

(5) 掌握一般纳税人增值税计算和申报表的生成、复核和申报；掌握一般纳税人企业所得税的计算和数据生成并进行申报；能对个税账务进行处理，能在智能化操作平台上对个人所得税费用进行复核与申报。

思维导图

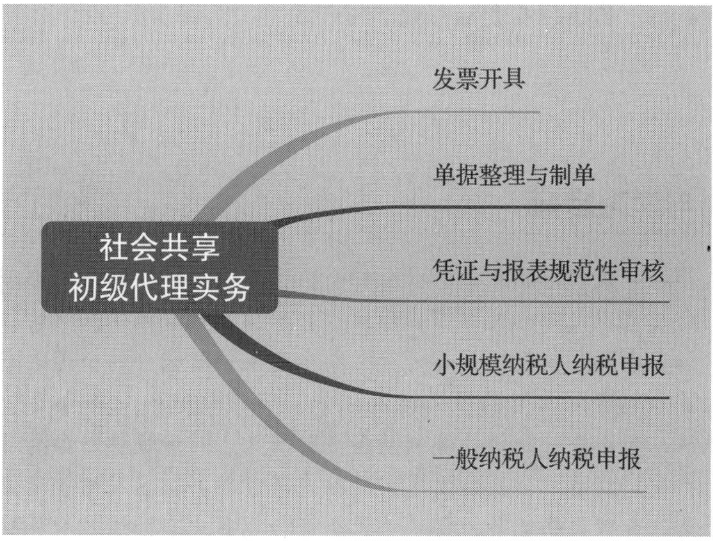

工作领域一

中小微企业发票代理开具

代开发票业务综述

（1）业务范围：代开各类发票。

（2）业务分类：有开票资格（含电子发票）、无开票资格。

（3）业务流程：税控盘→主体信息→领用发票→填制发票→复核确认→打印输出→票据传递。

（4）技能目标：掌握法规、会用设备、熟悉流程，掌握发票开具与复核流程。

任务一　为具有开票资格的纳税人代开纸质发票

业务情景

深圳方圆财税共享服务中心是一家为中小企业提供财税代理的专业服务公司，该公司与北京陈鸿商贸有限责任公司和北京飞扬数码科技有限公司签订了代理记账合同。

北京陈鸿商贸有限责任公司（以下简称陈鸿公司）是一家商贸企业，属于一般纳税人，它将2019年12月的代理开具发票业务委托给了深圳方圆财税共享服务中心。

操作视频1-1

北京飞扬数码科技有限公司（以下简称飞扬公司）是一家经营软硬件服务的小规模纳税人，不具备开具增值税专用发票的资格。

深圳方圆财税共享服务中心票据处理岗位的工作人员赵明将为以上两家公司代开增值税发票。

准备知识

1. 委托开具发票的优点

（1）成本低。中小微企业的销售量和额度相比大型集团公司相对较小，聘请专业团队或专业财务人员完成开具发票、做账、报税等一系列财务工作的成本相对较高，而委托开具发票具有低成本的特点，中小微企业可以采用该方式。

（2）正确性高。接受委托开具发票的代理记账公司都需要根据国家会计等相关法律法规的要求成立，其工作人员都具有一定的资格认证和多年的从业经验。

（3）质量和效率高。代理记账公司因为代理的公司众多，开票量大，所以会采购安全、便捷、高效、准确率高的开票软件，以提升开票的质量和效率。

2. 委托开具发票的注意事项

代理记账公司要严格按发票管理办法开具发票，对申请开具发票的单位和个人，要求其提供购销业务、接受服务或从事其他经营活动的书面证明，属于单位申请开具发票的，要根据国家税务总局发布的《核定征收企业所得税暂行办法》的规定，按照不同行业的应税所得率计征企业所得税，对于不按规定提供证明的，不能开具发票。

3. 税控盘的集中式托管

代理记账公司可以通过税控厂商或第三方开票云平台实现对委托公司的税控盘集中式托管，实现发票开具、发票统计管理、自动申领发票、自动抄报税、发票风险预警管理等众多简单便捷的功能，使办税员可以专注于业务处理，从而在提高业务处理效率的同时保证了发票数据的直观与可控。

业务操作

实训

票据处理岗：接受委托开具发票。

根据以下任务信息，为陈鸿公司代理开具专票。

销售商品：矿泉水 2 000 箱×30 元/箱＝60 000 元，不含税（税率为 13%），型号：嘻哈哈。

客户名称：北京味道全餐饮有限公司。

纳税人识别号：91110111MA01EH600P。

地址、电话：北京市房山区北京北路 58 号，010－60381111。

开户行及账号：中国银行股份有限公司朝阳支行，34546918970。

操作步骤

1. 查阅纳税主体基本信息

纳税主体基本信息如图 1－1－1 所示。

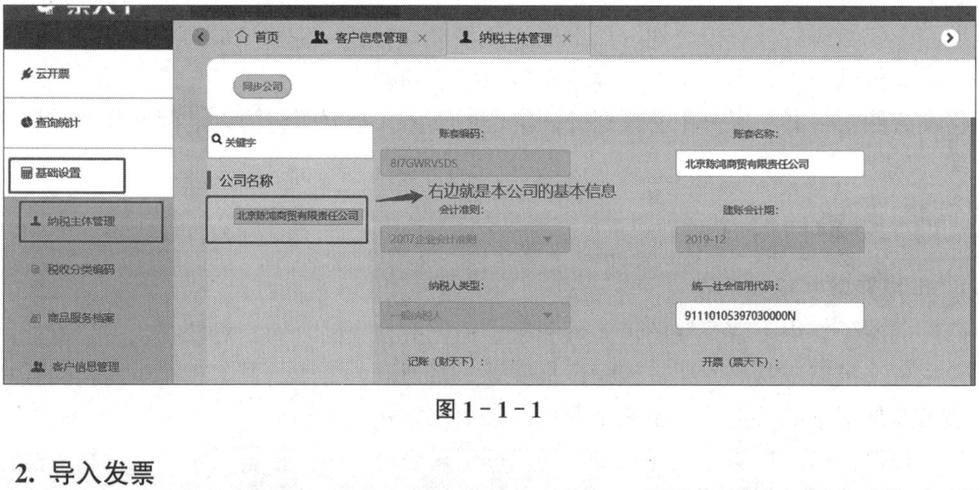

图 1－1－1

2. 导入发票

查询企业领票的结果，直接点击“领购”，如图 1－1－2 所示，输入税控盘密码 88888888（初始密码一般都是 8 个 8），输入要领取的数量，点击“确定”，如图 1－1－3

所示，领票结果如图 1－1－4 所示。

图 1－1－2

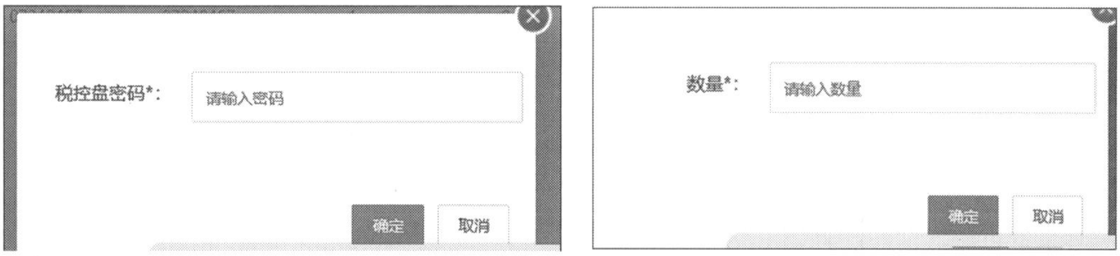

图 1－1－3

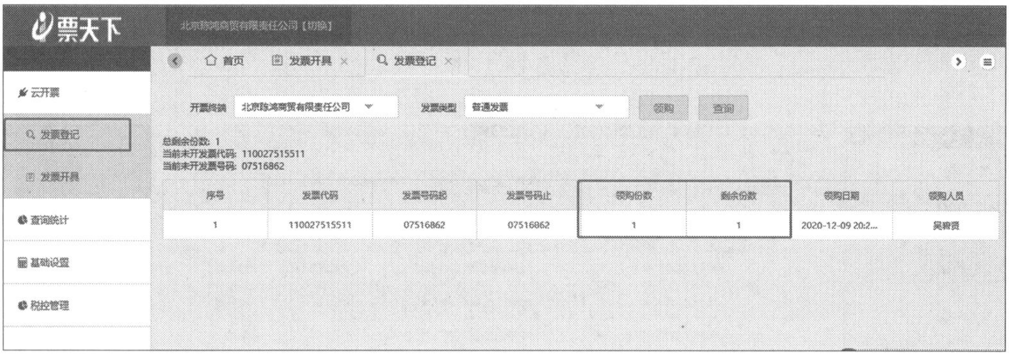

图 1－1－4

3. 填写购买方信息

打开“基础设置”中的“客户信息管理”，点击“新增”，填写购买方开票信息，填写完成后点击“保存”按钮，如图 1－1－5 所示。

4. 填写商品信息

（1）打开“基础设置”中的“商品服务档案”。

（2）在“税收分类”中选择最末级的“包装饮用水”，简称“软饮料”。

（3）单击“新增商品”按钮，填写“商品服务名称”“税率（%）”等商品信息，填写完成后点击“确定”按钮，如图 1－1－6 所示。

5. 开具发票

（1）点击系统左侧“发票开具”菜单，进入发票列表后，点击“新增”按钮，如图 1－1－7 所示。

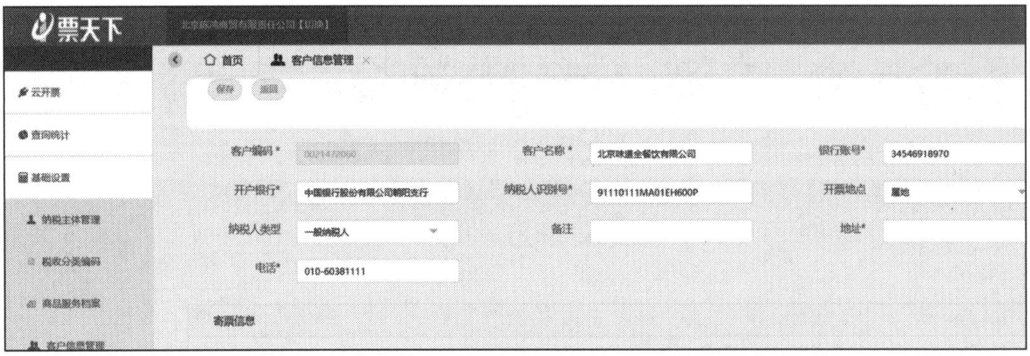

图 1-1-5

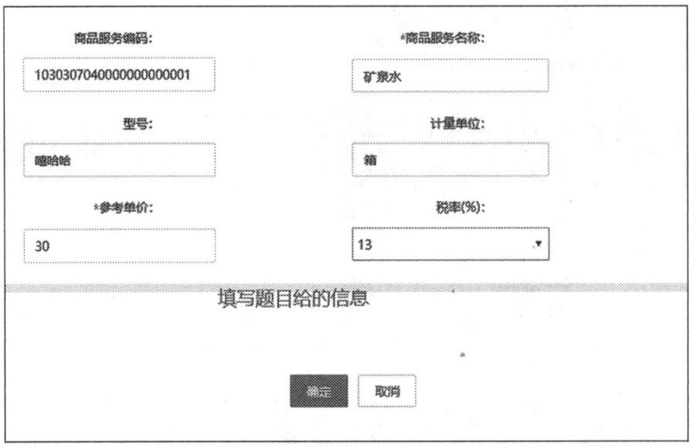

图 1-1-6

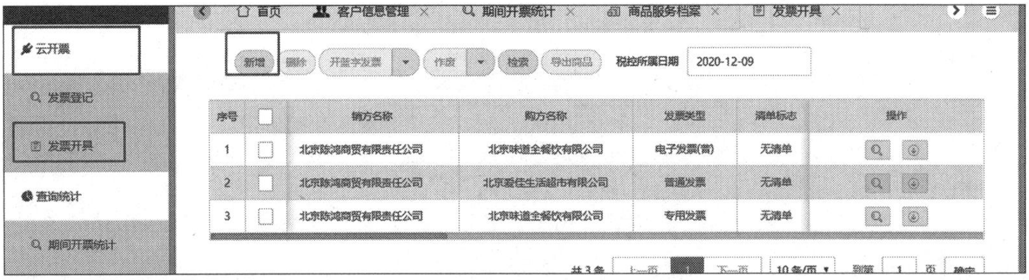

图 1-1-7

（2）在弹出框中选择所开票据类型为“专票（纸）”，此时，系统会自动显示出销货信息。

（3）选择客户信息。点击购买方“名称”行右侧的🔍按钮，在弹出的客户窗口的“客户名称”选项中输入“味道全”，系统会在预置的客户中筛选出该客户信息，列示在下方，选择确定后，系统会自动将已预置好的客户信息填入发票的购买方。如果第一次使用票天下系统为购买方开票，需要先在“客户信息管理”菜单中维护客户信息，第二次则可以直接使用，无须重复录入。

（4）选择商品信息。点击“货物或应税劳务、服务名称”列第一行的🔍按钮，如图 1-1-8 所示，选择已输入的商品信息，导入即可。

（5）导入完成后，输入数量“2 000”，单价（不含税）已经自动带出，系统会自动计算好金额和税额。

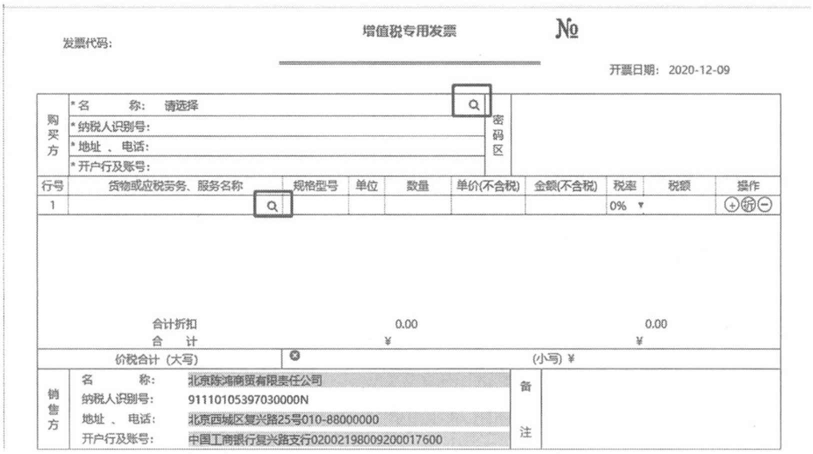

图 1－1－8

（6）确认发票信息无误后，点击“发票开具”按钮，等待开具成功后，最终列表页面第一条数据就是刚刚开具的发票信息，点击旁边的🔍按钮，会显示已开具的发票，如图 1－1－9 所示。

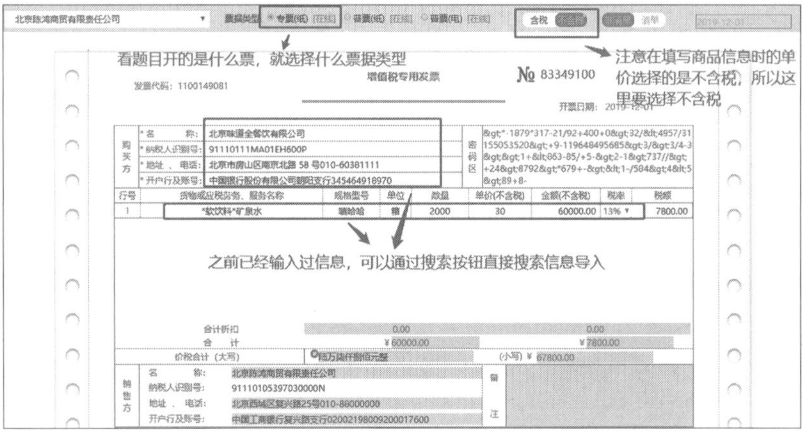

图 1－1－9

任务二　为具有电子发票开票资格的纳税人代开电子发票

业务情景

同任务一。

操作视频 1－2

准备知识

1. 申请电子发票的条件

首先，企业应购买税控设备，携带相关材料去当地税务局申请，携带材料具体如下：

(1) 公章、发票专用章。

(2) 税控盘或者金税盘。

(3) 电子发票购票人身份证原件及复印件。

(4) 五证合一证书复印件。

(5) 网络(电子)发票业务申请表。

(6) 纳税人领用发票票种核定表。

(7) 纳税人票种核定流转单(注:根据所属分局的要求)。

上述材料中第(5)、(6)、(7)这三项按所属分局要求去税务局填写。此外,还需要选择一个电子发票服务商。

2. 电子发票的诞生背景及现实意义

电子发票同普通发票一样,采用税务局统一发放的形式给商家使用,发票号码采用全国统一编码,采用统一防伪技术,在电子发票上附有电子税务局的签名。

电子发票是税收服务适应互联网信息发展新形势、新要求的重大创新举措,是新时代下税务机关征收管理方式优化提升的里程碑式创新。它彻底突破了原来必须通过纸质载体记录交易信息的纸质发票模式,通过不可篡改的数据文本记录和存储交易双方的交易信息,构建了全新的无纸化发票模式,有利于进一步简化发票的流转、贮存、查验、比对,大幅降低纳税人领用、运输、存储和管理成本。

总的来讲,电子发票为企业节约了大量成本,使得政府资源得到有效利用,给税企双方,以及广大消费者的日常生活都带来了极大便利。

3. 发票号码

发票号码是税务部门给予发票的编码。在查询发票真伪的时候,需要输入发票号码。发票号码一般是8位,但是在网上查询发票真伪时,一般要在发票号码前面输入信息码或发票代码。所以,查询发票真伪时的"发票号码"由"信息码+发票号码"或"发票代码+发票号码"组成。

业务操作

实训

票据处理岗:接受委托开具发票。

根据以下任务信息,为陈鸿公司代理开具电子发票。

业务:2020年12月2日,代理开具电子发票。

销售商品:方便面200箱×60元/箱=12 000元,不含税(税率为13%)。

客户名称:北京味道全餐饮有限公司。

纳税人识别号:91110111MA01EH600P。

地址、电话:北京市房山区南京北路58号,010-60381111。

开户行及账号:中国银行股份有限公司朝阳支行,34564918970。

接收人电话:15911002231,接收人邮箱:bjwdq@163.com。

(发票校验码系统随机生成)

操作步骤

(1) 导入发票。点击系统左侧"云开票"菜单,选择"发票登记",选择领购"普票

（电）”，其他步骤如前面领购专票和普票一样。

（2）填写购买方信息。在“基础设置”中的“客户信息管理”打开“客户信息管理”界面，点击“新增”，填写购买方信息。（任务一已经填写该公司信息，可跳过此步骤）

（3）填写商品信息。在“基础设置”中的“商品服务档案”打开“商品服务档案”界面，点击“新增商品”按钮，填写商品信息。

（4）选择开票类型。选择普票（电），按照所给信息，修改开票日期，选择购买方和商品信息。

（5）发票开具。点击“发票开具”即可完成，如图 1-1-10 所示。

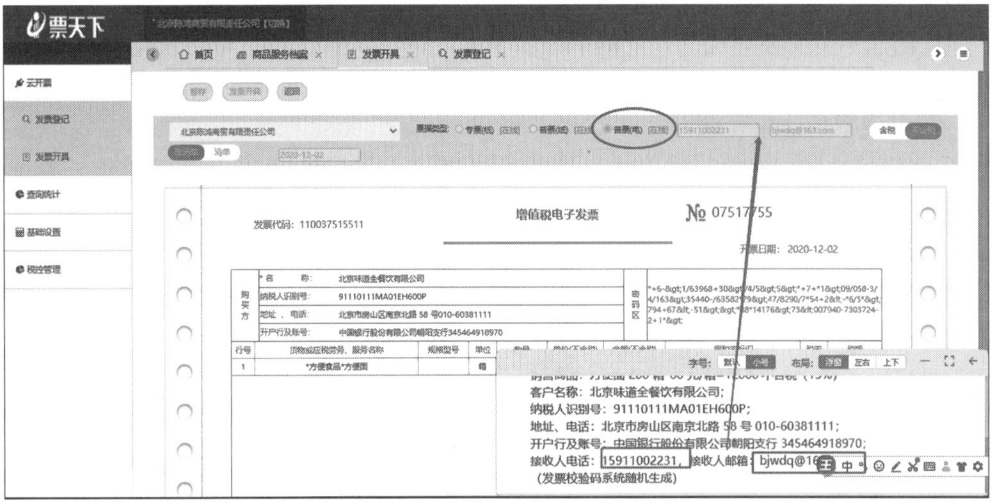

图 1-1-10

任务三　为无开票资格的纳税人代开纸质发票

业务情景

同任务一。

操作视频 1-3

准备知识

1. 代开发票的条件

根据《国家税务总局关于加强和规范税务机关代开普通发票工作的通知》，企业有下列情形之一的，可以向主管税务机关申请代开发票：

（1）已办理税务登记的单位和个人，在销售货物、提供应税劳务服务、转让无形资产、销售不动产以及税法规定的其他商事活动（餐饮、娱乐业除外）中有下列情形之一的，可以向主管税务机关申请代开普通发票：

1）纳税人虽已领购发票，但临时取得超出领购发票使用范围或者超过领用发票开具限额以外的业务收入，需要开具发票的；

2）被税务机关依法收缴发票或者停止发售发票的纳税人，取得经营收入需要开具发票的；

3）外省（自治区、直辖市）纳税人来本辖区临时从事经营活动的，确因业务量小、开票频度低的，可以申请经营地税务机关代开。

（2）正在申请办理税务登记的单位和个人，对其自领取营业执照之日起至取得税务登记证件期间发生的业务收入需要开具发票的，主管税务机关可以为其代开发票。

（3）应办理税务登记而未办理的单位和个人，主管税务机关应当依法予以处理，并在补办税务登记手续后，对其自领取营业执照之日起至取得税务登记证件期间发生的业务收入需要开具发票的，为其代开发票。

（4）依法不需要办理税务登记的单位和个人，临时取得收入，需要开具发票的，主管税务机关可以为其代开发票。

2. 代开发票的注意事项

《中华人民共和国发票管理办法》第十六条规定：需要临时使用发票的单位和个人，可以凭购销商品、提供或接受服务以及从事其他经营活动的书面证明、经办人身份证明，直接向经营地税务机关申请代开发票。依照税收法律、行政法规应当缴纳税款的，税务机关应当先征收税款，再开具发票。税务机关根据发票管理的需要，可以按照国务院主管部门的规定委托其他单位代开发票。

任何单位和个人不得有下列虚开发票行为：为他人、为自己开具与实际经营业务情况不符的发票；让他人为自己开具与实际经营业务情况不符的发票；介绍他人开具与实际经营业务情况不符的发票。

业务操作

实训

票据处理岗：为无开票资格的纳税人代开纸质发票。

业务：2019 年 12 月 3 日，税务局代理开具专票（网上预缴税款后开具）。

销售商品：平板电脑 10 台×3 000 元/台＝30 000 元，不含税（税率为 3%）。

飞扬公司开票信息如下：

客户名称：北京飞扬数码科技有限公司。

纳税人识别号：911101087364811111。

经营地址：北京市大兴区康庄路甲 23 号。

电话：010－88000258。

开户行：中国工商银行股份有限公司北京兴大支行。

开户行账号：0200219800930009876 5。

华润公司开票信息如下：

客户名称：北京华润有限责任公司。

纳税人识别号：91110562346554811B；

地址、电话：北京丰台区体育路甲 5 号，010－58641672。

开户行及账号：中国工商银行体育路分理处，020065538888。

原始发票如下图所示。

中国工商银行

电子缴税付款凭证

缴税日期：　2019　年　12　月　03　日　　　　凭证字号：　20100010

纳税人全称及纳税人识别号：北京飞扬数码科技有限公司 911101087364811111

付款人全称：北京飞扬数码科技有限公司

付款人账号：02002198009300098765　　　　征收机关名称：　北京市大兴区税务局

付款人开户行：　中国工商银行股份有限公司北京兴大支行　收款国库（银行）名称：　国家金库北京市大兴区支库

小写（合计）金额：　¥931.50　　　元　　　　缴款书交易流水号：　55854180

大写（合计）金额　玖佰叁拾壹元伍角整　　　　税票号码：　036562963624749131

税（费）种名称	所属日期		实缴金额（单位：元）
增值税	20191201	20191231	¥900.00
城市维护建设税			¥31.50

第　1　次打印　　　　　　　　打印时间：　2019　年　12　月　03　日

客户回单联　　　验证码：　038884　　　复核：　12　　　记账：　23

1100151140　　　**北京　增值税专用发票**　　　№ 10079431　1100151140　10079431

代开

机器编号：982888812388　　　此联不作报销、扣税凭证使用　　　开票日期：　2019年12月03日

税总函[2016]××号××××公司

购买方		密码区	
名　　称：	北京华润有限责任公司		172312-4-275＜1+46*54* 82*59*
纳税人识别号：	91110562346554811B		181321＞＜8182*59*09618153＜/
地 址、电 话：	北京市丰台区体育路甲5号010-58641672		＜4＜3*2702-9＞9*+153＜/0 ＞2-3
开户行及账号：	中国工商银行体育路分理处020065538888		*08/4＞*＞＞2-3*0/9/＞＞25-275＜1

货物或应税劳务、服务名称	规格型号	单位	数量	单价	金额	税率	税额
*电子计算机*平板电脑			10	3,000.00	30,000.00	3%	900.00
合　计					¥30,000.00		¥900.00
价税合计（大写）	⊗ 叁万零玖佰元整				（小写）¥30,900.00		

销售方		备注
名　　称：	北京市大兴区税务局	代开企业税号：91110108736481111；代开企业名称:北京飞扬数码科技有限公司
纳税人识别号：	911101087364810001	
地 址、电 话：	北京市大兴区康庄路甲1号010-58641672	
开户行及账号：	中国工商银行股份有相似北京兴大银行3139695150654275899	

收款人：　　　　复核：　　　　开票人：　　　　销售方：（章）　911101087364810001　发票专用章

第一联：记账联　销售方记账凭证

操作步骤

1. 登录北京市电子税务局

登录北京市电子税务局，如图 1－1－11 所示，输入企业账号（题目已给）和密码（123456），点击“CA 登录”，如图 1－1－12 所示。

2. 提交代开增值税专用发票申请

（1）进入首页，这里以选择“专用发票代开（邮寄配送）”为例展开说明，如图 1－1－13 所示。

（2）点击一级菜单“代开发票”下的二级菜单“代开增值税专用发票”，如图 1－1－14 所示。

（3）按照系统提示填写购买方信息，填写完成后系统会自动带出销售方相关信息，若未自动带出，则需要补充填写，确认信息无误后，点击“下一步”按钮，如图 1－1－15 所示。

（4）填写商品信息。首先选择税收分类及细类，填写货物或者应税劳务、服务名称，填

写价税合计值和数量。系统会自动计算相应单价、不含税销售额、征收率、税额等数值。按提示填写商品信息，如图 1－1－16 所示。

图 1－1－11

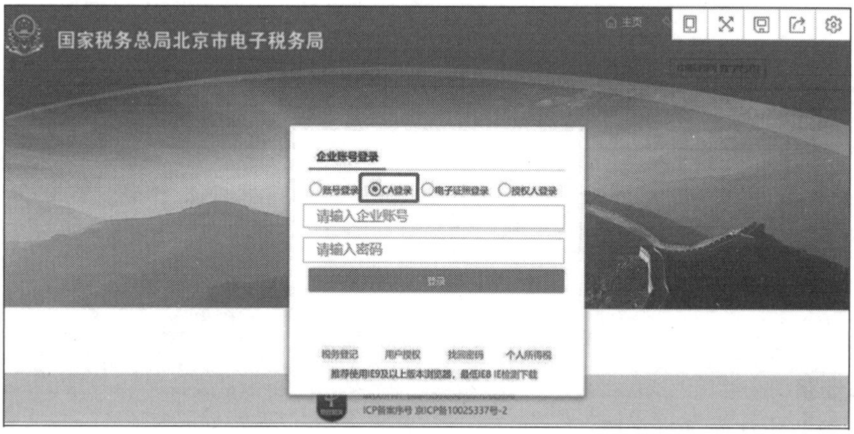

图 1－1－12

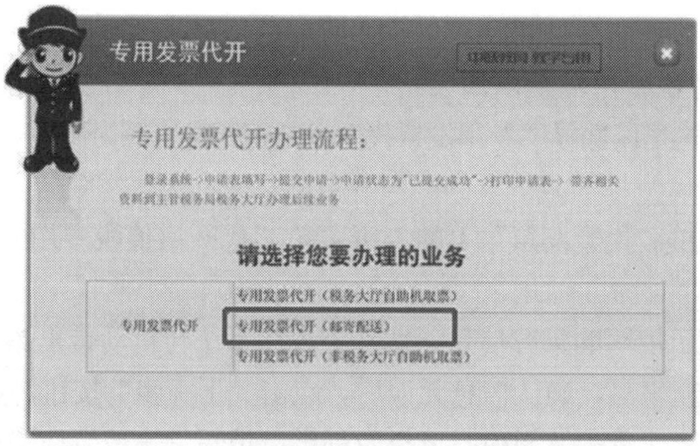

图 1－1－13

图 1－1－14

图 1－1－15

（5）确认征收项目对应的应纳税额、减免税额及税额合计是否正确，确保无误后点击“提交”按钮提交申请（申请单提交后无法修改，务必确认信息无误后再提交）。

3. 网上预缴税额

（1）点击左侧“预缴税款”菜单，找到上一步操作提交的申请单，如图 1－1－17 所示。

（2）点击“网上缴税”按钮，点击弹出框的“确定”，待扣款结束后，完成缴税，如图 1－1－18 所示。

4. 选择快递寄送发票

（1）点击左侧“发票寄送”按钮，新增收货地址后保存（若已有收货地址信息，则不需要新增填写）。

（2）选中新增的收货地址，在下方业务列表中选中上一步已缴纳过税款的代开申报单，确认信息无误，点击“快递寄送”后，完成提交发票快递寄送订单。

图 1-1-16

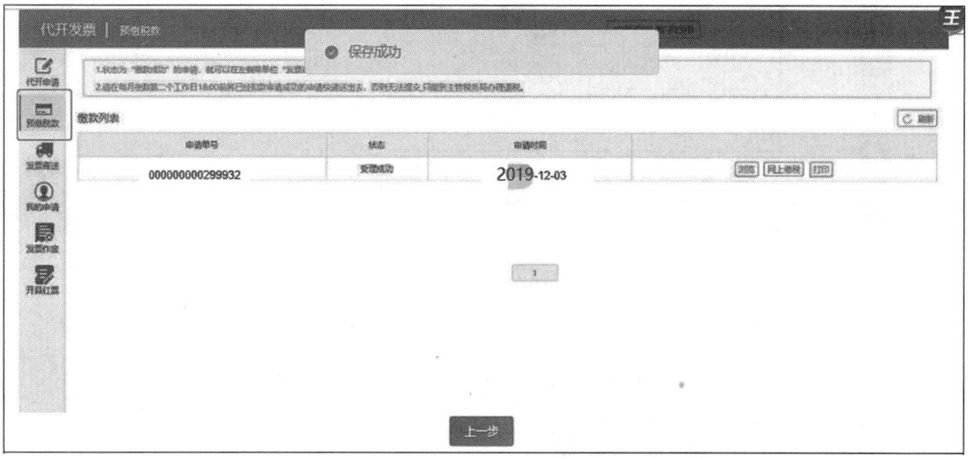

图 1-1-17

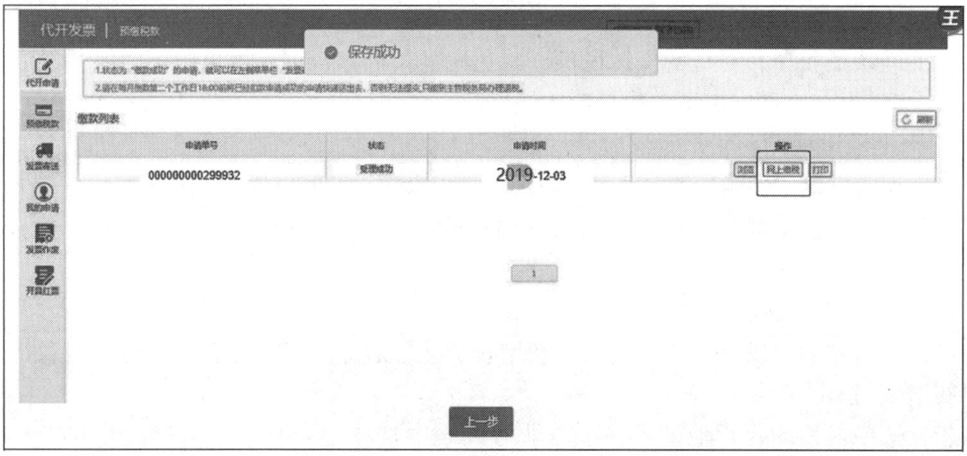

图 1-1-18

工作领域二

中小微企业单据整理与制单

单据整理与制单业务综述

（1）业务范围：各类发票的整理与制单。

（2）业务分类：销售类、成本类、银行结算类、费用类。

（3）业务流程：开具发票申请→审核→开具发票→单据整理→单据识别与分类校验→单据审核→制单。

（4）技能目标：掌握法规、熟悉流程、会用设备，能按照业务类型划分票据的种类，能准确记入会计科目并生成记账凭证。

任务一　销售类发票整理与制单

业务情景

操作视频 1－4

深圳方圆财税共享服务中心 12 月 25 日收到陈鸿公司 3 张原始单据（2 张增值税专用发票和 1 张增值税普通发票），收到飞扬公司 3 张原始单据（1 张增值税专用发票和 2 张增值税普通发票）。接受该任务的理票员张某根据原始单据特点将其划分为销售类发票并通过扫描转成电子影像文件，平台自动识别票据并人工校验后自动生成记账凭证。

准备知识

1. 销售发票

销售发票是在销售业务发生时，销售方根据购销合同的要求，开具给购买方以记录商品的规格、数量、单价、销售金额、运费和保险费、开票日期、付款条件等内容的凭证。

2. 发票的种类与使用范围

（1）增值税专用发票：仅限于一般纳税人和部分小规模纳税人领取使用。

（2）增值税普通发票：主要由小规模纳税人使用，增值税一般纳税人在不能开具专用发票的情况下也可以开具普通发票。

（3）行业专用发票：指仅适用于特殊行业的特殊经营业务，如金融、保险企业的存贷、汇兑、转账凭证、保险凭证，国有邮政、电信企业的邮票、邮单、话务、电报收据。

3. 发票内容

发票内容一般包括票头、发票号码、发票代码、联次及用途、客户名称、银行账号、商品名称或经营项目、计量单位、数量、单价、大小写金额、经手人、单位印章、开票日期等。增值税专用发票还应有税种、税率、税额等内容。

4. 发票联次

发票的基本联次包括存根联、发票联、记账联。存根联由收款方或开票方留存备查；发票联由付款方或受票方作为原始付款凭证；记账联由收款方或开票方作为记账原始凭证。

业务操作

实训 1

票据处理岗：票据整理。

会计核算岗：制单。

根据以下任务信息，对陈鸿公司销售类票据进行识别、查验、制单。

业务 1：收到 2019 年 12 月 3 日销售商品专票。

2019 年 12 月 3 日后，由陈鸿公司自行给其客户开票，然后发送给财税共享服务中心。

销售商品：嘻哈哈矿泉水 3 000 箱×30 元/箱＝90 000 元，不含税（税率为 13%）；方便面 500 箱×60 元/箱＝30 000 元，不含税（税率为 13%）。

客户名称：北京味道全餐饮有限公司。

纳税人识别号：91110111MA01EH600P。

地址、电话：北京市房山区南京北路 58 号，010－60381111。

开户行及账号：中国银行股份有限公司朝阳支行，345464918970。

原始凭证如下图所示。

1100151140　　北京增值税专用发票　　№ 45487102　1100151140　45487102

此联不作报销、扣税凭证使用

机器编号：982888812312　　开票日期：2019年12月03日

税总函[2016]××号×××公司

购买方	名　　称：北京味道全餐饮有限公司 纳税人识别号：91110111MA01EH600P 地 址、电 话：北京市房山区南京北路58号010-60381111 开户行及账号：中国银行股份有限公司朝阳支行345464918970
密码区	172312-4-275<1+46*54* 82*59* 181321><8182*59*09618153</ <4<3*2702-9>9*+153</0 >2-3 *08/4>*>>2-3*0/9/>>25-275<1

货物或应税劳务、服务名称	规格型号	单位	数量	单价	金额	税率	税额
*软饮料*矿泉水	嘻哈哈	箱	3000	30.00	90,000.00	13%	11,700.00
*方便食品*方便面		箱	500	60.00	30,000.00	13%	3,900.00
合　计					¥120,000.00		¥15,600.00
价税合计（大写）	⊗壹拾叁万伍仟陆佰元整				（小写）¥135,600.00		

销售方	名　　称：北京陈鸿商贸有限责任公司 纳税人识别号：91110105397030000N 地 址、电 话：北京西城区复兴路25号010-88000000 开户行及账号：中国工商银行复兴路支行0200219800920001760
备注	校验码 52118 02947 08948 05181 北京陈鸿商贸有限责任公司 91110105397030000N 发票专用章

收款人：孔捷　　复核：张大彪　　开票人：孔捷　　销售方：（章）

第一联：记账联　销售方记账凭证

业务 2：收到 2019 年 12 月 9 日销售商品普票。

销售商品：方便面 300 箱×60 元/箱＝18 000 元，不含税（税率为 13%）；糖心苹果 1 600 箱×90 元/箱＝144 000 元，不含税（税率为 9%）。

客户名称：北京爱佳生活超市有限公司。

纳税人识别号：91110105567900000Y。

地址、电话：北京市朝阳区北沙滩 31 号院，01058761111。

开户行及账号：中国工商银行股份有限公司北京玛丽安路支行，0200025111920003000066。

原始凭证如下图所示。

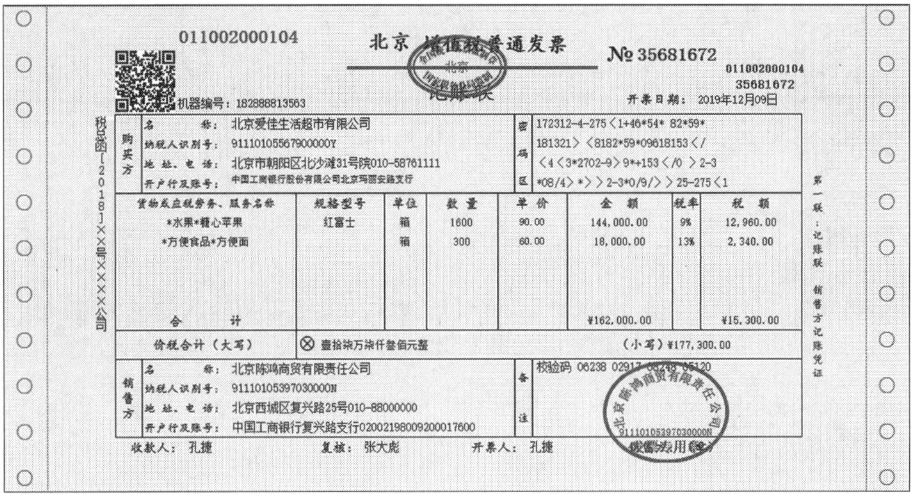
税总函[2018]××号×××公司

011002000104　北京 增值税普通发票　№ 35681672

011002000104
35681672

记账联

机器编号：182888813563　开票日期：2019年12月09日

购买方		密码区
名称：	北京爱佳生活超市有限公司	172312-4-275<1+46*54* 82*59*
纳税人识别号：	91110105567900000Y	181321> <8182*59*09618153</
地址、电话：	北京市朝阳区北沙滩31号院010-58761111	<4<3*2702-9> 9*+153</0 >2-3
开户行及账号：	中国工商银行股份有限公司北京玛丽安路支行	*08/4>*>> 2-3*0/9/>> 25-275<1

货物或应税劳务、服务名称	规格型号	单位	数量	单价	金额	税率	税额
*水果*糖心苹果	红富士	箱	1600	90.00	144,000.00	9%	12,960.00
*方便食品*方便面		箱	300	60.00	18,000.00	13%	2,340.00
合　计					¥162,000.00		¥15,300.00
价税合计（大写）	⊗壹拾柒万柒仟叁佰元整				（小写）¥177,300.00		

销售方		备注
名称：	北京陈鸿商贸有限责任公司	校验码 06238 02917 06248 05120
纳税人识别号：	91110105397030000N	
地址、电话：	北京西城区复兴路25号010-88000000	
开户行及账号：	中国工商银行复兴路支行02002198009200017600	

收款人：孔捷　复核：张大彪　开票人：孔捷　销售方：（章）

第一联：记账联　销售方记账凭证

业务 3：收到 2019 年 12 月 12 日销售商品专票。

销售商品：嘻哈哈矿泉水 5 000 箱×30 元/箱＝150 000 元，不含税（税率为 13%）。

客户名称：北京爱佳生活超市有限公司。

纳税人识别号：91110105567900000Y。

地址、电话：北京市朝阳区北沙滩 31 号院，01058761111。

开户行及账号：中国工商银行股份有限公司北京玛丽安路支行，02000251119200030006 6。

原始凭证如下图所示。

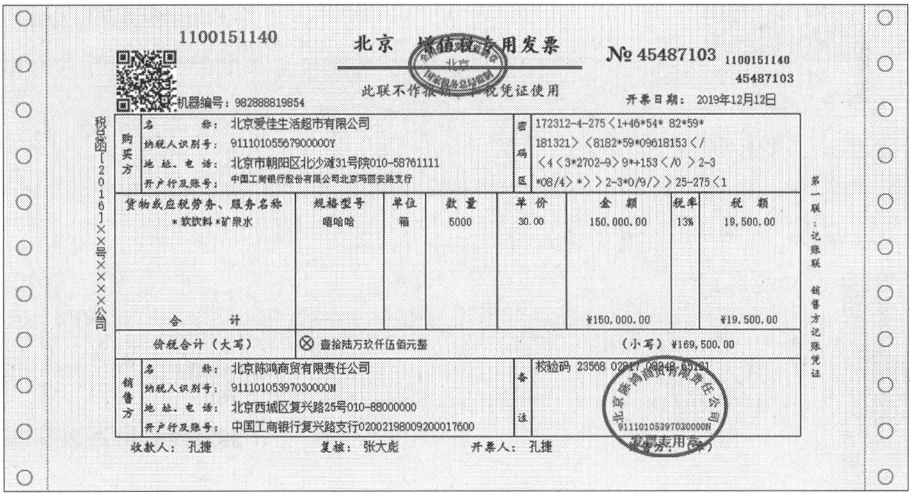
税总函[2016]××号×××公司

1100151140　北京 增值税专用发票　№ 45487103

1100151140
45487103

此联不作报销、扣税凭证使用

机器编号：982888819854　开票日期：2019年12月12日

购买方		密码区
名称：	北京爱佳生活超市有限公司	172312-4-275<1+46*54* 82*59*
纳税人识别号：	91110105567900000Y	181321> <8182*59*09618153</
地址、电话：	北京市朝阳区北沙滩31号院010-58761111	<4<3*2702-9> 9*+153</0 >2-3
开户行及账号：	中国工商银行股份有限公司北京玛丽安路支行	*08/4>*>> 2-3*0/9/>> 25-275<1

货物或应税劳务、服务名称	规格型号	单位	数量	单价	金额	税率	税额
*软饮料*矿泉水	嘻哈哈	箱	5000	30.00	150,000.00	13%	19,500.00
合　计					¥150,000.00		¥19,500.00
价税合计（大写）	⊗壹拾陆万玖仟伍佰元整				（小写）¥169,500.00		

销售方		备注
名称：	北京陈鸿商贸有限责任公司	校验码 23568 02917 06248 05121
纳税人识别号：	91110105397030000N	
地址、电话：	北京西城区复兴路25号010-88000000	
开户行及账号：	中国工商银行复兴路支行02002198009200017600	

收款人：孔捷　复核：张大彪　开票人：孔捷　销售方：（章）

第一联：记账联　销售方记账凭证

操作步骤

1. 登录财天下

在界面左上角选择公司名称，如图 1－2－1 所示。

2. 票据采集

在左侧菜单栏中选择“票据”项，点击“票据采集”，进入票据采集界面，如图 1－2－2 所示。

图 1-2-1

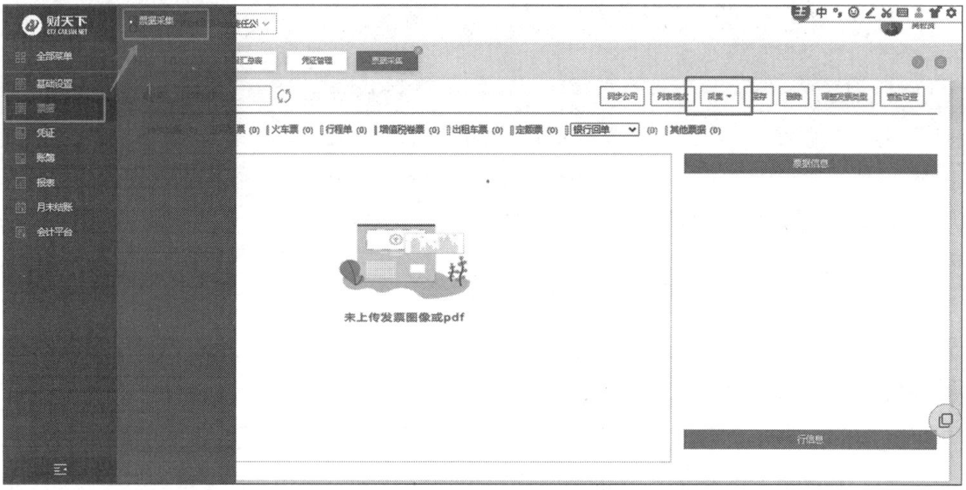

图 1-2-2

3. 发票采集并上传

点击“采集”，选择“数字平台图片/PDF”上传图片，如图 1-2-3 所示，点击后系统显示上传成功，如图 1-2-4 所示。

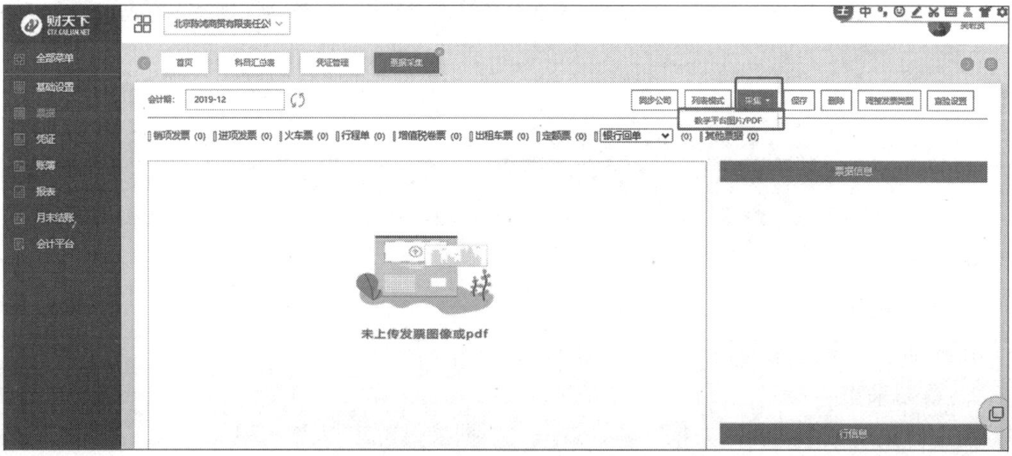

图 1-2-3

图 1-2-4

4. 核对信息及查验

票据上传结束后需要进行信息核对，核对“票据信息”与“行信息”跟发票上面的数据是否一致。如果信息不一致，需要手动修改（注意税率和商品名称），如图 1-2-5（a）所示。如果采集的信息核对无误，点击“审核”，系统就会自动制单，如图 1-2-5（b）、（c）所示。

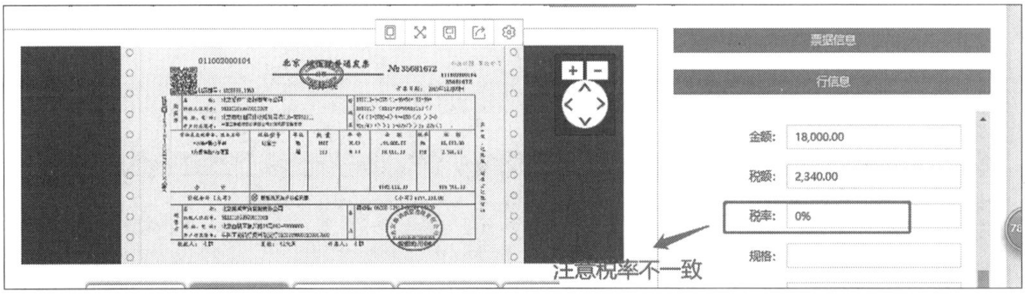

（a）

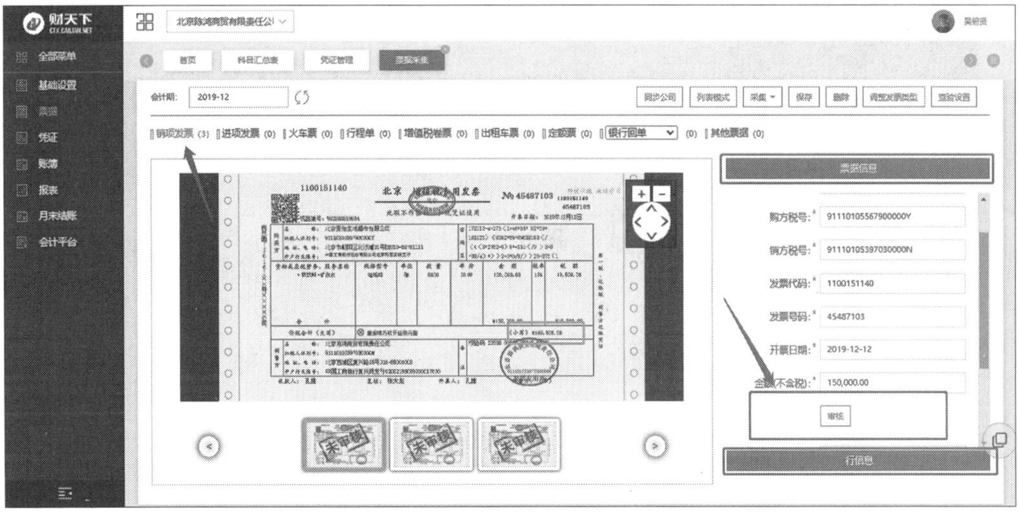

（b）

(c)

图 1-2-5

5. 查询凭证

在左侧菜单栏中选择“凭证管理”查看凭证，并对凭证进行审核等操作。根据票天下开具的发票系统会自动生成凭证，如图 1-2-6 所示。

图 1-2-6

实训 2

票据处理岗：票据整理。

会计核算岗：制单。

根据以下任务信息，对飞扬公司销售类票据进行整理、制单。

业务 1：2019 年 12 月 3 日，税务局代理开具专票。

销售商品：平板电脑 10 台×3 000 元/台=30 000 元，不含税（税率为 3%）。

客户名称：北京华润有限责任公司。

纳税人识别号：91110562346554811B。

地址、电话：北京丰台区体育路甲 5 号，010－58641672。

开户行及账号：中国工商银行体育路分理处，020065538888。

原始凭证如下图所示。

1100151140　　北京增值税专用发票　　№ 10079431　1100151140　10079431

代开　机器编号：982888812388　　此联不作报销、扣税凭证使用　　开票日期：2019年12月03日

购买方	名　　称：北京华润有限责任公司 纳税人识别号：91110562346554811B 地 址、电 话：北京市丰台区体育路甲5号010-58641672 开户行及账号：中国工商银行体育路分理处020065538888			密码区	172312-4-275<1+46*54* 82*59* 181321><8182*59*09618153</ <4<3*2702-9>9*+153</0 >2-3 *08/4>*>>2-3*0/9/>>25-275<1		
货物或应税劳务、服务名称	规格型号	单位	数量	单价	金额	税率	税额
*电子计算机*平板电脑			10	3,000.00	30,000.00	3%	900.00
合　计					¥30,000.00		¥900.00
价税合计（大写）	⊗叁万零玖佰元整				（小写）¥30,900.00		
销售方	名　　称：北京市大兴区税务局 纳税人识别号：911101087364810001 地 址、电 话：北京市大兴区康庄路甲1号010-58641672 开户行及账号：中国工商银行股份有限公司北京兴大银行313969515065427589			备注	代开企业税号：911101087364811111；代开企业名称:北京飞扬数码科技有限公司		

收款人：　　复核：　　开票人：　　销售方：（章）

税总函[2016]××号××××公司　　第一联：记账联　销售方记账凭证

（印章：北京市大兴区税务局　911101087364810001　发票专用章）

中国工商银行　　凭证

电子缴税付款凭证

缴税日期：2019 年 12 月 03 日　　凭证字号：20100010

纳税人全称及纳税人识别号：北京飞扬数码科技有限公司 911101087364811111

付款人全称：北京飞扬数码科技有限公司

付款人账号：020021980093000098765　　征收机关名称：北京市大兴区税务局

付款人开户行：中国工商银行股份有限公司北京兴大支行　　收款国库（银行）名称：国家金库北京市大兴区支库

小写(合计)金额：¥931.50 元　　缴款书交易流水号：55854180

大写(合计)金额 玖佰叁拾壹元伍角整　　税票号码：036562963624749131

税（费）种名称	所属日期		实缴金额（单位：元）
增值税	20191201	20191231	¥900.00
城市维护建设税			¥31.50

第 1 次打印　　打印时间：2019 年 12 月 03 日

客户回单联　　验证码：038884　　复核：12　　记账：23

业务 2：收到 2019 年 12 月 5 日销售商品普票。

2019 年 12 月 5 日后，由飞扬公司自行给其客户开票，然后发送给财税共享服务中心。

销售商品：平板电脑 5 台×3 000 元/台＝15 000 元，不含税（税率为 3%）；

移动硬盘 40 台×800 元/台＝32 000 元，不含税（税率为 3%）。

客户名称：北京中益商贸有限公司。

纳税人识别号：91110108MA005AGH0G。

地址、电话：北京市海淀区嘉园一里 1 号院，010－85020011。

开户行及账号：中国工商银行菲巨路支行，020002510210188007599。

原始凭证如下图所示。

110016111240　北京增值税普通发票　№ 73653741　110016111240 73653741

记账联

机器编号：982888832524　开票日期：2019年12月05日

税总函[2016]××号×××公司

购买方	名称：北京中益商贸有限公司 纳税人识别号：91110108MA005AGH0G 地址、电话：北京市海淀区嘉园一里1号院010-85020011 开户行及账号：工行菲巨路支行020002510210188007599	密码区	172312-4-275＜1+46*54* 82*59* 181321＞＜8182*59*09618153＜/ ＜4＜3*2702-9＞9*+153＜/0＞2-3 *08/4＞*＞＞2-3*0/9/＞＞25-275＜1

货物或应税劳务、服务名称	规格型号	单位	数量	单价	金额	税率	税额
*电子计算机*平板电脑	ZLP2000	台	5	3,000.00	15,000.00	3%	450.00
*计算机外部设备*移动硬盘	ZLY500	台	40	800.00	32,000.00	3%	960.00
合计					¥47,000.00		¥1,410.00
价税合计（大写）	⊗肆万捌仟肆佰壹拾元整				（小写）¥48,410.00		

销售方	名称：北京飞扬数码科技有限公司 纳税人识别号：911101087364811111 地址、电话：北京市大兴区康庄路甲23号010-88000258 开户行及账号：中国工商银行股份有限公司北京兴大支行02002198009300098765	备注	校验码 34553 02817 08249 65189

收款人：张新　复核：李丽　开票人：张新　销售方：（章）

第一联：记账联　销售方记账凭证

业务3：收到2019年12月16日销售商品普票。

销售商品：平板电脑15台×3 000元/台＝45 000元，不含税（税率为3%）。

客户名称：北京中益商贸有限公司。

纳税人识别号：91110108MA005AGH0G。

地址、电话：北京市海淀区嘉园一里1号院，010－85020011。

开户行及账号：工商银行菲巨路支行，020002510210188007599。

原始凭证如下图所示。

110016111240　北京增值税普通发票　№ 73653742　110016111240 73653742

记账联

机器编号：982888832524　开票日期：2019年12月16日

税总函[2016]××号×××公司

购买方	名称：北京中益商贸有限公司 纳税人识别号：91110108MA005AGH0G 地址、电话：北京市海淀区嘉园一里1号院010-85020011 开户行及账号：工行菲巨路支行020002510210188007599	密码区	172312-4-275＜1+46*54* 82*59* 181321＞＜8182*59*09618153＜/ ＜4＜3*2702-9＞9*+153＜/0＞2-3 *08/4＞*＞＞2-3*0/9/＞＞25-275＜2

货物或应税劳务、服务名称	规格型号	单位	数量	单价	金额	税率	税额
*电子计算机*平板电脑	ZLP2000	台	15	3,000.00	45,000.00	3%	1,350.00
合计					¥45,000.00		¥1,350.00
价税合计（大写）	⊗肆万陆仟叁佰伍拾元整				（小写）¥46,350.00		

销售方	名称：北京飞扬数码科技有限公司 纳税人识别号：911101087364811111 地址、电话：北京市大兴区康庄路甲23号010-88000258 开户行及账号：中国工商银行股份有限公司北京兴大支行02002198009300098765	备注	校验码 34553 02817 08249 65189

收款人：张新　复核：李丽　开票人：张新　销售方：（章）

第一联：记账联　销售方记账凭证

操作步骤

参照实训1，需要注意的有以下几点。

1. 代开专票生成凭证的操作步骤

（1）手工制单，新增凭证。

（2）选择业务类型，把代开改为自开，就可以选择业务类型。

注意：如果直接审核代开发票，会显示审核失败，需要对销售方的税号进行修改才能审核，但是，在操作这步之前我们应该先修改业务类型，否则只能通过手工制单生成凭证。

修改业务类型操作如图1－2－7所示。

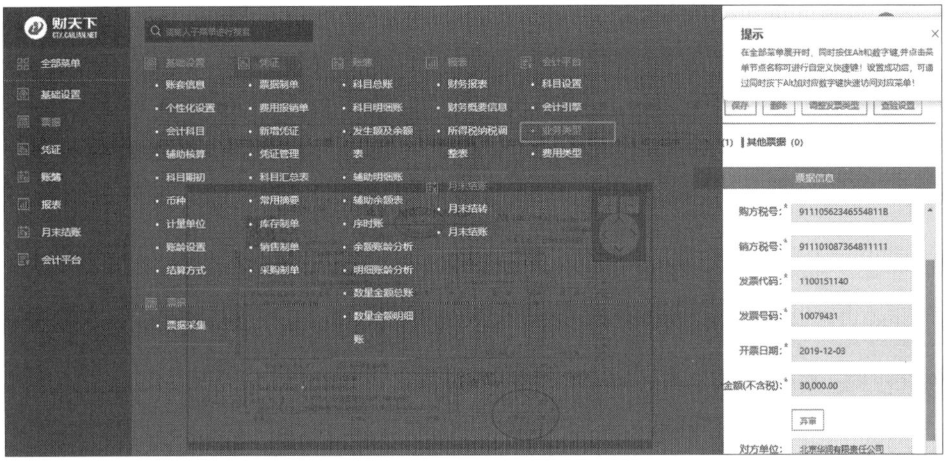

(a)

(b)

(c)

图 1-2-7

审核代开专票时若显示“发票号码为 10079431 的发票审核失败，销项发票的销方纳税人识别号必须和本单位的纳税人识别号一致”，如图 1－2－8 所示，那么此时需要修改销售方的税号，修改完成后审核结果如图 1－2－9 所示。

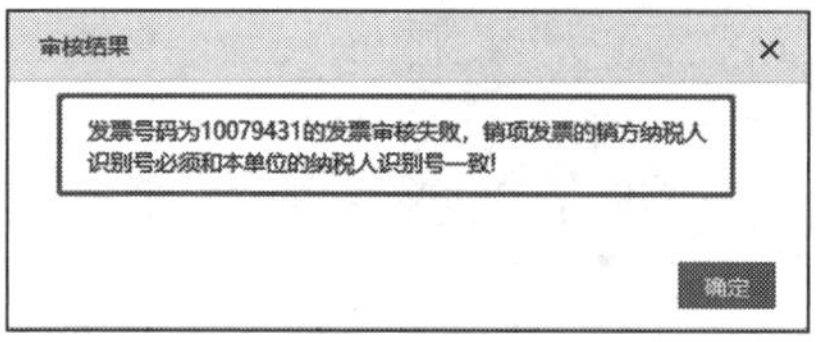

图 1－2－8

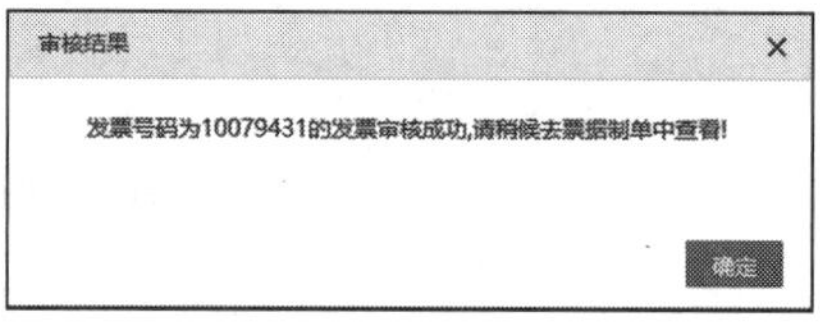

图 1－2－9

2. 银行回单操作步骤

新增凭证，选择单据图片，添加银行回单图片，如图 1－2－10 所示。

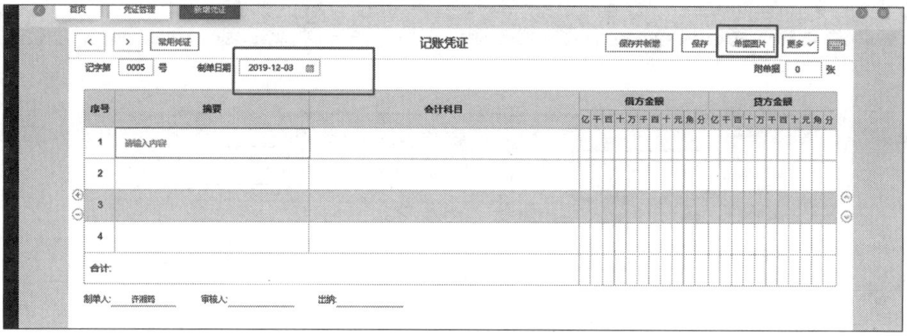

(a)

(b)

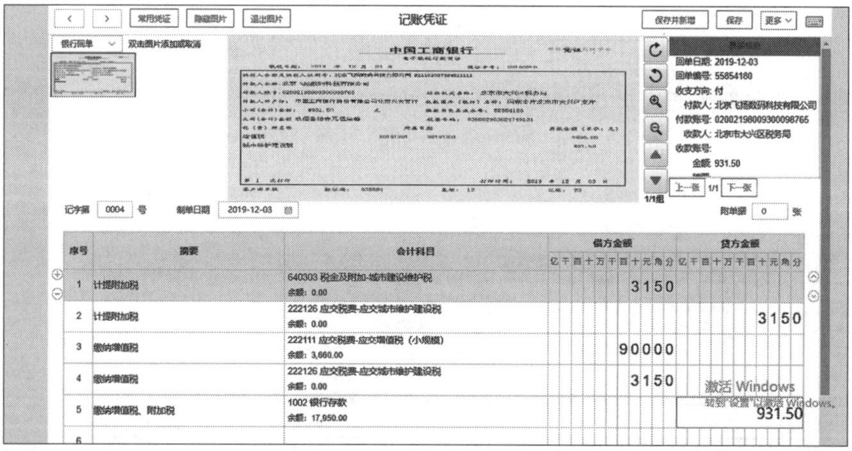

(c)

图 1－2－10

最后，审核本实训生成的凭证。

任务二　成本类发票整理与制单

操作视频 1-5

业务情景

深圳方圆财税共享服务中心 12 月 25 日收到北京陈鸿公司购进货物发票 2 张和飞扬公司购进货物发票 1 张。财税共享服务中心理票员张某对发票进行整理并记账。

准备知识

1. 成本类发票的概念

成本类发票是企业从事生产经营过程中，购进用于加工商品或销售商品所需要的原材料、动力或货物等从销售方获得的发票和票据，主要是指直接或间接记入“生产成本”“制造费用”等项目的发票和票据。

2. 获取成本类发票时的注意事项

下列成本类发票不予报销：

（1）没有填写企业纳税人识别号的普通发票。

（2）填写内容与实际交易不符的发票。

（3）备注栏填写项目不全的发票。

（4）盖章不规范的发票。

（5）未填付款方全称的发票。

不得开具增值税专用发票的情况有：

（1）商业企业一般纳税人零售消费品不得开具增值税专用发票。

（2）单用途卡发卡企业或售卡企业向购卡人、充值人开具增值税普通发票，不得开具增值税专用发票。

（3）支付机构销售多用途卡，可向购卡人、充值人开具增值税普通发票，不得开具增值税专用发票。

业务操作

实训 1

票据处理岗：票据整理。

会计核算岗：制单。

根据以下任务信息，对飞扬公司成本类票据进行整理、制单。

业务：收到 2019 年 12 月 18 日采购发票。

采购商品：平板电脑 20 台×2 000 元/台＝40 000 元，含税金额（税率为 3%）；

移动硬盘 50 台×500 元/台＝25 000 元，含税金额（税率为 3%）。

供应商名称：北京顺天科技有限公司。

纳税人识别号：9111010573795WA805。

地址、电话：北京市朝阳区安华西里三区 1 号楼，010－85666666。

开户行及账号：中国建设银行安华西里支行，11006022401806367。

原始凭证如下图所示。

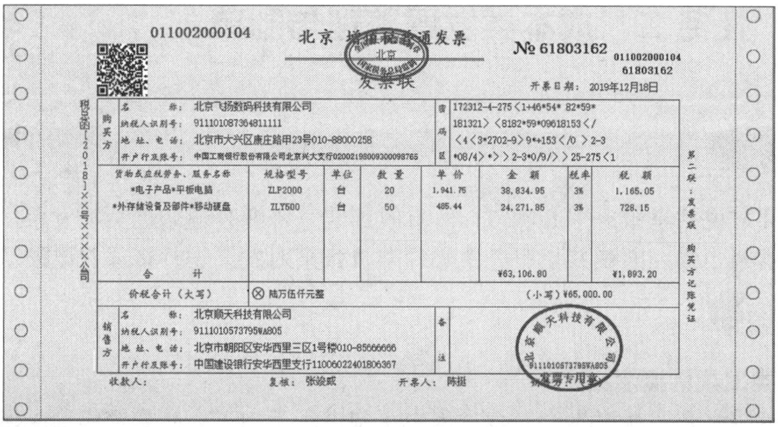

011002000104 北京增值税普通发票 № 61803162 011002000104 61803162

发票联

开票日期：2019年12月18日

税总函〔2018〕××号××××公司

购买方	
名　　称：	北京飞扬数码科技有限公司
纳税人识别号：	911101087364811111
地址、电话：	北京市大兴区康庄路甲23号010-88000258
开户行及账号：	中国工商银行股份有限公司北京兴大支行02002198009300098765

密码区：172312-4-275＜1+46*54* 82*59* 181321＞＜8182*59*09618153＜/ ＜4＜3*2702-9＞9*+153＜/0 ＞2-3 *08/4＞*＞＞2-3*0/9/＞＞25-275＜1

货物或应税劳务、服务名称	规格型号	单位	数量	单价	金额	税率	税额
*电子产品*平板电脑	ZLP2000	台	20	1,941.75	38,834.95	3%	1,165.05
*外存储设备及部件*移动硬盘	ZLY500	台	50	485.44	24,271.85	3%	728.15
合计					¥63,106.80		¥1,893.20
价税合计（大写）	⊗陆万伍仟元整				（小写）¥65,000.00		

销售方	
名　　称：	北京顺天科技有限公司
纳税人识别号：	9111010573795WA805
地址、电话：	北京市朝阳区安华西里三区1号楼010-85666666
开户行及账号：	中国建设银行安华西里支行11006022401806367

备注

收款人：　复核：张竣威　开票人：陈挺　销售方：（章）

第二联：发票联　购买方记账凭证

操作步骤

本实训操作步骤与本工作领域的任务一相同，具体步骤请参照任务一，这里不做详解。

实训 2

票据处理岗：票据整理。

会计核算岗：制单。

根据以下任务信息，对陈鸿公司成本类票据进行整理、制单。

业务 1：收到 2019 年 12 月 13 日采购专票。

采购商品：嘻哈哈矿泉水 12 000 箱×12 元/箱＝144 000 元，不含税（税率为 13%）。

供应商名称：北京嘻哈哈饮品有限公司。

纳税人识别号：91110106556688588H。

地址、电话：北京市朝阳区安华西里三区 1 号楼 2－1，010－88032056。

开户行及账号：中国建设银行安华北里支行，11006022401806662。

其中，收到的专用发票已认证，抵扣联另行保管，不做附件。

原始凭证如下图所示。

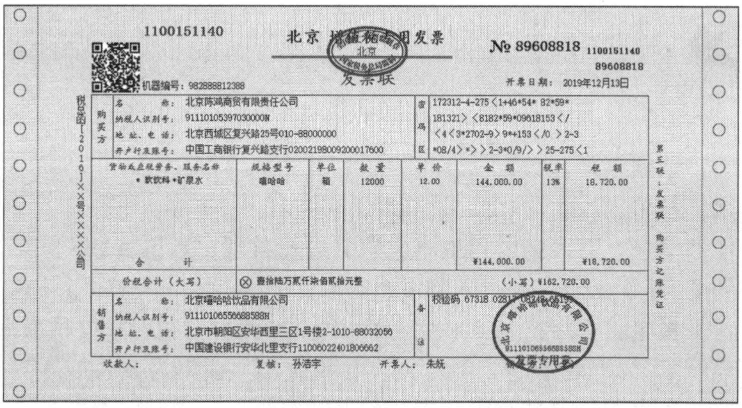

1100151140 北京增值税专用发票 № 89608818 1100151140 89608818

发票联

机器编号：982888812388

开票日期：2019年12月13日

税总函〔2016〕××号××××公司

购买方	
名　　称：	北京陈鸿商贸有限责任公司
纳税人识别号：	91110105397030000N
地址、电话：	北京西城区复兴路25号010-88000000
开户行及账号：	中国工商银行复兴路支行0200219800920017600

密码区：172312-4-275＜1+46*54* 82*59* 181321＞＜8182*59*09618153＜/ ＜4＜3*2702-9＞9*+153＜/0 ＞2-3 *08/4＞*＞＞2-3*0/9/＞＞25-275＜1

货物或应税劳务、服务名称	规格型号	单位	数量	单价	金额	税率	税额
*软饮料*矿泉水	嘻哈哈	箱	12000	12.00	144,000.00	13%	18,720.00
合计					¥144,000.00		¥18,720.00
价税合计（大写）	⊗壹拾陆万贰仟柒佰贰拾元整				（小写）¥162,720.00		

销售方	
名　　称：	北京嘻哈哈饮品有限公司
纳税人识别号：	91110106556688588H
地址、电话：	北京市朝阳区安华西里三区1号楼2-1010-88032056
开户行及账号：	中国建设银行安华北里支行11006022401806662

备注：校验码 67318 02817 08248 66195

收款人：　复核：孙浩宇　开票人：朱妩　销售方：（章）

第三联：发票联　购买方记账凭证

业务 2：收到 2019 年 12 月 17 日采购发票。

采购商品：方便面 2 000 箱×35 元/箱＝70 000 元，不含税（税率为 13%）。

供应商名称：北京面面聚食品有限公司。

纳税人识别号：91110105MA01KH6668。
地址、电话：北京市朝阳区信息路 33 号，010－88016532。
开户行及账号：中国银行股份有限公司朝阳支行，3454649146663。
其中，收到的专用发票已认证，抵扣联另行保管，不做附件。
原始凭证如下图所示。

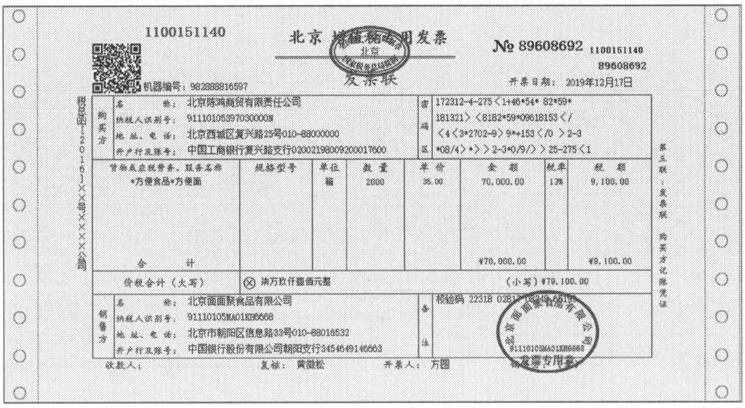

1100151140　北京增值税专用发票　№ 89608692　1100151140　89608692
发票联
机器编号：982888816597　开票日期：2019年12月17日

购买方	名称：北京陈鸿商贸有限责任公司 纳税人识别号：91110105397030000N 地址、电话：北京西城区复兴路25号010-88000000 开户行及账号：中国工商银行复兴路支行0200219800920017600	密码区	172312-4-275<1+46*54* 82*59* 181321><6182*59*09618153</ <4<3*2702-9>9*+153</0 >2-3 *08/4>*>>2-3*0/9/>>25-275<1

货物或应税劳务、服务名称	规格型号	单位	数量	单价	金额	税率	税额
*方便食品*方便面		箱	2000	35.00	70,000.00	13%	9,100.00
合计					¥70,000.00		¥9,100.00
价税合计（大写）	⊗柒万玖仟壹佰元整				（小写）¥79,100.00		

销售方	名称：北京面面聚食品有限公司 纳税人识别号：91110105MA01KH6668 地址、电话：北京市朝阳区信息路33号010-88016532 开户行及账号：中国银行股份有限公司朝阳支行3454649146663	备注	校验码 22318 02817 08248 6619

收款人：　复核：黄微松　开票人：方圆

操作步骤

本实训操作步骤与本工作领域的任务一相同，具体步骤请参照任务一，这里不做详解。

任务三　银行结算单据整理与制单

业务情景

深圳方圆财税共享服务中心 12 月 25 日收到北京陈鸿公司交来的转账支票 2 张、网银转账回单 4 张，收到飞扬公司交来的转账支票 1 张、网银转账回单 2 张。财税共享服务中心理票员张某对票据审核后进行整理并记账。

准备知识

1. 银行结算

银行结算是指通过银行账户的资金转移实现收付的行为，即银行接受客户委托代收代付，从付款单位存款账户划出款项，转入收款单位存款账户，以此完成经济单位之间债权债务的清算或资金的调拨。目前，国内银行结算方式主要有银行汇票、银行本票、支票、汇兑、委托收款、托收承付、信用卡、信用证等。

2. 银行结算单据

银行结算单据就是收付款双方及银行办理银行转账结算的书面凭证。它是银行结算的重要组成内容，也是银行办理款项划拨、收付款单位和银行进行会计核算的依据。

业务操作

实训 1

票据处理岗：银行结算单据整理。

会计核算岗：票据制单。

根据以下任务信息，对陈鸿公司的银行结算单据进行整理与制单。

业务 1：2019 年 12 月 1 日，收到北京爱佳生活超市有限公司转账支票 1 张，当日将转账支票存入银行，收到回单 1 张。

中国工商银行 进账单（回 单） 1

2019 年 12 月 01 日　　№ 76615258

出票人	全称	北京爱佳生活超市有限公司	收款人	全称	北京陈鸿商贸有限责任公司
	账号	020002511192000300066		账号	02002198009200017600
	开户银行	中国工商银行股份有限公司北京玛丽安路支行		开户银行	中国工商银行复兴路支行
金额	人民币（大写）	叁万玖仟贰佰肆拾元整	亿千百十万千百十元角分	¥39240.00	
票据种类		票据张数			
票据号码					
复核	记账		中国工商银行复兴路支行 2019.12.01 转讫		开户银行签章

此联是开户银行交给持（出）票人的回单

业务 2：2019 年 12 月 1 日，收到北京味道全餐饮有限公司网银转账电子回单 1 张。

中国工商银行 网上银行电子回单

电子回单号码：35466709012

付款人	户名	北京味道全餐饮有限公司	收款人	户名	北京陈鸿商贸有限责任公司
	账号	345464918970		账号	02002198009200017600
	开户银行	中国银行股份有限公司朝阳支行		开户银行	中国工商银行复兴路支行
金额		人民币（大写）：陆万柒仟捌佰元整			¥67,800.00 元
摘要			业务种类		
用途					
交易流水号		46114946509198	时间戳		2019-12-01
		备注：			中国工商银行复兴路支行 电子回单 专用章
		验证码：94027042			
记账网点	363	记账柜员	941	记账日期	2019年12月01日

打印日期：2019年12月01日

业务 3：2019 年 12 月 2 日，收到北京味道全餐饮有限公司网银转账电子回单 1 张。

中国工商银行 网上银行电子回单

电子回单号码：11419708432

付款人	户名	北京味道全餐饮有限公司	收款人	户名	北京陈鸿商贸有限责任公司
	账号	345464918970		账号	02002198009200017600
	开户银行	中国银行股份有限公司朝阳支行		开户银行	中国工商银行复兴路支行
金额		人民币（大写）：壹万叁仟伍佰陆拾元整			¥13,560.00 元
摘要			业务种类		
用途					
交易流水号		99971909086698	时间戳		2019-12-02
		备注：			中国工商银行复兴路支行 电子回单 专用章
		验证码：31291967			
记账网点	891	记账柜员	479	记账日期	2019年12月02日

打印日期：2019年12月02日

业务 4：2019 年 12 月 3 日，收到北京味道全餐饮有限公司转账支票 1 张，当日将转账支票存入银行，收到回单 1 张。

中国工商银行　进账单（回　单）　1

2019 年 12 月 03 日　№ 07160451

出票人	全称	北京味道全餐饮有限公司	收款人	全称	北京陈鸿商贸有限责任公司
	账号	345464918970		账号	02002198009200017600
	开户银行	中国银行股份有限公司朝阳支行		开户银行	中国工商银行复兴路支行
金额	人民币（大写）	壹拾叁万伍仟陆佰元整			

亿	千	百	十	万	千	百	十	元	角	分
		¥	1	3	5	6	0	0	0	0

票据种类		票据张数	
票据号码			

中国工商银行复兴路支行
2019.12.03
转讫

复核　记账　开户银行签章

此联是开户银行交给持（出）票人的回单

业务 5：2019 年 12 月 9 日，收到北京爱佳生活超市有限公司网银转账电子回单 1 张。

中国工商银行　网上银行电子回单

电子回单号码：67498852243

付款人	户名	北京爱佳生活超市有限公司	收款人	户名	北京陈鸿商贸有限责任公司
	账号	020002511192000300066		账号	02002198009200017600
	开户银行	中国工商银行股份有限公司北京[illegible]路支行		开户银行	中国工商银行复兴路支行
金额		人民币（大写）：壹拾柒万柒仟叁佰元整			¥177,300.00 元
摘要			业务种类		
用途		支付货款			
交易流水号		20478112229123	时间戳		2019-[illegible]-09
		备注：			
		验证码：78381228			
记账网点	633	记账柜员	212	记账日期	2019年12月09日

打印日期：2019年12月09日

中国工商银行复兴路支行
电子回单
专用章

业务 6：2019 年 12 月 17 日，以网银转账方式支付北京面面聚食品有限公司货款，收到网银转账电子回单 1 张。

中国工商银行　网上银行电子回单

电子回单号码：55716377657

付款人	户名	北京陈鸿商贸有限责任公司	收款人	户名	北京面面聚食品有限公司
	账号	02002198009200017600		账号	3454649146663
	开户银行	中国工商银行复兴路支行		开户银行	中国银行股份有限公司朝阳支行
金额		人民币（大写）：柒万玖仟壹佰元整			¥79,100.00 元
摘要			业务种类		
用途					
交易流水号		81302861580718	时间戳		2019-11-[illegible]
		备注：			
		验证码：50875953			
记账网点	458	记账柜员	872	记账日期	2019年12月17日

打印日期：2019年12月17日

中国工商银行复兴路支行
电子回单
专用章

操作步骤

业务 1 的操作步骤如下。

1. 导入银行回单

打开票据采集，通过教学平台图片/PDF 导入银行回单，如图 1－2－11 所示。

2. 审核

对银行回单进行审核，注意金额、收付款标识是否有误，若有误，需要对其进行修改，如图 1－2－12 所示。

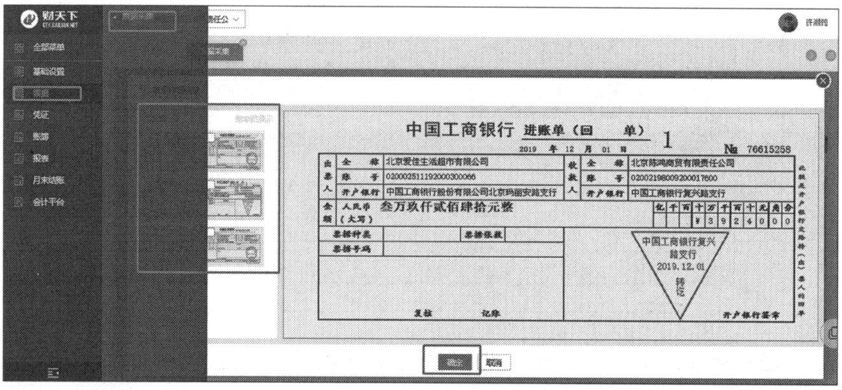

图 1－2－11

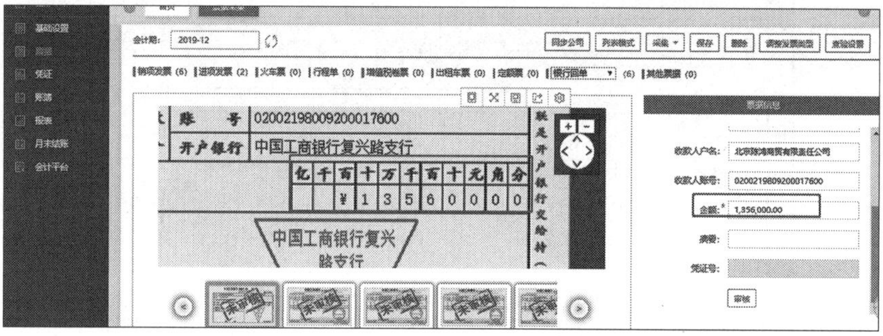

图 1－2－12

3. 新增凭证

点击“凭证”中的“新增凭证”，选择“单据图片”，在弹出的文本框中选择发票类型为“银行回单”，点击“查询”，如图 1－2－13 所示。双击要制单的原始凭证，输入该凭证分录。

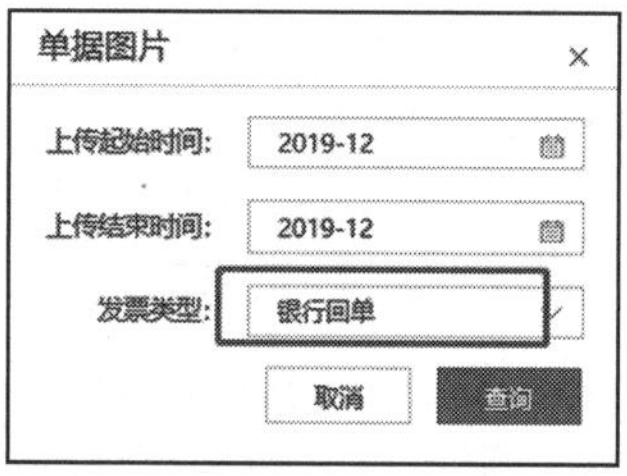

图 1－2－13

4. 保存凭证分录

保存已完成的凭证分录，并对其进行现金流量分类、签字及审核，如图 1－2－14 所示。

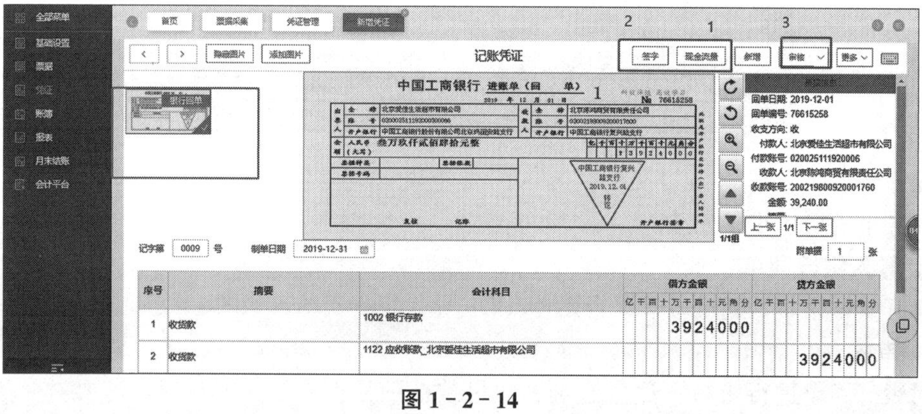

图 1－2－14

业务 2 至业务 6 的操作步骤请参考业务 1，这里不再详解。

实训 2

票据处理岗：银行结算单据整理。

会计核算岗：票据制单。

根据以下任务信息，对飞扬公司的银行结算单据进行整理与制单。

中国工商银行 网上银行电子回单

电子回单号码：11419708662

付款人	户名	北京华润有限责任公司	收款人	户名	北京飞扬数码科技有限公司
	账号	020065538888		账号	0200219800930009 8765
	开户银行	中国工商银行体育路分理处		开户银行	中国工商银行股份有限公司北京兴大支行
金额		人民币（大写）：叁万零玖佰元整 ¥30,900.00 元			
摘要			业务种类		
用途					
交易流水号		99971909087131	时间戳		2019-12-03
		备注： 验证码：31292341			
记账网点	639	记账柜员	523	记账日期	2019年12月03日

打印日期：2019年12月03日

中国工商银行北京兴大支行 电子回单 专用章

中国工商银行 网上银行电子回单

电子回单号码：67498851267

付款人	户名	北京中益商贸有限公司	收款人	户名	北京飞扬数码科技有限公司
	账号	0200025102101880 07599		账号	0200219800930009 8765
	开户银行	工行菲巨路支行		开户银行	中国工商银行股份有限公司北京兴大支行
金额		人民币（大写）：肆万陆仟叁佰伍拾元整 ¥46,350.00 元			
摘要			业务种类		
用途		支付货款			
交易流水号		20478112229256	时间戳		2019-12-[illegible]
		备注： 验证码：78381228			
记账网点	631	记账柜员	212	记账日期	2019年12月16日

打印日期：2019年12月16日

中国工商银行北京兴大支行 电子回单 专用章

中国工商银行
转账支票存根

10201120
65618787

附加信息

出票日期 2019年 12 月 17 日

收款人：	北京顺天科技有限公
金　额：	¥65,000.00
用　途：	支付货款

单位主管 刘洋　会计 李丽

××印务有限公司·××年印制

操作步骤

实训 2 的操作步骤请参考本任务实训 1 中业务 1，这里不再详解。

任务四　费用类发票整理与制单

业务情景

深圳方圆财税共享服务中心 12 月 25 日收到北京陈鸿公司送来的房屋租金普通发票 1 张、购买办公用品普通发票 1 张、餐饮服务普通发票 1 张、飞机票 2 张、酒店住宿发票 1 张、网上银行电子回单 2 张、折旧明细表 1 张、工资表 1 张和“五险一金”计提明细表 1 张。理票员张某负责整理票据并记账。

准备知识

1. 费用和费用类发票的概念

费用是企业在日常活动中发生的、会导致所有者权益减少的、与向所有者权益分配利润无关的经济利益的总流出，包括生产成本和期间费用。

这里的费用类发票是指计入企业期间费用的票据，主要是记入“管理费用”“销售费用”“财务费用”的发票。

2. 整理发票注意事项

在整理费用类发票时，首先划分费用类发票业务类型，然后将划分好业务类型的发票进行计数、粘贴并做好标注，最后根据业务内容判断需要记入的费用科目。

3. 记入费用科目

按照会计核算制度的要求，根据费用经济业务内容来判断所要登记的科目。例如，火车票和机票费用记入“管理费用——差旅费”科目；出租车费用记入“管理费用——交通费”科目；外地住宿类、餐饮和购买礼品等费用记入“管理费用——业务招待费”科目。

业务操作

实训

票据处理岗：费用类票据整理。

会计核算岗：票据制单。

根据以下任务信息，对北京陈鸿公司的费用类票据进行整理与制单。

业务 1：2019 年 12 月 2 日，行政部取得一张房屋租金普通发票并以转账支票支付。

物业公司名称：北京祥盛物业有限公司。

纳税人识别号：91110105786521093Y。

地址、电话：北京市朝阳区甜水园街 3 号院，010－65876658。

开户行及账号：中国工商银行股份有限公司甜水园街支行，010005674392000336548。

不含税金额 3 000 元，税率 5%，税额 150 元。

原始凭证如下图所示。

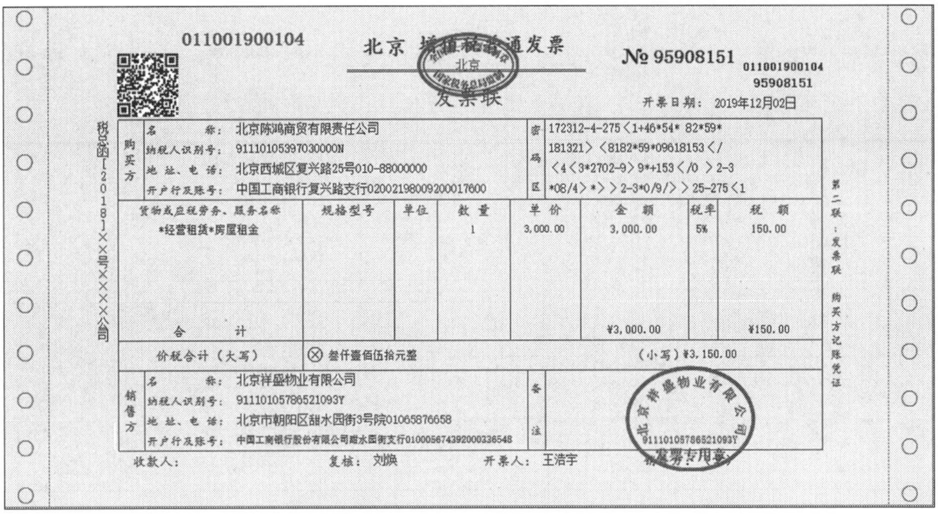

011001900104　　北京增值税普通发票　　№ 95908151　011001900104 95908151

发票联　　开票日期：2019年12月02日

购买方	名　　称：北京陈鸿商贸有限责任公司 纳税人识别号：91110105397030000N 地 址、电 话：北京西城区复兴路25号010-88000000 开户行及账号：中国工商银行复兴路支行0200219800920001760	密码区：172312-4-275＜1+46*54* 82*59* 181321＞＜8182*59*09618153＜/ ＜4＜3*2702-9＞9*+153＜/0 ＞2-3 *08/4＞*＞＞2-3*0/9/＞＞25-275＜1

货物或应税劳务、服务名称	规格型号	单位	数量	单价	金额	税率	税额
*经营租赁*房屋租金			1	3,000.00	3,000.00	5%	150.00
合　　计					¥3,000.00		¥150.00
价税合计（大写）	⊗叁仟壹佰伍拾元整				（小写）¥3,150.00		

销售方	名　　称：北京祥盛物业有限公司 纳税人识别号：91110105786521093Y 地 址、电 话：北京市朝阳区甜水园街3号院01065876658 开户行及账号：中国工商银行股份有限公司甜水园街支行010005674392000336548	备注

收款人：　　复核：刘焕　　开票人：王浩宇

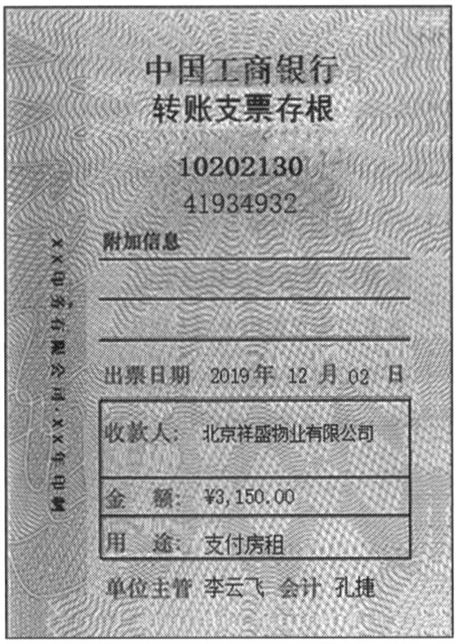

中国工商银行
转账支票存根
10202130
41934932
附加信息
出票日期　2019年 12 月 02 日
收款人：　北京祥盛物业有限公司
金　额：¥3,150.00
用　途：支付房租
单位主管　李云飞　会计　孔捷

业务 2：2019 年 12 月 3 日，行政部购入办公用品，取得一张普票并以现金支付。

销售方名称：北京爱佳生活超市有限公司。

纳税人识别号：91110105567900000Y。

地址、电话：北京市朝阳区北沙滩 31 号院，010－58761111。

开户行及账号：中国工商银行股份有限公司北京玛丽安路支行，020002511192000300066。

金额 600 元，税率 3%，税额 18 元。

原始凭证如下图所示。

办公用品明细表

商品名称	规格型号	数量	单位	单价	不含税金额	税额	价税合计
订书机	得力	2	个	30.00	60.00	1.80	61.80
打印纸	A4	5	箱	100.00	500.00	15.00	515.00
中性笔	得力	2	盒	20.00	40.00	1.20	41.20
合计					600.00	18.00	618.00

011001900104

北京增值税普通发票

北京

发票联

№ 95908201

011001900104
95908201

开票日期：2019年12月03日

税总函[2018]××号××××公司

购买方	
名称：	北京陈鸿商贸有限责任公司
纳税人识别号：	91110105397030000N
地址、电话：	北京西城区复兴路25号010-88000000
开户行及账号：	中国工商银行复兴路支行02002198009200017600

密码区：172312-4-275<1+46*54* 82*59* 181321><8182*59*09618153</ <4<3*2702-9>9*+153</0 >2-3 *32/2>*>>6-3*0/9/>>08-011<0

货物或应税劳务、服务名称	规格型号	单位	数量	单价	金额	税率	税额
*文化办公用设备*订书机	得力	个	2	30.00	60.00	3%	1.80
*纸制品*打印纸	A4	箱	5	100.00	500.00	3%	15.00
* 文具 *中性笔	得力	盒	2	20.00	40.00	3%	1.20
合计					¥600.00		¥18.00
价税合计（大写）	⊗ 陆佰壹拾捌元整				（小写）¥618.00		

销售方	
名称：	北京爱佳生活超市有限公司
纳税人识别号：	91110105567900000Y
地址、电话：	北京市朝阳区北沙滩31号院010-58761111
开户行及账号：	中国工商银行股份有限公司北京玛丽安路支行020002511192000300066

备注：北京爱佳生活超市有限公司 91110105567900000Y 发票专用章

收款人：　复核：刘少军　开票人：王婉　销售方：（章）

第二联：发票联　购买方记账凭证

业务 3：2019 年 12 月 9 日，销售部报销业务招待费并以现金支付。

餐厅名称：北京齐野家快餐有限公司。

纳税人识别号：911100006000650191。

地址、电话：北京市西城区新街口南大街 28 号，010－65225566。

开户行及账号：中国工商银行股份有限公司北京新世界支行，0200080409024507120。

金额 888.68 元，税率 6%，税额 53.32，总额 942 元。

原始凭证如下图所示。

中联教育 教学专用

北京增值税电子普通发票

全国统一发票监制章 国家税务总局 教学专用

发票代码:110032756552
发票号码:72756566
开票日期:2019 年 12月 09日
校 验 码10391801572757670857

机器编号:1572756552489

购买方	
名称：	北京陈鸿商贸有限责任公司
纳税人识别号：	91110105397030000N
地址、电话：	北京西城区复兴路25号010-88000000
开户行及账号	中国工商银行复兴路支行02002198009200017600

密码区：+-554-2<66349040--8172495+<-4 --777<12<7590>*196/656+-64>5 +<355>+1-983*/9+169+4-299/++ 200->3/*-5636<62143>3<>28073

货物或应税劳务、服务名称	规格型号	单位	数量	单价	金额	税率	税额
*餐饮服务*餐费			1	888.68	888.68	6%	53.32
合计					¥888.68		¥53.32
价税合计（大写）	⊗ 玖佰肆拾贰元整				（小写）¥942.00		

销售方	
名称：	北京齐野家快餐有限公司
纳税人识别号：	911100006000650191
地址、电话：	北京市西城区新街口南大街28号010-65225566
开户行及账号	中国工商银行股份有限公司北京新世界支行0200080409024507120

备注：北京齐野家快餐有限公司 911100006000650191 发票专用章

收款人:杨伟　复核:郭春　开票人:杨伟　销售方:（章）

业务 4：2019 年 12 月 23 日，行政部报销差旅费并以网上银行转账形式支付。

酒店名称：成都便程旅行社有限公司。

纳税人识别号：915101007978018408。

地址、电话：成都市新都区天府四街 188 号 C 栋 101 室，028－65338866。

开户行及账号：招商银行成都小天支行，281083478710001。

住宿费不含税金额 215.09 元，税率 6%，税额 12.91 元，总额 228 元。

原始凭证如下图所示。

航空运输电子客票行程单 ITINERARY/RECEIPT OF E-TICKET FOR AIR TRANSPORT

印刷序号：SERIAL NUMBER: 07735237773

旅客姓名 NAME OF PASSENGER：李云飞
有效身份证件号码 ID.NO.：341221198112081313
签注 ENDORSEMENTS/RESTRICTIONS (CARBON)：不得签转

	承运人 CARRIER	航班号 FLIGHT	座位等级 CLASS	日期 DATE	时间 TIME	客票级别/客票类别 FARE BASIS	客票生效日期 NOT VALID BEFORE	有效截止日期 NOT VALID AFTER	免费行李 ALLOW
自 FROM 北京首都	T2	CA1415	X	2019-12-22	09:55	X			20K
至 TO 成都双流				2019-12-22	12:50				
至 TO									
至 TO									
至 TO									

票价 FARE：CNY ¥800.00　机场建设费 AIRPORT TAX：CN ¥90.00　燃油附加费 FUEL SURCHARGE：YQ ¥50.00　其他税费 OTHER TAXES：¥306.00　合计 TOTAL：CNY ¥1,246.00

电子客票号码 E-TICKET NO.：880-2124815111　验证码 CK.：8688　提示信息 INFORMATION　保险费 INSURANCE：XXX

销售单位代号 AGENT CODE：PEK666　填开单位 ISSUED BY：成都航空有限公司　填开日期 DATE OF ISSUE：2019年12月22日

验真网址：WWW.TRAVELSKY.COM　服务热线：400-815-8888　短信验真：发送JP至10669018

航空运输电子客票行程单 ITINERARY/RECEIPT OF E-TICKET FOR AIR TRANSPORT

印刷序号：SERIAL NUMBER: 07735237782

旅客姓名 NAME OF PASSENGER：李云飞
有效身份证件号码 ID.NO.：341221198112081313
签注 ENDORSEMENTS/RESTRICTIONS (CARBON)：不得签转

	承运人 CARRIER	航班号 FLIGHT	座位等级 CLASS	日期 DATE	时间 TIME	客票级别/客票类别 FARE BASIS	客票生效日期 NOT VALID BEFORE	有效截止日期 NOT VALID AFTER	免费行李 ALLOW
自 FROM 成都双流	T1	CZ9921	X	2019-12-23	12:15	X			20K
至 TO 北京首都				2019-12-23	14:50				
至 TO									
至 TO									
至 TO									

票价 FARE：CNY ¥800.00　机场建设费 AIRPORT TAX：CN ¥90.00　燃油附加费 FUEL SURCHARGE：YQ ¥50.00　其他税费 OTHER TAXES：¥306.00　合计 TOTAL：CNY ¥1,246.00

电子客票号码 E-TICKET NO.：880-2124815111　验证码 CK.：3356　提示信息 INFORMATION　保险费 INSURANCE：XXX

销售单位代号 AGENT CODE：PEK666　填开单位 ISSUED BY：成都航空有限公司　填开日期 DATE OF ISSUE：2019年12月23日

验真网址：WWW.TRAVELSKY.COM　服务热线：400-815-8888　短信验真：发送JP至10669018

051002000104　四川增值税普通发票　№ 72016675　051002000104　72016675

发票联　开票日期：2019年12月23日

购买方　名称：北京陈鸿商贸有限责任公司
纳税人识别号：91110105397030000N
地址、电话：北京西城区复兴路25号010-88000000
开户行及账号：中国工商银行复兴路支行0200219800920001760

密码区：172312-4-275〈1+46*54* 82*59* 181321〉〈8182*59*09618153〈/ 〈4〈3*2702-9〉9*+153〈/0 〉2-3 *08/4〉*〉〉2-3*0/9/〉〉25-275〈1

货物或应税劳务、服务名称	规格型号	单位	数量	单价	金额	税率	税额
*经纪代理服务*代订酒店产品			1	215.09	215.09	6%	12.91
合计					¥215.09		¥12.91

价税合计（大写）ⓧ贰佰贰拾捌元整　（小写）¥228.00

销售方　名称：成都便程旅行社有限公司
纳税人识别号：91510117978018408
地址、电话：成都市新都区天府四街188号C栋101室028-65338866
开户行及账号：招商银行成都小天支行281083478710001

备注

收款人：何武　复核：李梓涵　开票人：何武

第二联：发票联 购买方记账凭证

税总函[2018]××号××××公司

业务 5：2019 年 12 月 30 日，计提折旧。

货车原值为 100 000 元，折旧年限为 4 年，残值率为 5%，月折旧额为 1 979.17 元。

陈鸿公司固定资产折旧明细表　单位：元

使用部门	固定资产名称	月初原值	使用年限	残值率	本月应提折旧额
行政部	货车	100000	4	5%	1979.17

中国工商银行 网上银行电子回单

电子回单号码：60133095982

付款人	户名	北京陈鸿商贸有限责任公司	收款人	户名	李云飞
	账号	0200219800920017600		账号	6298172007883987
	开户银行	中国工商银行复兴路支行		开户银行	中国工商银行复兴路支行
金额		人民币（大写）：贰仟柒佰贰拾元整			¥2,720.00 元
摘要			业务种类		
用途					
交易流水号		55300308229572	时间戳		2019-12-24
		备注： 验证码：96630589			
记账网点	445	记账柜员	023	记账日期	2019年12月24日

中国工商银行复兴路支行 电子回单 专用章

打印日期：2019年12月24日

业务 6：2019 年 12 月 30 日，计提工资、“五险一金”，发放工资。

原始凭证如下：

陈鸿公司2019年12月工资表

工号	*姓名	部门	*证件类型	*证件号码	收入信息			扣款信息			应发合计	专项扣除				其他扣除	税前合计	个人所得税	实发合计	备注
					基本工资	岗位津贴	绩效奖金	缺勤扣款	请假扣款	迟到扣款		基本养老保险	基本医疗保险	失业保险费	住房公积金					
20190001	李云飞	行政部	居民身份证	341221198112081313	5000.00	200.00					5200.00	400.00	100.00	10.00	600.00		4090.00		4090.00	
20190002	张大彪	行政部	居民身份证	341221198311230949	3500.00	200.00			100.00		3600.00	280.00	70.00	7.00	420.00		2823.00		2823.00	
20190003	孔捷	行政部	居民身份证	251321198804031216	3500.00	200.00					3700.00	280.00	70.00	7.00	420.00		2923.00		2923.00	
20190004	赵刚	采购部	居民身份证	521221198912081317	3000.00	200.00					3200.00	240.00	60.00	6.00	360.00		2534.00		2534.00	
20190005	楚静	库管部	居民身份证	211101198408110330	3000.00	200.00					3200.00	240.00	60.00	6.00	360.00		2534.00		2534.00	
20190006	魏尚	销售部	居民身份证	121521199006210629	3200.00	200.00	300.00				3700.00	256.00	64.00	6.40	384.00		2989.60		2989.60	
20190007	田雨	销售部	居民身份证	11012119881208112X	3200.00	200.00	300.00		200.00		3500.00	256.00	64.00	6.40	384.00		2789.60		2789.60	
20190008	李斯	销售部	居民身份证	281221199312081861	3200.00	200.00	300.00				3700.00	256.00	64.00	6.40	384.00		2989.60		2989.60	
合计					27600.00	1600.00	900.00	0.00	300.00	0.00	29800.00	2208.00	552.00	55.20	3312.00	0.00	23672.80	0.00	23672.80	

陈鸿公司2019年12月五险一金计提明细表

工号	*姓名	部门	*证件类型	*证件号码	计提基数	企业承担部分					
						基本养老保险	基本医疗保险	失业保险费	工伤保险费	生育保险费	住房公积金
20190001	李云飞	行政部	居民身份证	341221198112081313	5000.00	800.00	500.00	40.00	10.00	40.00	600.00
20190002	张大彪	行政部	居民身份证	341221198311230949	3500.00	560.00	350.00	28.00	7.00	28.00	420.00
20190003	孔捷	行政部	居民身份证	251321198804031216	3500.00	560.00	350.00	28.00	7.00	28.00	420.00
20190004	赵刚	采购部	居民身份证	521221198912081317	3000.00	480.00	300.00	24.00	6.00	24.00	360.00
20190005	楚静	库管部	居民身份证	211101198408110330	3000.00	480.00	300.00	24.00	6.00	24.00	360.00
20190006	魏尚	销售部	居民身份证	121521199006210629	3200.00	512.00	320.00	25.60	6.40	25.60	384.00
20190007	田雨	销售部	居民身份证	11012119881208112X	3200.00	512.00	320.00	25.60	6.40	25.60	384.00
20190008	李斯	销售部	居民身份证	281221199312081861	3200.00	512.00	320.00	25.60	6.40	25.60	384.00
合计					27600.00	4416.00	2760.00	220.80	55.20	220.80	3312.00

中国工商银行 网上银行电子回单

电子回单号码：08375021078

付款人	户名	北京陈鸿商贸有限责任公司	收款人	户名	北京陈鸿商贸有限责任公司
	账号	0200219800920017600		账号	0200219800920017600
	开户银行	中国工商银行复兴路支行		开户银行	中国工商银行复兴路支行
金额		人民币（大写）：贰万叁仟陆佰柒拾贰元捌角整			¥23,672.80 元
摘要			业务种类		
用途		支付工资			
交易流水号		77837222652127	时间戳		2019-
		备注： 验证码：35649228			
记账网点	835	记账柜员	413	记账日期	2019年12月30日

中国工商银行复兴路支行 电子回单 专用章

打印日期：2019年12月30日

操作步骤

（1）通过“票据采集”将发票添加到系统里面，并对其进行分类审核。

（2）通过“新增会计”添加会计分录，并把每一张原始单据添加到分录里面，如图 1－2－15 所示。

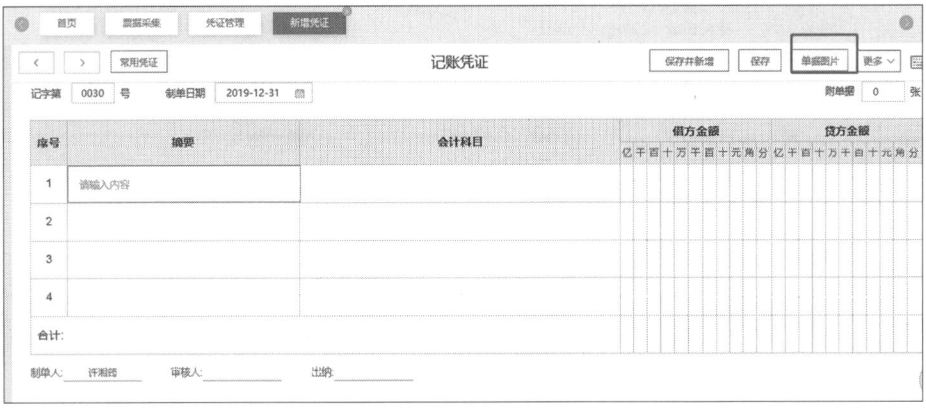

图 1-2-15

（3）对需要签字的凭证进行签字。

（4）完成上述操作之后，要结转本月的损益类、本年利润等科目（如果预置结转方案没有设置该项操作，可通过自定义结转方案进行设置），如图 1-2-16 所示。

(a)

(b)

预置结转方案
自定义结转方案
会计期: 2019-12
计提所得税
金额: 11,711.98元
查看凭证
重新计算
结转所得税
金额: 11,711.98元
查看凭证
重新计算
结转本年利润
金额: 222,527.67元
查看凭证
重新计算
新增结转方案

(c)

图 1-2-16

工作领域三

中小微企业财税规范性审核

财税规范性审核业务综述

操作视频 1-6

（1）业务范围：各类财税业务审核。

（2）业务分类：日常业务、季度财税业务。

（3）业务流程：

增值税审核业务：复核会计科目余额→复核销售发票→复核采购发票→复核增值税减免税额→复核增值税季度（月度）申报表。

所得税审核业务：复核会计科目余额→复核利润表数据→复核企业所得税减免税额→复核企业所得税季度（年度）申报表。

（4）技能目标：掌握法规、会用设备、熟悉流程，会审核各类会计凭证和财务报表。

任务一　日常财务业务审核

业务情景

深圳方圆财税共享服务中心的王某是财务管家，负责审核北京陈鸿公司和飞扬公司的原始票据、记账凭证和财务报表。

准备知识

1. 账务审核

账务审核是对会计业务的再审核，主要是审核会计事项是否真实、处理是否得当、会计科目使用是否正确等。

2. 常规项目审核内容

（1）原始票据审核。

（2）记账凭证审核。

（3）科目余额表审核。

（4）财务报表审核。

业务操作

实训

审核/管家岗：日常财务业务审核。

对工作领域二中任务一至任务四中陈鸿公司日常票据所生成的凭证进行审核。

操作步骤

（1）进入“凭证”中的“凭证管理”如图 1－3－1 所示。

图 1－3－1

（2）选择所有凭证，点击“审核”即可，如图 1－3－2 所示。

图 1－3－2

任务二　季度财税业务审核

业务情景

2020 年 1 月 5 日，深圳方圆财税共享服务中心财务管家郑小波对陈鸿公司的增值税申报表和企业所得税月（季）预缴纳税申报表进行审核。

准备知识

1. 增值税纳税人类别认定

“营改增”试点后，对提供应税服务纳税人的分类，还是沿用了《中华人民共和国增值税暂行条例》及其实施细则中纳税人的认定标准及管理原则，即划分为增值税一般纳税人（简称一般纳税人）和增值税小规模纳税人（简称小规模纳税人），基本依据是纳税人的会计核算是否健全，是否能够提供准确的税务资料，以及经营规模的大小（以年销售额为依据）。应税服务年销售额超过规定标准的纳税人为一般纳税人，未超过的则为小规模纳税人。

根据《关于统一增值税小规模纳税人标准的通知》（财税〔2018〕33号），自2018年5月1日起，为完善增值税制度，进一步支持中小微企业发展，统一增值税小规模纳税人标准如下：增值税小规模纳税人标准为年应征增值税销售额500万元及以下。

小规模纳税人实行简易征税办法。小规模纳税人会计核算健全，能够提供准确税务资料的，可以向主管税务机关申请登记为一般纳税人。

2. 计税方法

目前，我国对一般纳税人采用的计税方法是税款抵扣，具体计算公式如下：

当期应纳增值税税额＝销项税额－(进项税额－进项转出)－留抵税额等

3. 小微企业优惠政策

（1）增值税优惠政策。小规模纳税人可以享受月销售额不超过10万元（或季销售额不超过30万元）免征增值税的优惠政策。注意：若销售额超过这个额度，就要全额计征增值税。

（2）企业所得税优惠政策。小型微利企业年应税销售额不超过100万元的，减按25%计入应纳税所得额，按20%税率缴纳企业所得税；超过100万元不超过300万元的，减按50%计入应纳税所得额，按20%税率缴纳企业所得税。

业务操作

实训

审核/管家岗：纳税申报审核。

业务1：财税共享服务中心员工郑小波按照合同业务要求对陈鸿公司的增值税和企业所得税纳税申报进行审核，具体要求如下。

1. 一般纳税人月度增值税业务审核

（1）审核会计科目余额。

（2）审核销售收入金额、增值税进项税额。

（3）审核增值税减免税额。

（4）审核增值税月度申报表。

2. 一般纳税人季度所得税业务审核

（1）对各项收入、费用及利润表进行复核。

（2）审核所得税减免税额。

（3）对所得税季度申报表进行复核。

业务2：财税共享服务中心员工郑小波按照合同业务要求对飞扬公司的增值税和企业所得税纳税申报进行审核，具体要求如下。

1. 小规模纳税人季度增值税业务审核

（1）审核会计科目余额。

（2）审核销售发票收入。

（3）审核增值税减免税额。

（4）审核增值税季度申报表。

2. 小规模纳税人季度所得税业务审核

（1）对各项收入、费用及利润表进行复核。

（2）审核所得税减免税额。

（3）对所得税季度申报表进行复核。

操作步骤

1. 增值税业务复核

（1）小规模纳税人增值税业务复核。对小规模纳税人销售额的内容和规模进行复核，进而判断其是否具备免缴增值税的条件。若按月缴纳增值税，月度销售额不超过 10 万元；若按季度缴纳增值税，季度销售额规模不超过 30 万元。满足上述条件，可以进行增值税的免税申报。

（2）一般纳税人增值税业务复核。首先，对一般纳税人的进项税发票进行复核，对本期可以抵扣的进项税发票进行归类。其次，对销项税发票进行复核，复核发票开具是否符合要求、发票内容是否齐全、销项税额计算是否正确。再次，审核增值税减免情况，以及根据销售规模大小来判断其是否免征教育费附加、地方教育附加等。最后，复核增值税申报表的填写是否符合要求、内容是否完整、是否适用于一般纳税人。

2. 企业所得税业务复核

（1）复核企业的从业人数、资产总额、所得额规模，是否符合小型微利企业条件，从而享受小型微利企业普惠性所得税减免政策。

（2）核对企业所得税申报表收入、成本、利润等数据是否与科目余额表相关数据一致。

（3）根据国家的相关规定，界定增值税纳税人的性质，据此可以判断企业能否享受小型微利企业的各种优惠政策。

工作领域四

小规模纳税人纳税申报

操作视频 1-7

小规模纳税人纳税申报业务综述

（1）业务范围：小规模纳税人纳税申报业务。

（2）业务分类：增值税、企业所得税、个人所得税纳税申报。

（3）业务流程：结账生成报表→检查税表→检查减免政策→纳税申报。

（4）技能目标：掌握法规、会用设备、熟悉流程，能在智能化操作平台上对增值税和企业所得税进行纳税申报，能对专项附加扣除个人所得税费用进行正确的复核与申报。

任务一　增值税纳税申报

业务情景

许湘筠是深圳方圆财税共享服务中心报税岗的一名员工，其岗位职责是对客户的各项纳税项目进行纳税申报。2020 年 1 月 8 日，许湘筠对小规模纳税人北京飞扬数码科技有限公司的增值税进行季度纳税申报。

准备知识

1. 小规模纳税人增值税征收率

增值税对小规模纳税人采用简易征收办法，小规模纳税人适用的税率称为征收率。

考虑到小规模纳税人经营规模小，且会计核算不健全，难以按增值税税率计税和使用增值税专用发票抵扣进项税额，因此实行按销售额与征收率计算应纳税额的方法。自 2014 年 7 月 1 日起，小规模纳税人增值税征收率一律调整为 3%。

小规模纳税人（除其他个人外）销售自己使用过的固定资产，减按 2%征收率征收增值税。小规模纳税人只能够开具普通发票。

2. 小规模纳税人增值税的征收方式

小规模纳税人主要有三种征收方式：查账征收、查定征收和定期定额征收。

（1）查账征收。税务机关按照纳税人提供的账表所反映的经营情况，依照适用税率计算缴纳税款。这种方式一般适用于财务会计制度较为健全，能够认真履行纳税义务的纳税单位。

（2）查定征收。税务机关根据纳税人的从业人员、生产设备、采购原材料等因素，对其生产制作的应税产品核定产量、销售额并据以征收税款。这种方式一般适用于账册不够健全，但是能够控制原材料或进销货的纳税单位。

（3）定期定额征收。税务机关通过典型调查、逐户确定营业额和所得额并据以征税。这种方式一般适用于无完整考核依据的小型纳税单位。

3. 小规模纳税人增值税的税额计算

小规模纳税人按简易办法计算应纳税额，应纳税额计算公式为：

当期应纳税额＝不含税销售额×征收率

业务操作

实训

涉税服务岗：增值税纳税申报。

财税共享服务中心员工许湘筠按照合同业务要求对北京飞扬数码科技有限公司第四季度的增值税进行纳税申报，具体要求如下：

（1）审核销售收入记账凭证。

（2）审核科目余额表。

（3）生成并补充填写增值税纳税申报表，填写增值税减免税额。

（4）对增值税季度申报表检查无误后，进行纳税申报。

操作步骤

1. 进入纳税工作台

进入金税师，如图 1－4－1 所示，点击左侧菜单“纳税工作台”，如图 1－4－2 所示。

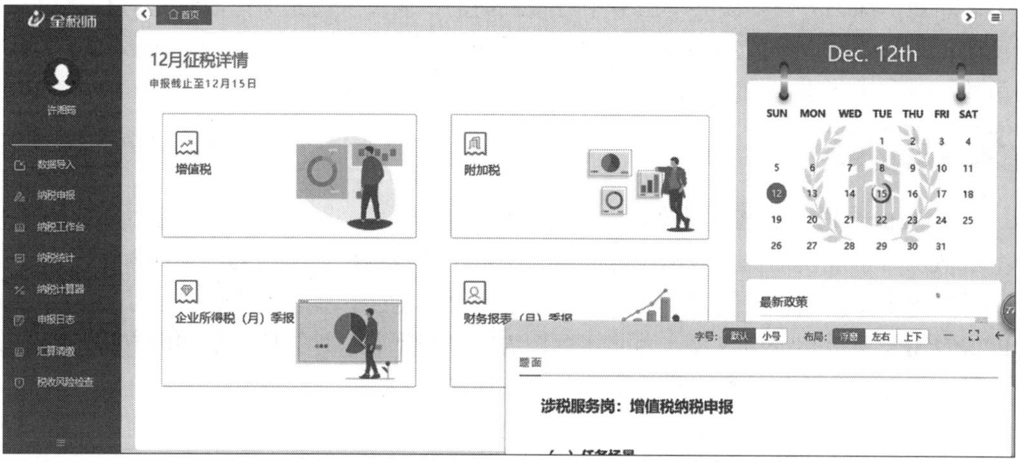

图 1－4－1

2. 生成纳税申报表

（1）查询与核对基本信息。选择并点击申报企业的公司名称，进行基本信息和税务信息的查询与核对，如图 1－4－3 所示。

（2）选择申报日期。在基本信息查实无误的情况下，通过查看税务信息确定增值税申报是按照月份进行申报后，返回选择“申报日期”。小规模纳税人增值税申报一般为季度申报，如申报 2019 年第四季度的增值税，则申报日期应选择 2020 年 1 月，如图 1－4－4 所示。

图 1-4-2

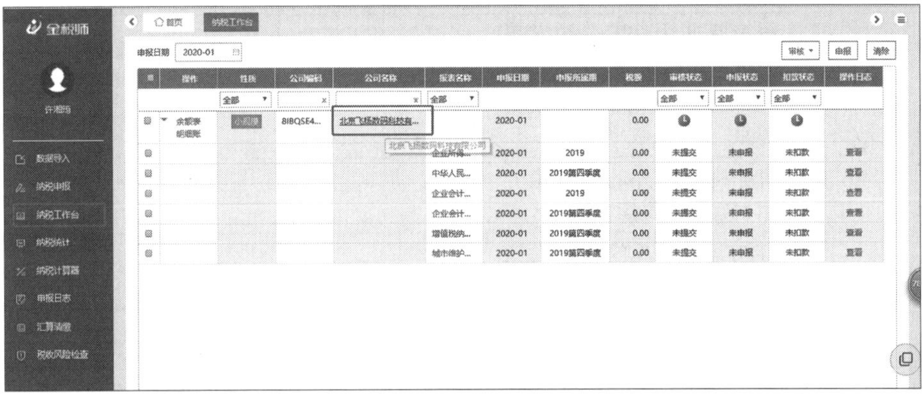

(a)

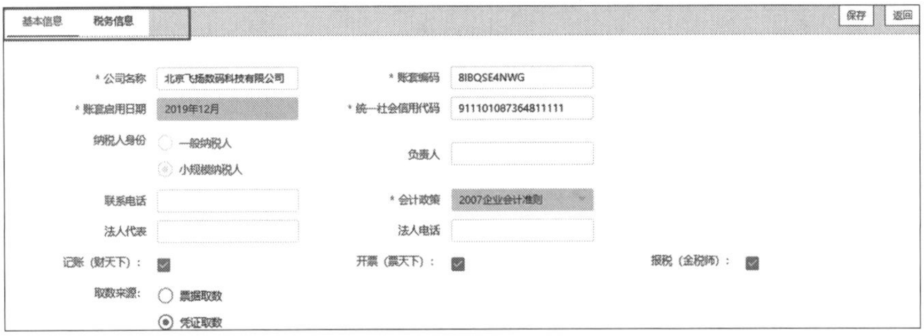

(b)

图 1-4-3

图 1-4-4

（3）纳税申报。选择申报日期后，选择所要申报的税种，点击查看。通过财天下的财务报表生成信息，可直接在金税师平台自动生成增值税纳税申报表（如表1－4－1所示），点击进入增值税申报页面。

表1－4－1 增值税纳税申报表（适用于增值税小规模纳税人）

税款所属时间自2019年10月01日到2019年12月31日

	项目	栏次	本期数		本年累计	
			货物及劳务	服务、不动产和无形资产	货物及劳务	服务、不动产和无形资产
一、计税依据	（一）应征增值税不含税销售额（3%征收率）	1	30 000.00	0.00	30 000.00	0.00
	税务机关代开的增值税专用发票不含税销售额	2	30 000.00	0.00	30 000.00	0.00
	税控器具开具的普通发票不含税销售额	3	0.00	0.00	0.00	0.00
	（二）应征增值税不含税销售额（5%征收率）	4	—	0.00	—	0.00
	税务机关代开的增值税专用发票不含税销售额	5	—	0.00	—	0.00
	税控器具开具的普通发票不含税销售额	6	—	0.00	—	0.00
	（三）销售使用过的应税固定资产不含税销售额	7（7≥8）		—	0.00	—
	其中：税控器具开具的普通发票不含税销售额	8		—	0.00	—
	（四）免税销售额	9＝10＋11＋12	92 000.00	0.00	92 000.00	0.00
	其中：小微企业免税销售额	10	92 000.00	0.00	92 000.00	0.00
	未达起征点销售额	11			0.00	0.00
	其他免税销售额	12			0.00	0.00
	（五）出口免税销售额	13（13≥14）			0.00	0.00
	其中：税控器具开具的普通发票销售额	14			0.00	0.00
二、税款计算	本期应纳税额	15	900.00	0.00	900.00	0.00
	本期应纳税额减征额	16	0.00	0.00	0.00	0.00
	本期免税额	17	2 760.00	0.00	2 760.00	0.00
	其中：小微企业免税额	18	2 760.00	0.00	2 760.00	0.00
	未达起征点免税额	19			0.00	0.00
	应纳税额合计	20＝15－16	900.00	0.00	900.00	0.00
	本期预缴税额	21	900.00	0.00	—	—
	本期应补（退）税额	22＝20－21	0.00	0.00	—	—

续表

<table>
<tr><td>*是否自行申报：</td><td>否</td><td colspan="2">*办理人员身份证件类型：</td><td></td><td>*办理人员身份证件号码</td><td></td></tr>
<tr><td rowspan="7">纳税人或代理人声明：本纳税申报表是根据国家税收法律法规及相关规定填报的，我确定它是真实的、可靠的、完整的。</td><td colspan="6">如纳税人填报，由纳税人填写以下各栏：</td></tr>
<tr><td colspan="3">办税人员：</td><td>财务负责人：</td><td colspan="2"></td></tr>
<tr><td colspan="3">法定代表人：</td><td>联系电话：</td><td colspan="2"></td></tr>
<tr><td colspan="6">如委托代理人填报，由代理人填写以下各栏：</td></tr>
<tr><td colspan="3">代理人名称（公章）：</td><td>经办人：</td><td colspan="2"></td></tr>
<tr><td colspan="3"></td><td>联系电话：</td><td colspan="2"></td></tr>
<tr><td colspan="6"></td></tr>
<tr><td colspan="2">主管税务机关：</td><td colspan="2">接收人：</td><td colspan="3">接收日期：</td></tr>
</table>

（4）税表检查审核并发送。核对增值税纳税申报表中的数据，收入金额是否与账面上一致，如果没有问题，依次点击“保存”“审核”“申报”即可，如图 1-4-5 所示。

图 1-4-5

（5）申报完增值税后对附加税进行申报，操作流程与增值税申报一致，这里不再详解。

任务二　企业所得税纳税申报

业务情景

2020 年 1 月 12 日，财税共享服务中心报税员李某对陈鸿公司（一般纳税人）的第四季度企业所得税进行纳税申报。

准备知识

1. 我国企业所得税的征税对象及税率

企业所得税的征税对象是我国内资企业和经营单位的生产经营所得、其他所得和清算所得。我国企业所得税实行比例税率，具体分为以下三档：

（1）基本税率是25%，适用于在中国境内设有机构、场所的，其所得来源于中国境内的居民企业，以及发生在中国境外但其所得与机构、场所有实际联系的非居民企业。

（2）低税率20%，适用于符合条件的小型微利企业和在中国境内未设有机构、场所，或虽有机构、场所但所得与机构、场所无关联的非居民企业。

（3）低税率15%，适用于国家重点扶持的高新技术企业和技术先进型服务企业。

2. 企业所得税税额计算公式

预缴时，企业一般按实际利润计算预缴所得税，计算公式如下：

应纳所得税额＝实际利润×税率

第二年汇算清缴时，计算公式如下：

应纳所得税额＝应纳税所得额×税率

3. 小型微利企业的优惠政策

根据《关于实施小微企业普惠性税收减免政策的通知》（财税〔2019〕13号），对小型微利企业年应纳税所得额不超过100万元的部分，减按25%计入应纳税所得额，按20%的税率缴纳企业所得税；对年应纳税所得额超过100万元但不超过300万元的部分，减按50%计入应纳税所得额，按20%的税率缴纳企业所得税。若小规模纳税人符合小型微利企业认定标准，可按优惠政策计算税额。

4. 企业所得税税额计算

企业所得税法定扣除项目是据以确定企业所得税应纳税所得额的项目。企业应纳税所得额，是企业的收入总额减去成本、费用、损失以及准予扣除项目的金额。成本是纳税人为生产、经营商品和提供劳务等所发生的各项直接耗费和各项间接费用；费用是指纳税人为生产经营商品和提供劳务等所发生的销售费用、管理费用和财务费用；损失是指纳税人在生产经营过程中的各项营业外支出、经营亏损和投资损失等。除此以外，在计算企业应纳税所得额时，对纳税人的财务会计处理和税收规定不一致的，应按照税收规定予以调整。企业所得税法定扣除项目除成本、费用和损失外，税收有关规定中还明确了一些需要进行纳税调整的扣除项目。

业务操作

实训

涉税服务岗：企业所得税纳税申报。

小规模纳税人每月将本期所有经济业务全部登入会计账簿后，进入财天下“月末结账”，点击“月末检查结账”按钮，自动完成结账，从而自动生成税表，如图1-4-6所示。

操作步骤

（1）进入金税师，点击左侧菜单“纳税工作台”，如图1-4-7所示。

（2）核对企业所得税报表中的收入、成本、利润总额等数据是否与财务报表一致。

（3）根据减免政策进行检查与计算。根据财政部、税务总局发布的《关于实施小微企业普惠性税收减免政策的通知》，核对企业的从业人数、资产规模、所得额等指标，判断企业是否享受税收优惠。

图 1-4-6

图 1-4-7

(4) 纳税申报。税表经核查无误后，依次点击“保存”“审核”“申报”按钮，如图 1-4-8 所示。

图 1-4-8

任务三 个人所得税纳税申报

业务情景

2020 年 1 月 10 日，财税共享服务中心报税员李某接到北京飞扬数码科技有限公司提供的工资表（如下图所示），经审核后，李某对飞扬数码科技有限公司的个人所得税进行纳税申报。

飞扬公司2019年12月工资表

工号	*姓名	部门	*证件类型	*证件号码	收入信息			扣款信息			应发合计	专项扣除				其他扣除	税前合计	个人所得税	实发合计	备注
					基本工资	岗位津贴	绩效奖金	缺勤扣款	请假扣款	迟到扣款		基本养老保险	基本医疗保险	失业保险费	住房公积金					
20190001	刘洋	销售部	居民身份证	341221199502081311	5000.00	200.00					5200.00	400.00	100.00	10.00	600.00		4090.00		4090.00	
20190002	张敏	库管部	居民身份证	341221198910030323	3500.00	200.00					3700.00	280.00	70.00	7.00	420.00		2923.00		2923.00	
20190003	李丽	行政财务部	居民身份证	251321199404013236	3500.00	200.00					3700.00	280.00	70.00	7.00	420.00		2923.00		2923.00	
20190004	赵芳	采购部	居民身份证	321221199210068972	3000.00	200.00					3200.00	240.00	60.00	6.00	360.00		2534.00		2534.00	
合计					15000.00	800.00	0.00	0.00	0.00	0.00	15800.00	1200.00	300.00	30.00	1800.00	0.00	12470.00	0.00	12470.00	

准备知识

1. 个人所得税纳税义务人

个人所得税是国家对本国公民、居住在本国境内的个人的所得和境外个人来源于本国的所得征收的一种所得税。

个人所得税的纳税义务人，既包括居民纳税义务人，也包括非居民纳税义务人。居民纳税义务人负有无限纳税义务，必须就其来源于中国境内、境外的全部所得缴纳个人所得税；而非居民纳税义务人负有有限纳税义务，仅就其来源于中国境内的所得缴纳个人所得税。

2. 个人所得税申报时间

个人所得税需要每月申报，即使本企业所有员工的工资达不到交税标准，仍然需要按时申报。

3. 个人所得税税率

根据不同的个人所得税征税项目，分别规定了三种不同的税率：

（1）综合所得（工资、薪金所得，劳务报酬所得，稿酬所得，特许权使用费所得），适用 7 级超额累进税率，按月应纳税所得额计算征税。该税率按个人月工资、薪金应税所得额划分级距，最高一级为 45%，最低一级为 3%，共 7 级。

（2）经营所得，适用 5 级超额累进税率。该税率将按年计算、分月预缴税款的个体工商户的生产、经营所得和对企事业单位的承包经营、承租经营的全年应纳税所得额划分级距，最低一级为 5%，最高一级为 35%，共 5 级。

（3）比例税率。对个人的利息、股息、红利所得，财产租赁所得，财产转让所得，偶然所得和其他所得，按次计算征收个人所得税，适用 20%的比例税率。

个人所得税应纳税所得额的计算公式为：

应纳税所得额＝月度收入－5 000 元(起征点)－专项扣除(“三险一金”等)－专项附加扣除－依法确定的其他扣除

4. 个人所得税专项附加扣除

《中华人民共和国个人所得税法》和《国务院关于印发个人所得税专项附加扣除暂行

办法的通知》中提出“个人所得税专项附加扣除”，即除每月减除5 000元基本减除费用和自行承担的社保及公积金外，还增加了专项附加扣除。

专项附加扣除包括以下几项：

（1）子女教育方面，明确纳税人的子女在年满3岁后接受学前教育阶段和从小学到博士研究生的全日制学历教育阶段的相关支出，按每个子女每月2 000元标准定额扣除，其中高中阶段教育包含技工教育。

（2）继续教育方面，纳税人接受学历（学位）继续教育的支出，在规定期间可按每月400元定额扣除，但同一学历继续教育的扣除期限不能超过48个月；接受技能人员和专业技术人员职业资格继续教育的支出，在取得相关证书的当年按3 600元定额扣除。

（3）大病医疗方面，纳税人在一个纳税年度内，与基本医保相关的医药费用扣除医保报销后，个人负担累计超过1.5万元部分，由纳税人在办理年度汇算清缴时，在8万元限额内据实扣除。

（4）首套住房贷款与房屋租金方面，纳税人本人或配偶发生的首套住房贷款利息支出，在实际发生贷款利息的年度，可按每月1 000元标准定额扣除，但扣除期限最长不超过240个月。

（5）符合条件的住房租金，根据城市的不同，按每月1 500元、1 100元和800元标准定额扣除。

（6）赡养老人方面，纳税人赡养年满60岁父母的支出，按照一定标准定额扣除。其中，独生子女按每人每月3 000元标准扣除，非独生子女与其兄弟姐妹分摊每月3 000元的扣除额度，每人分摊的额度不能超过每月1 500元。

业务操作

实训

涉税服务岗：个人所得税纳税申报。

2020年1月10日，财税共享服务中心报税员李某根据经审核的工资表对飞扬数码科技有限公司的个人所得税进行纳税申报。

操作步骤

（1）客户提供工资表，包括职工个人的姓名、身份证号码、手机号、入职时间等信息。

（2）将客户提供的信息导入系统并生成凭证。

（3）自动计算税款。

（4）编制个人所得税纳税申报表并审核，缴纳税款。

工作领域五

一般纳税人纳税申报

一般纳税人纳税申报业务综述

（1）业务范围：一般纳税人纳税申报业务。

（2）业务分类：增值税、企业所得税、个人所得税、房产税和城镇土地使用税纳税申报。

（3）业务流程。

增值税申报流程：开票→记账→生成税表→检查税表→申报。

企业所得税申报流程：季度结账→生成税表→检查税表。

房产税和城镇土地使用税申报流程：新增基础信息→查询税源→申报。

操作视频 1-8

（4）技能目标：掌握法规、会用设备、熟悉流程，掌握一般纳税人增值税、企业所得税、房产税和城镇土地使用税的计算和数据生成并进行纳税申报。

任务一　增值税纳税申报

业务情景

李某是财税共享服务中心报税岗的一名员工，其岗位职责是对纳税客户的各项纳税项目进行纳税申报。2020 年 1 月 8 日，李某对一般纳税人陈鸿公司 2019 年 12 月的增值税进行纳税申报。

准备知识

1. 一般纳税人认定标准

一般纳税人是指年应征增值税销售额（以下简称年应税销售额，包括一个公历年度内的全部应税销售额）超过财政部规定的小规模纳税人标准的企业和企业性单位。一般纳税人的特点是增值税进项税额可以抵扣销项税额。其认定标准如下：

（1）生产货物或者提供应税劳务的纳税人，以及以生产货物或者提供应税劳务为主（即纳税人的货物生产或者提供应税劳务的年销售额占应税销售额的比重在 50%以上）并兼营货物批发或者零售的纳税人，年应税销售额超过 50 万元的。

（2）从事货物批发或者零售经营，年应税销售额超过 80 万元的。

一般纳税人计算增值税采用税款抵扣制，应纳税额计算公式如下：

当期应纳税额＝当期销项税额－当期进项税额

2. 一般纳税人适用的增值税税率

（1）纳税人销售或者进口货物，除以下第（2）项、第（3）项规定外，税率为 13%。

（2）纳税人销售或者进口下列货物，税率为9%：粮食、食用植物油、自来水、暖气、冷气、热水、煤气、石油液化气、天然气、沼气、居民用煤炭制品、图书、报纸、杂志、饲料、化肥、农药、农机、农膜、农业产品，以及国务院规定的其他货物。

（3）纳税人出口货物，税率为零，但是，国务院另有规定的除外。

（4）纳税人提供加工、修理、修配劳务，税率为13%。纳税人兼营不同税率的货物或者应税劳务的除外。

业务操作

实训

涉税服务岗：增值税纳税申报。

财税共享服务中心员工李某按照合同业务要求对一般纳税人陈鸿公司2019年12月的增值税进行纳税申报，具体要求如下：

（1）审核销售收入记账凭证。

（2）审核科目余额表。

（3）生成并补充填写增值税纳税申报表，填写增值税减免税额。

（4）增值税纳税申报表检查无误后进行纳税申报。

操作步骤

操作步骤与工作领域四中任务一的大体相同，因为这里的陈鸿公司是一般纳税人，所以要特别注意销项税额、进项税额、上期留抵税额的处理，如图1-5-1所示。

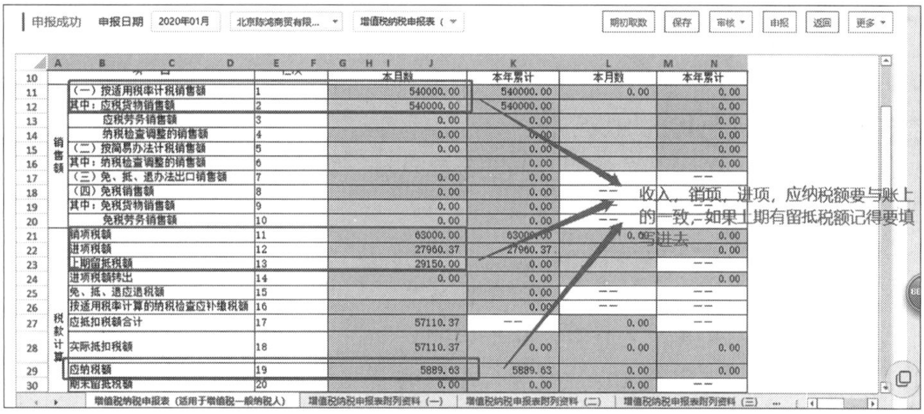

		项目	栏次	本月数	本年累计	本月数	本年累计
11	销售额	（一）按适用税率计税销售额	1	540000.00	540000.00	0.00	0.00
12		其中：应税货物销售额	2	540000.00	540000.00		0.00
13		应税劳务销售额	3	0.00	0.00		0.00
14		纳税检查调整的销售额	4	0.00	0.00		0.00
15		（二）按简易办法计税销售额	5	0.00	0.00		0.00
16		其中：纳税检查调整的销售额	6		0.00		0.00
17		（三）免、抵、退办法出口销售额	7	0.00	0.00		——
18		（四）免税销售额	8	0.00	0.00	——	
19		其中：免税货物销售额	9	0.00	0.00		
20		免税劳务销售额	10	0.00	0.00	——	
21	税款计算	销项税额	11	63000.00	63000.00	0.00	0.00
22		进项税额	12	27960.37	27960.37		0.00
23		上期留抵税额	13	29150.00	0.00		——
24		进项税额转出	14	0.00	0.00		0.00
25		免、抵、退应退税额	15		0.00	——	——
26		按适用税率计算的纳税检查应补缴税额	16		0.00	——	——
27		应抵扣税额合计	17	57110.37	——	0.00	——
28		实际抵扣税额	18	57110.37	0.00	0.00	0.00
29		应纳税额	19	5889.63	5889.63	0.00	0.00
30		期末留抵税额	20	0.00	0.00	0.00	——

图1-5-1

任务二　企业所得税纳税申报

业务情景

2020年1月10日，财税共享服务中心报税员李某对一般纳税人陈鸿公司第四季度企业所得税进行纳税申报。

准备知识

1. 企业所得税申报要求

企业所得税分月或者分季预缴，企业应当自月份或者季度终了之日起十五日内，向税务机关报送预缴企业所得税纳税申报表，预缴税款。自年度终了之日起五个月内，向税务机关报送年度企业所得税纳税申报表，并汇算清缴，结清应缴应退税款。

企业在纳税年度内无论是盈利还是亏损，都应当依照《中华人民共和国企业所得税法》第五十四条规定的期限，向税务机关报送预缴企业所得税纳税申报表、年度企业所得税纳税申报表、财务会计报告和税务机关规定应当报送的其他有关资料。

2. 企业所得税纳税申报注意事项

（1）纳税人未按照规定的期限办理纳税申报和报送纳税资料的，将影响纳税信用评价结果。

（2）企业所得税是分月还是分季预缴，由税务机关具体核定。

（3）纳税人在纳税期内没有应纳税款的，也应当按照规定办理纳税申报。

（4）符合企业所得税优惠条件的纳税人，采取“自行判别、申报享受、相关资料留存备查”的办理方式，通过填报企业所得税纳税申报表享受税收优惠。

（5）企业向税务机关申报扣除资产损失，仅需填报企业所得税年度纳税申报表《资产损失税前扣除及纳税调整明细表》，不再报送资产损失相关资料，相关资料由企业留存备查。

（6）实行查账征收的居民企业向税务机关申报年度企业所得税时，应当就其与关联方之间的业务往来进行关联申报。

业务操作

实训

涉税服务岗：企业所得税纳税申报。

财税共享服务中心员工李某按照合同业务要求对一般纳税人陈鸿公司第四季度企业所得税进行纳税申报，具体要求如下：

（1）进行月末结账，生成税表。

（2）核对所得税申报表中营业收入、营业成本、利润总额等数据。

（3）填写所得税减免税额，计算所得税税额。

（4）对所得税申报表检查无误后，进行纳税申报。

操作步骤

本实训操作步骤可参考工作领域四中任务二的，这里不再赘述。

任务三　个人所得税纳税申报

业务情景

2020 年 1 月 6 日，财税共享服务中心报税员李某接到陈鸿公司提供的工资表（如下图所示），经审核后对陈鸿公司的个人所得税进行纳税申报。

陈鸿公司2019年12月工资表

工号	*姓名	部门	*证件类型	*证件号码	收入信息			扣款信息			应发合计	专项扣除				其他扣除	税前合计	个人所得税	实发合计	备注
					基本工资	岗位津贴	绩效奖金	缺勤扣款	请假扣款	迟到扣款		基本养老保险	基本医疗保险	失业保险费	住房公积金					
20190001	李云飞	行政部	居民身份证	341221198112081313	5000.00	200.00					5200.00	400.00	100.00	10.00	600.00		4090.00		4090.00	
20190002	张大彪	行政部	居民身份证	341221198311230949	3500.00	200.00			100.00		3600.00	280.00	70.00	7.00	420.00		2823.00		2823.00	
20190003	孔捷	行政部	居民身份证	251321198804031216	3500.00	200.00					3700.00	280.00	70.00	7.00	420.00		2923.00		2923.00	
20190004	赵刚	采购部	居民身份证	521221198912081317	3000.00	200.00					3200.00	240.00	60.00	6.00	360.00		2534.00		2534.00	
20190005	楚静	库管部	居民身份证	211101198408110330	3000.00	200.00					3200.00	240.00	60.00	6.00	360.00		2534.00		2534.00	
20190006	魏鱼	销售部	居民身份证	121521199006210629	3200.00	200.00	300.00				3700.00	256.00	64.00	6.40	384.00		2989.60		2989.60	
20190007	田雨	销售部	居民身份证	110121198812081123	3200.00	200.00	300.00		200.00		3500.00	256.00	64.00	6.40	384.00		2789.60		2789.60	
20190008	李斯	销售部	居民身份证	281221199312081861	3200.00	200.00	300.00				3700.00	256.00	64.00	6.40	384.00		2989.60		2989.60	
合计					27600.00	1600.00	900.00	0.00	300.00	0.00	29800.00	2208.00	552.00	55.20	3312.00	0.00	23672.80	0.00	23672.80	

准备知识

一般纳税人和小规模纳税人遵循的个人所得税法政策相同，可参照工作领域四任务三中的相关内容，在此不再赘述。

业务操作

实训

涉税服务岗：个人所得税纳税申报。

2020 年 1 月 6 日，财税共享服务中心报税员李某根据经审核的工资表对陈鸿商贸有限责任公司的个人所得税进行纳税申报。

操作步骤

本实训操作步骤可参考工作领域四中任务三的，这里不再赘述。

任务四　房产税和城镇土地使用税纳税申报

业务情景

2020 年 1 月 8 日，财税共享服务中心的报税员李某对北京某有限公司（一般纳税人）下半年的房产税和城镇土地使用税进行纳税申报。

准备知识

1. 房产税计税原理

房产税是以房屋为征税对象，按房屋的计税余值或租金收入为计税依据，向产权所有人征收的一种财产税。根据房产用途，采用不同的计征方式。

房产税采用比例税率。按照房产余值计征的，年税率为 1.2%；按照房产租金收入计征的，年税率为 12%。

（1）如果房产是自己生产经营用的，则从价计征，其应纳税额计算公式如下：

应纳房产税税额＝房产原值×(1－扣除比例)×1.2%

（2）如果房产是出租，获得租金收入的，则从租计征，其应纳税额计算公式如下：

应纳房产税税额＝租金收入×12%

2. 房产税纳税人

（1）产权属于国家所有的，由经营管理单位纳税；产权属于集体和个人所有的，由集体单位和个人纳税。

（2）产权出典的，由承典人纳税。

（3）产权所有人、承典人不在房屋所在地的，由房产代管人或者使用人纳税。

（4）产权未确定及租典纠纷未解决的，亦由房产代管人或者使用人纳税。

（5）无租使用其他房产的问题。纳税单位和个人无租使用房产管理部门、免税单位及纳税单位的房产，应由使用人代为缴纳房产税。

（6）产权属于集体所有制的，由实际使用人纳税，对外商投资企业和外国企业、外籍个人、海外华侨、港澳台同胞所拥有的房产不征收房产税。

3. 纳税期限及纳税地点

房产税实行按年计算、分期缴纳的征收方式，具体纳税期限由省、自治区、直辖市人民政府确定。

房产税在房产所在地缴纳。房产不在同一地方的纳税人，应按房产的坐落地点分别向房产所在地的税务机关纳税。

4. 城镇土地使用税计税原理

城镇土地使用税是对使用国有土地的单位和个人，按使用的土地面积定额征收的税种。其应纳税额计算公式如下：

应纳税额＝实际占用的土地面积×定额税率

5. 城镇土地使用税纳税申报注意事项

（1）在城市、县城、建制镇、工矿区范围内的城镇土地使用税纳税人，应当在省、自治区、直辖市人民政府规定的缴纳期限内办理城镇土地使用税申报。

（2）纳税人在纳税期内没有应纳税款的，也应当按照规定办理纳税申报。纳税人享受减税、免税待遇的，在减税、免税期间应当按照规定办理纳税申报。

业务操作

实训

1. 新增基础信息

使用一证通，登录国家税务总局北京市电子税务局，依次点击“申报清册”“其他申报”，选择“房产税”，点击“填写申报表”。

第一次申报时要填写基础信息，点击“基础信息”旁的“申报”（见图 1－5－2），点击“新增”，出现以下表格，如图 1－5－3 所示。

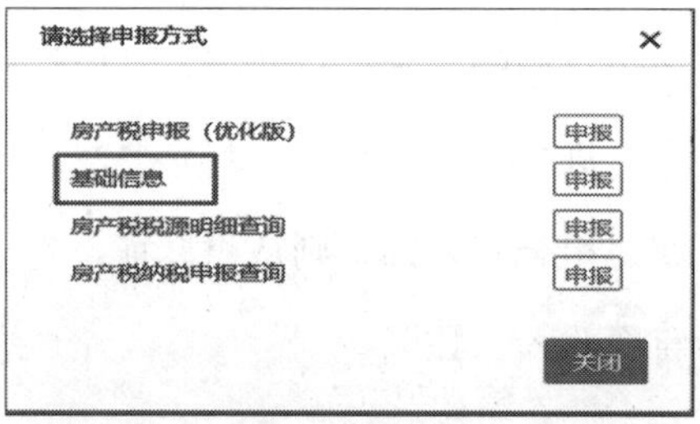

图 1－5－2

图 1-5-3

将企业房产的相关信息录入表格，填写完成后保存并关闭。

2. 查询税源

查询房产税税源需要先选择申报方式，选择“房产税税源明细查询”，如图 1-5-4 所示，出现如图 1-5-5 所示信息，证明基础信息录入成功，可申报。

图 1-5-4

图 1-5-5

操作步骤

(1) 点击“房产税申报（优化版）”，如图 1-5-6 所示。

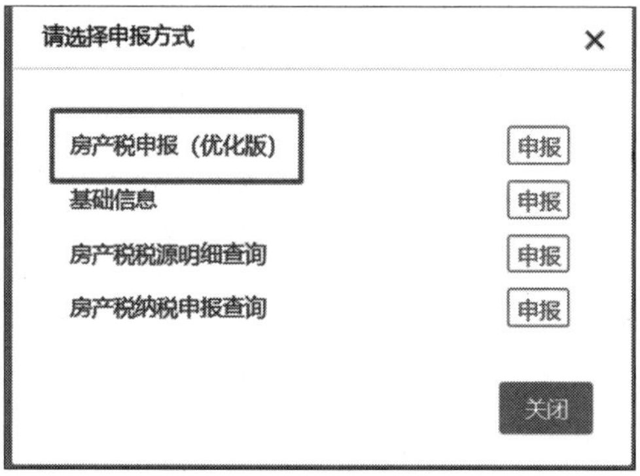

图 1-5-6

（2）选择税款所属期，点击“查询”，如图 1-5-7 所示。

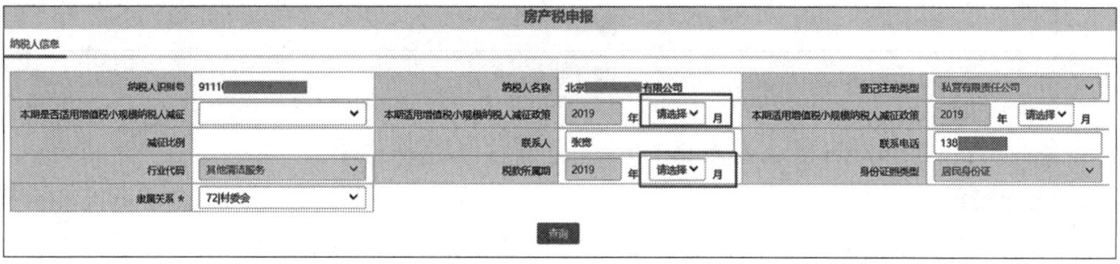

图 1-5-7

（3）出现房源编号等信息后，点击“申报”，如图 1-5-8 所示，完成申报。

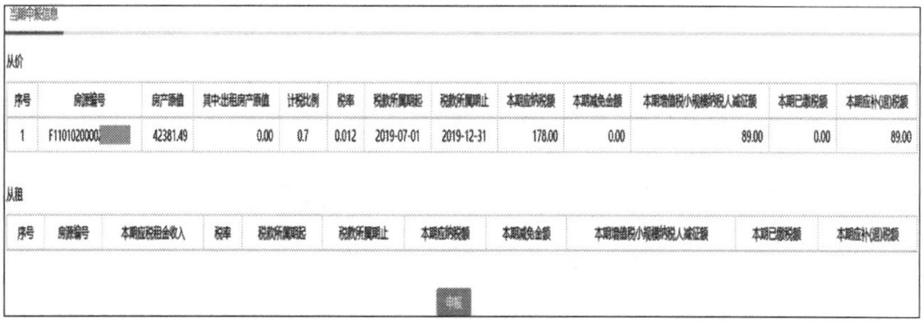

序号	房源编号	房产原值	其中出租房产原值	计税比例	税率	税款所属期起	税款所属期止	本期应纳税额	本期减免金额	本期增值税小规模纳税人减征额	本期已缴税额	本期应补(退)税额
1	F1101020000[redacted]	42381.49	0.00	0.7	0.012	2019-07-01	2019-12-31	178.00	0.00	89.00	0.00	89.00

序号	房源编号	本期应税租金收入	税率	税款所属期起	税款所属期止	本期应纳税额	本期减免金额	本期增值税小规模纳税人减征额	本期已缴税额	本期应补(退)税额

图 1-5-8

社会共享初级外包实务

学习指引与学习目标

1. 财务外包介绍

财务外包是近年来发展较快的一种财务管理模式，是企业将财务管理过程中的某些事项或流程外包给外部专业机构代为操作和执行的一种财务战略管理模式。

财务外包根据其外包形式可分为传统财务外包和现代网络财务外包。

2. 财务外包的内容

(1) 员工工资外包。这样可以很好地解决员工工资保密性问题。所有的信息都在服务商那里，企业内部员工无法打听。

(2) 税务外包。目前，国内企业在税务方面对政府的依赖性强，我国的税务制度合规性要求很高，一旦违规，企业将产生很高的成本。

(3) 财务报告外包。财务报告是否满足各主体的要求，是否符合会计制度和准则的规定，对企业的发展至关重要。因此，企业可以选择专业服务机构来编制财务报告。

(4) 差旅费和招待费外包。对于企业而言，差旅费和招待费往往占了费用的相当大比例。而且，这两种费用的控制比较复杂和烦琐，企业往往是力不从心。

(5) 应收账款外包。应收账款外包可以解决企业自身管理能力不足的问题，提高资金运转效率，因此具有较大的市场前景。

(6) 采购和销售业务外包。企业可以将这些不易管理的部分外包给那些在该方面居于行业领先水准的专业机构处理。

3. 学习目标

通过学习和完成相应工作任务，学生可以达到以下学习目标：

(1) 能对票据进行分类管理；能根据法律法规及企业财务制度的要求对常用票据进行审核；能使用国家税务总局全国增值税发票查验平台对发票进行真伪查验；能在票据管理平台上采集票据影像、进行票据识别与校验，并保存数字档案。

(2) 能在智能化票据操作平台上查验增值税专用发票和其他票据并正确分类；能在智能化财务操作平台上进行各类财务核算业务的账务处理操作。

(3) 能在智能化税务操作平台上导入财务报表数据，并生成纳税申报表；能在智能化税务操作平台上完成企业所得税、增值税等申报工作。

(4) 能在智能化工资操作平台上完成人员导入、工资导入、自动生成工资凭证、薪酬管理等工资业务。

思维导图

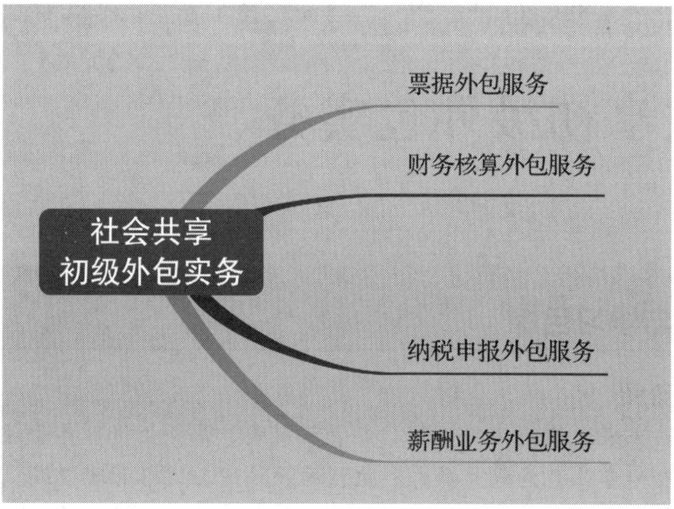

工作领域一
票据外包服务

票据外包服务业务综述

（1）业务范围：各类票据外包服务业务。

（2）业务分类：费用类、员工费用报销、办公费用类票据和电子发票。

（3）业务流程：发票签收与整理→发票审查→票据扫描与采集→票据识别与校验。

（4）技能目标：了解票据管理的相关法律法规，能在票据管理平台上采集票据影像、进行票据识别与校验，能在发票查验平台对发票进行真伪查验。

任务一　费用类票据处理及审查

业务情景

北京惠龙家具商贸有限责任公司（简称惠龙商贸）是一家以销售办公家具为主的商贸公司。公司为一般纳税人，11 月将“采购费用类票据”外包给深圳方圆财税共享服务中心，双方签订了外包服务合同。

2019 年 11 月 10 日，财税共享服务中心经办人员周某接到惠龙商贸提供的 2 张增值税专用发票和 1 张普通发票。

准备知识

1. 票据

这里的票据是指广义上的票据，包括银行票据、发票、行政事业单位资金往来结算票据、企业内部资金往来票据及其他各种有价证券和凭证。

2. 发票

发票是指一切单位和个人在购销商品、提供或接受服务以及从事其他经营活动中，所开具或收取的业务凭证，是会计核算的原始依据，也是会计管理、审计和税务执法检查的重要依据。发票分为普通发票和增值税专用发票。

业务操作

实训 1

票据处理岗：费用类票据整理与审核。

由财税共享服务中心工作人员周某负责惠龙商贸“采购费用类票据”外包业务，具体要求如下：

操作视频 2－1

（1）接收 3 笔采购业务核算的有关票据，将每张纸质票据扫描形成独立的影像文件。
（2）使用票据管理云平台，采集票据影像文件。
（3）进行识别与校验，存入数字档案系统。
（4）对业务审批流程与票据进行审核。
原始凭证如下图所示。

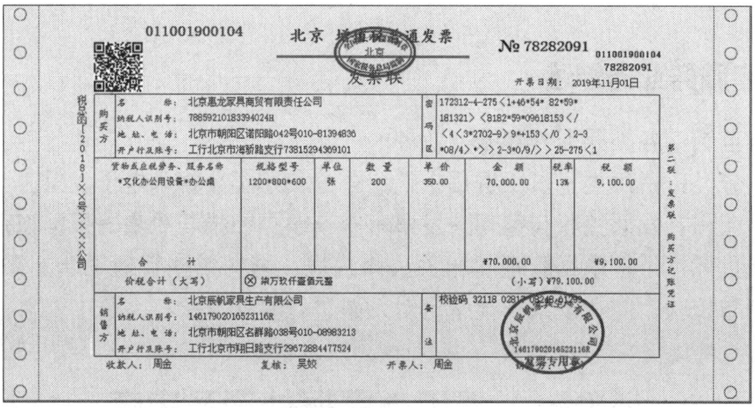

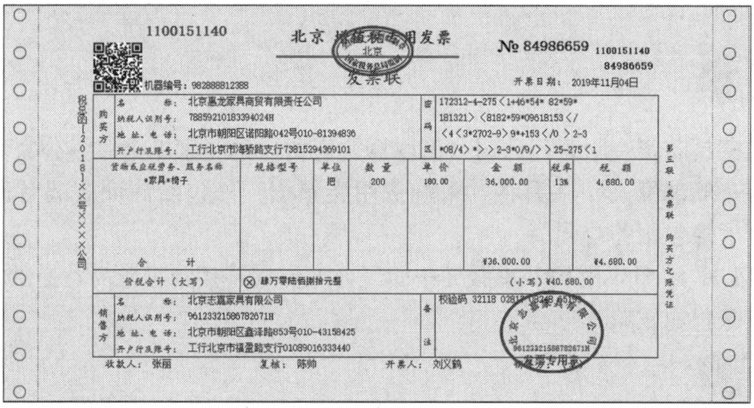

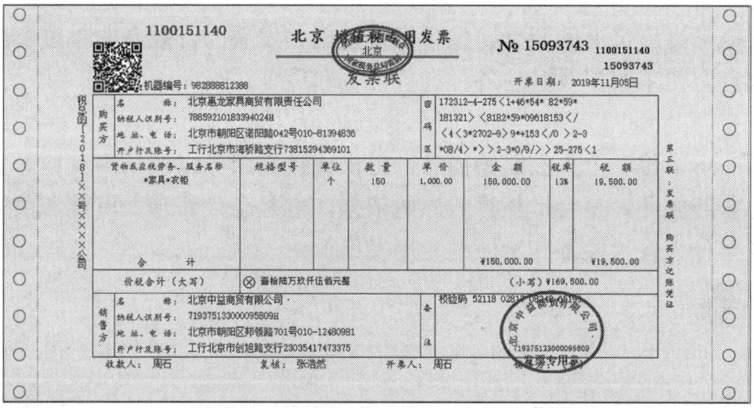

操作步骤

进入财天下系统，在“票据”中选择“票据采集”，选择“采集”中的“教学平台图片/PDF”导入原始凭证，并对原始凭证进行审核。

实训 2

票据处理岗：对审核有误的票据进行退回处理。

针对票据整理岗审核有误的业务，进行相应退回处理（对于审核无误的业务，无须处理）。

操作视频 2-2

操作步骤

销项发票与进项发票审核无误后会自动生成凭证，在“票据制单”中可查找，见图 2-1-1。如凭证有误，即退回；如凭证无误，则无须处理。

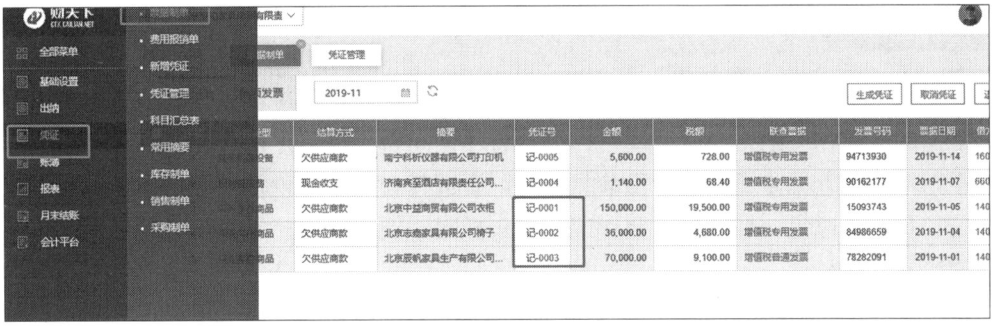

图 2-1-1

任务二　员工费用报销票据处理及审查

业务情景

北京惠龙商贸公司与财税共享服务中心签订的外包服务合同中，约定对“员工费用报销”进行外包。

操作视频 2-3

2019 年 11 月 10 日，财税共享服务中心经办人员周某接收北京惠龙商贸公司提供的 1 名员工差旅费报销业务单据，如下图所示。

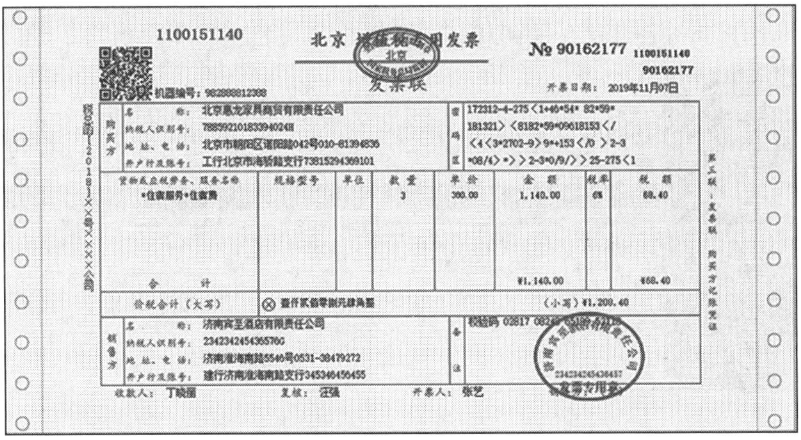
1100151140　北京增值税专用发票　№ 90162177　1100151140　90162177

发票联

机器编号：982888812388　开票日期：2019年11月07日

购买方　名称：北京惠龙家具商贸有限责任公司
纳税人识别号：788592101833940248
地址、电话：北京市朝阳区诺阳路042号010-81394836
开户行及账号：工行北京市海淀支行7381529436910

货物或应税劳务、服务名称	规格型号	单位	数量	单价	金额	税率	税额
*住宿服务*住宿费			3	380.00	1,140.00	6%	68.40
合计					¥1,140.00		¥68.40

价税合计（大写）　⊗壹仟贰佰零捌元肆角整　（小写）¥1,208.40

销售方　名称：济南宾至酒店有限责任公司
纳税人识别号：234234245436576G
地址、电话：济南准海南路5546号0531-38479272
开户行及账号：建行济南准海南路支行345346456455

收款人：丁晓丽　复核：汪强　开票人：张艺　销售方：（章）

第三联：发票联　购买方记账凭证

准备知识

企业发生支出应取得税前扣除凭证，作为计算企业所得税应纳税所得额时扣除相关支出的依据。企业在缴纳企业所得税时，需将各项期间费用按一定的比例进行税前扣除，但员工报销不合规票据是不能进行税前扣除的，要进行企业所得税调增处理，这无疑增加了企业的税负。为避免增加税负，企业应从源头抓起，加强内部控制管理。

业务操作

实训 1

票据处理岗：报销票据整理与审查。

财税共享服务中心经办人员周某根据差旅费报销业务单据进行处理。

操作步骤

操作步骤请参考本工作领域任务一中实训 1 的，这里不再赘述。

实训 2

票据处理岗：票据制单有误处理。

针对票据整理岗审核有误的票据，进行相应退回处理（对于审核无误的票据，无须处理）。

操作步骤

（1）进入财天下系统，点击菜单栏中的“凭证”“票据制单”，查找已经生成的凭证，点击“凭证号”就可以查看已生成的凭证，见图 2－1－2。

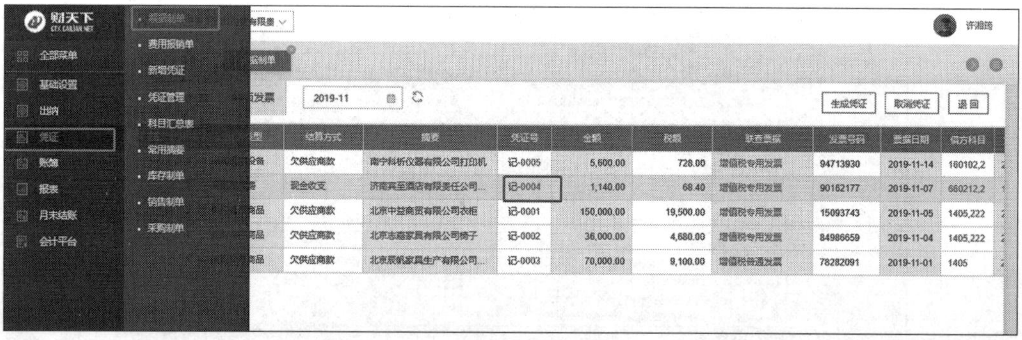

图 2－1－2

（2）由于只有销项发票与进项发票可以自动生成凭证，费用票无法生成凭证，因此点击“添加图片”，把火车票添加进来，并对凭证进行修改，点击“保存”即可，如图 2-1-3 所示。

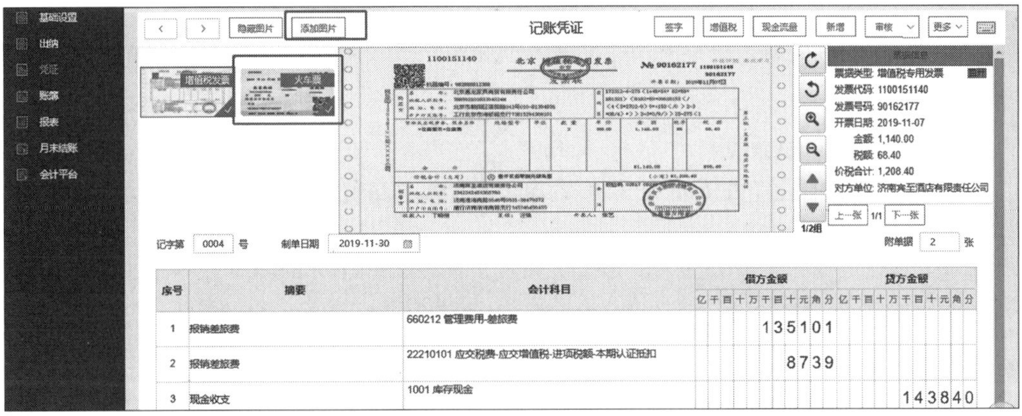

图 2-1-3

任务三　办公费用类票据处理及审查

业务情景

北京惠龙商贸公司与财税共享服务中心签订的外包服务合同中，约定对“办公费用报销”进行外包。

2019 年 11 月 15 日，财税共享服务中心经办人员周某接到北京惠龙商贸提供的办公费用报销业务单据一张，如下图所示。

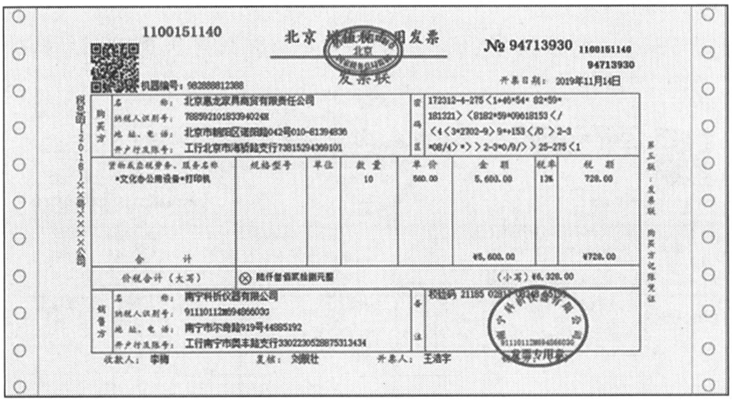

1100151140　北京增值税专用发票　№ 94713930　1100151140　94713930

发票联

机器编号：982888812388　开票日期：2019年11月14日

购买方　名称：北京惠龙家具商贸有限责任公司　纳税人识别号：78859210183394024M　地址、电话：北京市朝阳区道阳路042号010-81394836　开户行及账号：工行北京市海淀支行73815294309101

密码区：172312-4-275<1+46*54* 82*59* 181321>（8182*59*09618153</ <4<3*2702-9>9*+153</0>2-3 *08/4>*>>2-3*0/9/>>25-275<1

货物或应税劳务、服务名称	规格型号	单位	数量	单价	金额	税率	税额
*文化办公用设备*打印机			10	560.00	5,600.00	13%	728.00
合计					¥5,600.00		¥728.00

价税合计（大写）　⊗陆仟叁佰贰拾捌元整　（小写）¥6,328.00

销售方　名称：南宁科析仪器有限公司　纳税人识别号：91110112M94956603G　地址、电话：南宁市尔奇路919号44885192　开户行及账号：工行南宁市民丰路支行33022305288753134 34

收款人：李楠　复核：刘振壮　开票人：王浩宇

准备知识

日常办公费用中，办公用品购买支出和邮寄费是费用管理的重要方面，加强办公费用票据的归集与审核工作，是企业不断完善内部控制制度的重要组成部分，同时这些票据也是判断费用是否准予税前扣除的重要依据，是证明企业支出是否与企业取得收入有关、是否合理的重要条件。

业务操作

实训 1

票据处理岗：审核票据。

财税共享服务中心经办人员周某负责接收北京惠龙商贸公司的办公费用类票据，并进行审核。

操作步骤

本实训操作步骤请参考本工作领域任务一中实训 1 的，这里不再赘述。

实训 2

票据处理岗：票据制单有误处理。

针对票据整理岗审核有误的票据，进行相应退回处理（对于审核无误的票据，无须处理）。

操作步骤

本实训操作步骤请参考本工作领域任务一中实训 2 的，这里不再赘述。

任务四　电子发票处理及审查

业务情景

北京惠龙家具商贸有限责任公司与财税共享服务中心签订的外包服务合同中，约定对“电子发票的整理”进行外包。

2019 年 11 月 16 日，财税共享服务中心经办人员周某接到惠龙商贸提供的办公费报销业务单据一张，如下图所示。

中联教育 教学专用

北京增值税电子普通发票

发票代码:110032760675
发票号码:72760690
开票日期:2019 年 11 月 03 日
校 验 码:16252851572760985250
机器编号:1572760675125

购买方：
名　　称：北京惠龙家具商贸有限责任公司
纳税人识别号：78859210183394024H
地 址、电 话：北京市朝阳区诺阳路042号010-81394836
开户行及账号：中国工商银行股份有限公司诺阳路分行73815294369101

密码区：
>769-04><2/7/184716><7>429<
2-6999036176>0177*9>*631/924
52+*86301/1+65-4-<-1*46579***8
5*>2/0144/+663>1-5>50<><4201

货物或应税劳务、服务名称	规格型号	单位	数量	单价	金额	税率	税额
*运输服务*运输服务			1	23.00	23.00	6%	1.38
合　计					¥23.00		¥1.38
价税合计（大写）	⊗贰拾肆元叁角捌分				（小写）¥24.38		

销售方：
名　　称：迅驰物流有限公司
纳税人识别号：89284903484904008H
地 址、电 话：北京市通州区白马路43号010-83993847
开户行及账号：北京银行通州区白马物流园支行9879234929383

备注

收款人：李俊国　复核：冯建军　开票人：郝淑芬

准备知识

1. 什么是电子发票

电子发票是指经营活动中开具或收取的数据电文形式的收付款凭证，即电子形式的发票。电子发票一般为 PDF 格式文件，可以供纳税人下载储存在手机、U 盘或其他电子储存设备中，需要时可以浏览、打印。

2. 电子发票能否作为报销依据

电子发票可以入账作为报销依据，根据《国家税务总局关于推行通过增值税电子发票系统开具的增值税电子普通发票有关问题的公告》（国家税务总局公告 2015 年第 84 号），增值税电子普通发票的法律效力、基本用途、基本使用规定等与税务机关监制的增值税普通发票相同。自 2016 年 1 月 1 日起施行的《会计档案管理办法》也适用于电子档案凭证。

3. 如何查验电子发票真伪

可以登录全国增值税发票查验平台查询电子发票的真伪，也可以使用手机微信扫一扫功能扫描发票上的二维码进行自动识别。若发现查验结果不相符，可向税务机关举报。

业务操作

实训 1

票据处理岗：电子发票归集、采集。

财税共享中心业务经办人员周某按照公司要求，对电子发票进行归集、采集。

操作步骤

本实训操作步骤请参考本工作领域任务一中实训 1 的，这里不再赘述。

实训 2

票据处理岗：票据制单有误处理。

针对票据整理岗审核有误的票据，进行相应的退回处理（对于审核无误的票据，无须处理）。

操作步骤

选择“凭证”中的“新增凭证”，点击“单据图片”，把发票添加进去，手动制单后保存，见图 2－1－4。

图 2－1－4

工作领域二

财务核算外包服务

财务核算外包服务业务综述

（1）业务范围：各类财务核算外包服务。

（2）业务分类：采购业务、生产成本核算（直接材料）、销售业务核算。

（3）业务流程：

票据生成凭证智能操作流程：初始化设置→票据采集→票据图片上传→发票类型识别→发票信息补充→发票查验→凭证生成。

（4）技能目标：掌握法规、熟悉流程，能在智能操作平台上完成采购业务、生产成本核算业务、销售业务等的处理。

任务一　采购业务核算

业务情景

南宁泰福八宝粥有限公司（以下简称泰福八宝粥公司）是一家生产、销售八宝粥的公司。公司会计核算制度采用 2007 年企业会计准则；为一般纳税人，增值税适用税率为 13%。公司产品有桂圆海带八宝粥和养生八宝粥。生产八宝粥产品的原材料包括糯米、紫米、海带、薏米、燕麦、红豆、绿豆、花生、桂圆、白糖、食盐、木耳等，采购部门通过超市购入相关原材料。该公司存货采用实际成本法核算。为简化核算，不考虑农产品增值税加计扣除事项。

操作视频 2-4

公司将“采购业务核算”外包给财税共享服务中心，双方签订外包服务合同。每月月初公司将上月所有的有关票据移交到财税共享服务中心，委托其记账并要求其提供存货核算客户和供应商信息辅助管理等服务。

准备知识

1. 采购业务介绍

采购是指企业在一定的条件下从供应市场获取产品或服务作为企业资源，以保证企业生产及经营活动正常开展的一项企业经营活动。

2. 赊购业务介绍

赊购是采购原材料常用的一种方式，是购销双方利用商业信用进行购销交易的一种业务，主要通过“应付账款”科目进行业务处理，实现企业与供应商之间业务往来账款的核算和管理。

3. 应付款业务处理

企业购入材料、商品等验收入库，但货款尚未支付，根据有关凭证和信息（采购发票、随货同行发票上记载的实际价款或暂估价值），借记“原材料”“在途物资”等科目，按可抵扣的增值税额，借记“应交税费——应交增值税——进项税额”等科目，按应付的价款，贷记“应付账款”科目。

业务操作

实训

会计核算岗：票据的采集、审核与制单。

财税共享服务中心工作人员唐某负责泰福八宝粥公司“采购业务核算”业务。

具体要求如下：

（1）接收 2019 年 12 月与采购业务核算有关的票据，将每张纸质票据扫描形成独立的影像文件。

（2）使用会计核算云平台，采集票据影像文件，并进行识别与校验，存入数字档案系统。

（3）对业务审批流程与票据进行审核。

（4）根据每笔采购业务的原始票据，自动生成记账凭证或手工编制记账凭证，同时进行存货、数量、客户和供应商辅助核算，并进行人工审核。

（5）查询本任务编制的所有记账凭证。

业务 1：12 月 9 日，泰福八宝粥公司从南宁友红干杂有限公司购入原材料一批，采用商业承兑汇票方式结算，原始凭证如下图所示。

购销合同

合同编号 81703972

购货单位（甲方）：　南宁泰福八宝粥有限公司

供货单位（乙方）：　南宁友红干杂有限公司

根据《中华人民共和国合同法》及国家相关法律、法规之规定，甲乙双方本着平等互利的原则，就甲方购买乙方货物一事达成以下协议。

一、货物的名称、数量及价格：

货物名称	规格型号	单位	数量	单价	金额	税率	价税合计
桂圆		公斤	400	48.00	19,200.00	9%	20,928.00
木耳		公斤	1000	50.00	50,000.00	9%	54,500.00
海带		公斤	1500	18.00	27,000.00	9%	29,430.00
食用盐		公斤	450	5.00	2,250.00	9%	2,452.50
合计（大写）　壹拾万柒仟叁佰壹拾元伍角整							107,310.50

二、交货方式和费用承担：交货方式：销货方送货，交货时间：2019年12月09日前，交货地点：南宁市邕宁龙亭路3号，运费由销货方承担。

三、付款时间与付款方式：商业承兑汇票方式结算，贰零壹玖年拾贰月零玖日出票。

四、质量异议期：订货方对供货方的货物质量有异议时，应在收到货物后10天内提出，逾期视为货物质量合格。

五、未尽事宜经双方协商可作补充协议，与本合同具有同等效力。

六、本合同自双方签字、盖章之日起生效；本合同壹式贰份，甲乙双方各执壹份。

甲方（签章）：	乙方（签章）：
授权代表：梁林	授权代表：刘展明
地　　址：南宁市邕宁龙亭路3号	地　　址：南宁市兴宁区中华路208号
电　　话：0771-4846158	电　　话：0771-3245567
日　　期：2019 年 12 月 09 日	日　　期：2019 年 12 月 09 日

中国工商银行商业承兑汇票 2　　10200060　10902401

出票日期（大写）　贰零壹玖 年 壹拾贰 月 零玖 日

付款人	全　称	南宁泰福八宝粥有限公司	收款人	全　称	南宁友红干杂有限公司
	账　号	6222082102000411888		账　号	6222082102000521678
	开户银行	工商银行南宁邕宁支行		开户银行	工行南宁市兴宁支行
出票金额	人民币（大写）	壹拾万柒仟叁佰壹拾元零伍角	亿千百十万千百十元角分		¥ 1 0 7 3 1 0 5 0
汇票到期日（大写）	贰零贰零年零陆月零玖日		付款人开户行	行号	102611011600
交易合同号码	05168107			地址	南宁市邕宁龙亭路3号

本汇票已经承兑，到期无条件付票款。　　承兑人签章　承兑日期　2019 年 12 月 09 日

本汇票请予以承兑于到期日付款。　　出票人签章

（印章：南宁泰福八宝粥有限公司 财务专用章）

此联持票人开户行随委托收款凭证寄付款人开户行作借方凭证附件

广西增值税专用发票　　4500151140　　№ 88024792　4500151140　88024792

发票联　　机器编号：982888812388　　开票日期：2019年12月09日

购买方	名　称：南宁泰福八宝粥有限公司；纳税人识别号：914500001982273333；地址、电话：南宁市邕宁龙亭路 3号0771-4846158；开户行及账号：中国工商银行股份有限公司南宁邕宁支行6222082102000411888			密码区	172312-4-275＜1+46*54* 82*59* 181321＞＜8182*59*09618153＜/ ＜4＜3*2702-9＞9*+153＜/0 ＞2-3 *08/4＞*＞＞2-3*0/9/＞＞25-275＜1		
货物或应税劳务、服务名称	规格型号	单位	数量	单价	金额	税率	税额
*水果*桂圆		千克	400	48.00	19,200.00	9%	1,728.00
*食用菌*木耳		千克	1000	50.00	50,000.00	9%	4,500.00
合　计					¥69,200.00		¥6,228.00
价税合计（大写）	⊗ 柒万伍仟肆佰贰拾捌元整				（小写）¥75,428.00		
销售方	名　称：南宁友红干杂有限责任公司；纳税人识别号：91450122737633331W；地址、电话：南宁市兴宁区中华路208号010-73376984；开户行及账号：中国工商银行股份有限公司南宁市兴宁支行6222082102000521678			备注	校验码 52118 02817 08248 65199		

收款人：刘鹏　　复核：刘焕　　开票人：徐妯　　销售方：（章）

（印章：南宁友红干杂有限责任公司 91450122737633331W 发票专用章）

第三联：发票联　购买方记账凭证

税总函[2019]××号××××公司

广西增值税专用发票　　4500151140　　№ 88024799　4500151140　88024799

发票联　　机器编号：982888812388　　开票日期：2019年12月09日

购买方	名　称：南宁泰福八宝粥有限公司；纳税人识别号：914500001982273333；地址、电话：南宁市邕宁龙亭路 3号0771-4846158；开户行及账号：中国工商银行股份有限公司南宁邕宁支行6222082102000411888			密码区	172312-4-275＜1+46*54* 82*59* 181321＞＜8182*59*09618153＜/ ＜4＜3*2702-9＞9*+153＜/0 ＞2-3 *08/4＞*＞＞2-3*0/9/＞＞25-275＜1		
货物或应税劳务、服务名称	规格型号	单位	数量	单价	金额	税率	税额
*海水产品*海带			1500	18.00	27,000.00	9%	2,430.00
*加工盐*食用盐			450	5.00	2,250.00	9%	202.50
合　计					¥29,250.00		¥2,632.50
价税合计（大写）	⊗ 叁万壹仟捌佰捌拾贰元伍角整				（小写）¥31,882.50		
销售方	名　称：南宁友红干杂有限责任公司；纳税人识别号：91450122737633331W；地址、电话：南宁市兴宁区中华路208号010-73376984；开户行及账号：中国工商银行股份有限公司南宁市兴宁支行6222082102000521678			备注	校验码 52118 02817 08246 65111		

收款人：林梅　　复核：刘焕　　开票人：徐妯　　销售方：（章）

（印章：南宁友红干杂有限责任公司 91450122737633331W 发票专用章）

第三联：发票联　购买方记账凭证

税总函[2019]××号××××公司

业务 2：12 月 10 日，公司库管员验收南宁友红干杂有限公司已到货并已验收入库原材料 98 450.00 元，原始凭证如下图所示。

收　料　单

供应单位：南宁泰福八宝粥有限公司　　　　收料单编号：

材料类别：　　　　2019 年　12 月　10 日　　　　收料仓库：1

材料编号	名称	规格	单位	数量		实际成本				
				应收	实收	买价		运杂费	其他	合计
						单价	金额			
桂圆			公斤	400	400	48.00	19,200.00			¥19,200.00
木耳			公斤	1000	1000	50.00	50,000.00			¥50,000.00
海带			公斤	1500	1500	18.00	27,000.00			¥27,000.00
食用盐			公斤	450	450	5.00	2,250.00			¥2,250.00
合　计				3350	3350		98,450.00			¥98,450.00
备　注										

第三联　记账联

仓库主管：黄忠力　　记账：赵秀芬　　收料：　　制单：赵秀芬

操作步骤

（1）进入财天下菜单栏，选择“月末结账”，此时的会计期间为 2019 年 11 月，由于本实训为 2019 年 12 月的业务，因此要先结转当前月份，对财务报表进行审核，再点击“月末检查结账”进行结账。

（2）进入“票据”中的“票据采集”，对采集到的原始单据进行审核，归类到对应的大类里面。由于只有进销项发票会自动制单，因此其余都需要手动制单。

（3）本实训中所有购入的原材料都需要通过“在途物资”科目过渡，收到货物后再转为原材料。

（4）点击“业务类型”，选择“进项发票”，点击“新增”，输入带“＊”号的文本框，再将科目输入保存，如图 2－2－1 所示。

图 2－2－1

（5）在“凭证”中选择“票据制单”，取消已制单的凭证，再把业务类型修改为采购原材料，点击“生成凭证”。

（6）点击凭证号进入已生成的凭证，将购销合同的图片添加进凭证中，修改日期，保存。

（7）选择“凭证”中的“新增凭证”，选择“单据图片”，把收料单的原始单据添加进去，手动录入凭证保存，如图 2－2－2 所示。

图 2-2-2

如果自动生成的凭证不对，可以有两种方法修改：

方法 1：在错误的凭证基础上手动修改凭证。公司购入一批原材料，可以直接选取科目手动生成凭证，由于本业务记账凭证中的“在途物资”“应付票据”等科目设有辅助核算，在添加该科目时需要在下拉菜单中选择此业务相应的存货、供应商名称。

票据生成凭证手动操作流程如下：添加原材料名称→添加原材料数量和单价→添加供应商名称→生成手工凭证。

方法 2：重新增加业务类型，自动生成凭证。

票据生成凭证自动操作流程如下：取消已生成的凭证→增加采购原材料的业务类型→自动生成凭证→检查凭证。

任务二　生产成本核算——直接材料

业务情景

泰福八宝粥公司将“生产成本核算”业务外包给财税共享服务中心办理，双方签订合同。工作分为“库存管理业务”和“成本费用核算业务”两个部分。

操作视频 2-5

1. 生产工艺过程

原材加工部：工人们将各种原材料目测、筛选、去杂质后，按干料配方表称量，将原材料过水浸泡、沥干。将称量好沥干的原材料混合放入大锅中煮熟。

罐装部：将煮熟的八宝粥加上糖水，加少量添加剂，经过罐装程序，将熟料灌入杀菌后的空易拉罐中，封口。

成品部：工人们将装满八宝粥的易拉罐放入半自动卧式杀菌锅进行高温高压杀菌，使八宝粥在高温中进一步膨化，防止返生，然后冷却。

质检部：八宝粥加工完成后，由质检部门进行检验、贴标，合格品出厂。

2. 成本核算

成本核算采用综合结转分步法，分成三步，分别是八宝粥熟料加工、八宝粥罐装、八宝粥成品加工（含杀菌、包装、质检等）。

（1）原料部将原材料预处理、煮熟，处理的原材料全部记入“生产成本——八宝粥熟料”科目，无须半成品入库核算。该生产成本全部一次性转入八宝粥罐装车间。

（2）八宝粥罐装车间接收八宝粥熟料生产成本转入，将八宝粥熟料罐装到清洁易拉罐中，并对易拉罐封口。月末按约当产量法分配生产成本，约当产量比例为50%。加工完成的产品进入八宝粥罐装自制半成品库。

（3）八宝粥成品加工，接收八宝粥罐装成本，高温灭菌，进行质检，喷码包装。

各步骤原材料投料比例均在该车间开始生产时一次投入。

3. 存货核算

公司存货包括原材料、周转材料、产成品等。

（1）原材料发出成本采用移动加权平均法计算，库存商品发出成本采用全月加权平均法计算。

（2）周转材料根据其实际使用情况进行摊销。

（3）期末按产品产量比例分配生成工人职工薪酬、制造费用等。

准备知识

1. 库存管理

库存管理系统是通过入库业务（包括填制其他入库单、盘盈单）、出库业务（包括填制其他出库单、盘亏单）、库存业务（包括填制调拨单、调价单、加工单和切割单）等功能，结合库存盘点、即时库存管理等功能进行综合运用的管理系统，对仓存业务全过程进行有效控制和跟踪，实现完善的企业仓储信息管理。

2. 生产成本核算

生产成本核算的主要内容包括固定资产折旧计提、水电费用计提、周转材料-低值易耗品摊销、租金分摊、生产八宝粥产品领料、职工薪酬核算、“五险一金”核算、自制半成品入库、产品入库核算。生产成本核算采用综合结转分步法，即上一生产步骤的半成品成本转入下一生产步骤时，是以“半成品”或“直接材料”计入下一生产步骤成本计算单的。

业务操作

实训 1

会计核算岗：核算生产成本，编制记账凭证。

财税共享服务中心工作人员唐明负责处理泰福八宝粥公司的生产成本核算业务。

业务 1：12 月 13 日，与南宁茶花山矿泉水有限公司签订采购合同，购买生产用矿泉水 250 吨，单价 250 元/吨，增值税税率 13%。矿泉水 14 日到货，仓库组织入库 250 吨。请根据单据编制分录，相应原始凭证如下图所示。

购销合同

合同编号 95797519

购货单位（甲方）： 南宁泰福八宝粥有限公司

供货单位（乙方）： 南宁茶花山矿泉水有限公司

根据《中华人民共和国合同法》及国家相关法律、法规之规定，甲乙双方本着平等互利的原则，就甲方购买乙方货物一事达成以下协议。

一、货物的名称、数量及价格：

货物名称	规格型号	单位	数量	单价	金额	税率	价税合计
矿泉水		吨	250	250.00	62,500.00	13%	70,625.00
合计（大写） 柒万零陆佰贰拾伍元整							70,625.00

二、交货方式和费用承担：交货方式：销货方送货，交货时间：2019年12月14日前，交货地点：南宁市邕宁龙亭路3号，运费由销货方承担。

三、付款时间与付款方式：转账支票方式结算，贰零壹玖年拾贰月壹拾肆日到期。

四、质量异议期：订货方对供货方的货物质量有异议时，应在收到货物后10天内提出，逾期视为货物质量合格。

五、未尽事宜经双方协商可作补充协议，与本合同具有同等效力。

六、本合同自双方签字、盖章之日起生效；本合同壹式贰份，甲乙双方各执壹份。

甲方（签章）：南宁泰福八宝粥有限公司

授权代表：梁林

地址：南宁市邕宁龙亭路3号

电话：0771-4846158

日期：2019 年 12 月 13 日

乙方（签章）：南宁茶花山矿泉水有限公司

授权代表：广旭

地址：南宁市兴宁区华阳路西里298号

电话：0771-5267532

日期：2019 年 12 月 13 日

入 库 单

No. 40643995

供货单位：南宁茶花山矿泉水有限公司 2019 年 12 月 14 日

编号	品名	规格	单位	数量	单价	金额	备注
	矿泉水		吨	250	250.00	62,500.00	
合				计		62,500.00	

仓库主管：黄忠力 记账：赵秀芬 保管： 经手人： 制单：赵秀芬

业务 2：本月生产桂圆海带八宝粥罐装 15 400 箱，罐装部领取原材料。请根据领料单编制分录，相应原始单据如下图所示。

领 料 单

领料部门：罐装部

用途：桂圆海带八宝粥罐装 2019 年 12 月 30 日 编号：347

材料编号	材料名称	规格	计量单位	数量		成本	
				请领	实发	单价	金额
	白糖		公斤	2016	2016	8.00	16,128.00
	食用盐		公斤	84	84	5.00	420.00
	易拉罐		罐	369600	369600	0.70	258,720.00
合	计						275,268.00

主管：王冰冰 记账：赵秀芬 仓管主管：黄忠力 领料： 发料：

业务 3：本月生产养生八宝粥罐装 21 384 箱，罐装部领取原材料。请根据领料单编制分录，相应原始单据如下图所示。

领　料　单

领料部门：罐装部

用　　途：养生八宝粥罐装　　　2019 年 12 月 30 日　　　编号：259

材料编号	材料名称	规格	计量单位	数量		成本	
				请领	实发	单价	金额
	白糖		公斤	2799.36	2799.36	8.00	22,394.88
	食用盐		公斤	116.64	116.64	5.00	583.20
	易拉罐		罐	513216	513216	0.70	359,251.20
合　计							382,229.28

主管：王冰冰　　记账：赵秀芬　　仓管主管：黄忠力　　领料：　　发料：

业务 4：12 月 30 日，按本月生产计划，成品部从罐装库领取原材料（自制半成品），领取桂圆海带八宝粥罐装 14 800 箱，总金额 484 552.00 元，编制自制半成品出库的分录。

成品部从罐装库领取养生八宝粥罐装 20 860 箱，总价值 664 808.2 元，生产养生八宝粥，编制自制半成品出库的分录。出库单略，相应数据如表 2－2－1、表 2－2－2 所示。

表 2－2－1　原材料——自制半成品——桂圆海带八宝粥罐装仓库

2019 年 12 月 30 日　　　金额单位：元

时间	收入			发出			结存		
	数量	单价	金额	数量	单价	金额	数量	单价	金额
10 月									0.00
11 月	12 900.00	31.75	409 573.39	12 600.00	31.75	400 048.43	300.00	31.75	9 524.96
12 月	15 000.00	32.80	491 400.00	14 800.00	32.74	484 552.00	500.00	32.74	16 372.96

表 2－2－2　原材料——自制半成品——养生八宝粥罐装仓库

2019 年 12 月 30 日　　　金额单位：元

时间	收入			发出			结存		
	数量	单价	金额	数量	单价	金额	数量	单价	金额
10 月									
11 月	23 660.00	30.59	723 737.44	23 500.00	30.59	718 843.18	160.00	30.59	4 894.26
12 月	21 000.00	31.88	669 480.00	20 860.00	31.87	664 808.20	300.00	31.87	9 566.06

操作步骤

（1）进行票据采集，对采集到的原始单据进行审核。

（2）通过“凭证”中的“新增凭证”，手动录入凭证分录并保存。

实训 2

会计核算岗：核算制造费用，编制记账凭证。

将入库后的 35 套夏季职工工装分配给在职员工，共计 12 250 元。采用一次摊销法，夏季工装分配表如表 2－2－3 所示。会计编制记账凭证，相应原始单据如下图所示。

表 2-2-3　夏季工装分配表

金额单位：元

部门	领用数量	单价	金额
行政部	11	350.00	3 850.00
财务部	3		1 050.00
销售部	2		700.00
原材加工部	6		2 100.00
罐装部	5		1 750.00
成品部	5		1 750.00
质检部	3		1 050.00
合计	35		12 250.00

领　料　单

领料部门：行政部

用　途：　　2019 年 12 月 30 日　　编号：383

材料编号	材料名称	规格	计量单位	数量		成本	
				请领	实发	单价	金额
	夏季工装		套	11	11	350.00	3,850.00
合计				11	11		3,850.00

主管：王冰冰　记账：赵秀芬　仓管主管：黄忠力　领料：　发料：

领　料　单

领料部门：财务部

用　途：　　2019 年 12 月 30 日　　编号：384

材料编号	材料名称	规格	计量单位	数量		成本	
				请领	实发	单价	金额
	夏季工装		套	3	3	350.00	1,050.00
合计				3	3		1,050.00

主管：王冰冰　记账：赵秀芬　仓管主管：黄忠力　领料：　发料：

领　料　单

领料部门：销售部

用　途：　　2019 年 12 月 30 日　　编号：385

材料编号	材料名称	规格	计量单位	数量		成本	
				请领	实发	单价	金额
	夏季工装		套	2	2	350.00	700.00
合计				2	2		700.00

主管：王冰冰　记账：赵秀芬　仓管主管：黄忠力　领料：　发料：

领　料　单

领料部门：原材加工部

用　　途：　　　　2019 年 12 月 30 日　　　　编号：386

材料编号	材料名称	规格	计量单位	数量		成本	
				请领	实发	单价	金额
	夏季工装		套	6	6	350.00	2,100.00
合　计				6	6		2,100.00

主管：王冰冰　　记账：赵秀芬　　仓管主管：黄忠力　　领料：　　发料：

领　料　单

领料部门：罐装部

用　　途：　　　　2019 年 12 月 30 日　　　　编号：387

材料编号	材料名称	规格	计量单位	数量		成本	
				请领	实发	单价	金额
	夏季工装		套	5	5	350.00	1,750.00
合　计				5	5		1,750.00

主管：王冰冰　　记账：赵秀芬　　仓管主管：黄忠力　　领料：　　发料：

领　料　单

领料部门：成品部

用　　途：　　　　2019 年 12 月 30 日　　　　编号：388

材料编号	材料名称	规格	计量单位	数量		成本	
				请领	实发	单价	金额
	夏季工装		套	5	5	350.00	1,750.00
合　计				5	5		1,750.00

主管：王冰冰　　记账：赵秀芬　　仓管主管：黄忠力　　领料：　　发料：

领　料　单

领料部门：质检部

用　　途：　　　　2019 年 12 月 30 日　　　　编号：389

材料编号	材料名称	规格	计量单位	数量		成本	
				请领	实发	单价	金额
	夏季工装		套	3	3	350.00	1,050.00
合　计				3	3		1,050.00

主管：王冰冰　　记账：赵秀芬　　仓管主管：黄忠力　　领料：　　发料：

操作步骤

（1）进行票据采集，对采集到的原始单据进行审核。

（2）通过“凭证”中“新增凭证”，手动录入凭证分录保存。录入完成后审核，如图 2-2-3 所示。

序号	摘要	会计科目	数量	借方金额	贷方金额
1	领用夏季工装服	660231 管理费用-劳保费		490000	
2	领用夏季工装服	660122 销售费用-劳保费		70000	
3	领用夏季工装服	510120 制造费用-劳保费_原料加工部		210000	
4	领用夏季工装服	510120 制造费用-劳保费_罐装部		175000	
5	领用夏季工装服	510120 制造费用-劳保费_成品部		175000	
6	领用夏季工装服	510120 制造费用-劳保费_质检部		105000	
7	领用夏季工装服	141101 周转材料-在库_工装服	数量:35.00件 单价:350.000000		1225000

已审核

图 2-2-3

任务三　销售业务核算

业务情景

南宁泰福八宝粥有限公司将“销售业务核算”外包给财税共享服务中心，双方签订外包服务合同。该公司月末将本月所有的有关票据移交给财税共享服务中心，委托记账。

操作视频 2-6

准备知识

销售业务是公司实现商品收入的重要环节，也是公司获得利润的关键活动。本任务主要包括销售八宝粥产品、登记客户应收账款、收回货款业务。

销售核算是根据有关销售凭证及销售费用等数据，完成产品销售收入、销售费用、销售税金、销售利润的核算，合同的辅助管理，生成产成品收发结存汇总表等表格，生成产品销售收入、销售成本明细账。

业务操作

实训

会计核算岗：核算销售收入、费用，制单。

12 月 30 日，泰福八宝粥公司本月累计销售桂圆海带八宝粥 12 000 箱（288 000 罐），每箱不含税价格为 50.4 元，销售收入为 604 800 元，增值税为 78 624 元，增值税税率为 13%。本月累计销售养生八宝粥 21 000 箱（504 000 罐），每箱不含税价格为 45.6 元，销售收入为 957 600 元，增值税为 124 488 元，增值税税率为 13%。以上产品均已发货。出库单略，相应的原始凭证如下图所示。

税总函[2019]××号×××公司

4500151140　　**广西增值税专用发票**　　№ 00249251　4500151140　00249251

此联不作报销、扣税凭证使用

机器编号：982888812388　　开票日期：2019年12月30日

购买方		密码区
名称：	南城百货超市有限公司	172312-4-275<1+46*54* 82*59*
纳税人识别号：	91450100081155222A	181321><8182*59*09618153</
地址、电话：	南宁市北湖路023号0711-3245553	<4<3*2702-9>9*+153</0 >2-3
开户行及账号：	中国工商银行股份有限公司南宁市北湖路支行6222082102000412338	*08/4>*>>2-3*0/9/>>25-275<1

货物或应税劳务、服务名称	规格型号	单位	数量	单价	金额	税率	税额
*罐头*桂圆海带八宝粥		箱	3000	50.40	151,200.00	13%	19,656.00
*罐头*养生八宝粥		箱	5000	45.60	228,000.00	13%	29,640.00
合　计					¥379,200.00		¥49,296.00
价税合计（大写）	⊗肆拾贰万捌仟肆佰玖拾陆元整				（小写）¥428,496.00		

销售方		备注
名称：	南宁泰福八宝粥有限公司	校验码 52118 02817 08248 65199
纳税人识别号：	91450001982273333	
地址、电话：	南宁市邕宁龙亭路 3号0771-4846158	
开户行及账号：	中国工商银行股份有限公司南宁邕宁支行6222082102000411888	

收款人：　　复核：周石　　开票人：田雨　　销售方：（章）

第一联：记账联　销售方记账凭证

南宁泰福八宝粥有限公司

销售单(代合同)　　NO. 52044348

地址：南宁市邕宁龙亭路3号

电话：0771-4846158

客户名称：南宁南城百货超市有限公司

地址电话：南宁市北湖路023号　　0771-3245553　　日期：2019年 12 月 30 日

编码	产品名称	规格	单位	单价	数量	金额	备注
	桂圆海带八宝粥		箱	50.40	3000.00	151,200.0	
	养生八宝粥		箱	45.60	5000.00	228,000.0	
合计	人民币（大写）：叁拾柒万玖仟贰佰元整				8000	379,200.00	

销售经理：　　会计：赵秀芬　　经办人：　　仓管：黄忠力　　签收人：

税总函[2019]××号×××公司

4500151140　　**广西增值税专用发票**　　№ 78632687　4500151140　78632687

此联不作报销、扣税凭证使用

机器编号：982888812388　　开票日期：2019年12月30日

购买方		密码区
名称：	南宁南城岭南超市	172312-4-275<1+46*54* 82*59*
纳税人识别号：	91450100081155212A	181321><8182*59*09618153</
地址、电话：	南宁市长湖路335号0771-5946217	<4<3*2702-9>9*+153</0 >2-3
开户行及账号：	中国工商银行股份有限公司南宁市长湖路支行6222082102000413886	*08/4>*>>2-3*0/9/>>25-275<1

货物或应税劳务、服务名称	规格型号	单位	数量	单价	金额	税率	税额
*罐头*桂圆海带八宝粥		箱	2000	50.40	100,800.00	13%	13,104.00
*罐头*养生八宝粥		箱	4900	45.60	223,440.00	13%	29,047.20
合　计					¥324,240.00		¥42,151.20
价税合计（大写）	⊗叁拾陆万陆仟叁佰玖拾壹元贰角整				（小写）¥366,391.20		

销售方		备注
名称：	南宁泰福八宝粥有限公司	校验码 52118 02817 08248 65199
纳税人识别号：	91450001982273333	
地址、电话：	南宁市邕宁龙亭路 3号0771-4846158	
开户行及账号：	中国工商银行股份有限公司南宁邕宁支行6222082102000411888	

收款人：　　复核：周石　　开票人：田雨　　销售方：（章）

第一联：记账联　销售方记账凭证

南宁泰福八宝粥有限公司

销 售 单(代合同)

NO. 13078496

地址：南宁市邕宁龙亭路3号

电话：0771-4846158

客户名称：南宁南城岭南超市公司

地址电话：南宁市长湖路335号　　0771-5948217　　日期：2019 年 12 月 30 日

编码	产品名称	规格	单位	单价	数量	金额	备注
	桂圆海带八宝粥		箱	50.40	2000.00	100,800.0	
	养生八宝粥		箱	45.60	4900.00	223,440.0	
合计	人民币（大写）：	叁拾贰万肆仟贰佰肆拾元整			6900	324,240.00	

销售经理：　　会计：赵秀芬　　经办人：　　仓管：黄忠力　　签收人：

4500151140　　广西增值税专用发票　　№ 67665926　　4500151140 67665926

此联不作报销、扣税凭证使用

机器编号：982888812388　　开票日期：2019年12月30日

购买方		密码区
名　　称：南宁百货超市 纳税人识别号：91450127589845888U 地 址、电 话：南宁市朝阳路256号0771-2797013 开户行及账号：中国工商银行股份有限公司南宁市朝阳路支行6222082102000239885		172312-4-275〈1+46*54* 82*59* 181321〉〈8182*59*09618153〈/ 〈4〈3*2702-9〉9*+153〈/0 〉2-3 *08/4〉*〉〉2-3*0/9/〉〉25-275〈1

货物或应税劳务、服务名称	规格型号	单位	数量	单价	金额	税率	税额
*罐头*桂圆海带八宝粥		箱	1000	50.40	50,400.00	13%	6,552.00
*罐头*养生八宝粥		箱	2600	45.60	118,560.00	13%	15,412.80
合　　计					¥168,960.00		¥21,964.80
价税合计（大写）	⊗ 壹拾玖万零玖佰贰拾肆元捌角整				（小写）¥190,924.80		

销售方	备注
名　　称：南宁泰福八宝粥有限公司 纳税人识别号：914500001982273333 地 址、电 话：南宁市邕宁龙亭路 3号0771-4846158 开户行及账号：中国工商银行股份有限公司南宁邕宁支行6222082102000411888	校验码 52118 02817 08248 65199

收款人：刘诚　　复核：周石　　开票人：田雨　　销售方：（章）

税总函[2019]××号×××公司

第一联：记账联　销售方记账凭证

南宁泰福八宝粥有限公司

销 售 单(代合同)

NO. 87163041

地址：南宁市邕宁龙亭路3号

电话：0771-4846158

客户名称：南宁市百货超市

地址电话：南宁市朝阳路256号　　0771-2797013　　日期：2019 年 12 月 30 日

编码	产品名称	规格	单位	单价	数量	金额	备注
	桂圆海带八宝粥		箱	50.40	1000.00	50,400.00	
	养生八宝粥		箱	45.60	2600.00	118,560.0	
合计	人民币（大写）：	壹拾陆万捌仟玖佰陆拾元整			3600	168,960.00	

销售经理：　　会计：赵秀芬　　经办人：　　仓管：黄忠力　　签收人：

广西增值税普通发票

045001900104　　№ 67312514

045001900104
67312514

记账联

机器编号：982888812388　　开票日期：2019年12月30日

购买方	名称：南院后勤公司 纳税人识别号：91451400692797666C 地址、电话：南宁市邕宁区福建路133号0722-5999191 开户行及账号：农信社南宁市龙岗支行18141201020 7085820			密码区	172312-4-275＜1+46*54* 82*59* 181321＞＜8182*59*09618153＜/ ＜4＜3*2702-9＞9*+153＜/0＞2-3 *08/4＞*＞＞2-3*0/9/＞＞25-275＜1		
货物或应税劳务、服务名称	规格型号	单位	数量	单价	金额	税率	税额
*罐头*桂圆海带八宝粥		箱	1000	50.40	50,400.00	13%	6,552.00
*罐头*养生八宝粥		箱	1500	45.60	68,400.00	13%	8,892.00
合计					¥118,800.00		¥15,444.00
价税合计（大写）	⊗壹拾叁万肆仟贰佰肆拾肆元整				（小写）¥134,244.00		
销售方	名称：南宁泰福八宝粥有限公司 纳税人识别号：914500001982273333 地址、电话：南宁市邕宁龙亭路 3号0771-4846158 开户行及账号：中国工商银行股份有限公司南宁邕宁支行6222082102000411888			备注	校验码 52118 02817 08248 65199		

收款人：宋姗姗　　复核：周石　　开票人：田雨　　销售方：（章）

[印章：南宁泰福八宝粥有限公司 914500001982273333 发票专用章]

第一联：记账联　销售方记账凭证

税总函〔2018〕××号××××公司

南宁泰福八宝粥有限公司

销售单(代合同)　　NO. 83307013

地址：南宁市邕宁龙亭路3号

电话：0771-4846158

客户名称：南院后勤公司

地址：南宁市邕宁区龙亭路3号　　0771-2797026　　日期：2019年12月30日

编码	产品名称	规格	单位	单价	数量	金额	备注
	桂圆海带八宝粥		箱	50.40	1000.00	50,400.00	
	养生八宝粥		箱	45.60	1500.00	68,400.00	
合计	人民币(大写)：	壹拾壹万捌仟捌佰元整			2500	118,800.00	

销售经理：　　会计：赵秀芬　　经办人：　　仓管：黄忠力　　签收人：

[印章：南宁泰福八宝粥有限公司 合同专用章]

广西增值税普通发票

045001900104　　№ 93367144

045001900104
93367144

记账联

机器编号：982888812388　　开票日期：2019年12月30日

购买方	名称：柳州江北宁新超市 纳税人识别号：91451422675035999N 地址、电话：柳州市鱼峰路028号0772-3797026 开户行及账号：建行柳州市鱼峰路支行6227073380500756382			密码区	172312-4-279＜1+46*54* 82*59* 181321＞＜6666*59*09618153＜/ ＜4＜3*2702-9＞9*+157＜/0＞2-3 *08/4＞*＞＞2-3*0/9/＞＞25-275＜1		
货物或应税劳务、服务名称	规格型号	单位	数量	单价	金额	税率	税额
*罐头*桂圆海带八宝粥		箱	1000	50.40	50,400.00	13%	6,552.00
*罐头*养生八宝粥		箱	4000	45.60	182,400.00	13%	23,712.00
合计					¥232,800.00		¥30,264.00
价税合计（大写）	⊗贰拾陆万叁仟零陆拾肆元整				（小写）¥263,064.00		
销售方	名称：南宁泰福八宝粥有限公司 纳税人识别号：914500001982273333 地址、电话：南宁市邕宁龙亭路 3号0771-4846158 开户行及账号：中国工商银行股份有限公司南宁邕宁支行6222082102000411888			备注	校验码 52118 02817 08248 65199		

收款人：宋文　　复核：周石　　开票人：田雨　　销售方：（章）

[印章：柳州江北宁新超市 91451422675035999N 发票专用章]

第一联：记账联　销售方记账凭证

税总函〔2018〕××号××××公司

南宁泰福八宝粥有限公司

销 售 单(代合同)　　NO. 4582118

地址：南宁市邕宁龙亭路 3 号

电话：0771-4846158

客户名称：柳州江北宁新超市

地址电话：柳州市鱼峰路028号 0772-3797026　　日期:2019 年 12 月 30 日

编码	品名	规格	单位	单价	数量	金额	备注
	桂圆海带八宝粥		箱	50.4	1000	50,400.00	
	养生八宝粥		箱	45.6	4000	182,400.0	
合计	人民币(大写)：贰拾叁万贰仟捌佰元整				5000	232,800.00	

销售经理：罗东丽　会计：赵秀芬　经办人：　仓管：朱英　签收人：

4500151140　　广西 增值税专用发票　　№ 62346941　4500151140 62346941

机器编号：982888812388　　此联不作报销、扣税凭证使用　　开票日期：2019年12月30日

购买方
名称：桂林阳光超市
纳税人识别号：91450100081155333A
地址、电话：桂林市中山路303号0778-5797022
开户行及账号：中国工商银行股份有限公司桂林市南阳桥支行6222082110052132132

密码区
172312-4-275〈1+46*54* 82*59*
181321〉〈8182*59*09618153〈/
〈4〈3*2702-9〉9*+153〈/0 〉2-3
08/4〉〉〉2-3*0/9/〉〉25-275〈1

货物或应税劳务、服务名称	规格型号	单位	数量	单价	金额	税率	税额
*罐头*桂圆海带八宝粥		箱	2000	50.40	100,800.00	13%	13,104.00
*罐头*养生八宝粥		箱	1500	45.60	68,400.00	13%	8,892.00
合计					¥169,200.00		¥21,996.00
价税合计（大写）	⊗ 壹拾玖万壹仟壹佰玖拾陆元整				（小写）¥191,196.00		

销售方
名称：南宁泰福八宝粥有限公司
纳税人识别号：91450001982273333
地址、电话：南宁市邕宁龙亭路 3号0771-4846158
开户行及账号：中国工商银行股份有限公司南宁邕宁支行6222082102000411888

备注：校验码 52118 02817 08248 65199

收款人：天恒　复核：周石　开票人：田雨　销售方：（章）

税总函[2019]××号×××公司

第一联：记账联 销售方记账凭证

南宁泰福八宝粥有限公司

销 售 单(代合同)　　NO. 4582118

地址：南宁市邕宁龙亭路3号

电话：0771-4846158

客户名称：桂林阳光超市

地址电话：桂林市中山路303号　0773-5797022　　日期:2019 年 12 月 30 日

编码	品名	规格	单位	单价	数量	金额	备注
	桂圆海带八宝粥		箱	50.40	2000.00	100,800.0	
	养生八宝粥		箱	45.60	1500.00	68,400.00	
合计	人民币(大写)：壹拾陆万玖仟贰佰元整				3500	169,200.00	

销售经理：　会计：赵秀芬　经办人：　仓管：黄忠力　签收人：

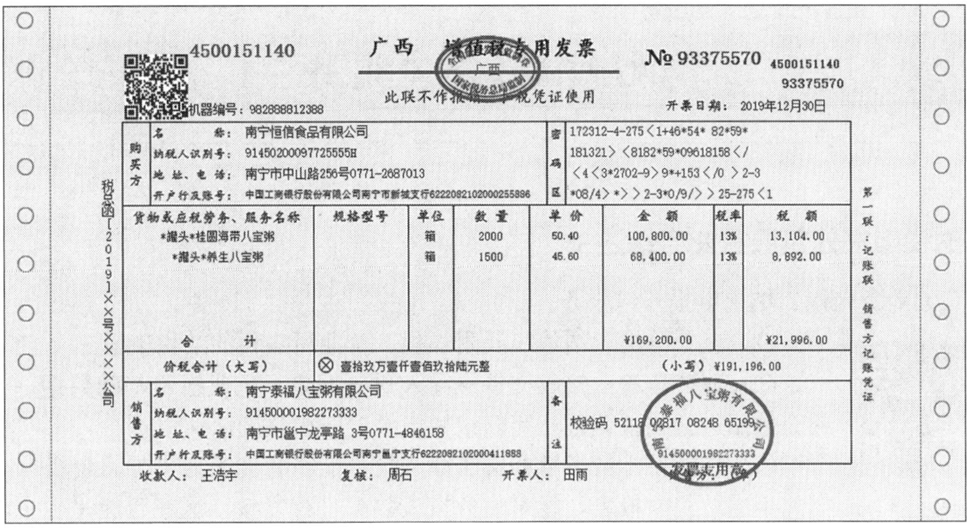

4500151140　广西　增值税专用发票　№ 93375570　4500151140　93375570

此联不作报销、扣税凭证使用

机器编号：982888812388　开票日期：2019年12月30日

购买方　名　　称：南宁恒信食品有限公司
纳税人识别号：91450200097725555H
地 址、电 话：南宁市中山路256号0771-2687013
开户行及账号：中国工商银行股份有限公司南宁市新城支行6222082102000255886

密码区　172312-4-275<1+46*54* 82*59*
181321><8182*59*09618158</
<4<3*2702-9>9*+153</0 >2-3
08/4>>>2-3*0/9/>>25-275<1

货物或应税劳务、服务名称	规格型号	单位	数量	单价	金额	税率	税额
*罐头*桂圆海带八宝粥		箱	2000	50.40	100,800.00	13%	13,104.00
*罐头*养生八宝粥		箱	1500	45.60	68,400.00	13%	8,892.00
合　　计					¥169,200.00		¥21,996.00
价税合计（大写）	⊗壹拾玖万壹仟壹佰玖拾陆元整				（小写）¥191,196.00		

销售方　名　　称：南宁泰福八宝粥有限公司
纳税人识别号：91450001982273333
地 址、电 话：南宁市邕宁龙亭路 3号0771-4846158
开户行及账号：中国工商银行股份有限公司南宁邕宁支行6222082102000411888

备注　校验码 52118 02817 08248 65199

收款人：王浩宇　复核：周石　开票人：田雨　销售方：（章）

税总函［2019］××号×××公司

第一联：记账联　销售方记账凭证

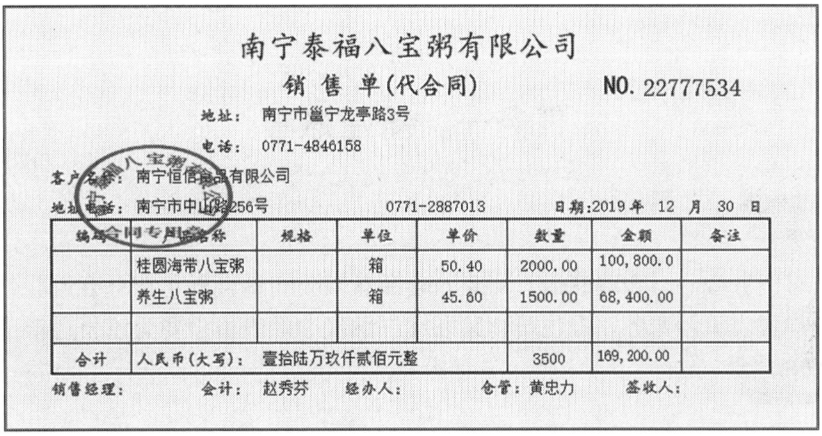

南宁泰福八宝粥有限公司

销售单(代合同)　NO. 22777534

地址：南宁市邕宁龙亭路3号

电话：0771-4846158

客户名称：南宁恒信食品有限公司

地址电话：南宁市中山路256号　0771-2887013　日期：2019 年 12 月 30 日

编码	产品名称	规格	单位	单价	数量	金额	备注
	桂圆海带八宝粥		箱	50.40	2000.00	100,800.0	
	养生八宝粥		箱	45.60	1500.00	68,400.00	
合计	人民币（大写）：壹拾陆万玖仟贰佰元整				3500	169,200.00	

销售经理：　会计：赵秀芬　经办人：　仓管：黄忠力　签收人：

操作步骤

(1) 在客户管理首页，选择“南宁泰福八宝粥有限公司”，登录财天下。选择“票据”中的“票据采集”。

(2) 点击“采集”，通过“上传图片/PDF”，选中纸质发票的扫描件，点击“上传”，将发票上传系统。

(3) 点击“票据信息”的“发票类型”，选择“销项发票-增值税专用发票”。在“票据信息”“行信息”“制单信息”处将相关信息补充完整。

(4) 点击“查验”，完成后保存，即可成功制单，生成的记账凭证可在“凭证管理”中查看。

(5) 每张销售发票自动汇总生成凭证。

工作领域三
纳税申报外包服务

纳税申报外包服务业务综述

（1）业务范围：纳税申报外包服务。

（2）业务分类：增值税及附加税、企业所得税的纳税申报。

（3）业务流程：接收文件→导入财务报表→生成报税基础数据→修改补充数据进行纳税调整→审核纳税申报表→缴款确认。

（4）技能目标：了解相关法律法规，能在智能平台上导入财务报表数据并生成纳税申报表，能对财务报表数据进行复核，能在智能平台上填写增值税、企业所得税基本信息，能在智能平台上对增值税、企业所得税数据计算及账务处理进行复核。

操作视频 2-7

任务一　新建账套

业务情景

财税共享服务中心与金溪旺达（北京）食品有限公司签订外包服务合同，约定为该公司办理纳税申报表编制业务，报税员李某在编制纳税申报表前需要为该公司新建账套。

准备知识

新建账套业务不涉及具体知识点，故此处省略。

业务操作

实训

涉税服务岗：新建账套。

报税员李某为金溪旺达（北京）食品有限公司新建账套。

操作步骤

（1）进入财天下系统，点击“基础设置”“账套信息”，如图 2-3-1 所示。

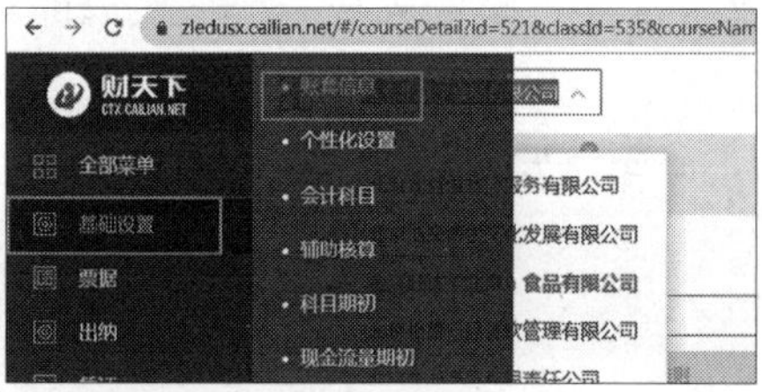

图 2-3-1

（2）选择纳税主体，点击“新建账套”，如图 2－3－2 所示。

（3）录入信息，点击“创建”，如图 2－3－3 所示。

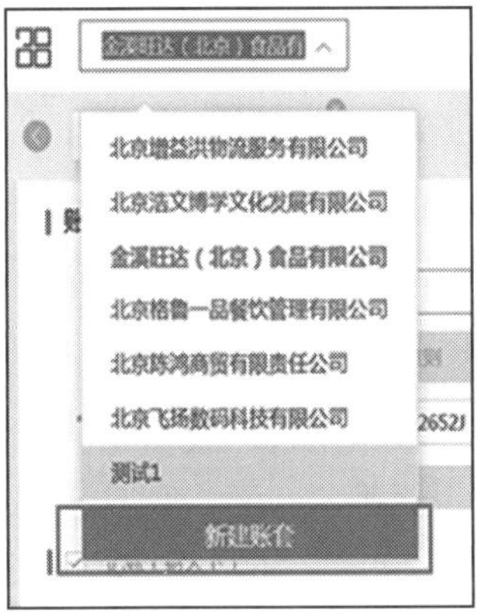

图 2－3－2

图 2－3－3

任务二　申报增值税及附加税、企业所得税

业务情景

北京子林文化有限公司（以下简称子林文化）是一家以文化活动策划及实施、赛事活动策划及推广、摄影服务等为主的公司，为一般纳税人，2019 年 12 月，该公司将其纳税申报业务外包给财税共享服务中心办理，双方签订合同，合同约定按国家有关规定，财税共享服务中心负责该公司纳税申报表复核与申报业务。该公司相关信息如下：

该公司账套号：302；

账套名称：北京子林文化有限公司；

存储路径：电脑 D 盘→新建文件夹→北京子林文化有限公司；

账套启用会计期：2019 年 12 月；

公司法人代表：冯庄；

企业类型：服务；

行业性质：2007 年新会计制度科目；

单位地址：北京市怀柔区府前东街 58 号；

邮政编码：124022；

电话：010－69601285；

纳税人识别号：95730106317958313D；

开户行：中国工商银行府前东街分行；

银行账号：21997394464679；

本位币代码：RMB（人民币）；

预置科目：按行业性质预置科目。

准备知识

1. 增值税申报表（一般纳税人）审核要点

销项税额审核要点：

（1）销售合计金额与财务报表中的营业收入金额是否一致。

（2）是否存在未开票收入。

（3）是否存在免税收入。

（4）不同税率下的销售额是否与实际核算一致。

进项税额审核要点：

（1）本期可抵扣进项的实际税票信息与税务系统数据是否一致。

（2）是否存在可计算抵扣的票据金额，填写是否正确。

（3）进项税额转出额项目填写是否完善。

2. 企业所得税申报表（一般纳税人）审核要点

（1）本期可抵扣进项税额的实际税票信息与税务系统数据是否一致。

（2）是否存在可计算抵扣的票据金额，填写是否正确。

（3）进项税额转出额项目填写是否完善。

业务操作

实训

涉税服务岗：纳税报表复核与申报。

财税共享服务中心李某根据合同约定为子林文化办理纳税报表复核与申报业务。相关要求如下：

（1）审核已导入金税师的公司资产负债表。

（2）增值税申报表审核与申报。

（3）企业所得税（季报）申报表审核与申报。

备注：序时账、资产负债表、利润表、认证抵扣发票清单、销项发票等附件已经内置。

操作步骤

1. 财务报表导入

（1）点击“数据导入”中的“财报”，选择所属季度，点击公司名，进入下一步，如图 2-3-4、图 2-3-5 所示。

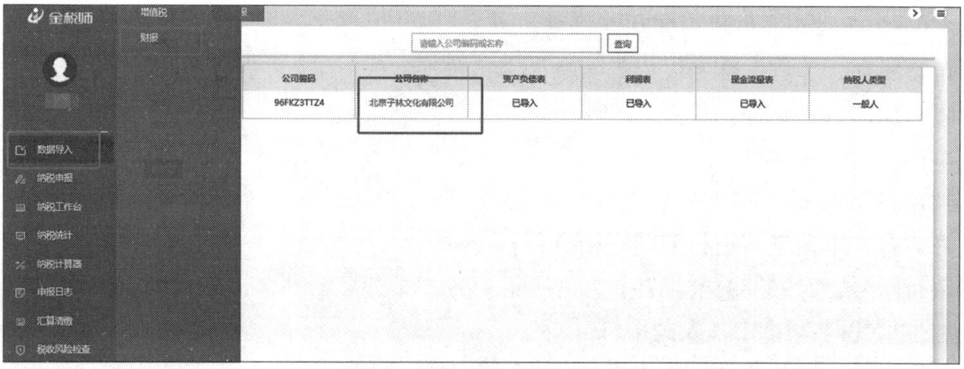

图 2-3-4

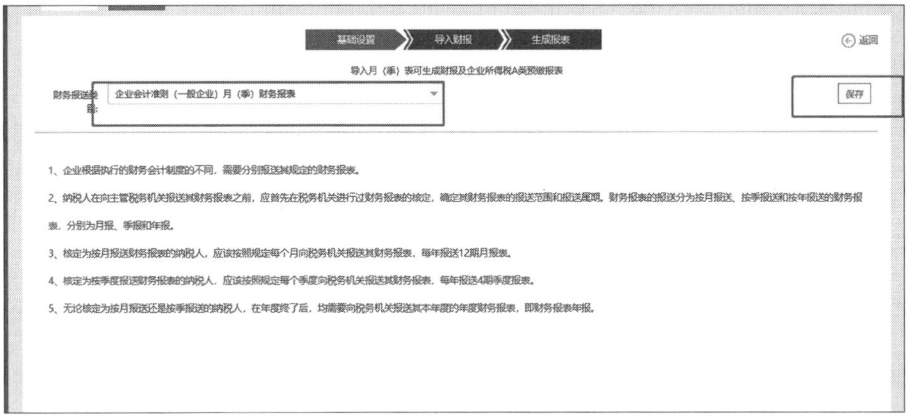

图 2-3-5

（2）选择“教学平台导入 EXCEL”，在弹出来的文本框中选择利润表，点击“确定”，即导入成功（导入资产负债表与现金流量表的操作与利润表一致，此处不做具体讲解），点击“保存”，进入下一步，如图 2-3-6、图 2-3-7 所示。

图 2-3-6

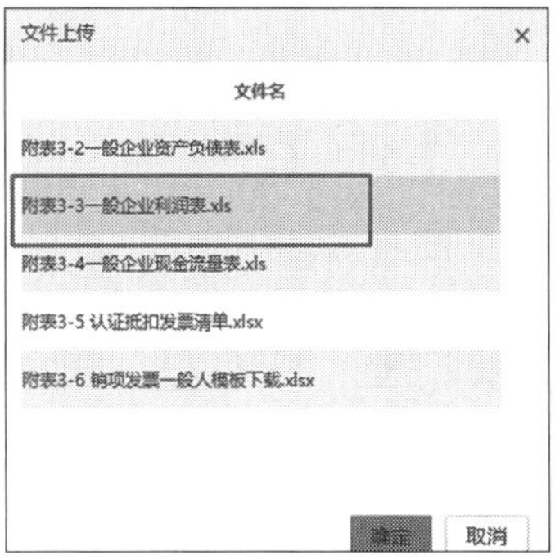

图 2-3-7

（3）对生成的资产负债表与利润表进行保存、审核、申报，如图 2-3-8 所示。

图 2-3-8

2. 增值税申报

（1）进入“数据导入”中的“增值税”，选择月份 2019 年 12 月，点击公司名，如图 2-3-9 所示。

图 2-3-9

（2）在“进项”中选择导入，选择“认证抵扣发票清单”导入进项；在“销项”中选择导入，选择“销项发票一般人模板下载”导入销项。如图 2-3-10、图 2-3-11 所示。

（3）点击“纳税工作台”，进入增值税纳税申报表，对数据进行保存、审核并申报。如图 2-3-12、图 2-3-13 所示。

（4）点击附加税报表，并对其进行保存、审核并申报，如图 2-3-14、图 2-3-15 所示。

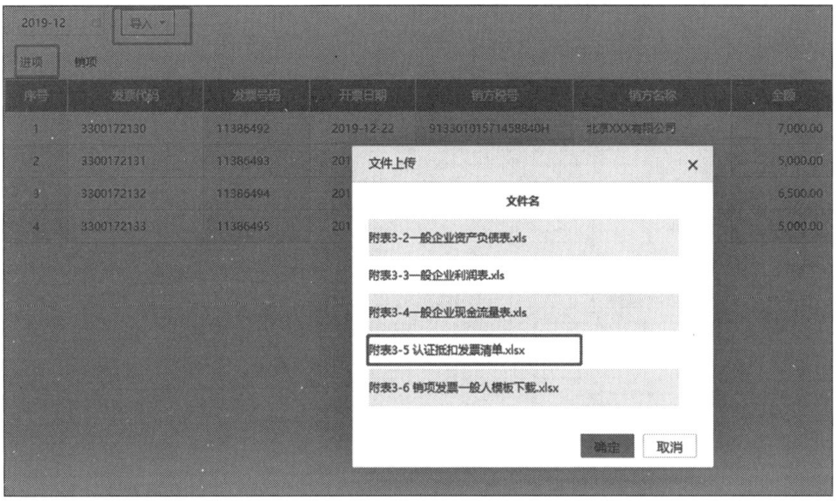

图 2-3-10

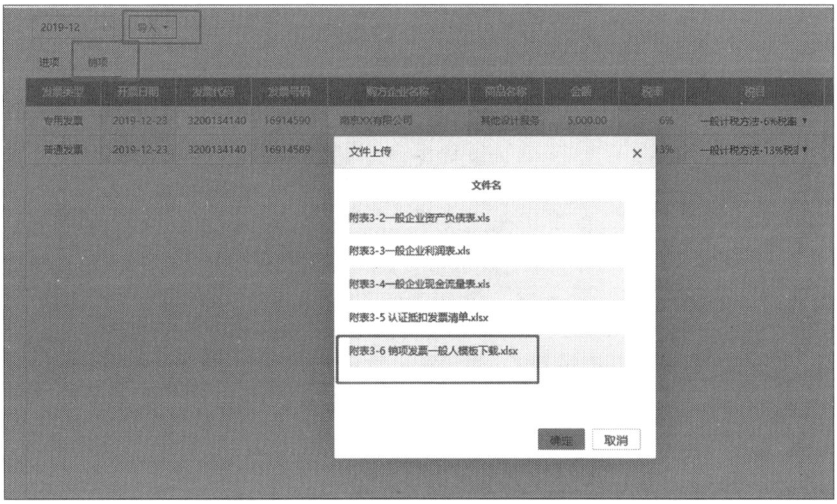

图 2-3-11

图 2-3-12

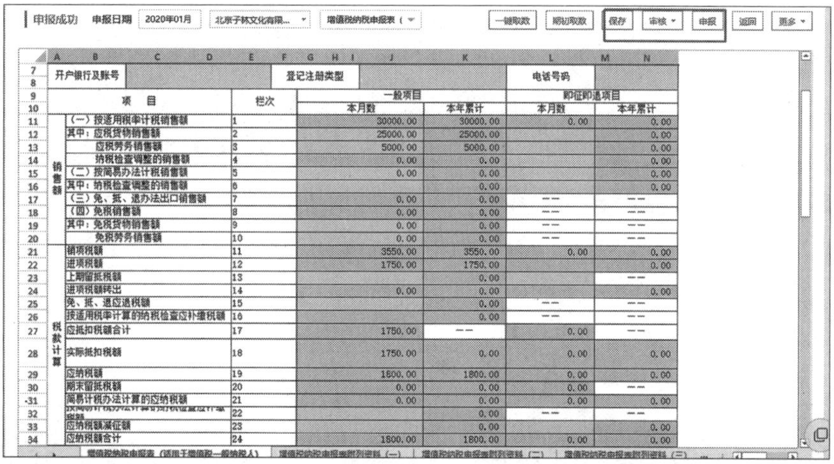

图 2-3-13

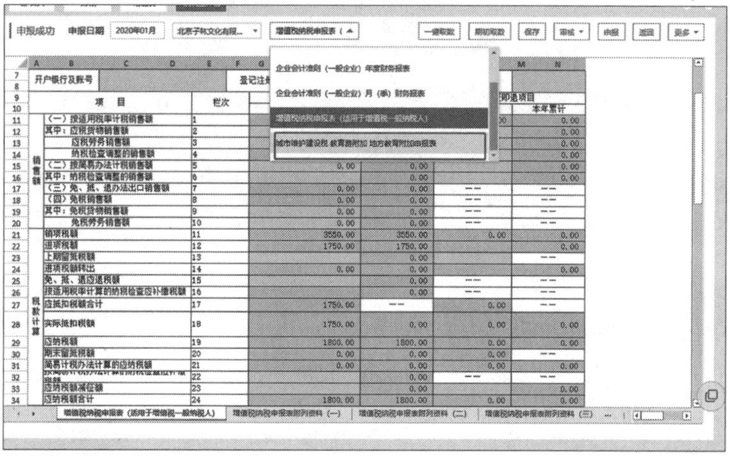

图 2-3-14

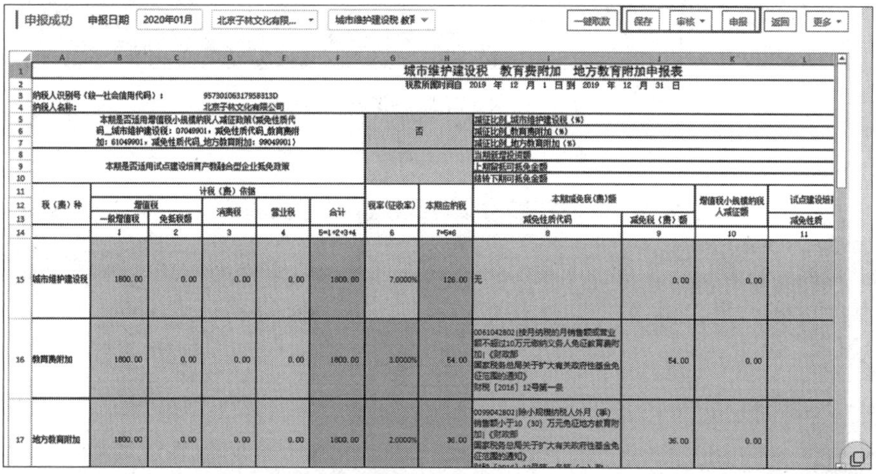

图 2-3-15

3. 企业所得税申报

（1）进入“涉税服务系统——金税师”，点击“数据导入”“企业所得税汇算清缴”。

（2）选择年份、公司名称。

（3）录入完善公司资料，点击“保存”。

（4）智能选表，点击“保存”。

（5）导入科目余额表。

（6）数据手动匹配，如图 2-3-16 至图 2-3-19 所示。

图 2-3-16

图 2-3-17

图 2-3-18

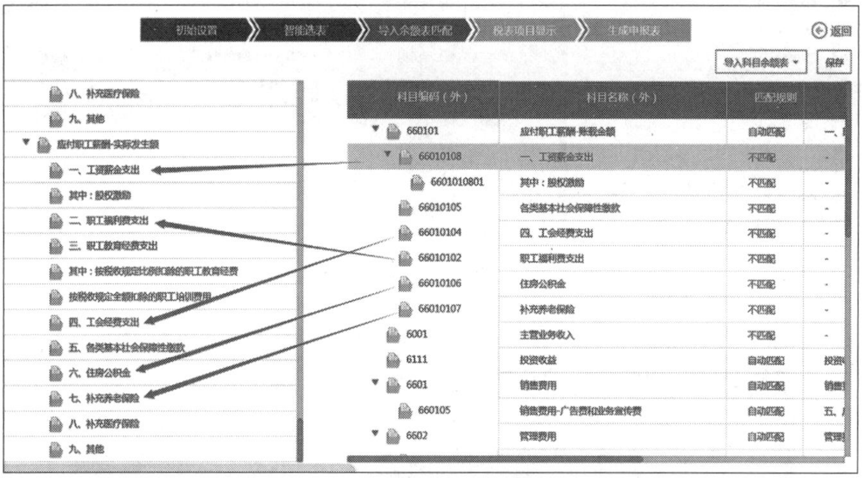

图 2-3-19

（7）进入“企业所得税纳税申报表”，填写季初、季末从业人数，对企业所得税申报表进行保存、审核（要与财务报表数据一致），若审核无误，可进行申报，如图 2-3-20 所示。

图 2-3-20

工作领域四

工资及社保业务外包服务

工资及社保业务外包服务业务综述

（1）业务范围：工资及社保业务外包服务。

（2）业务分类：工资单编制、“五险一金”业务办理、个人所得税申报。

（3）业务流程：人员基本信息采集→人员专项信息采集→智能算税→个人所得税申报表查询→部门工资统计→“五险一金”设置→科目设置→凭证生成。

（4）技能目标：掌握法规，熟悉流程，能在智能化财务操作平台上完成对工资表的导入并根据工资表数据自动生成记账凭证，能收集整理现场办理“五险一金”所需材料并能在实际业务中操作，能在社保平台上根据收集的资料办理社保缴纳，了解个人所得税的计算和相关账务处理，并能在实际业务中应用，能在智能化税务操作平台上对员工信息和工资表进行录入并获取专项附加扣除信息，能将工资表录入“自然人税收管理系统扣缴客户端”。

业务情景

北京佳晟食品有限责任公司是一家以食品生产和销售为主的公司，该公司为一般纳税人，12 月将其工资及社保业务外包给财税共享服务中心办理，双方签订合同，合同约定按国家有关规定，财税共享服务中心负责公司工资核算及社保缴纳业务。

业务操作

实训

会计核算岗、涉税服务岗：计算个税，制单。

财税共享服务中心李某根据合同约定为北京佳晟食品有限责任公司办理 2019 年 11 月工资单编制及发放工资的账务处理业务。具体要求如下：

（1）登录财天下平台。

（2）启用智能工资模块，并计算个税。

（3）根据工资表数据自动生成记账凭证。

操作视频 2-8

备注：生产部门人员属于生产车间，计提工资和“五险一金”记入科目如下图所示。

部门	计提工资科目	计提养老保险科目	计提医疗保险科目	计提失业保险科目	计提工伤保险科目	计提生育保险科目	计提公积金科目
人力资源部	66020101 工资薪金	6602010501 基本养老保险	6602010502 基本医疗保险	6602010503 失业保险	6602010504 工伤保险	6602010505 生育保险	66020106 住房公积金
行政部	66020101 工资薪金	6602010501 基本养老保险	6602010502 基本医疗保险	6602010503 失业保险	6602010504 工伤保险	6602010505 生育保险	66020106 住房公积金
财务部	66020101 工资薪金	6602010501 基本养老保险	6602010502 基本医疗保险	6602010503 失业保险	6602010504 工伤保险	6602010505 生育保险	66020106 住房公积金
总裁办	66020101 工资薪金	6602010501 基本养老保险	6602010502 基本医疗保险	6602010503 失业保险	6602010504 工伤保险	6602010505 生育保险	66020106 住房公积金
销售部	66010101 工资薪金	6601010501 基本养老保险	6601010502 基本医疗保险	6601010503 失业保险	6601010504 工伤保险	6601010505 生育保险	66010106 住房公积金
运营部	66020101 工资薪金	6602010501 基本养老保险	6602010502 基本医疗保险	6602010503 失业保险	6602010504 工伤保险	6602010505 生育保险	66020106 住房公积金
采购部	66020101 工资薪金	6602010501 基本养老保险	6602010502 基本医疗保险	6602010503 失业保险	6602010504 工伤保险	6602010505 生育保险	66020106 住房公积金
研发部	53010101 人员人工	53010102 社会保险费	53010102 社会保险费	53010102 社会保险费	53010102 社会保险费	53010102 社会保险费	53010103 住房公积金
生产部	500102 职工工资	500102 职工工资	500102 职工工资	500102 职工工资	500102 职工工资	500102 职工工资	500102 职工工资
加工维修部门	510109 职工工资	510110 社会保险费	510110 社会保险费	510110 社会保险费	510110 社会保险费	510110 社会保险费	510111 住房公积金

操作步骤

（1）选择“账套信息”，勾选“启用智能工资”，如图 2－4－1、图 2－4－2 所示。

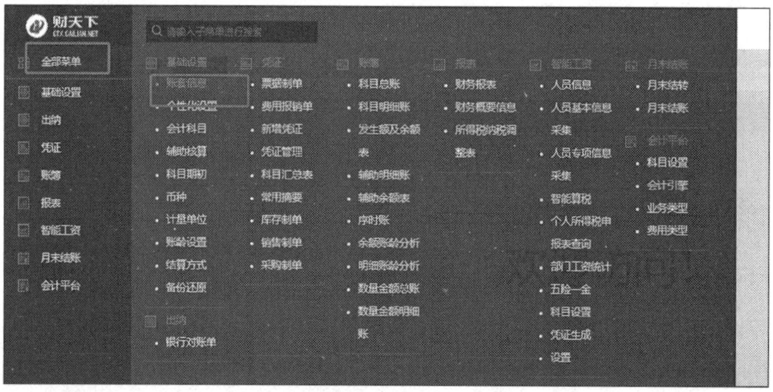

图 2－4－1

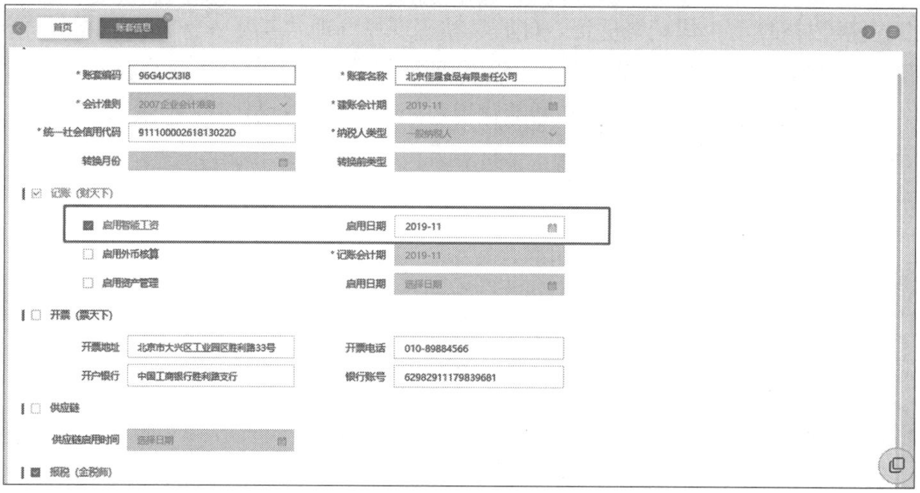

图 2－4－2

（2）选择“智能工资”，在菜单栏中依次对“人员信息”“人员基本信息采集”等进行同步操作，如图 2－4－3 所示。

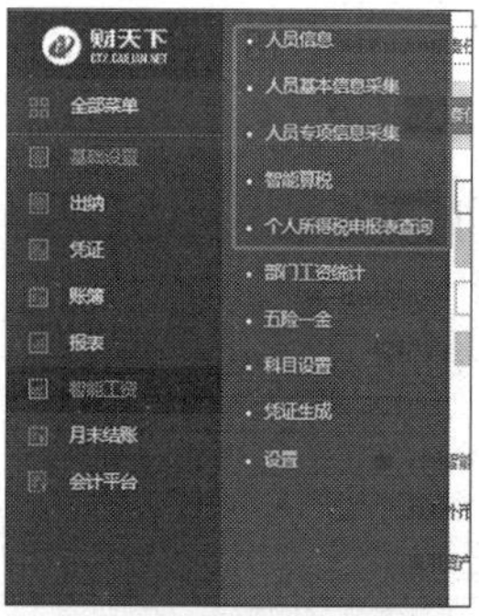

图 2－4－3

（3）进入“人员信息”界面，对人员信息进行同步操作，如图 2－4－4 所示。

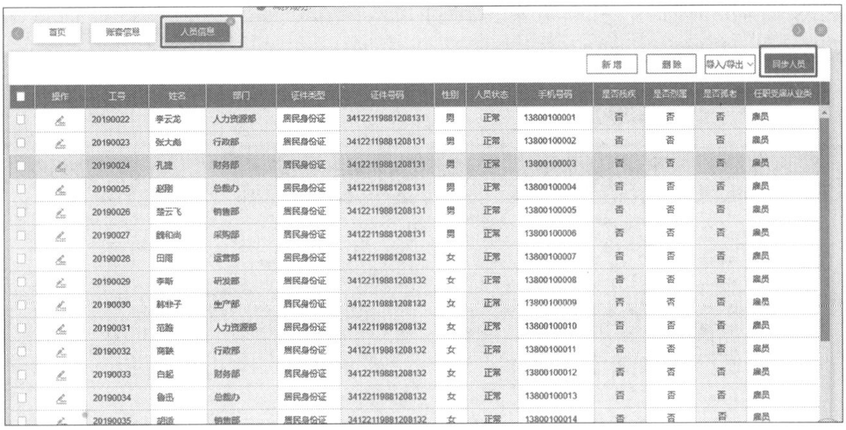

图 2-4-4

（4）选择“人员基本信息采集”，同步人员信息并确定，如图 2-4-5 所示。

图 2-4-5

（5）选择“人员专项信息采集”，点击“同步”，结果如图 2-4-6 所示。

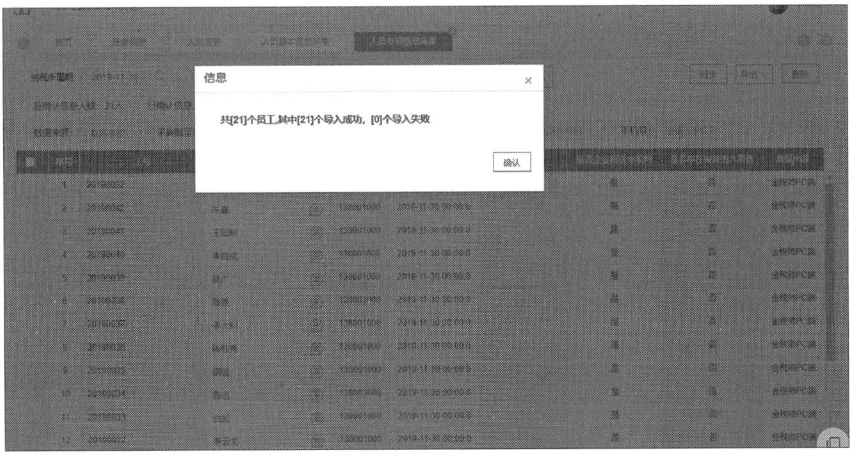

图 2-4-6

（6）进入“智能算税”，对工资薪金进行导入操作，导入完成后进行税款计算，点击计算，如图 2－4－7、图 2－4－8 所示。

序号	工号	姓名	部门	手机号码	基本工资	岗位津贴	绩效奖金	加班工资	全勤奖	差旅补贴
1	20190001	李云龙	人力资源部	13800100001	5,000.00	200.00	0.00	0.00	0.00	0.00
2	20190002	张大彪	行政部	13800100002	5,000.00	200.00	0.00	0.00	0.00	0.00
3	20190003	孔捷	财务部	13800100003	5,000.00	200.00	0.00	0.00	0.00	0.00
4	20190004	赵刚	总裁办	13800100004	5,000.00	200.00	0.00	0.00	0.00	0.00
5	20190005	楚云飞	销售部	13800100005	5,000.00	200.00	0.00	0.00	0.00	0.00
6	20190006	魏和尚	采购部	13800100006	5,000.00	200.00	0.00	0.00	0.00	0.00
7	20190007	田雨	运营部	13800100007	5,000.00	200.00	0.00	0.00	0.00	0.00
8	20190008	李斯	研发部	13800100008	5,000.00	200.00	0.00	0.00	0.00	0.00
9	20190009	韩非子	生产部	13800100009	5,000.00	200.00	0.00	0.00	0.00	0.00
10	20190010	范蠡	人力资源部	13800100010	5,000.00	200.00	0.00	0.00	0.00	0.00
11	20190011	商鞅	行政部	13800100011	5,000.00	200.00	0.00	0.00	0.00	0.00
12	20190012	白起	财务部	13800100012	5,000.00	200.00	0.00	0.00	0.00	0.00
合	0.0				105,000.0	4,200.00	0.00	0.00	0.00	0.00

图 2－4－7

序号	工号	姓名	部门	手机号码	基本工资	岗位津贴	绩效奖金	加班工资	全勤奖	差旅补贴	交通补助
1	20190001	李云龙	人力资源部	13800100001	5,000.00	200.00	0.00	0.00	0.00	0.00	0.00
2	20190002	张大彪	行政部	13800100002	5,000.00	200.00	0.00	0.00	0.00	0.00	0.00
3	20190003	孔捷	财务部	13800100003	5,000.00	200.00	0.00	0.00	0.00	0.00	0.00
4	20190004	赵刚	总裁办	13800100004	5,000.00	200.00	0.00	0.00	0.00	0.00	0.00
5	20190005	楚云飞	销售部	13800100005	5,000.00	200.00	0.00	0.00	0.00	0.00	0.00
6	20190006	魏和尚	采购部	13800100006	5,000.00	200.00	0.00	0.00	0.00	0.00	0.00
7	20190007	田雨	运营部	13800100007	5,000.00	200.00	0.00	0.00	0.00	0.00	0.00
8	20190008	李斯	研发部	13800100008	5,000.00	200.00	0.00	0.00	0.00	0.00	0.00
9	20190009	韩非子	生产部	13800100009	5,000.00	200.00	0.00	0.00	0.00	0.00	0.00
10	20190010	范蠡	人力资源部	13800100010	5,000.00	200.00	0.00	0.00	0.00	0.00	0.00
11	20190011	商鞅	行政部	13800100011	5,000.00	200.00	0.00	0.00	0.00	0.00	0.00

图 2－4－8

（7）进入个人所得税申报表查询，点击“申报”，如图 2－4－9 所示。

序号	工号	姓名	证照类型	证照号码	税款所属期起	税款所属期止	所得项目	本期收入	本期费用	本期免税收入	本期基本养老
1	20190001	李云龙	居民身份证	341221198812081313	2019-01-01	2019-01-31	正常工资薪金所得	5,200.00	0.00	0.00	289.04
2	20190002	张大彪	居民身份证	341221198812081315	2019-01-01	2019-01-31	正常工资薪金所得	5,200.00	0.00	0.00	289.04
3	20190003	孔捷	居民身份证	341221198812081316	2019-01-01	2019-01-31	正常工资薪金所得	5,200.00	0.00	0.00	289.04
4	20190004	赵刚	居民身份证	341221198812081317	2019-01-01	2019-01-31	正常工资薪金所得	5,200.00	0.00	0.00	289.04
5	20190005	楚云飞	居民身份证	341221198812081318	2019-01-01	2019-01-31	正常工资薪金所得	5,200.00	0.00	0.00	289.04
6	20190006	魏和尚	居民身份证	341221198812081319	2019-01-01	2019-01-31	正常工资薪金所得	5,200.00	0.00	0.00	289.04
7	20190007	田雨	居民身份证	341221198812081320	2019-01-01	2019-01-31	正常工资薪金所得	5,200.00	0.00	0.00	289.04
8	20190008	李斯	居民身份证	341221198812081321	2019-01-01	2019-01-31	正常工资薪金所得	5,200.00	0.00	0.00	289.04
9	20190009	韩非子	居民身份证	341221198812081322	2019-01-01	2019-01-31	正常工资薪金所得	5,200.00	0.00	0.00	289.04
10	20190010	范鹏	居民身份证	341221198812081323	2019-01-01	2019-01-31	正常工资薪金所得	5,200.00	0.00	0.00	289.04
合计								109,200.00	0.00	0.00	6,069.84

图 2－4－9

（8）进入“科目设置”，按照题目给出的表格设置计提工资借方科目、“五险一金”借方科目并修改，如图 2－4－10 所示。

图 2－4－10

（9）进入“凭证生成”界面，选择“重新计算”“生成凭证”，如图 2－4－11、图 2－4－12 所示。

图 2－4－11

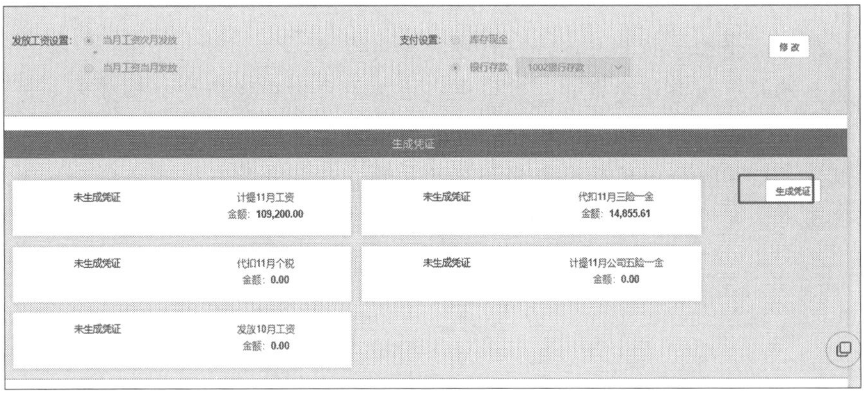

图 2－4－12

智能财税基础业务三

社会共享企业管家

学习指引与学习目标

“社会共享初级企业管家”是基于职业院校推行“学历证书＋若干职业技能等级证书”制度（即“1＋X”证书制度），根据社会共享企业管家与企业秘书的实际工作业务和《智能财税职业技能等级标准》（初级）而设计的课程，它以相关知识点的系统学习为前提和基础，着重于聚焦新业态的职业技能培训。

初级企业管家实务主要包括企业设立和信息公示、货币资金业务处理、税务管理、人力资源与社保公积金管理、日常行政事务与资质证照办理等业务内容。本部分的学习和实操演练旨在培养学生处理行政事务性工作的能力，学生通过模拟仿真平台完成各项工作任务，从而实现以下教学目标：

（1）能在相关平台上熟练帮助客户办理企业设立登记、变更登记、信息公示、注销、印鉴刻制与使用保管等业务。

（2）掌握企业开立账户的相关法律法规和操作流程，会办理银行开户，会制定企业资金日常管理制度，会对企业资金进行日常管理。

（3）能在税务系统办理税务登记和各种税费的纳税申报业务，能登录税务相关系统填写发票的领用、使用、发放等业务的相关信息，并登记发票的领购、领用、签收和使用等情况。

（4）能根据被投资方的要求办理股权变更相关事项。

（5）能办理人员招聘相关事宜；能根据企业员工日常管理的原则和方式制定公司规章制度，并对员工进行工作考核和薪酬管理；能在社会保险网上服务平台对企业首次参保人员进行社保登记；掌握企业住房公积金登记开户的流程，并能在住房公积金网上政务平台办理企业住房公积金网上开户。

思维导图

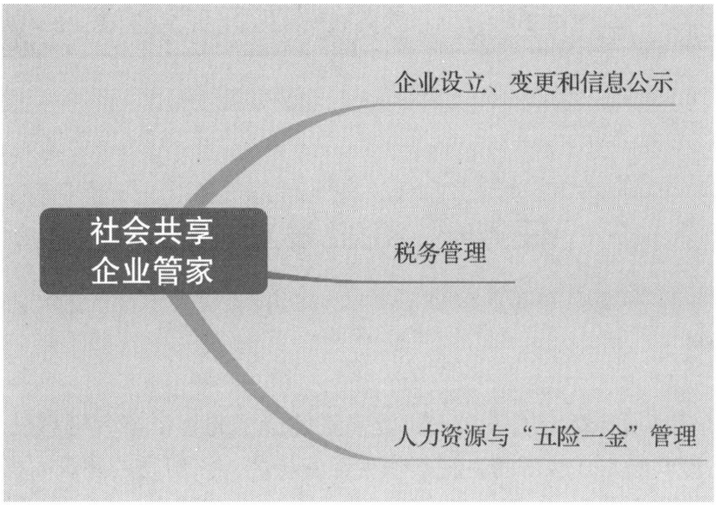

工作领域一

企业设立、变更和信息公示

任务一 企业设立登记

业务情景

为了设立经营场所，林宇明等 3 人租赁了王健位于北京市丰台区惠民路 88 号蓝天大厦 6 层 620 号房间，将其作为经营场地。该房间的建筑面积为 200 平方米，使用权限为 40 年，房屋用途为办公，房产属于王健个人私有，有房产证，每月租金 20 000 元，双方签订了租房协议，租赁期 10 年。申请营业执照副本 1 本。

操作视频 3-1

经过股东们协商，确定项目类别为：技术开发、技术转让、技术咨询、技术服务；经营大类：技术开发；经营明细：数字出版领域内的技术开发、技术转让、技术咨询、技术服务；行业名称：计算机科技；预计经营占比：90%。

准备知识

1. 核心概念

企业是指以营利为目的，从事商品生产、商品流通或服务性经济活动，自主经营、自负盈亏、独立核算并依法成立的经济组织。

2. 相关法规

《国务院办公厅关于加快推进“五证合一、一照一码”登记制度改革的通知》(国办发〔2016〕53 号)、《优化营商环境条例》、《国务院关于做好优化营商环境改革举措复制推广借鉴工作的通知》国办函（〔2019〕89 号）、《北京市、上海市优化营商环境典型做法》、《中华人民共和国公司法》、《中华人民共和国合伙企业法》、《中华人民共和国个人独资企业法》、《中华人民共和国公司登记管理条例》、《中华人民共和国企业法人登记管理条例》、《中华人民共和国企业法人登记管理条例施行细则》、《企业名称登记管理规定》、《中华人民共和国民法典》等。

3. 业务要领

(1) 企业类型及其区别。

公司：分为有限责任公司、股份有限公司，公司以其全部财产对公司的债务承担责任。有限责任公司的股东以其认缴的出资额为限对公司承担责任，股份有限公司的股东以其认购的股份为限对公司承担责任。

企业：合伙企业、个人独资企业、外商独资企业。

集团公司：由母公司、子公司、参股公司及其他成员共同组成的企业法人联合体。

总公司和分公司：总公司具有法人资格，独立承担民事责任；分公司不具有法人资格，不独立承担民事责任。

（2）有限责任公司的设立条件。

根据《中华人民共和国公司法》的规定，有限责任公司应由50个以下股东出资设立。设立有限责任公司，应当具备下列条件：

1）股东符合法定人数；

2）股东出资达到法定资本最低限额；

3）股东共同制定公司章程；

4）有公司名称，建立符合有限责任公司要求的组织机构；

5）有固定的生产经营场所和必要的生产经营条件。

（3）经营范围。

根据《企业经营范围登记管理规定》，经营范围是企业从事经营活动的业务范围，应当依法经企业登记机关登记。

申请人应当参照《国民经济行业分类》选择一种或多种小类、中类或者大类，自主提出经营范围登记申请。若《国民经济行业分类》没有规范新兴行业或者具体经营项目，申请人可以参照政策文件、行业习惯或者专业文献等提出申请。

（4）企业名称。

企业名称组成：行政区划名称＋字号（或者商号）＋行业名称（或者经营特点）＋组织形式。

1）行政区划名称：企业名称应当冠以企业所在地省（自治区、直辖市）或者市（州）或者县（市辖区）行政区划名称。

2）字号：字号应当由两个以上的汉字组成。若有正当理由，企业可以使用本地或者异地地名作字号，但不得使用县以上行政区划名称作字号。私营企业可以使用投资人姓名作字号。

3）行业名称（或者经营特点）：企业应当根据其主营业务，依照国家行业分类标准划分的类别，在企业名称中标明所属行业或者经营特点。

4）组织形式：企业应当根据其组织结构或者责任形式，在企业名称中标明组织形式。所标明的组织形式必须明确、易懂，如有限公司、股份有限公司等。

下列企业的企业名称可以不冠以企业所在地行政区划名称：

1）企业名称中使用“中国”“中华”或者冠以“国际”字词的企业；

2）历史悠久、字号驰名的企业；

3）外商投资企业。

下列企业，可以申请在企业名称中使用“中国”“中华”或者冠以“国际”字词：

1）全国性公司；

2）国务院或其授权的机关批准的大型进出口企业；

3）国务院或其授权的机关批准的大型企业集团；

4）国家市场监督管理总局规定的其他企业。

企业名称文字和内容的规定：企业名称应当使用汉字，民族自治地方的企业名称可以同时使用本民族自治地方通用的民族文字。企业使用外文名称的，其外文名称应当与中文名称相一致，并报登记主管机关登记注册。

企业名称不得含有下列内容和文字：

1）有损于国家、社会公共利益的；

2）可能对公众造成欺骗或者误解的；

3）外国国家（地区）名称、国际组织名称；

4）政党名称、党政军机关名称、群众组织名称、社会团体名称及部队番号；

5）汉语拼音字母（外文名称中使用的除外）、数字；

6）其他法律、行政法规规定禁止使用的。

其他规定：

1）确定企业名称时，不得擅自使用他人已经登记注册的企业名称或者有其他侵犯他人企业名称专用权的行为；

2）企业名称经核准登记注册后，无特殊原因在1年内不得申请变更；

3）企业的印章、银行账户、牌匾、信笺所使用的名称应当与登记注册的企业名称相同，从事商业、公共饮食、服务等行业的企业名称牌匾可适当简化，但应当报登记主管机关备案。

（5）营业场所和注册地。

营业场所和注册地应保持一致，符合当地法律规定。

（6）有限责任公司注册资本。

1）注册资本认缴数额。我国《公司法》规定，有限责任公司的注册资本为在公司登记机关登记的全体股东认缴的出资额。法律、行政法规以及国务院对有限责任公司注册资本实缴、注册资本最低限额另有规定的，从其规定。

公司注册资本认缴数额要适当，公司认缴的出资金额及出资期限将通过“国家企业信用信息公示系统”向社会进行披露。如果超出股东经济实力盲目认缴巨额资本，超过合理期限随意约定过长的出资时间，不仅加大了股东责任，而且会影响公司的公信度。

2）注册资本出资方式。股东可以用货币出资，也可以用实物、知识产权、土地使用权等可以用货币估价并可以依法转让的非货币财产作价出资，但是，法律、行政法规规定不得作为出资的财产除外。

3）注册资本缴纳的要求。股东应当按期足额缴纳公司章程中规定的各自所认缴的出资额。股东未按照规定缴纳出资的，除应当向公司足额缴纳外，还应当向已按期足额缴纳出资的股东承担违约责任。

公司成立后，公司应当向股东签发出资证明书，股东不得抽逃出资。

（7）有限责任公司组织机构。有限责任公司要设股东会、董事会或者执行董事、监事会或者监事，还可以聘请经理。

股东会：是有限责任公司的权力机构，由全体股东组成。

董事会：对股东会负责，其成员为3人至13人。董事会设董事长1人，可以设副董事长。董事长、副董事长的产生办法由公司章程规定。

执行董事：股东人数较少或者规模较小的有限责任公司，可以设1名执行董事，不设董事会。执行董事可以兼任公司经理。

监事会或者监事：监事会成员不得少于3人。股东人数较少或者规模较小的有限责任公司，可以设1至2名监事，不设监事会。

董事、高级管理人员（如经理、财务人员等）不得兼任监事。监事可以列席董事会会议，并对董事会决议事项提出质询或者建议。

经理：由董事会决定聘任或者解聘，经理对董事会负责，可以列席董事会会议。

股东会、董事会或者执行董事、监事会或者不设监事会的公司监事、经理的职权，在《公司法》中有明确的规定，详细内容查阅《公司法》。

（8）有限责任公司章程。

1）公司名称和住所；

2）公司经营范围；

3）公司注册资本；

4）股东的姓名或者名称；

5）股东的出资方式、出资额和出资时间；

6）公司的机构及其产生办法、职权、议事规则；

7）公司法定代表人；

8）股东会议认为需要规定的其他事项，股东应当在公司章程上签名、盖章。

（9）“五证合一、一照一码”的登记制度。

“五证合一、一照一码”登记制度是根据《国务院办公厅关于加快推进“五证合一、一照一码”登记制度改革的通知》（国办发〔2016〕53号）的规定，自2016年10月1日起在全国范围内实施的。

“五证”：指的是工商营业执照、组织机构代码证、税务登记证、社会保险登记证和统计登记证。

“一码”：指统一社会信用代码，共18位，是每一个法人和非法人组织在全国范围内唯一的、终身不变的法定身份识别码。

“五证合一、一照一码”就是将上述五证整合为一个加载了统一社会信用代码的营业执照，企业无须再另行办理组织机构代码证、税务登记证、社会保险登记证和统计登记证。

（10）企业设立登记与北京市企业服务e窗通平台。

开办新企业，首先要进行企业设立登记。企业设立登记要进行企业核名、提交申请材料、申请营业执照、刻制印章工作。申请了营业执照、刻制了印章，企业就可以开业了。但是，企业要正式开始经营，还需要进行税务登记、社保登记、住房公积金开户和银行开户。

企业开办涉及市场监督管理局、公安、人民银行、税务、人力资源和社会保障、住房公积金管理等多个部门。为进一步优化营商环境，提高企业开办效率，2019年1月17日，北京市开通了“北京市企业服务e窗通平台”，整合了各部门业务办理流程。在该平台上，申请人申请营业执照及刻制印章、办理涉税事项、为员工办理“五险一金”、银行预约开户等业务，能够全流程在线申报、多部门网上联合审批、审批结果由后台推送完成，且推广使用电子执照和电子发票，实现了开办企业全程网上办理。申请人在提交申请审批通过后的当天即可领取电子营业执照，3天即可完成企业开办。

（11）企业设立过程中的主要问题。

在企业设立过程中应注意：

1）选择适合自己的企业类型；

2）了解公司的基础情况；

3）关注特殊项目审批。

业务操作

实训

企业管家综合服务岗：办理公司设立登记。

紫霖财税企业管家（中小企业财税综合服务岗）刘庆帮助林宇明等 3 人办理公司设立登记。具体内容如下：

（1）签订外包服务合同，准备公司设立登记相关资料。

（2）用户注册登录。

（3）申请企业设立登记，进行公司核名程序。

（4）进行股东、法人实名认证。

（5）填写公司基本信息，上传相关证明材料。

（6）审批通过，领取营业执照、印章、税控设备和发票。

以北京地区为例，企业管家帮助客户办理有限责任公司设立登记。

操作步骤

1. 签订外包服务合同，并提出企业注册建议

（1）按新设公司经营范围及行业特点提出建议，如餐厅、酒吧等需要前置审批《食品经营许可证》。

（2）按股东情况提出建议，如个人成立的公司，可以注册个人独资企业，享受核定征收扶持政策，不按照查账征收缴纳企业所得税，而是按照核定征收，根据企业开票额的多少来计算企业的利润。

（3）按主营业务提出建议，如科技、文化类公司可以注册在各大科技园区，优先享受高新技术企业、政策补贴的申报。

（4）按新设公司经营范围匹配地域提出建议，比如对制造业企业，可建议在北京郊区或周边注册（以北京为例，各地情况不同）。

（5）按新设立公司的地域、字号、经营范围、行业特点、组织形式、地址、出资比例等综合情况提出建议。

2. 准备申请材料

（1）内资公司设立登记申请书。由法定代表人亲笔签署。

（2）公司章程。全体股东共同签署，其中自然人股东亲笔签字，法人股东加盖公章。

（3）企业名称预先核准通知书。

（4）股东资格证件。自然人提供身份证，企业法人股东提供加盖公章的营业执照复印件。

（5）住所使用证明。一般应为产权人签字或盖章的房产证复印件。产权人为自然人的，应亲笔签字；产权人为单位的，应加盖公章。

（6）许可项目审批条件。仅限经营项目涉及前置许可的，如危险化学品经营、快递业务等，提交有关批准文件或者许可证件的复印件。

（7）指定（委托）书。委托他人办理时需要提供。

3. 登录"北京市企业服务 e 窗通平台"进行相关操作

登录"北京市企业服务 e 窗通平台"，根据页面指引进行注册、核名、股东核发实名认证、涉税事项办理、员工"五险一金"办理、银行开户预约等操作。

任务二　企业印鉴业务管理

业务情景

北京振兴科技有限公司（以下简称振兴科技）已经通过"北京市企业服务 e 窗通平台"完成了设立登记，领取了营业执照和免费提供的四枚印章（法定代表人名章、财务专用章、发票专用章、合同专用章），现委托北京紫霖财税服务有限公司（以下简称紫霖财税）的企业管家刘庆为其刻制一枚公章，并制定印章使用和保管的管理制度，帮助其规范印章的使用与保管。

准备知识

1. 相关法规

《印章治安管理办法（草案）》等。

2. 常见企业印章及使用说明

企业公章：企业行政管理、经营管理工作相关文件、报表、凭证、文书的用印。

合同专用章：企业签订合同专用。

财务专用章：企业财务管理专用，作为预留银行印鉴。

法定代表人章：企业财务管理专用，作为预留银行印鉴。

发票专用章：企业开具发票专用。

业务操作

实训

企业管家综合服务岗：办理印章刻制以及印章管理业务。

紫霖财税企业管家刘庆帮助振兴科技刻制一枚公章，并为其制定印章使用和保管的管理制度。具体内容包括：

（1）确定刻章种类，刻制印章。

（2）建立印章使用和保管的制度。

以北京地区为例，企业管家帮助客户办理印章刻制以及印章管理业务。

操作步骤

1. 确定企业刻制印鉴的种类

企业常用的印章有公章、财务专用章、合同专用章、发票专用章、法定代表人名章等。企业管家需要与客户沟通，确定客户需要刻制印章的种类和数量。

2. 刻制印鉴

企业办理设立登记时，北京地区的企业在“北京市企业服务 e 窗通平台”填写或上传企业基本信息和证明材料的同时，还可以在该平台上选择免费刻制四枚印章的服务，在领取营业执照时一并领取。如果不选择免费刻制印章，企业可以自行刻制。

如果选择自行刻制，用章企业按要求携带相关材料直接到具备印章刻制资质的企业刻制即可。因公章刻制实行备案管理，印章刻制企业在印章制作完成后，需要按照规定将用章单位、公章刻制申请人、印模等基本信息报送公安机关备案。企业刻制印章需携带的相关材料包括：

（1）营业执照副本原件、复印件。

（2）法定代表人本人办理的，须持法定代表人身份证原件；法定代表人委托他人办理的，须持法定代表人的委托书、身份证复印件和承办人的身份证原件、复印件。

3. 制定企业印鉴使用和保管制度

企业印鉴需要妥善保管，企业应严格按照规定程序使用，制定《企业印鉴使用和保管办法》。

（1）企业印鉴使用的注意事项。

1）在空白文本上加盖印章需谨慎。严禁在空白文本上加盖公司印章，如确因工作需要，须报领导批准。

2）制定并执行用章登记制度。公司印章的使用应严格履行用章登记制度，建立用章使用登记本。

（2）企业印鉴的保管及丢失等注意事项。

1）银行预留印鉴应分开保管，财务专用章、法定代表人章应分由不同人员保管。

2）企业印章若被盗抢或丢失，应及时办理作废程序。

报案：由法人代表带身份证原件及复印件、工商营业执照副本原件及复印件到丢失地点所辖的派出所报案，领取报案证明。

作废公示：持报案证明原件及复印件、工商营业执照副本原件及复印件在市级以上每日公开发行的报纸上做登报声明，声明公章作废。

任务三　公司变更登记业务管理

业务情景

北京远东科技服务有限公司（以下简称远东公司）成立于 2019 年，公司注册资本为 200 万元。公司由三位股东出资成立，股东王明出资 124 万元，占注册资本的 62%，股东张非出资 56 万元，占注册资本的 28%，股东赵林出资 20 万元，占注册资本的 10%。2020 年 4 月，股东张非急需资金，想把公司的股份转让出去。他的朋友周杰对公司非常看好，觉得公司非常有投资价值，张非有意将其持有的公司 28%的股份以 80 万元的价格全部转让给周杰。

准备知识

1. 相关法规

《中华人民共和国公司登记管理条例》《中华人民共和国公司法》。

2. 企业变更

企业变更是指企业成立后，企业组织形式、企业登记事项发生变化。

根据《中华人民共和国公司法》的规定，企业营业执照记载的事项发生变更的，企业应当依法办理变更登记，由公司登记机关换发营业执照。企业营业执照载明了企业的名称、住所、注册资本、实收资本、经营范围、法定代表人等事项，因此上述事项变更都被视为“企业变更”。此外，公司股东以及出资比例变更也属于企业变更范围。

业务操作

实训

企业管家综合服务岗：办理股权转让变更登记。

紫霖财税企业管家刘庆帮助宏远公司办理股权变更事宜。具体内容包括：

（1）确立变更事项，准备相关资料。

（2）签订《股权转让协议》，召开股东会议，修改公司章程。

（3）提交相关资料，申请办理变更事项。

以本任务情景为例，企业管家帮助客户办理股权转让变更登记。

操作步骤

（1）确定企业变更事项。本业务中，远东公司张非欲转让股权给周杰，属于公司变更范围。

（2）办理如下变更事项：

1）通知其他股东。张非欲转让股权给周杰，需书面通知王明和赵林股权转让事项（其他股东具有优先购买权），王明和赵林书面回复不购买张非所持股份。

2）签订股权转让协议。张非和周杰签订股权转让协议，明确股权转让时间、价格、债权债务、股权转让款等事宜。

3）召开老股东会议。张非、王明、赵林三位召开股东会，经过会议表决，免去张非的相关职务，表决比例和表决方式按照公司原章程规定进行。

4）召开新股东会议。王明、赵林、周杰召开新股东会议，经过会议表决，任命新股东周杰相关职务，涉及成立新股东会及修订公司章程的，须由新股东签字。

5）款项交割。新股东周杰按照股权转让协议约定的付款时间付款。

（3）办理如下变更登记：

1）在工商管理网站或柜台提交变更申请。

2）提交股东会决议。

3）提交股权转让协议。

4）提交公司营业执照。

（4）等待工商管理部门通过审批。

任务四　企业信息公示填制申报管理

操作视频 3-2

业务情景

北京清洁商贸有限公司成立于2010年，地址位于北京市朝阳区北新路28号，公司对其2019年度的企业信息进行公示，具体内容见表3-1-1至表3-1-3。

表3-1-1　北京清洁商贸有限公司2019年度基本情况

项目	内容
公司名称	北京清洁商贸有限公司
通信地址及邮政编码	通信地址：北京市朝阳区北新路28号，邮政编码：100018
经营场地性质	租赁
联系电话	010-67541923
电子邮箱	qingjie@163.com
主营业务活动	商品批发和零售
公司存续状态	开业
公司网站	有网站，网址为http://www.qingjie.com，无网店
营业期限和营业执照	营业期限30年，营业执照注册号（统一社会信用代码）：91110105371380216D，营业执照有效期：2010年6月1日至2040年6月1日
公司从业人数	公司有职工30人，其中女性职工12人
党建信息	无
控股情况	公司为私人控股
对外担保、对外投资、股东股权转让信息	2019年度无对外担保、无对外投资、无股东股权转让
公司社保缴费基数和实际缴费金额	2019年社保参保职工数：30人 2019年单位社保缴费基数248 000元 2019年单位社保实际缴费金额：78 368元，其中医疗保险24 800元，养老保险47 120元，失业保险1 984元，工伤保险2 480元，生育保险1 984元 2019年无社保欠缴情况

表3-1-2　北京清洁商贸有限公司2019年度股东信息

姓名	性别	政治面貌	认缴出资额（万元）	认缴出资比例	认缴出资方式	认缴出资时间
周林	男	群众	200	40%	货币	2010.12.31
张恺	男	群众	100	20%	货币	2010.12.31
李小炜	女	群众	100	20%	货币	2010.12.31
朱峰	男	群众	100	20%	货币	2010.12.31

表 3-1-3　北京清洁商贸有限公司 2019 年度财务信息

项目	内容
实行会计电算化情况和财务管理软件	公司实行了会计电算化，使用的财务管理软件是畅捷通 T3
记账方式	自行记账
最近三年是否连续亏损	否
公司 2019 年度的资产负债表、利润表、现金流量表相关数据	资产总额 3 450 万元，其中存货 1 120 万元，流动资产 2 100 万元，负债总额 150 万元，其中流动负债 150 万元 年初所有者权益 3 300 万元 经营活动现金净流量 123 万元 营业总收入 4 500 万元，主营业务收入 4 496 万元 营业利润 610 万元，利润总额 612 万元，净利润 459 万元 纳税总额 349.37 万元
2019 年公司财务报告审计情况	2019 年 1 月 10 日，聘请北京大地会计师事务所对公司 2018 年财务报告进行了审计
2019 年违法违规行为情况	无

准备知识

1. 相关法规

《中华人民共和国政府信息公开条例》《企业信息公示暂行条例》。

2. 业务要领

（1）企业信息公示。

企业信息公示是市场监督管理部门组织开展的企业年度报告公示制度。通过企业信息公示，社会公众与合作伙伴可以了解企业的经营情况，保障交易安全；而企业通过企业信息公示，可向外界展现企业的实力与诚信经营的形象，有利于企业的长远发展。

（2）需要公示的企业。

凡是在市场监督管理部门进行注册登记的市场主体（包括企业、农民专业合作社、个体工商户），均应向市场监督管理部门报送企业信息公示。

（3）企业信息公示的内容包括日常信息和年度信息。

1）企业日常信息公示内容。企业应当自下列信息形成之日起 20 个工作日内通过“国家企业信用信息公示系统”向社会公示：

a. 企业为有限责任公司股东或者股份有限公司的，其股东或发起人认缴和实缴的出资额、出资时间、出资方式等信息；

b. 有限责任公司股东股权转让等股权变更信息；

c. 行政许可取得、变更、延续信息；

d. 知识产权出质登记信息；

e. 受到行政处罚的信息；

f. 其他依法应当公示的信息。

2）企业年度信息公示内容。具体包括：

a. 企业通信地址、邮政编码、联系电话、电子邮箱等信息；

b. 企业开业、歇业、清算等存续状态信息；

c. 企业投资设立企业、购买股权信息；

d. 企业为有限责任公司或者股份有限公司的，其股东或者发起人认缴和实缴的出资额、出资时间、出资方式等信息；

e. 有限责任公司股东股权转让等股权变更信息；

f. 企业网站以及从事网络经营的网店的名称、网址等信息；

g. 企业从业人数、资产总额、负债总额、对外提供保证担保、所有者权益合计、营业总收入、主营业务收入、利润总额、净利润、纳税总额信息。

上述第 a 至第 f 项规定的信息应当向社会公示，第 g 项规定的信息由企业选择是否向社会公示。经企业同意，公民、法人或者非法人组织可以查询企业选择不公示的信息。

（4）企业信息公示时间。

企业应在每年 1 月 1 日至 6 月 30 日之间，通过“国家企业信用信息公示系统”报送上一年度报告。

（5）企业信息公示应注意的事项。

1）年度报告内容应真实反映企业存续经营的实际情况，企业对其公示信息的真实性、及时性负责。

2）6 月 30 日前可以进行企业信息公示更改。

3）企业填报的通信地址、邮政编码、联系电话、电子邮箱、存续状态、网址、网站信息均为报送时的信息，其余信息为所报告年度 12 月 31 日的信息。

4）股东（发起人）的姓名或者名称应当与报告年度在市场监督管理部门登记的姓名或者名称一致。

5）每一个股东（发起人）的出资信息只需填报一条，股东（发起人）认缴和实缴出资额为截至报告年度 12 月 31 日的累计数额，其中外商投资企业认缴和实缴出资额的币种应与注册资本一致；认缴和实缴出资时间为截至报告年度 12 月 31 日最后一次认缴和实缴时间，出资方式可以多选。

6）企业资产状况信息，应当是企业年度资产负债表和损益表（利润表）中的期末数；纳税总额为企业全年实缴各类税金的总和。

业务操作

实训

企业管家综合服务岗：办理企业信息公示。

紫霖财税企业管家刘庆帮助北京清洁商贸有限公司办理 2019 年度企业信息公示。具体内容包括：

（1）收集整理有关企业公示的信息。

（2）登录“国家企业信用信息公示系统”。

（3）填写并核实相关信息。

（4）打印公示结果、查询公示信息。

操作步骤

（1）整理需公示的企业信息材料，登录“国家企业信用信息公示系统”，选择企业信息填报，如图 3 - 1 - 1 所示。

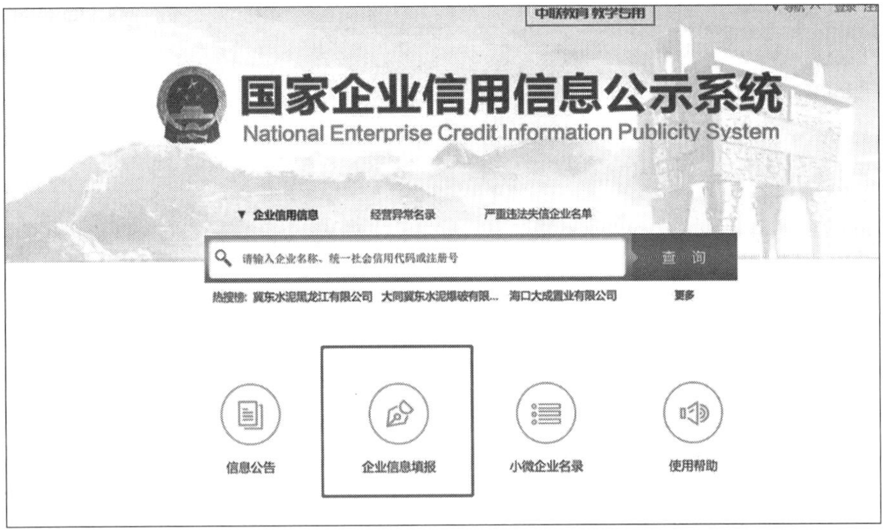

图 3 - 1 - 1

（2）选择企业登记机关所在地，如图 3 - 1 - 2 所示。

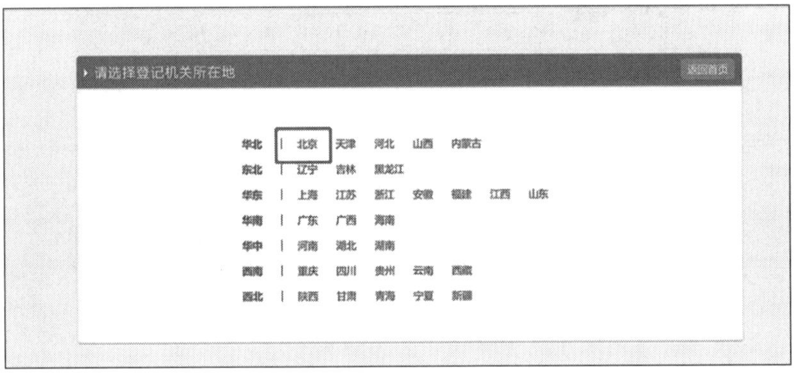

图 3 - 1 - 2

（3）选择登录方式，点击“数字证书登录”，密码为 123456，如图 3 - 1 - 3 所示。

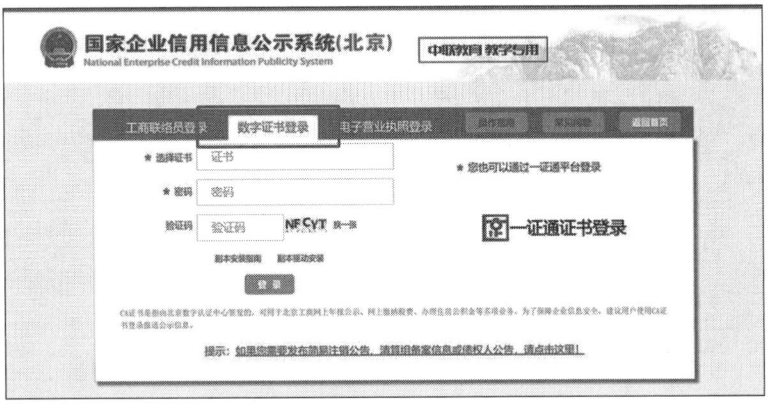

图 3 - 1 - 3

（4）选择“年度报告填写”，如图 3 - 1 - 4 所示。

图 3 - 1 - 4

（5）“年报年度”选择“2019 年”，如图 3 - 1 - 5 所示。

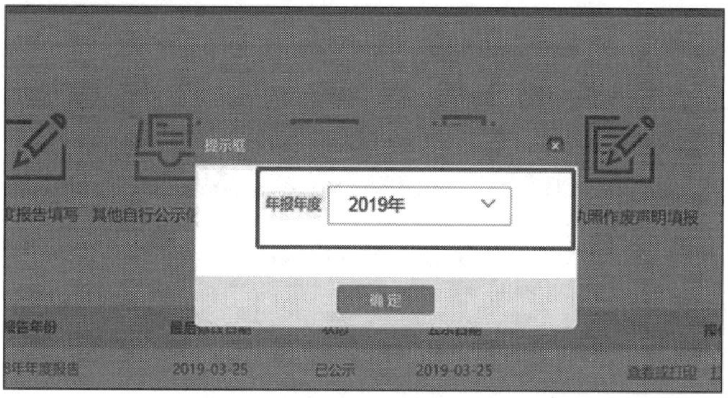

图 3 - 1 - 5

（6）填写年度报告公示信息，如图 3 - 1 - 6 所示。

图 3 - 1 - 6

（7）提交年度报告的公示信息，如图 3－1－7 所示。

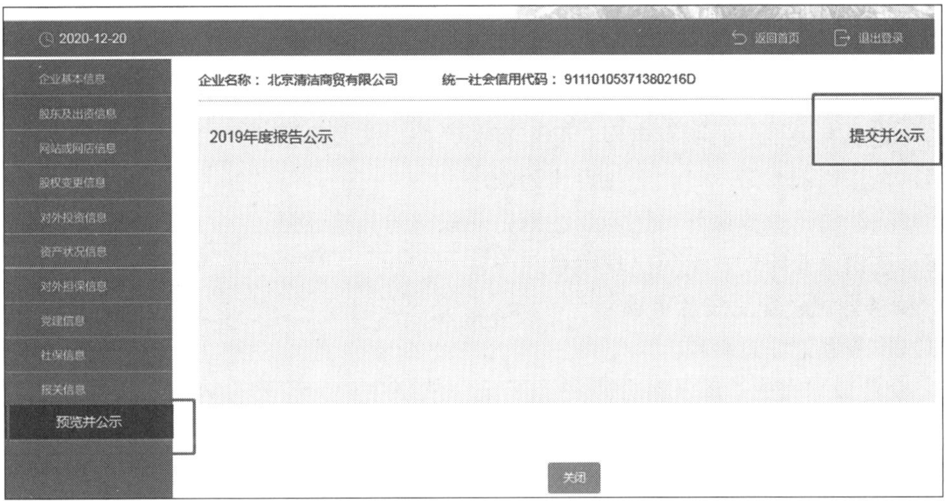

图 3－1－7

（8）打印《企业年报公示结果告知书》，如图 3－1－8 所示。

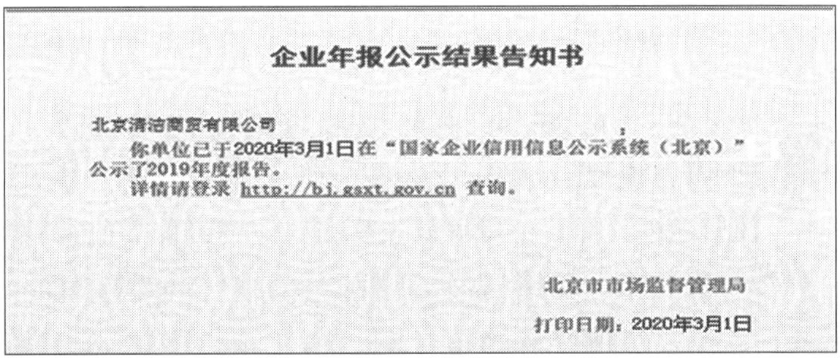

企业年报公示结果告知书

北京清洁商贸有限公司

你单位已于2020年3月1日在“国家企业信用信息公示系统（北京）”公示了2019年度报告。

详情请登录 http://bj.gsxt.gov.cn 查询。

北京市市场监督管理局

打印日期：2020年3月1日

图 3－1－8

任务五　企业注销

业务情景

本任务为一般性业务操作，不涉及具体公司案例，故此处省略。

准备知识

1. 企业注销的含义

企业注销是指当一个企业宣告破产，被其他企业收购，规定的营业期限届满不续，或企业内部解散等情形发生时，企业需要到登记机关申请注销，终止企业法人资格的过程。

2. 企业注销的原因

企业注销的原因：股东或股东会做出企业解散决议；企业依法宣告破产；企业章程规定营业期限届满且不续；企业章程或法律规定的解散事由出现；企业因合并、分立解散；

企业被依法强制解散；企业从被吊销转向注销。

3. 企业注销的注意事项

（1）营业执照被吊销之后务必要进行注销。

（2）选择市场监督管理部门认可的报纸媒体并对外进行注销公告。

（3）完成有关税务的所有申报，缴销有关税控设备及发票。

（4）在注销银行账户时，应注意注销顺序。

（5）除注销营业执照外，还需要注销企业取得的其他证照。

（6）注销企业印章，避免出现印章纠纷。

4. 税务登记、变更注意事项

（1）税务登记注意事项。

1）企业设立完成，应及时办理税务登记。从事生产、经营的纳税人应当自领取营业执照之日起30日内，向生产、经营地或者纳税义务发生地的主管税务机关申报办理税务登记，如实填写税务登记表，并按照税务机关的要求提供有关证件、资料。若未按照规定的期限申报办理税务登记的，由税务机关责令限期改正，可以处两千元以下的罚款；情节严重的，处两千元以上一万元以下的罚款。

2）未办理税务登记的，市场监督管理部门有权吊销其营业执照。纳税人不办理税务登记的，由税务机关责令限期改正；逾期不改正的，经税务机关提请，由市场监督管理部门吊销其营业执照。

（2）税务变更注意事项。

1）纳税人在市场监督管理部门办理变更登记的，如企业名称、登记注册类型、法定代表人、注册资本、注册地址、经营范围等发生变更，应当自市场监督管理部门变更登记之日起30日内，向原税务登记机关如实提供下列证件、资料，申报办理变更税务登记：

a. 工商登记变更表及营业执照；

b. 纳税人变更登记内容的有关证明文件；

c. 税务机关发放的原税务登记证件（登记证正、副本和登记表等，如有）；

d. 其他有关资料。

2）纳税人按照规定不需要在市场监督管理部门办理变更登记，或者其变更登记的内容与工商登记内容无关的，如变更核算形式、银行账号、办税人员等，应当自税务登记内容实际发生变化之日起30日内，或者自有关机关批准或者宣布变更之日起30日内，持下列证件到原税务登记机关申报办理变更税务登记：

a. 纳税人变更登记内容的有关证明文件；

b. 税务机关发放的原税务登记证件（登记证正、副本和税务登记表等，如有）；

c. 其他有关资料。

3）纳税人税务登记内容发生变化的，应当自市场监督管理部门或者其他机关办理变更登记之日起30日内，持有关证件向原税务登记机关申报办理变更税务登记。纳税人税务登记内容发生变化，不需要到市场监督管理部门或者其他机关办理变更登记的，应当自发生变化之日起30日内，持有关证件向原税务登记机关申报办理变更税务登记。若未按照规定的期限申报办理税务登记，由税务机关责令限期改正，可以处两千元以下的罚款；情节严重的，处两千元以上一万元以下的罚款。

业务操作

操作步骤

（1）工商注销备案，如图 3－1－9 至图 3－1－11 所示。

图 3－1－9

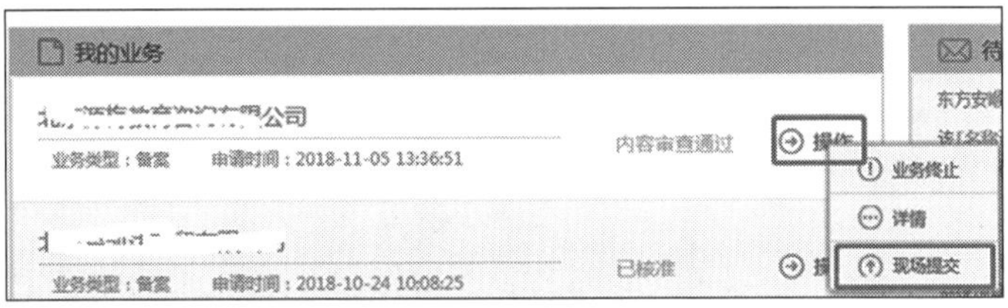

图 3－1－10

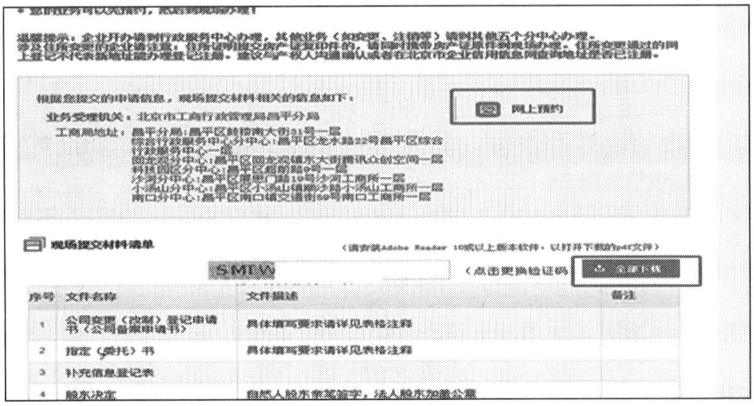

图 3－1－11

（2）发布注销公告。

（3）办理税务注销，如图 3－1－12 至图 3－1－14 所示。

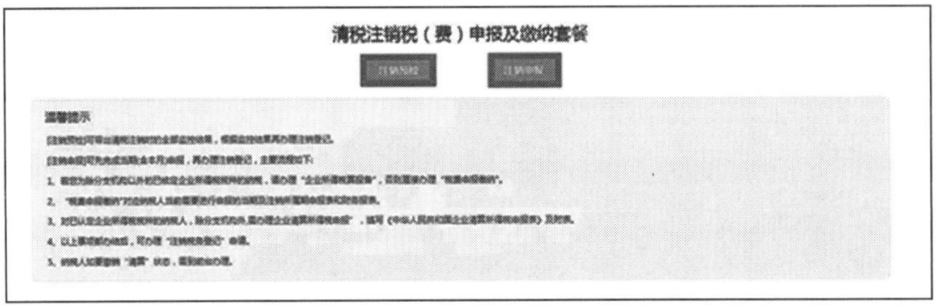

图 3－1－12

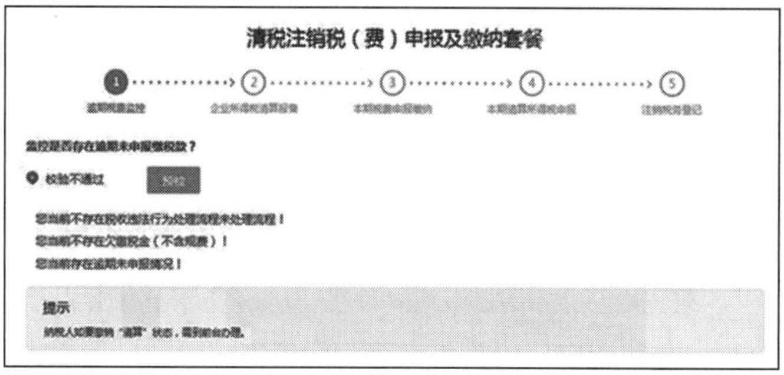

图 3-1-13

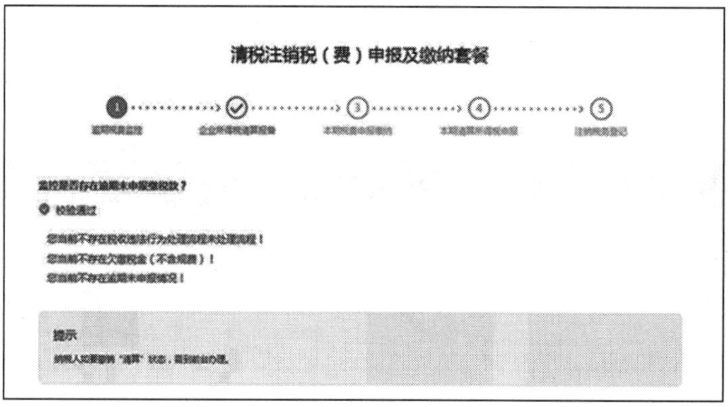

图 3-1-14

（4）办理公司注销，如图 3-1-15 所示。

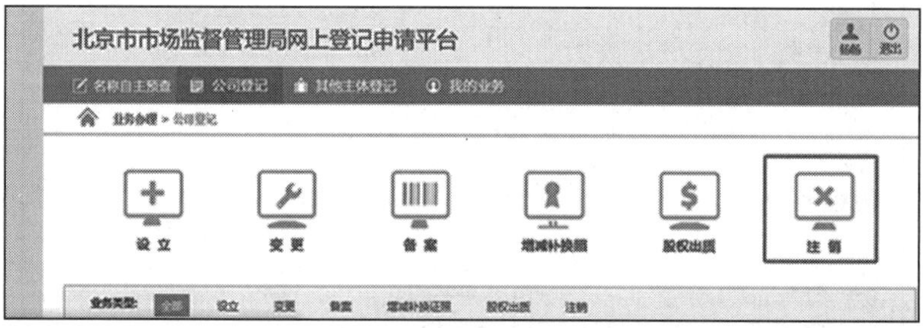

图 3-1-15

（5）办理银行账户注销。

（6）办理印章注销。

工作领域二

税务管理

业务情景

本任务为一般性业务操作，不涉及具体公司案例，故此处省略。

准备知识

税务变更的情况有以下几种：

（1）改变名称、法定代表人。

（2）改变经济性质、增减分支机构。

（3）改变住所或经营地点。

（4）改变生产、经营范围或经营方式。

（5）改变注册资本、隶属关系。

（6）改变开户银行和账号。

（7）改变其他税务登记内容。

任务一　税务登记、变更

业务操作

操作视频 3-3

操作视频 3-4

操作步骤

1. 税务变更流程说明

（1）下载电子营业执照，进行网上新户报到并完成实名认证。

（2）申请税控盘，领取发票。

（3）登录税务局网站，上传并提交资料。

2. 税务登记、变更流程指导

（1）下载电子营业执照。新成立企业的法定代表人通过微信或者支付宝识别二维码，根据提示操作下载电子营业执照，并注册账号、设置密码。该账号及密码是企业登录北京电子税务局、社保等系统账户的凭证。企业法定代表人务必牢记账户及密码，以免造成不必要的麻烦。

（2）网上新户报到。企业使用电子营业执照登录北京市电子税务局官网，选择“新户报到”“新版纳税人套餐”，填写企业页面提示信息并上传相关资料。企业在填写资料时可选择是否申请一般纳税人、是否申请发票等事项。

（3）完成实名认证。

1）登录北京市电子税务局官网，点击“我要办税”，如图 3－2－1 所示。

图 3－2－1

2）选择“税务登记”，新成立企业选择“账号登录”，如图 3－2－2 所示。

图 3－2－2

3）点击“新办纳税人套餐”，如图 3－2－3 所示。

图 3－2－3

4）点击“新办纳税人业务套餐”，如图 3－2－4 所示。

图 3－2－4

5）进行“个体经营登记”“信息确认”，填写“个体经营税务登记信息采集 _ 纳税人基本信息”，如图 3－2－5 所示。

图 3－2－5

6）进行“个体经营登记”“实名采集”，填写“个体经营税务登记信息采集_纳税人基本信息”，如图 3－2－6 所示。

7）处理“个体经营登记”“综合业务”，填写“存款账户报告”，点击“新增报告”进行三方协议填写，进行“发票版式/数量申请”，如图 3－2－7 所示。

图 3-2-6

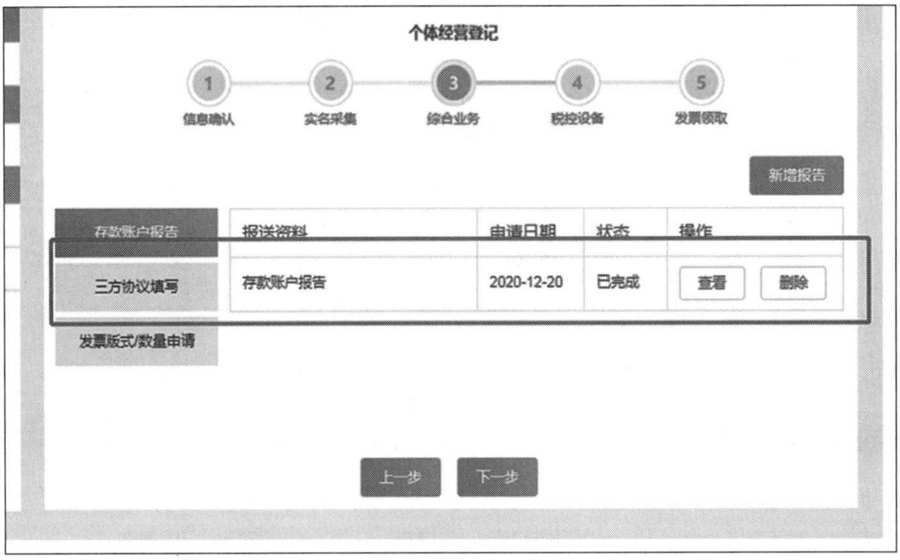

图 3-2-7

（4）申请税控盘。企业在税务报到之后，若需要开票，可申请税控盘。企业可在税务局办理大厅或电子税务局办理，所需资料如下：

1）经办人身份证件；

2）营业执照副本原件、复印件；

3）公章、法定代表人名章、发票专用章；

4）基本存款账户信息和基本存款账户编号；

5）票种核定单。

申请税控盘后支付税控基础费用（包含一年服务费），资料填写完毕后大约 5 个工作日之后即可领取税控盘，如图 3－2－8 所示。

图 3－2－8

（5）领取发票。进入“个体经营登记”“发票领取”，即可领取发票。

3. 税务变更流程

（1）进入国家税务总局北京市电子税务局，点击“我要办税”，如图 3－2－9 所示。

图 3－2－9

（2）根据企业所使用的方式登录。

（3）点击“我要办税”“综合信息报告”，如图 3－2－10 所示。

（4）选择变更信息。

1）点击“身份信息报告”“一照一码户登记信息变更”，如图 3－2－11 所示。

2）根据企业变更的事项选择变更信息并按要求提交相应证明材料，如图 3－2－12 所示。

图 3-2-10

图 3-2-11

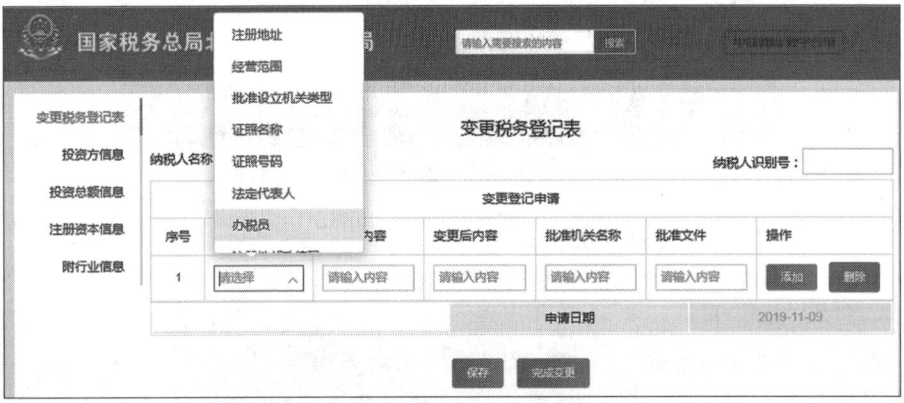

图 3-2-12

任务二　发票管理

业务情景

本任务为一般性业务操作，不涉及具体公司案例，故此处省略。

准备知识

1. 发票管理业务流程说明

发票是纳税人经营活动轨迹的原始凭证，是消费者维护自身合法权益的有效证据，是税务机关征收税款的重要依据。“信息管税，以票控税”管理模式又将发票管理提到新的高度，也对发票管理信息化建设提出了更高要求。发票管理包括发票的领购、发票的填开、发票的保管、发票的取得等。

2. 发票的管理要求

(1) 企业和个人应当建立发票使用登记制度，设置发票登记簿。

(2) 企业和个人应当在办理变更或者注销税务登记的同时，办理发票和发票领购簿的变更、缴销手续。

(3) 使用发票的企业和个人应当妥善保管发票，不得丢失。若发票丢失，应当于丢失当日书面报告国家主管税务机关，并在报刊和电视等传播媒介上公开声明作废，并接受国家税务机关的处罚。

(4) 开具发票的单位和个人应当按照国家税务机关的规定存放和保管发票，不得擅自损毁。已经开具的发票存根联和发票登记簿，应当按规定年限保存。保存期满，报经主管国家税务机关查验后销毁。

业务操作

操作步骤

(1) 发票领购流程（网上领购发票）。

1) 登录北京市电子税务局，如图 3-2-13 所示。

图 3-2-13

2）依次点击“我要办税”“发票使用”“发票领用”“发票发放（票 E 送）”，如图 3－2－14 所示。

图 3－2－14

3）点击“新申请”按钮，如图 3－2－15 所示。

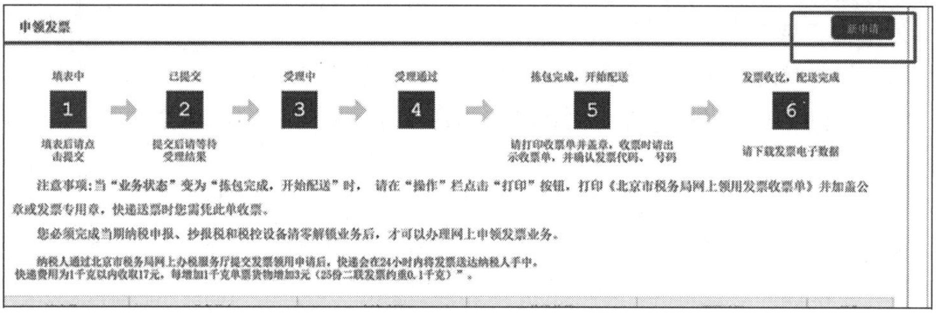

图 3－2－15

4）根据可申请发票数量及种类，填写相关信息并保存，如图 3－2－16 所示。

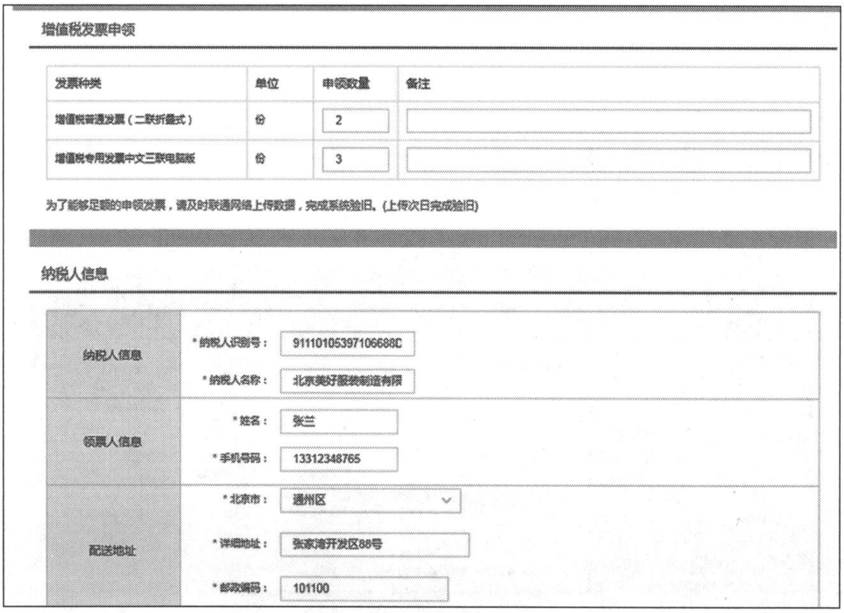

图 3－2－16

5）待税务部门受理之后，打印《北京市税务局网上领用发票收票单》并加盖公章或发票专用章，快递送票时，企业需凭此单收票。

6）完成发票领购，打开税控盘，读入所申请发票信息。

（2）发票的填开流程。

1）进入开票软件，依次点击“云开票”“发票登记”，点击“领购”，按所需发票的类型，填写领购的数量并领购，如图 3－2－17 所示。

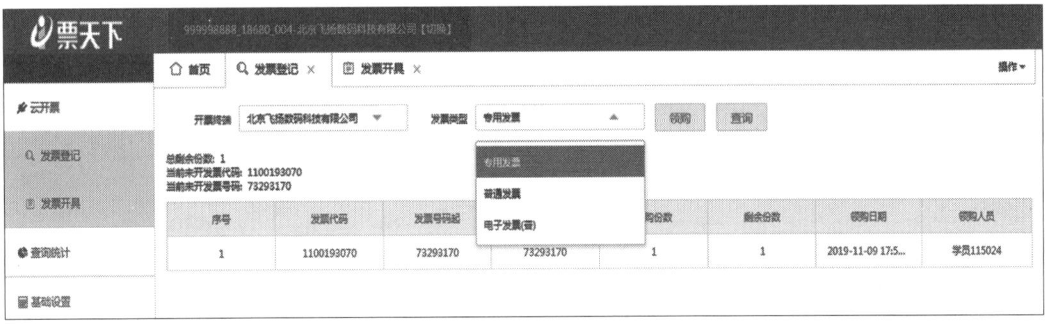

图 3－2－17

2）进入开票软件，依次点击“云开票”“发票开具”“新增”，如图 3－2－18 所示。

图 3－2－18

3）选择“开票类型”，填写相关信息，如图 3－2－19 所示。

4）下载已开具的发票并完成打印，如图 3－2－20 所示。

（3）发票作废与冲红。增值税专用发票当月开错，且未进行勾选认证，可以直接作废，遵循“谁开票谁作废”的原则，或者使用管理员权限登录开票软件进行作废操作。

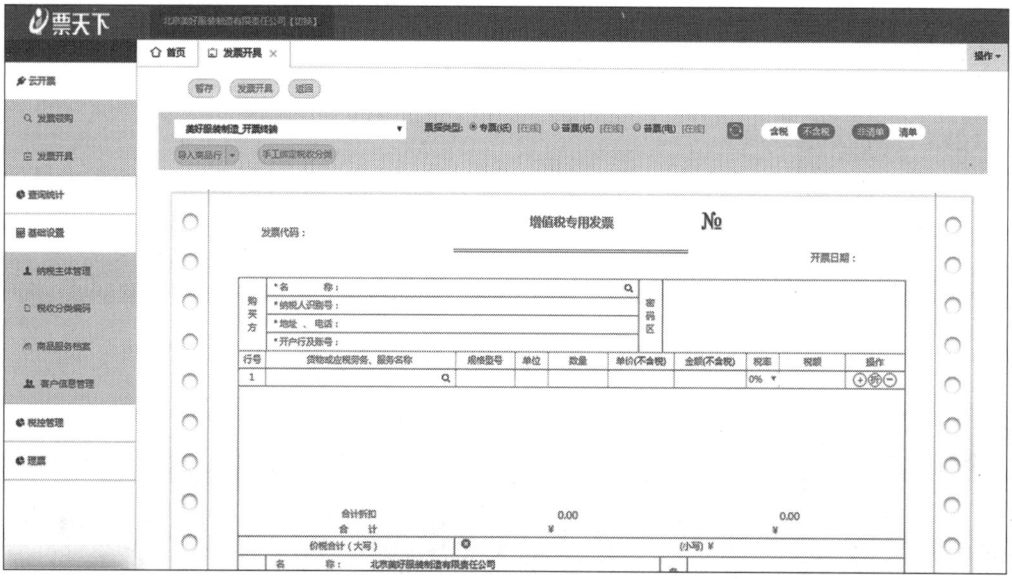

图 3-2-19

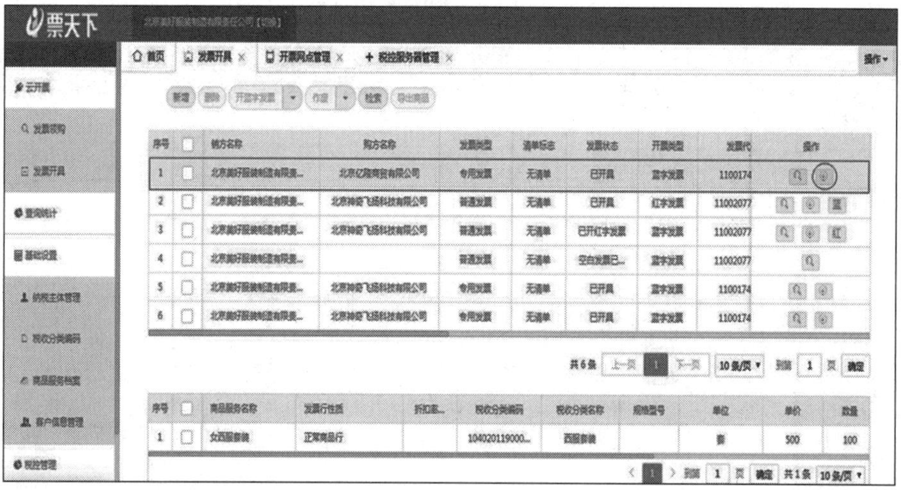

图 3-2-20

1）进入“发票开具”界面，在发票列表中选择开错的发票并选择“作废”，完成发票作废操作，如图 3-2-21 所示。

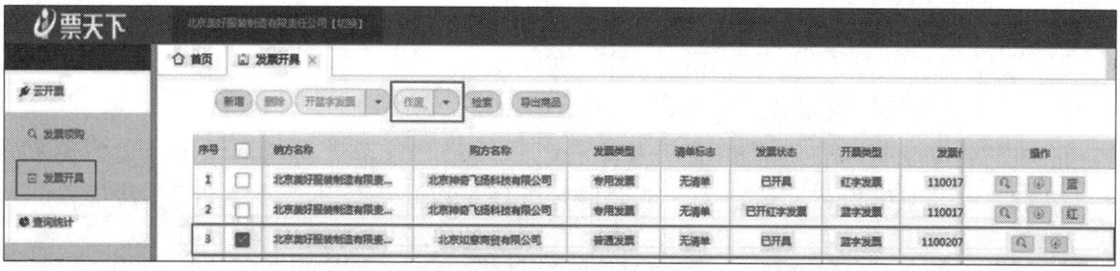

图 3-2-21

2）若跨月的增值税专用发票开错，应先填写红字信息表，上传并经审批通过后，再根据红字信息表开具红字专用发票。下载并打印红字专用发票。进入“发票开具”界面，在发票列表中选择开错的发票并选择“作废”，完成发票作废操作，如图 3-2-22 所示。

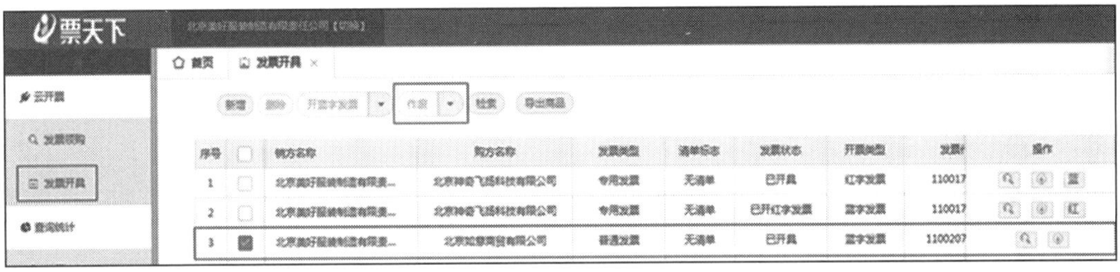

图 3-2-22

3）若跨月的普通发票或已经抄税的普通发票开错，则需要进行普通发票冲红操作，如图 3-2-23 所示。

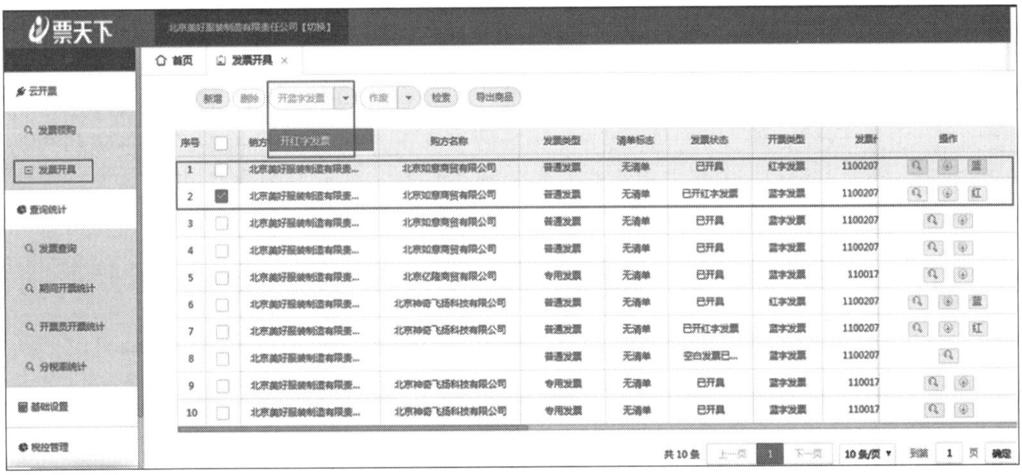

图 3-2-23

工作领域三

人力资源与“五险一金”管理

任务一　首次参保人员社保登记

操作视频 3-5

业务情景

本任务为一般性业务操作，不涉及具体公司案例，故此处省略。

准备知识

人力资源管理，就是指运用现代化的科学方法，对与一定物力相结合的人力进行合理的培训、组织和调配，使人力、物力经常保持最佳比例，同时对人的思想、心理和行为进行恰当的诱导、控制和协调，充分发挥人的主观能动性，使人尽其才、事得其人、人事相宜，以实现组织目标。

中小企业人力资源管理的核心工作包括员工招聘、员工培训、员工绩效考核和劳动关系管理等。

（1）员工招聘。为了满足企业人才发展需要，招聘工作步骤一般包括明确部门用人需求、筛选简历、面试合格人员的入职调查以及检查员工入职相关资料等。

（2）员工培训。培训内容包括职业知识技能、职业态度、责任感、职业道德、职业行为习惯等方面。培训步骤一般包括制订培训计划、组织开展培训、评估培训效果等。

（3）员工绩效考核。员工绩效考核是指针对员工所承担的工作，通过应用定量的方法，对其工作行为、工作效果及对企业的贡献或价值进行考核和评价，并将评价结果反馈给员工的过程。比较常见的考核方法有全视角考核法、目标绩效考核法。

（4）劳动关系管理。主要包括劳动合同确立、合同变更和合同解除等内容。

社会保险包括基本养老保险、基本医疗保险、失业保险、工伤保险、生育保险，其中基本养老保险、基本医疗保险、失业保险由企业和职工共同缴纳，工伤保险、生育保险由企业为职工缴纳。近年来，社会保险发生了以下改革：

（1）生育保险和职工基本医疗保险合并实施。2019 年 3 月 6 日，国务院正式发布《国务院办公厅关于全面推进生育保险和职工基本医疗保险合并实施的意见》（国办发〔2019〕10 号），要求 2019 年底前实现生育保险和职工基本医疗保险合并实施，遵循保留险种、保障待遇、统一管理、降低成本的总体思路，实现参保同步登记、基金合并运行、征缴管理一致、监督管理统一、经办服务一体化。

参加职工基本医疗保险的在职职工同步参加生育保险。生育保险基金并入职工基本医疗保险基金，统一征缴，统筹层次一致。按照用人单位参加生育保险和职工基本医疗保险的缴费比例之和确定新的用人单位职工基本医疗保险费率，个人不缴纳生育保险费。两项保险合并实施后实行统一定点医疗服务管理。

（2）社会保险交由税务部门统一征收。中共中央办公厅、国务院办公厅印发了《国税地税征管体制改革方案》，方案提出从 2019 年 1 月 1 日起，将基本养老保险费、基本医疗保险费、失业保险费、工伤保险费、生育保险费等各项社会保险费交由税务部门统一征收。

（3）降低社保费率。国务院办公厅 2019 年 4 月 1 日发布的《降低社会保险费率综合方案》规定，自 2019 年 5 月 1 日起降低城镇职工基本养老保险单位缴费比例，调整社保缴费基数。直接降低社保费率的措施主要有两项：一是降低养老保险的单位缴费比例。从 2019 年 5 月 1 日起，降低城镇职工基本养老保险（包括企业和机关事业单位基本养老保险）单位缴费比例，高于 16%的省份可降至 16%。二是自 2023 年 5 月 1 日起，继续实施阶段性降低失业保险费率至 1%的政策，实施期限延长至 2024 年底。

业务操作

操作步骤

（1）使用电子营业执照登录网上申报系统。北京市社会保险网上服务平台首页如图 3-3-1 所示。

图 3-3-1

（2）找到“申报业务”中的“新参保人员登记申报”模块，如图 3-3-2 所示。

（3）录入职工信息〔不含外资企业员工、港澳台地区企业员工、50 岁（含）及以上新登记女干部、兼职人员、工伤人员〕，如图 3-3-3、图 3-3-4 所示。

（4）通过“查询管理”中的“申报信息状态查询”模块查询职工医疗及其他保险信息是否导入成功。

图 3-3-2

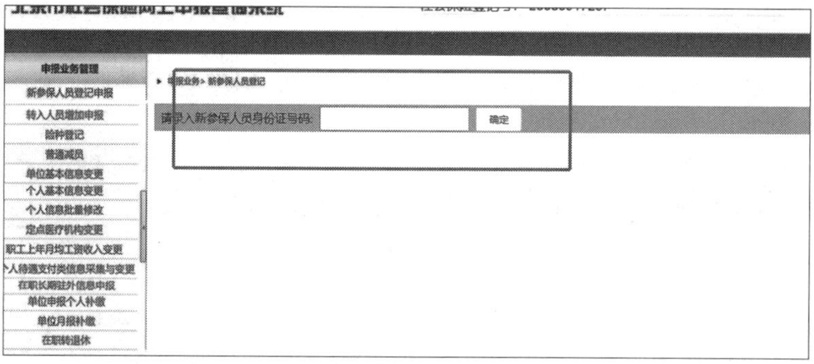

图 3-3-3

图 3-3-4

任务二　住房公积金网上开户

业务情景

本任务为一般性业务操作，不涉及具体公司案例，故此处省略。

操作视频 3－6

准备知识

住房公积金，是指国家机关、国有企业、城镇集体企业、外商投资企业、城镇私营企业及其他城镇企业、事业单位、民办非企业单位、社会团体（以下统称单位）及其在职职工缴存的长期住房储金。

根据我国《住房公积金管理条例》的规定，新设立的单位应当自设立之日起 30 日内到住房公积金管理中心办理住房公积金缴存登记，并自登记之日起 20 日内持住房公积金管理中心的审核文件，到受委托银行为本单位职工办理住房公积金账户设立手续。单位录用职工的，应当自录用之日起 30 日内到住房公积金管理中心办理缴存登记，并持住房公积金管理中心的审核文件，到受委托银行办理职工住房公积金账户的设立或者转移手续。

业务操作

操作步骤

（1）进入北京住房公积金政务网站首页，点击右侧的“单位网上业务平台”图标，进入“单位网上业务平台”登录界面，如图 3－3－5 所示。

图 3－3－5

（2）选择“住房公积金网上业务系统”，如图 3－3－6 所示。

（3）新用户点击“注册”按钮，如图 3－3－7 所示。

（4）填写单位名称、统一社会信用代码、经办人手机号码并设置登录密码，如图 3－3－8 所示。

（5）注册完成，点击“登录系统”，如图 3－3－9 所示。

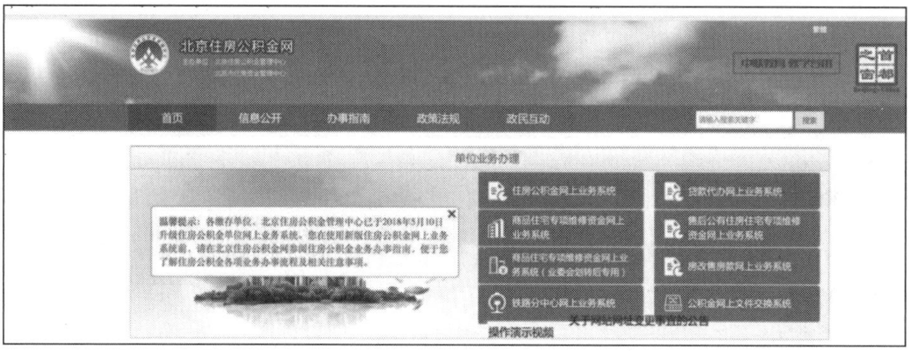

图 3-3-6

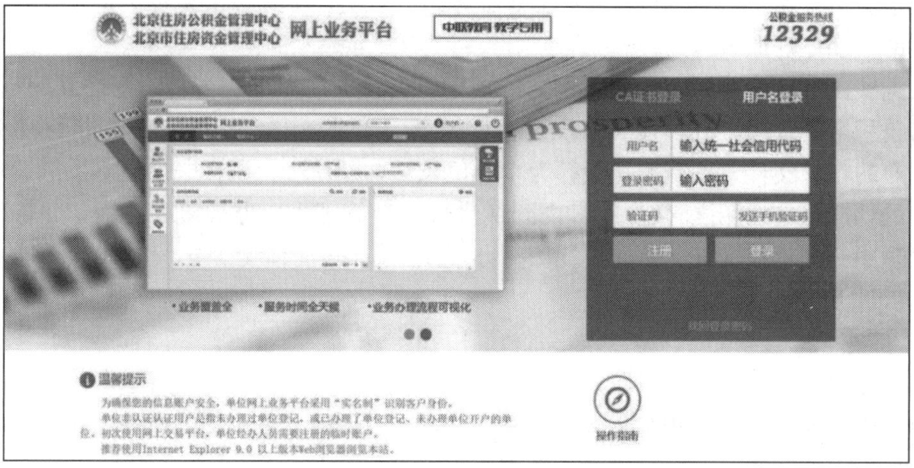

图 3-3-7

图 3-3-8

图 3－3－9

（6）登录系统后，填写单位登记开户信息，填写完成，点击“下一页”，显示“业务办理完成!”，如图 3－3－10、图 3－3－11 所示。

图 3－3－10

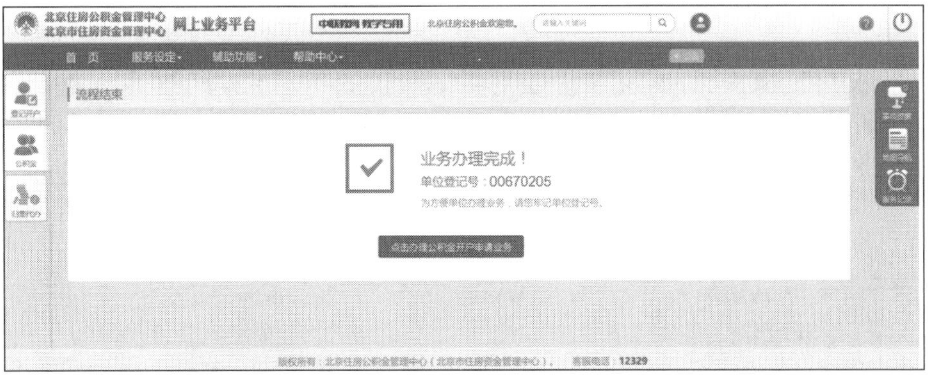

图 3－3－11

（7）点击“办理公积金开户申请业务”，填写公积金账户信息和公积金缴存信息，如图 3－3－12 所示。

图 3-3-12

(8) 填写完成，点击“提交”，页面显示“业务办理完成!”，如图 3-3-13 所示。

图 3-3-13

(9) 点击“点击可增加经办人信息业务”，填写经办人姓名、证件类型和证件号码，如图 3-3-14 所示。

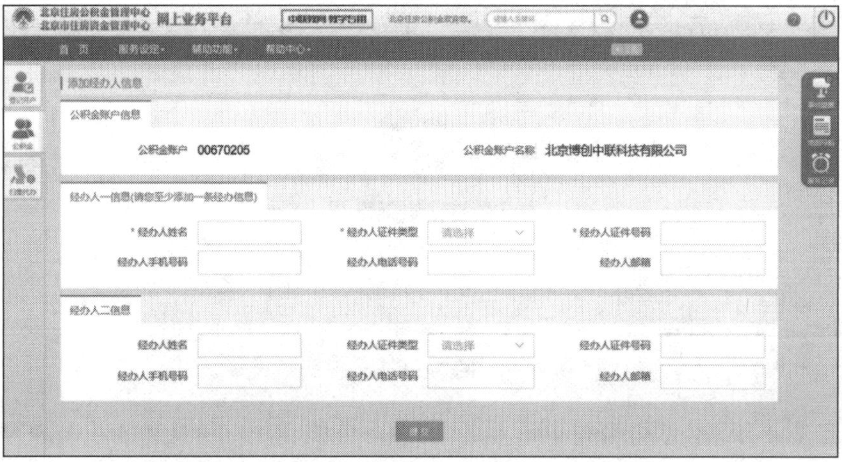

图 3-3-14

（10）完成信息填写，点击“提交”，页面显示“业务办理完成!”，点击“点击办理签订委托收款业务”，如图 3－3－15 所示。

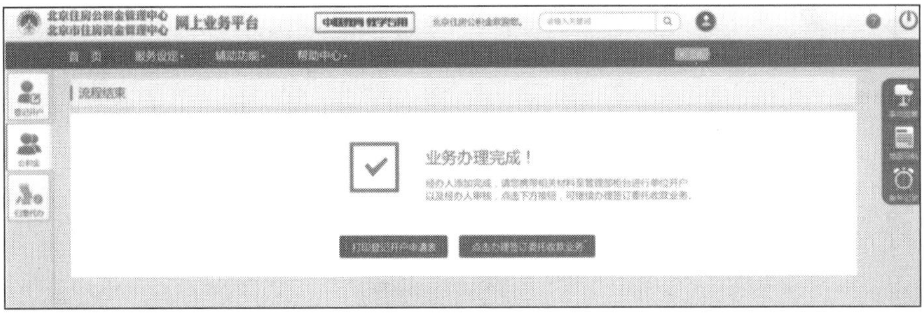

图 3－3－15

（11）确认“委托告知书”，选择“同意”，如图 3－3－16 所示。

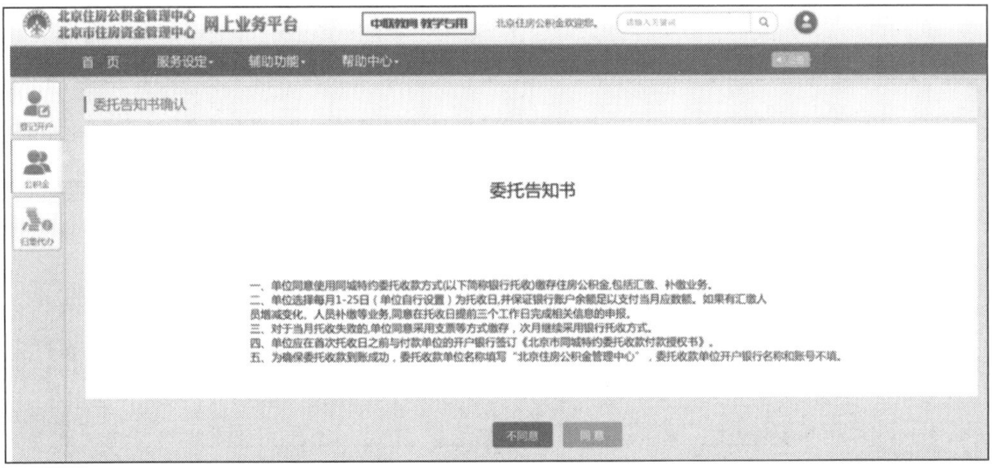

图 3－3－16

（12）填写委托收款信息，包括委托收款账户名称、银行交换号、支付系统号等，如图 3－3－17 所示。

图 3－3－17

(13) 填写完信息，点击“提交”，页面显示“业务办理完成”，点击“打印公积金登记开户申请表”，如图 3-3-18 所示、图 3-3-19 所示。

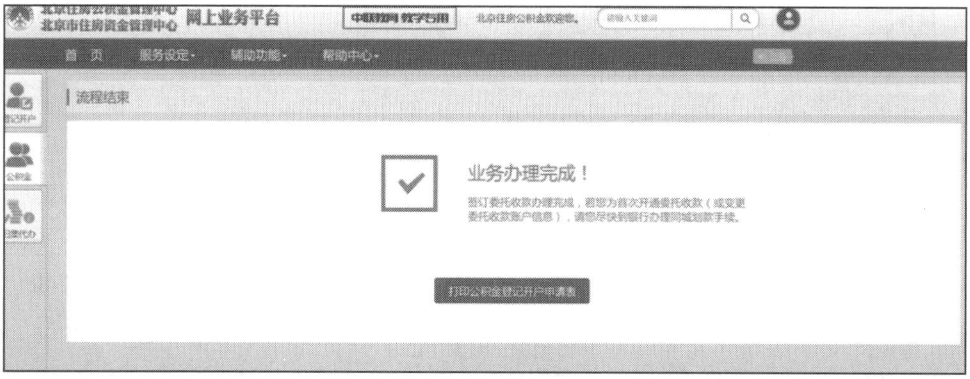

图 3-3-18

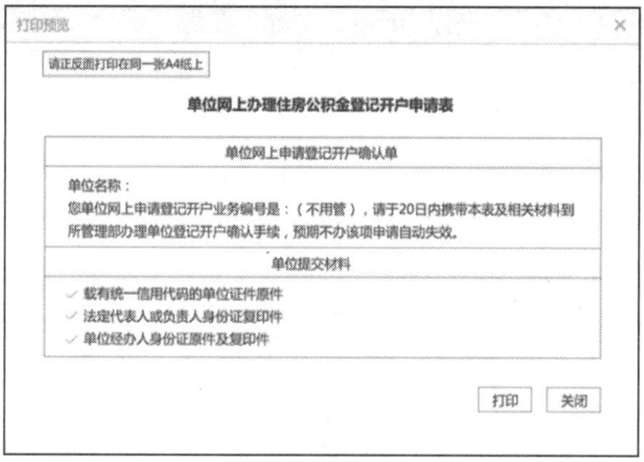

图 3-3-19

下篇

智能财税基础业务四

社会共享中级代理实务

学习指引与学习目标

社会共享中级代理实务的主要内容包括代理合同管理及系统初始化设置、企业日常与特殊业务的处理、期末会计事项处理、涉税事项处理等。通过学习和完成相应工作任务，学生可以实现以下学习目标：

(1) 了解承接项目时如何进行项目风险评估。

(2) 正确进行系统初始化设置。

(3) 正确处理企业的日常业务和特殊业务。

(4) 正确处理期末损益结转、结账等会计事项。

(5) 正确处理财务报表的生成与审核业务。

(6) 正确编制增值税申报表、城建税及附加申报表、企业所得税预缴申报表，并进行申报。

(7) 正确编制所得税汇算清缴报表并进行申报。

思维导图

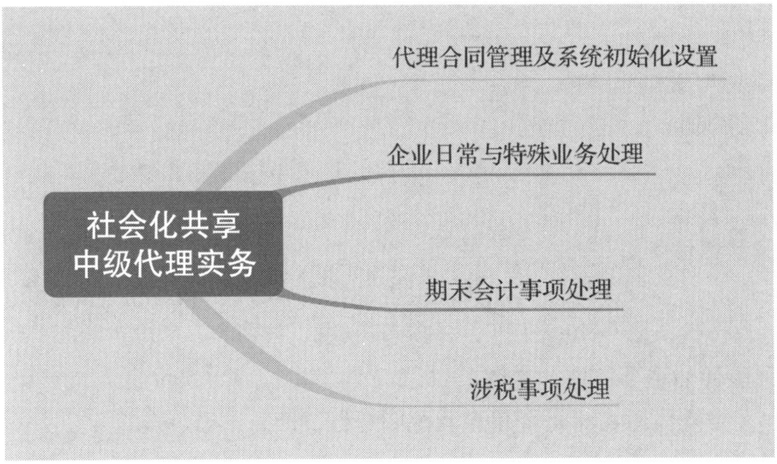

工作领域一

代理合同管理及系统初始化设置

代理合同管理及系统初始化业务综述

（1）业务范围：代理合同管理与系统初始化设置。

（2）业务分类：系统基础设置、常用模板设置、业务类型设置。

（3）业务流程：风险评估→项目承接→合同管理→系统基础设置→常用模板设置→业务类型设置。

（4）技能目标：掌握系统基础设置、常用模板设置和业务类型设置。

任务一　客户风险评估及接单

业务情景

北京神龙贸易有限公司（以下简称神龙贸易）始建于2016年，是由星辉股份有限公司、大明股份有限公司、信达股份有限公司共同投资组建的商贸企业。该公司位于北京市，现有职工50人，主要经营机电设备销售，近年来主要销售XH-G系列设备和SL-A系列设备，其产品在国内市场销售，公司基本信息见平台公司简介。

紫霖财税营销部接单岗王雨、管家岗林茜对神龙贸易进行风险评估，并承接神龙贸易的代理服务，具体内容有：

（1）评估客户风险。

（2）签订代理合同。

（3）获取客户信息。

（4）建立客户档案。

准备知识

1. 客户风险评估

共享服务中心对客户进行风险评估，主要是针对客户经营状况、信用度、财务规范性要求等方面进行评估，避免出现坏账或者财务风险。

2. 客户风险评估主要关注的内容

（1）客户在委托代理之前是否超经营范围经营。

（2）客户信用度的高低。

（3）客户按期支付代理服务费的能力。

（4）客户是否依法纳税。

（5）客户的财务核算是否规范。

3. 业务要领

（1）确定代理服务合同的内容。

（2）识别客户经营范围的注意事项。

（3）核定税种。

（4）核实客户信息的内容。

业务流程

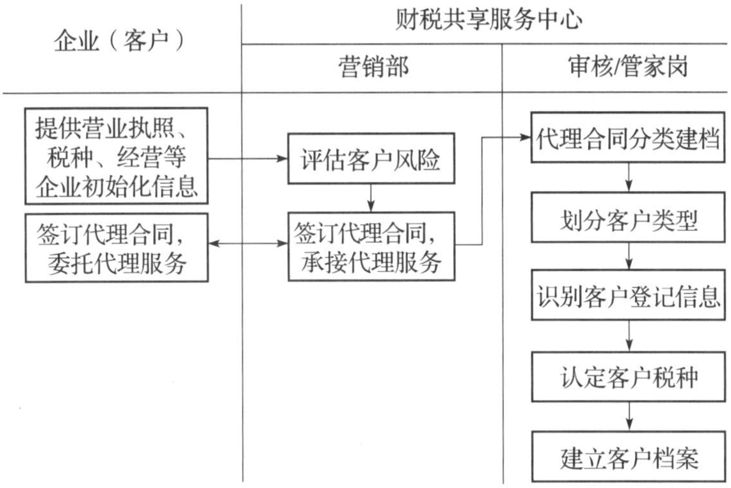

1. 评估客户风险

在承接代理服务委托之前，要先评估神龙贸易的风险大小，如神龙贸易在委托代理之前是否超经营范围经营、企业信用度高低、按期支付代理服务费的能力、是否依法纳税和财务核算是否规范等，再决定是否承接该代理业务。

紫霖财税管家岗林茜经过核实，确认神龙贸易的经营范围合法、信用良好，财务核算和纳税情况合规，因此可以承接该代理业务。

2. 签订代理合同

通过洽谈，紫霖财税与神龙贸易签订了为期 5 年的财务代理服务合同，神龙贸易将其代理记账、纳税申报等工作以合同规定价格委托给紫霖财税代理。

该代理服务合同规定：双方合作模式为财务代理服务，代理服务的内容包括票据管理、代理记账、凭证及报表保存、纳税申报、财税预警及税务咨询。

3. 获取客户信息

（1）划分客户类型。

1）企业规模划分：神龙贸易属于商贸企业，从业人员 50 人，属于中型企业。

2）纳税人类型划分：神龙贸易属于一般纳税人。

（2）识别客户登记信息。根据营业执照记载的内容，识别客户登记管理机构、统一社会信用代码、营业范围、负责人（法人企业是法定代表人）、住所（或经营地址）等登记信息。

4. 建立客户档案

紫霖财税管家岗林茜根据客户所提供的基本信息，包括客户规模、纳税人类型、签订的代理服务合同类型、账套初始化的信息等，将神龙贸易划分到增值税一般纳税人、小微企业、财务服务类型的档案中进行管理，并将客户档案和相关资料移交给财税共享服务中心初始化岗位，以便进行下一步初始化设置工作。

任务二　客户关系维护

业务情景

在承接了神龙贸易的财税代理服务以后，2020 年 11 月 5 日，紫霖财税共享服务中心营销部客户服务岗李晓华接手了神龙贸易的客服工作。

（1）建立合同档案：将与神龙贸易签订的财税代理服务合同进行归档。

（2）收付款管理：考虑神龙贸易是否为主要客户，确定对神龙贸易的收费政策。

（3）准备客户服务资料和提供客户服务：准备线上和线下客户常见问题资料，在线上和线下为客户提供服务。

（4）客户服务跟踪：设计客户满意度调查表和业务部门服务状况评价表，并对客户满意度、业务部门服务状况进行调查与评价。

准备知识

1. 客户关系管理

客户关系管理是指以客户为核心，利用信息技术和互联网技术，协调和处理企业与客户之间在营销、销售商品或提供服务等过程中所产生的各种关系，其最终目的是吸引新客户、保留老客户、将已有客户转化为忠实客户，增加企业的市场份额及利润，提高企业的竞争力。

2. 结算方式

根据我国《现金管理暂行条例》《票据法》《支付结算办法》的规定，付款的结算方式分为现金结算方式和银行转账结算方式，银行转账结算方式有支票、银行本票、银行汇票、商业汇票、汇兑、委托收款、托收承付、网银、支付宝、微信等。

3. 信用政策

（1）评估客户的重要程度，关注客户是否为主要客户，若为主要客户，需要重点维护。

（2）制定合理的服务销售价格、价格优惠政策、信用政策，如给予客户商业折扣。

根据客户信用情况进行信用等级的评定，考虑是否给客户提供一定的信用政策。如允许客户分期支付服务费；为鼓励客户提前付款，给予客户现金折扣，如确定现金折扣付款条件为：2/10，1/20，n/30，即给予客户 30 天的付款期，如果 10 天内付款，给予其 2%的现金折扣，如果 20 天内付款，给予其 1%的现金折扣，如果超过 20 天付款，不给予其现金折扣。

4. 确定客户付款时间

与客户协商确定客户付款时间，如：

（1）一次性付全款：合同签订后，客户一次性付清服务期限内的全部服务费。

（2）分次付款：客户按合同中规定的付款方式、付款时间分次付款，如按月付款。

5. 确定客户付款提醒方式

提醒方式包括：

（1）通过电话沟通，在合同规定付款前一周进行提醒。

（2）以电子邮件的方式，在合同规定付款前一周发邮件提醒。

（3）上门拜访，在合同规定付款前一周拜访客户，与客户就费用清单进行核算。

6. 业务要领

（1）选择收款结算方式时，要注意法律法规对不同结算方式的相关规定，不同结算方式的适用条件和范围、风险和客户的信用，选择风险较小的收款结算方式，保证服务费的及时收回。

（2）注意《现金管理暂行条例》规定的现金收付款范围，在规定的现金收付款范围之外，企业必须采用银行转账的结算方式进行收付款项结算，银行转账的结算方式比较安全可靠。

业务流程

建立合同档案	对合同分类、编号、归档
收付款管理	根据客户信用制定信用政策，选择客户付款结算方式，确定客户付款类型，确定客户付款、结算方式
提供客户服务	线上服务，线下服务，建立票、财、税一体化服务中心
客户服务跟踪	客户满意度调查、内部服务质量跟踪调查

1. 建立合同档案

（1）按照纳税人类型（一般纳税人、小规模纳税人）将客户分类，并按客户类别将合同分类。

（2）对合同按一定的规定进行编号，每一个合同都有一个唯一的编号。

（3）建立合同档案，将分好类的合同放入档案盒，写上类别等。这样做存档清晰，不仅好找，而且保证了证据链，降低了风险。

2. 收付款管理

财税共享服务中心要为神龙贸易提供5年财税代理服务，由于神龙贸易信用良好，故将其易确定为主要客户，并在代理服务收费价格上给予一定优惠：财税共享服务中心财税代理服务的销售价格为1 000元/月，在此价格的基础上给予神龙贸易5%的价格优惠，合同上约定的结算方式为网银转账，客户付款时间为按月支付，付款日定为每月1日。

3. 提供客户服务

通过线上、线下客户服务，解答客户提出的问题，并做好相关记录。

（1）线上服务。

1）建立财税资源和咨询平台：专业财税老师对财税新政策进行解读，让企业及时了解财税新政策，发挥专业优势。

2）建立呼叫中心：AI机器人24小时在线，解答绝大部分税务问题，并且提供人工服务，满足企业的个性化需求。

3）开设财天下微信公众号：客户可以得到专业的税务咨询服务。

4）开设财税论坛：为客户提供一个咨询交流的平台。

（2）线下服务。

1）组织客户培训会议：请专业财税老师讲解减税降费政策，提供涉税辅导，进行个税政策解读等。

2）定期走访客户：线下指导实践问题，解答客户困惑。

3）组建共享俱乐部：方便客户间相互交流。

（3）建立票、财、税一体化服务中心。票、财、税一体化服务中心能实现从账务信息到纳税申报表之间的自动无缝对接，可以为小微企业建立财税共享中心。

4. 客户服务跟踪

（1）客户满意度调查。对客户满意度进行调查并记录，具体包括：

1）来源：定期对客户进行满意度调查；

2）建议标准：需要客户100%满意服务结果，并再次签单；

3）改进措施：如果出现客户对服务结果不满意的情况，需要对客户进行深度访谈，对客户的服务需求进行再分析和设计。

（2）内部服务质量跟踪调查。检查各业务部门有没有按要求、按标准去服务：共享中心（会计工厂）记账、报税以及与客户沟通情况是否达标，市场组织会议及活动是否有效，销售人员有没有定期拜访客户，运营部门是否按要求做好客户维护工作。根据跟踪调查的结果，对业务部门的服务情况进行评价并填写评价表。

任务三　系统初始化设置

业务情景

承接了神龙贸易的财税代理服务以后，紫霖财税管家岗林茜开始为神龙贸易进行账套初始化设置，即为其新建账套和进行账套基础设置，为以后提供财税代理服务做准备。

准备知识

账套初始化设置的内容包括新建账套和账套基础设置。

1. 新建账套信息内容

为客户新建账套时，需要输入其账套信息，账套信息包括账套名称（即客户的公司名称）、行业属性、纳税人类型、适用的会计准则、建账会计期、统一社会信用代码、需要启用的服务模块功能，根据客户提供的信息录入。

可供选择启用的服务模块功能包括记账服务、报税服务、开票服务、供应链4个，根据客户需求选择。

2. 账套基础设置内容

账套基础设置的内容包括个性化设置、会计科目设置、辅助核算设置、科目期初余额录入、现金流量期初余额录入、币种设置、计量单位设置、账龄设置、结算方式设置等。

业务流程

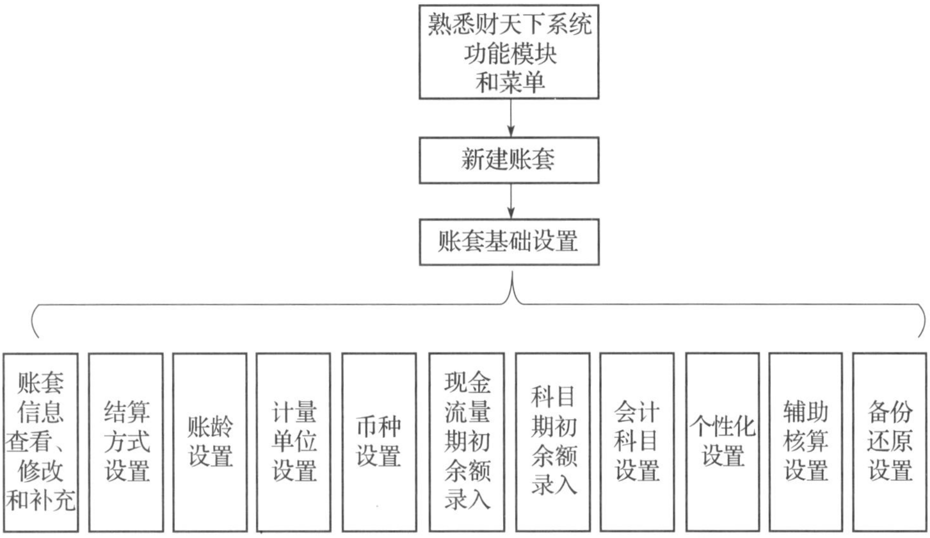

业务操作

1. 财天下系统功能介绍

操作视频 4-1

财天下系统的功能包括基础设置、出纳、凭证、账簿、报表、月末结账、会计平台。

神龙贸易的财税代理服务不启用智能工资、外币核算、资产管理功能，如图 4-1-1 所示。

图 4-1-1

2. 新建账套

新建账套功能包含账套信息的录入和功能启用的选择。

神龙贸易的财税代理服务属于智能财税代理服务，只启用记账服务、报税服务、开票服务三个模块功能，不启用供应链功能，如图 4－1－2 所示。

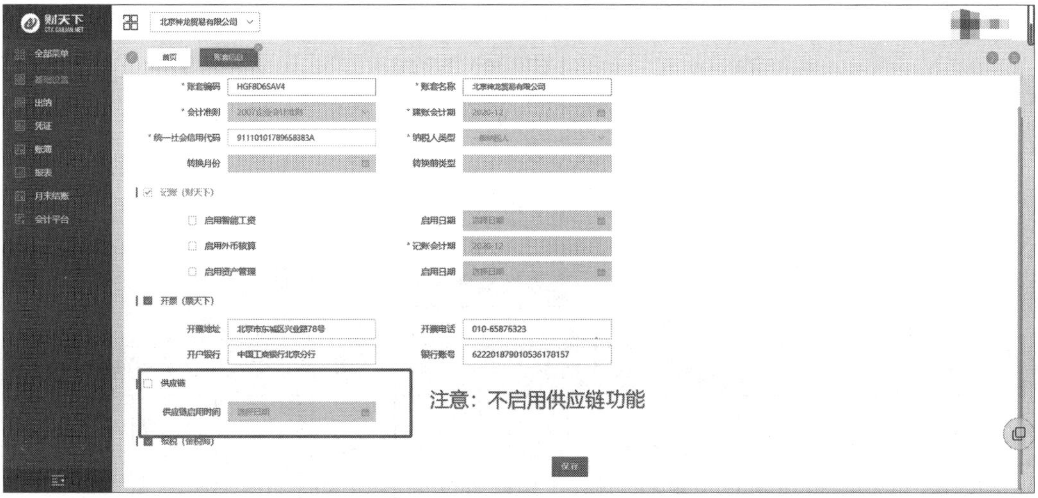

图 4－1－2

3. 账套基础设置

（1）账套基础设置的菜单和内容。神龙贸易的账套信息如图 4－1－3 所示。

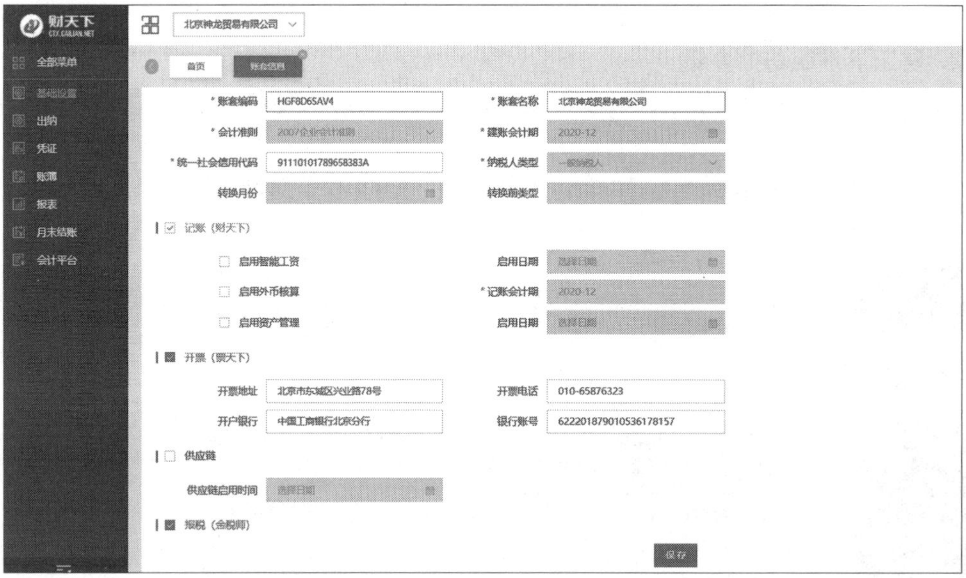

图 4－1－3

（2）个性化设置。为了保证账务处理的灵活性，可以从导航栏进入“基础设置”“个性化设置”页面，进行一些日常账务处理的个性化参数设置，包括凭证管理、期末结账和其他设置。设置完成后，点击“保存”按钮，如图 4－1－4。

图 4-1-4

注意事项：为了后续操作不频繁更换会计期，“默认会计期”应选择“最小未结账月”。

（3）会计科目设置。从导航栏进入“基础设置”“会计科目”页面，就可进行会计科目的设置。

1）会计科目体系。财天下系统分别根据 2007 年企业会计准则、2013 年小企业会计准则、民间非营利会计准则、事业单位会计准则预置了会计科目，在预置的会计科目中可以设置下级科目及辅助核算。

本任务采用的是 2007 年企业会计准则预置的会计科目。

2）会计科目级次。1 级科目编码长度为 4 位，不可调整，2 级、3 级、4 级、5 级科目编码长度默认为 2 位。在设置会计科目时要注意：不支持增加 1 级科目，只可以增加 2 级、3 级、4 级、5 级科目，如图 4-1-5、图 4-1-6 所示。

图 4-1-5

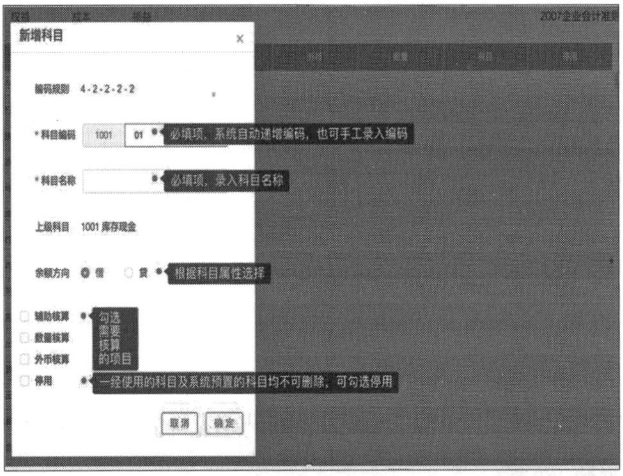

图 4-1-6

3）会计科目分类。会计科目分为资产、负债、共同、权益、成本、损益六类，可通过顶部页签分类查看和维护会计科目，如图 4-1-7 所示。

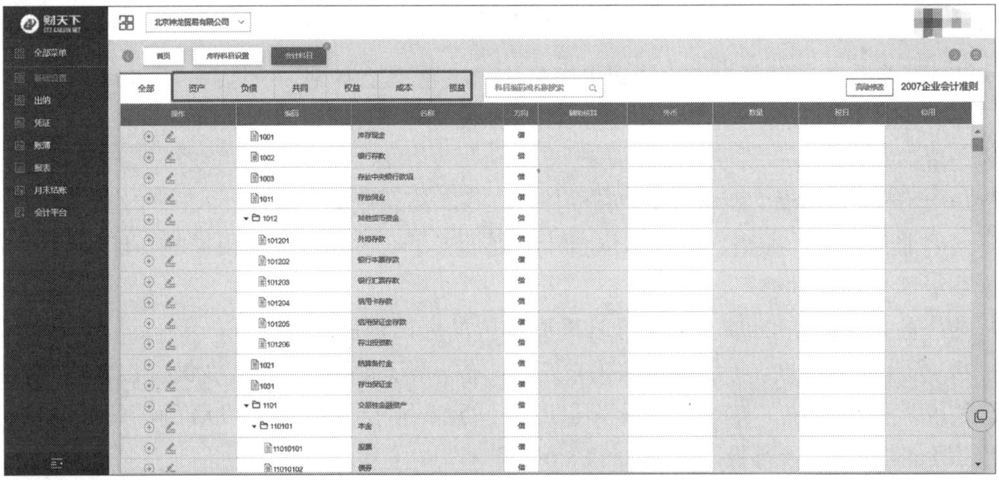

图 4-1-7

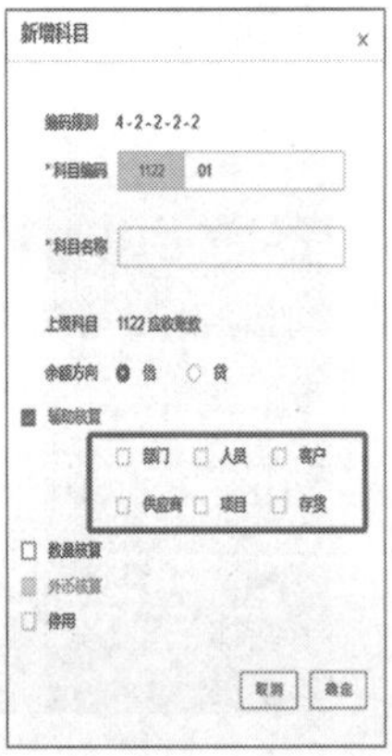

图 4-1-8

4）增加会计科目。新增科目选择辅助核算要注意以下几点：

第一，对于应收账款、应收票据、预收账款等客户往来会计科目，为了便于了解、分析和管理企业与各客户之间的债权情况，该类科目可以根据需要设置为“客户”辅助核算，如图 4-1-8 所示。

第二，对于应付账款、应付票据、预付账款等供应商往来会计科目，为了便于了解、分析和管理企业与各供应商之间的债务情况，该类科目可以根据需要设置为“供应商”辅助核算。

第三，对于管理费用等会计科目，为了便于了解、分析各行政管理部门各项费用的发生情况，加强对各行政管理部门管理费用的控制，该科目可以根据需要设置为“部门”辅助核算。本业务的管理费用科目不要求设置为“部门”辅助核算。

第四，对于其他应收款、其他应付款等个人往来会计科目，为了便于了解、分析和管理企业与个人之间的债权债务，该类科目可以根据需要设置为“人员”辅助核算。

第五，对于成本、收入类会计科目，为了便于了解、分析成本、收入的构成，加强成本、收入的管理，该类科目可以根据需要按照成本项目、收入类别设置为“项目”辅助核算。本业务无成本类科目，收入类科目不要求设置为“项目”辅助核算。

第六，对于原材料、周转材料、库存商品、发出商品、委托代销商品等存货类会计科目，由于存货属于实物资产，为了了解和分析存货的库存情况、保管和安全情况、运营能力，加强存货的管理，存货既要求金额核算又要求数量核算，因此该科目可以根据需要设置为“存货”辅助核算和数量核算。

第七，为了申报表取数的准确性，收入、成本、费用、库存商品、原材料、固定资产等科目应设置相对应的税目。可以点击修改，录入凭证，选择带有税目的科目，如图 4-1-9 所示，这样申报表才会取数正确。建议每张发票录入一张凭证，这样保证系统在取进项税额的份数时是正确的。

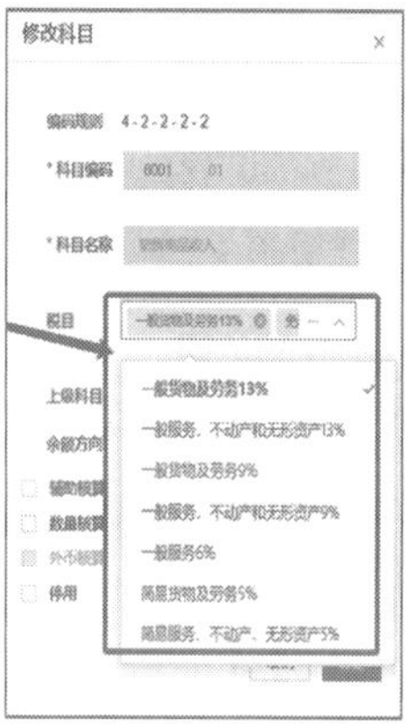

图 4-1-9

5）修改会计科目。点击需修改会计科目操作栏内的修改按钮，就可进入“修改科目”窗口对该科目进行修改，如图 4-1-10 所示。

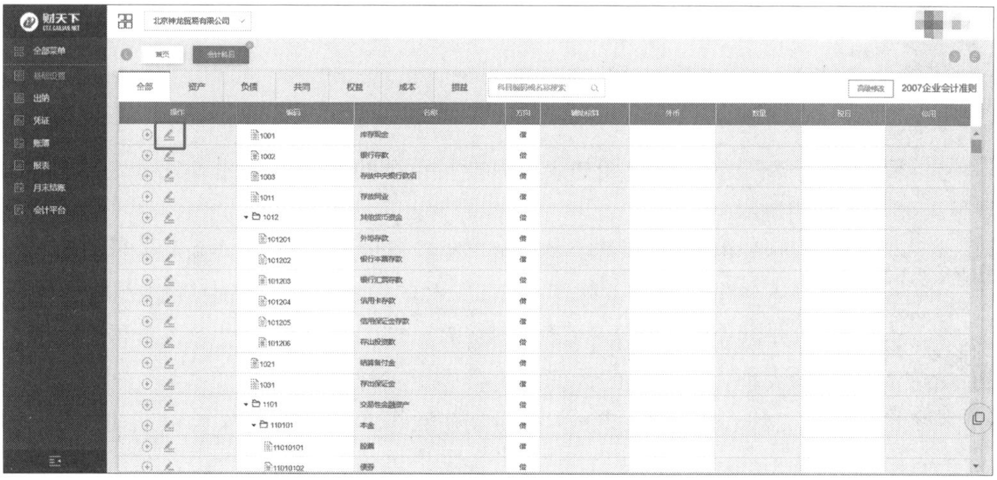

图 4-1-10

6）删除会计科目。点击需删除会计科目操作栏内的删除按钮，并在提示确认删除窗口点击“确定”按钮，即可删除该科目，如图 4-1-11 所示。

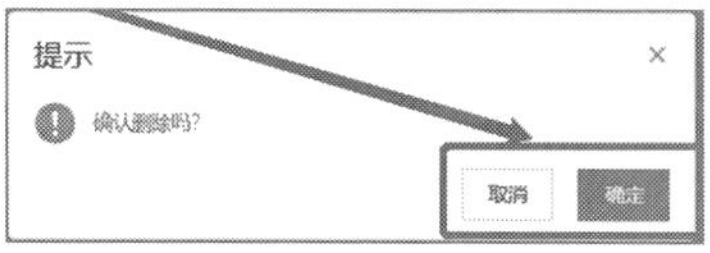

图 4-1-11

注意：系统预置的会计科目不可删除，故无删除图标；只能删除末级会计科目，若欲删除科目为非末级科目，在提示确认删除窗口点击“确定”按钮时，会出现“只能删除末级科目”的提示；若欲删除会计科目已使用，在提示确认删除窗口点击“确定”按钮时，会出现“已经使用的科目，不允许删除，该科目已经被置为停用状态”的提示，并在该科目的停用栏看到“√”的符号，即该科目显示为停用状态。

操作视频 4－2

（4）辅助核算设置。从导航栏进入“基础设置”“辅助核算”页面，进行辅助核算设置，包括往来单位（含客户和供应商）、部门、人员（支持导入人员档案）、项目、存货的档案设置与维护，如图 4－1－12 所示。辅助核算设置过程和初级代理实务相同，这里不再赘述。

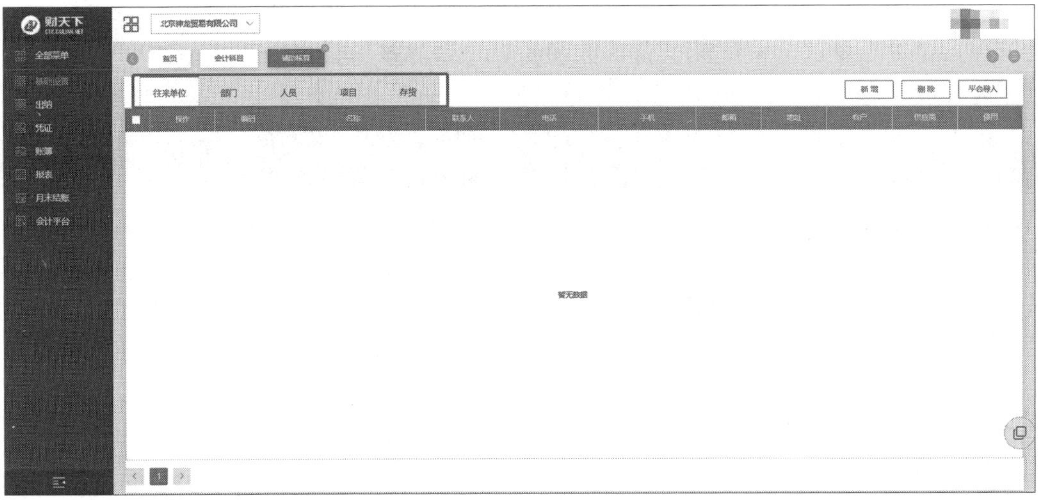

图 4－1－12

（5）科目期初余额录入。科目期初余额只能在系统的启用月份才可录入。各科目期初余额录入要从末级明细科目录起。

操作视频 4－3

从导航栏进入“基础设置”“科目期初”页面，输入各科目的期初余额、本年借方累计（年中启用）、本年贷方累计（年中启用），系统自动计算出年初余额、期初的借方和贷方余额，同时系统自动校验借方与贷方余额的大小，所录入的数据系统会进行实时保存。

财天下系统支持导入科目期初数据。若选择导入科目期初数据，从导航栏进入“基础设置”“科目期初”页面，先点击“导入”按钮，然后在弹出的“导入科目期初”窗口下载“科目期初导入模板”，把各科目期初余额录入“科目期初导入模板”，最后在“导入科目期初”窗口点击“选择文件”按钮，将各科目期初余额导入系统。

录入或导入期初余额后，从导航栏进入“账簿”“发生额及余额表”页面，进行试算平衡，即检查各科目的借方期初余额与贷方期初余额是否平衡、本年借方累计发生额与本年贷方累计发生额是否平衡。

（6）现金流量期初余额录入。从导航栏进入“基础设置”“现金流量期初”页面，录入现金流量期初余额，若账套启用期间为 1 月，则不用录入现金流量期初数，支持清除录入的数据，如图 4－1－13 所示。

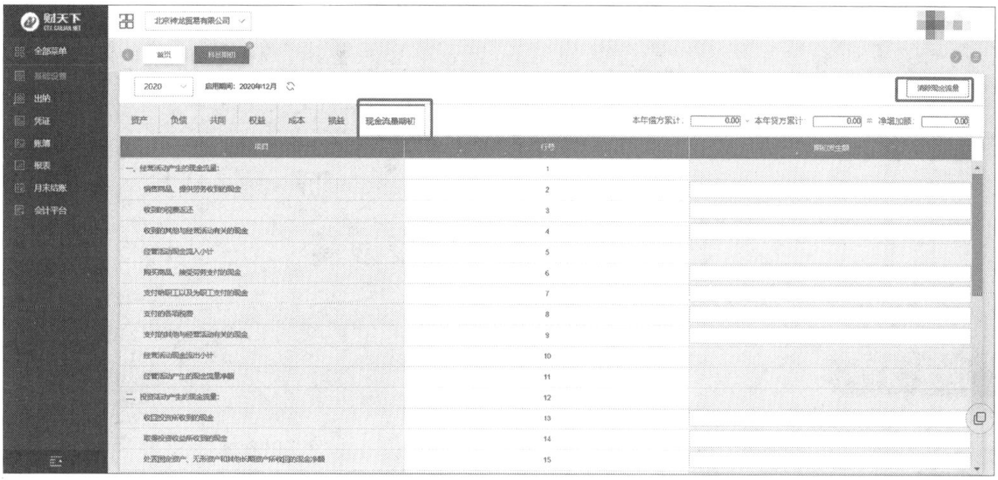

图 4-1-13

（7）币种设置。从导航栏进入“基础设置”“币种”页面，在此添加需要的币种，还可以停用、删除不需要的币种。

（8）计量单位设置。从导航栏进入“基础设置”“币种”页面，在此可以增加、修改数量辅助核算的单位。

（9）账龄设置。从导航栏进入“基础设置”“账龄设置”页面，可以查看账龄划分的期间，账龄分为近期账龄和远期账龄。

（10）结算方式设置。从导航栏进入“基础设置”“结算方式”页面，可新增、删除和停用结算方式。

新增结算方式时，先点击操作栏中的增加符号“+”，然后在弹出的“新增结算方式”窗口录入新增结算方式的信息。结算方式类型有现金、银行、微信、支付宝，可设置的项目有应收、应付、个人（其他应收款-内部）、个人（员工垫付等结算方式可供选择）、结算方式名称、标记（有银行、客户、供应商、员工等可供选择）、开户银行、银行账号、关联科目（根据结算方式类型和名称选择）、收款或付款、是否停用，如图 4-1-14 所示。

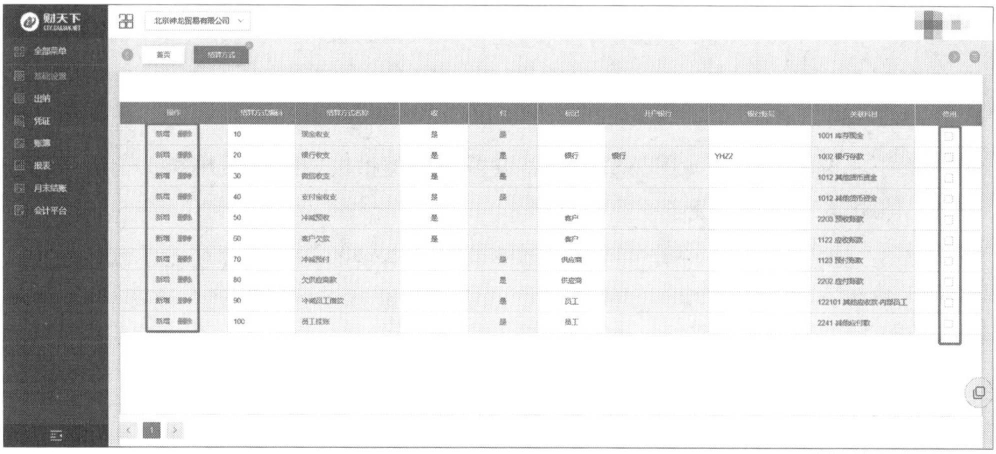

图 4-1-14

（11）备份还原设置。从导航栏进入“基础设置”“备份还原”页面，在此可以实现账套数据的手动备份和还原。账套备份时，点击“开始备份”标签，在弹出的“提示”窗口点击“确定”按钮即可完成账套的备份。重置账套时，要注意非预制账套无法重置。

任务四　凭证模板设置

业务情景

操作视频 4-4

神龙贸易的账套基础设置已经完成，紫霖财税管家岗林茜继续设置该公司各类业务的凭证模板。

主要任务为：

（1）设置业务类型：设置销项发票类单据的业务类型；设置进项发票类单据的业务类型；设置银行回单类单据的业务类型。

（2）设置费用类型。

（3）设置常用凭证模板。

（4）设置月末结转方案。

准备知识

1. 业务类型和单据类别

在财天下系统里，设置业务类型的单据有销项发票、进项发票、银行回单三大类。

销项发票：对于销售货物和服务、销售无形资产和提供劳务、让渡资产使用权等业务，开具的增值税专用发票和增值税普通发票属于销项发票类单据。

进项发票：对于购买货物、购买无形资产、接受劳务和服务、支付各种费用等业务，取得的增值税专用发票、增值税普通发票和其他票据属于进项发票类单据。

银行回单：对于银行转账收款和付款的业务，取得的银行收款回单和付款回单属于银行回单类单据。

2. 费用类型

在财天下系统里，设置费用类型，就是设置费用类型模板，将费用类型与业务类型绑定，供费用报销单自动生成凭证调用。

费用类型主要包括：桥、闸通行费，国内公路、水路等其他旅客运输，国内航空、铁路旅客运输服务，以及办公费、交通费、差旅费、外地打车、餐费（本地福利费）、餐费（本地招待费）、福利费、汽车费、住宿费（本地）、业务招待费、水电费等。

业务流程

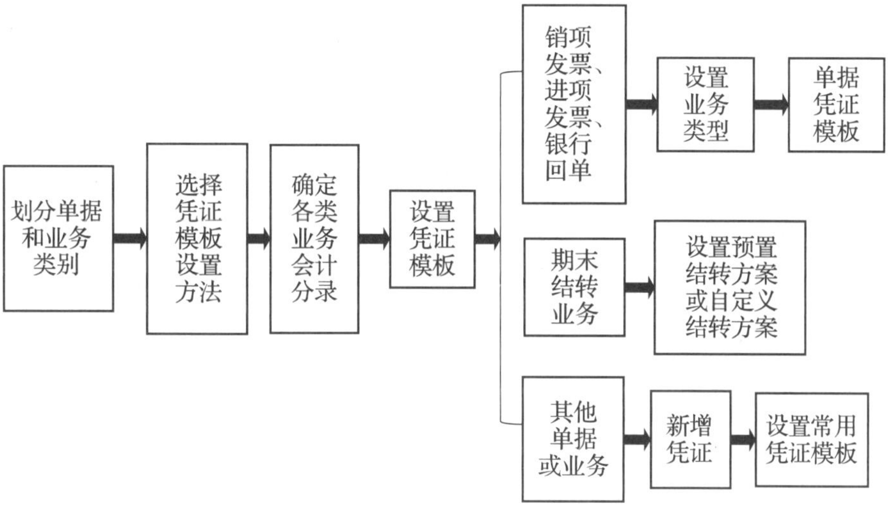

业务操作

1. 设置业务类型

（1）设置销项发票类单据的业务类型。销项发票类单据的业务类型包括销售商品收入、销售材料收入、销售固定资产收入、销售不动产收入、销售无形资产收入、提供劳务收入、服务收入、建造合同收入、让渡资产使用权收入、出租固定资产收入、出租无形资产收入、出租包装物和商品收入、出租不动产收入等。

以一般纳税人销售商品业务为例，销项发票类单据业务类型及其凭证模板设置的方法是：在“导航栏”“会计平台”“业务类型”页面，选择“销项发票”，然后点击“新增”，在弹出的“业务类型详情”窗口填写或选择相关内容，如图 4－1－15 所示。

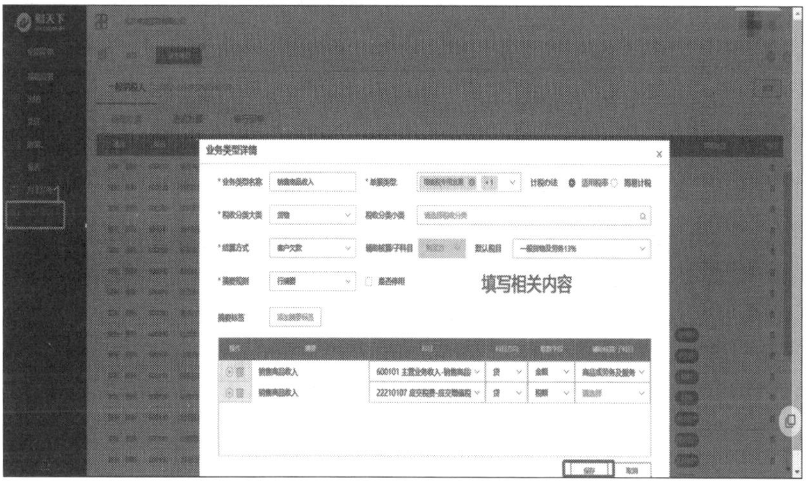

图 4－1－15

（2）设置进项发票类单据的业务类型。进项发票类票据的业务类型包括采购库存商品、采购机器设备、采购房屋建筑物、采购电子设备、采购运输工具、采购办公家具、服务成本、采购无形资产、租入固定资产、租入包装物和商品等。

以一般纳税人采购库存商品业务为例，进项发票类单据业务类型及其凭证模板设置的方法是：在“导航栏”“会计平台”“业务类型”页面，选择“进项发票”，然后点击“新增”，在弹出的“业务类型详情”窗口填写或选择相关内容，如图4－1－16所示。

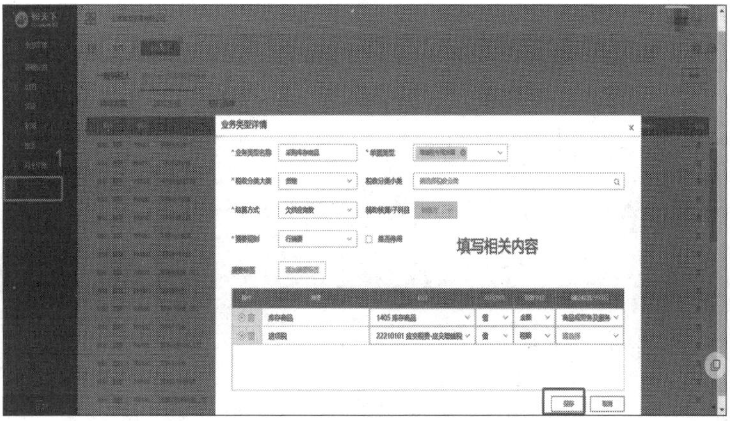

图4－1－16

（3）设置银行回单类单据的业务类型。银行回单类单据的业务类型包括各种银行收款业务和银行付款业务，如收到客户货款、收到供应商退款、预收款、支付供应商货款、退客户货款、预付款、缴纳增值税、利息收入、利息支出、付银行手续费等。

以一般纳税人收到客户货款和支付供应商货款业务为例，银行回单类单据业务类型及其凭证模板设置的方法是：在“导航栏”“会计平台”“业务类型”页面，选择“银行回单”，然后点击“新增”，在弹出的“业务类型详情”窗口填写或选择相关内容，如图4－1－17所示。

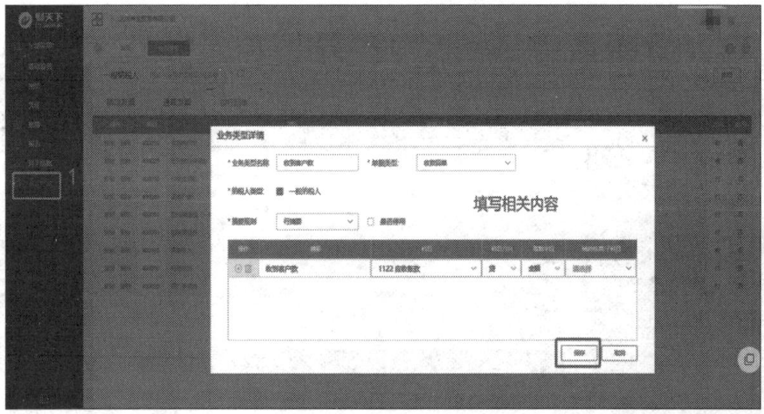

图4－1－17

2. 设置费用类型

费用类型的设置方法是：从“导航栏”进入“会计平台”“费用类型”页面，增加、修改和删除费用类型，如图 4－1－18、图 4－1－19 所示。增加费用类型时，点击增加按钮“＋”，录入费用类型、业务类型、抵扣税率信息。

图 4－1－18

图 4－1－19

3. 设置常用凭证模板

设置常用凭证的方法是：从“导航栏”进入“凭证”“新增凭证”页面，在记账凭证中录入会计分录。举例说明：

日期：业务发生日期或录入凭证日期。

摘要：计提工资。

第一行：会计科目 66020101，管理费用——工资薪金，借方金额：100.00。

第二行：会计科目 66010101，销售费用——工资薪金，借方金额：100.00。

第三行：会计科目 221101，应付职工薪酬——职工工资，贷方金额：200.00。

录完会计分录后，点击页面右上角“保存”标签进行保存，再点击“更多”标签，在下拉的菜单中选择“存为常用凭证”，则该业务常用凭证模板就设置好了，如图 4－1－20 至图 4－1－22 所示。

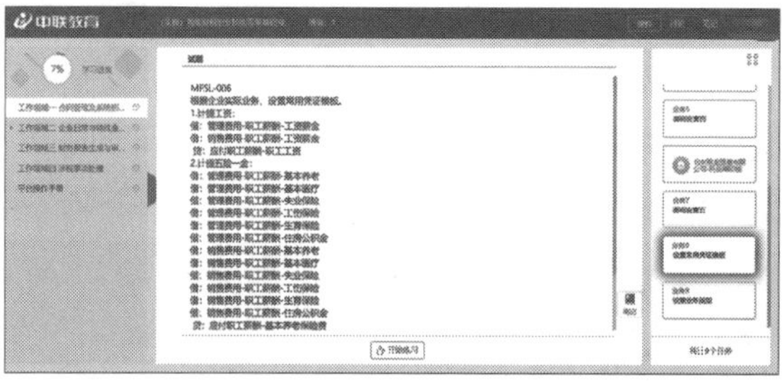

图 4-1-20

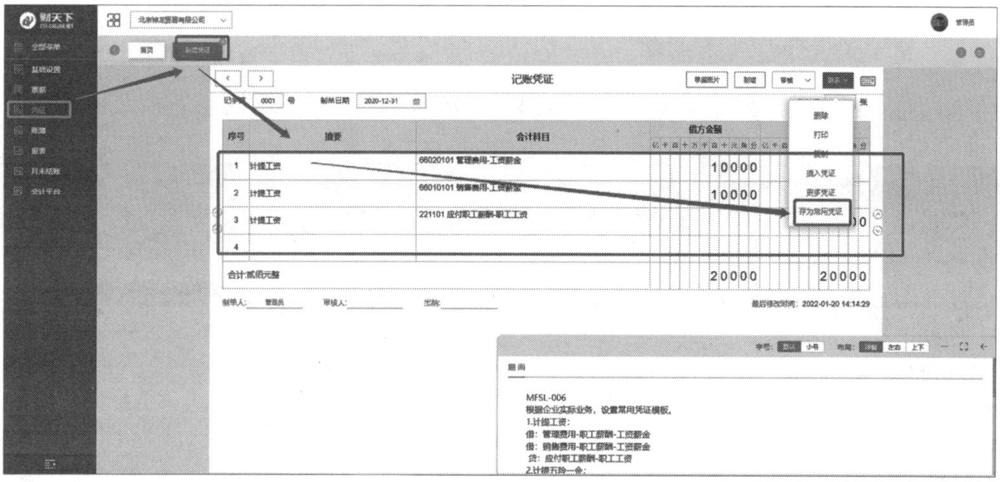

图 4-1-21

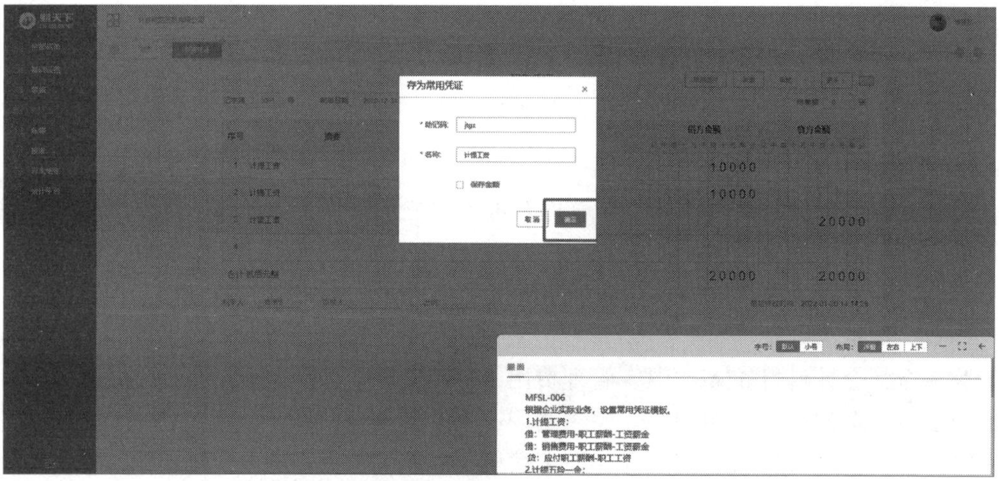

图 4-1-22

注意：在设置常用凭证时，我们可以先写一个金额，存为常用凭证后再把新增的凭证删除，以免影响财务数据。当企业真实发生该业务时可以随时调用常用凭证，如图 4-1-23、图 4-1-24 所示。

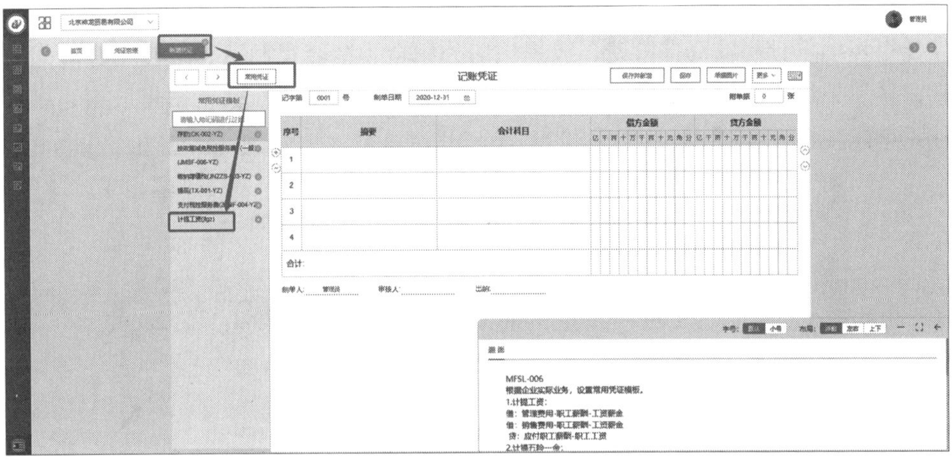

图 4－1－23

图 4－1－24

4. 设置月末结转方案

对于月末结转业务，可以在月末日常业务处理完后，通过“导航栏”“月末结账”“月末结转”功能预置结转方案或自定义结转方案，自动生成记账凭证，如图 4－1－25 所示。

图 4－1－25

（1）预置结转方案。可以通过预置结转方案自动生成凭证的月末结转业务有待摊费用摊销、计提折旧、计提社会保险费、计提住房公积金、结转福利费、结转工会经费、结转职工教育经费、结转未交增值税、计提税金及附加、减免两费、结转销售成本、结转损益等业务，如图 4-1-26 至图 4-1-29 所示。

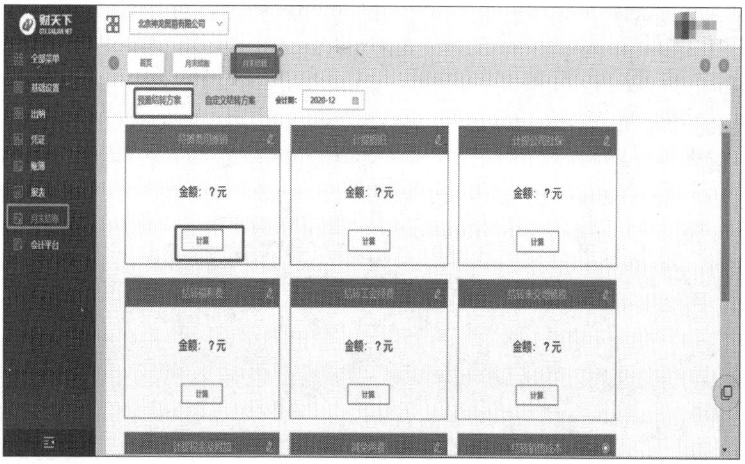

图 4-1-26

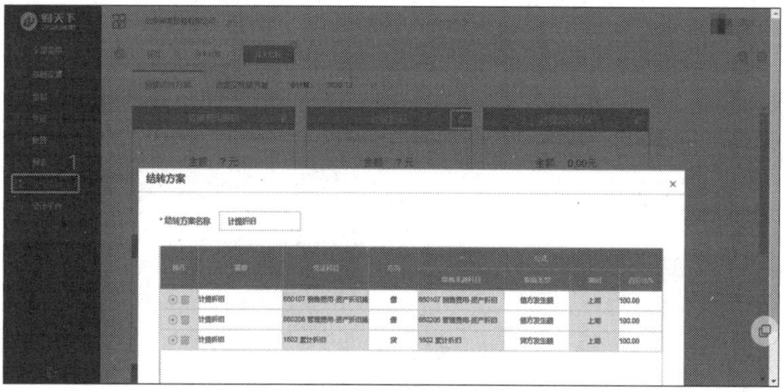

图 4-1-27

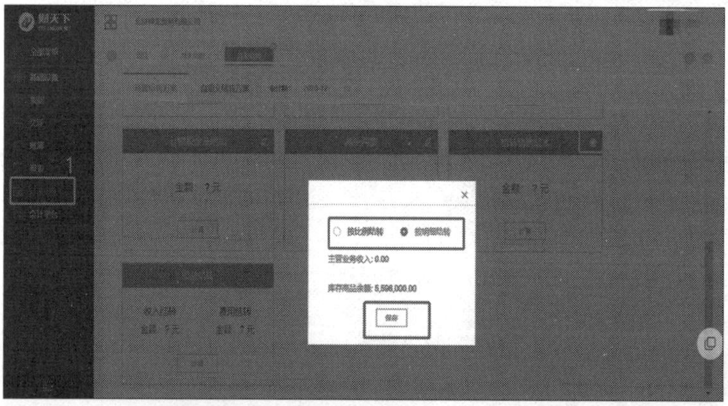

图 4-1-28

图 4－1－29

（2）设置自定义结转方案。可以通过设置自定义结转方案自动生成凭证的月末结转业务有计提坏账准备、无形资产摊销、计提借款利息、结转企业所得税、结转本年利润、利润分配、结转利润分配明细账户余额等业务，如图 4－1－30 所示。

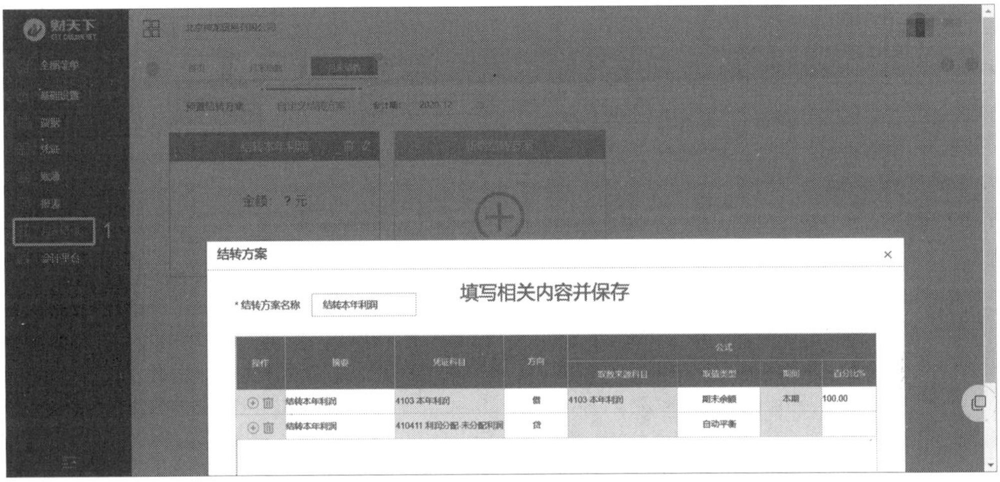

图 4－1－30

工作领域二
企业日常与特殊业务处理

业务处理综述

（1）业务范围：企业日常业务制单与审核、企业特殊业务处理。

（2）业务分类：采购与付款业务、销售与收款业务、费用报销业务、借款业务、其他特殊业务。

（3）技能目标：掌握票据采集、票据分类、票据审核、记账凭证的编制与审核，熟悉业务操作流程。

任务一 企业日常业务制单与审核

业务情景

神龙贸易的初始化设置已经完成，紫霖财税相关岗位人员对神龙贸易 2020 年 12 月的日常业务进行制单与审核。具体包括以下业务：

（1）管家岗设置日常业务的类型、费用类型。

（2）票据处理岗签收和核查客户寄送的票据。

（3）票据处理岗进行票据分类、扫描和采集。

（4）会计核算岗自动生成记账凭证或手动填制记账凭证。

（5）客户出纳进行出纳签字。

（6）审核岗审核记账凭证。

准备知识

企业常见业务包括销售与收款业务、采购与付款业务、费用报销业务等。这里主要介绍销售与收款业务、采购与付款业务的有关知识。

1. 销售与收款业务

销售与收款业务的账务处理一般包括确认销售收入、收到货款和结转成本三部分。一般销售业务的会计分录如下：

（1）确认销售收入：

借：应收账款

　　贷：主营业务收入

应交税费——应交增值税（销项税额）

财税共享服务中心确认销售收入的会计分录是根据企业开具的发票自动生成的，所以票据处理岗需要对企业开具的发票内容进行认真审核，保证客户、金额、销售产品等信息的准确性，只有这样财税共享服务中心才能自动生成正确的凭证，财务核算岗只需要核对凭证内容即可。

（2）收到货款：

借：银行存款等

　贷：应收账款

注意：收到货款的会计分录根据采集的银行回单生成。如果无法自动生成，则需要手动添加。

（3）结转成本：

借：主营业务成本

　贷：库存商品

注意：一般是月末一次结转成本，不需要逐笔结转，月末一次结转成本的操作在期末会计事项中讲解，这里不再赘述。

2. 采购与付款业务

采购与付款业务的账务处理一般包括物资采购、物资入库和支付货款三部分。一般采购业务的会计分录如下：

（1）采购在途物资：

借：在途物资

　　应交税费——应交增值税（进项税额）

　贷：应付账款

财税共享服务中心确认采购在途物资的会计分录一般是根据采集的进项发票自动生成的，所以票据处理岗需要对采集的进项发票内容进行认真审核，保证供应商、金额、采购产品等信息的准确性，只有这样财税共享服务中心才能自动生成正确的凭证，财务核算岗只需要核对凭证内容即可。

（2）物资入库：

借：库存商品或者原材料等

　贷：在途物资

注意：这笔分录需要财务核算岗手动添加。

（3）支付货款：

借：应付账款

　贷：银行存款

注意：这笔分录一般是根据采集的银行回单生成的。如果无法自动生成，则需要手动添加。

业务流程

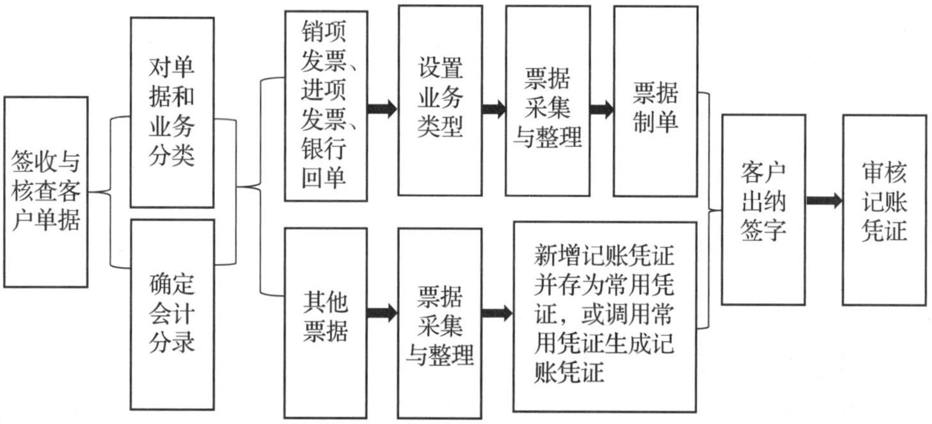

业务操作

2020 年 12 月，神龙贸易的日常业务有采购与付款、销售与收款、费用报销、报废固定资产、取得无形资产、支付职工薪酬、营业外收支、利息支出、缴纳税费等。

操作视频 4-5

1. 销售与收款业务

一般销售业务的操作流程如图 4-2-1 所示。智能财税中级代理业务的收款业务操作与初级基本相同，此处不再赘述。

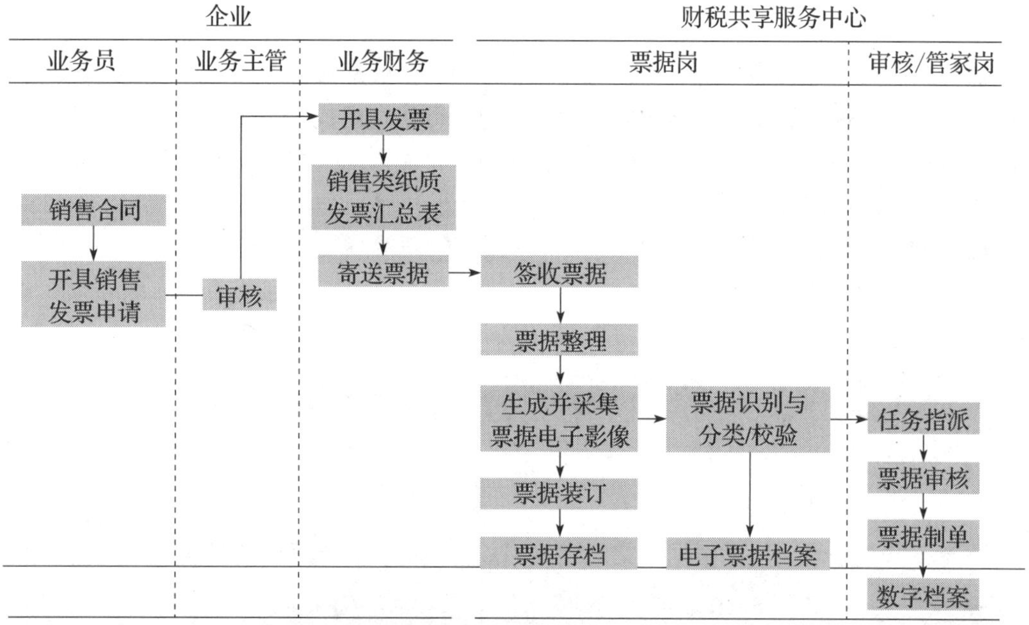

图 4-2-1

以智能财税练习平台资源中级代理工作领域二开票业务、含现金折扣的收款业务为例，说明销售业务的操作步骤，见图 4－2－2 至图 4－2－4。

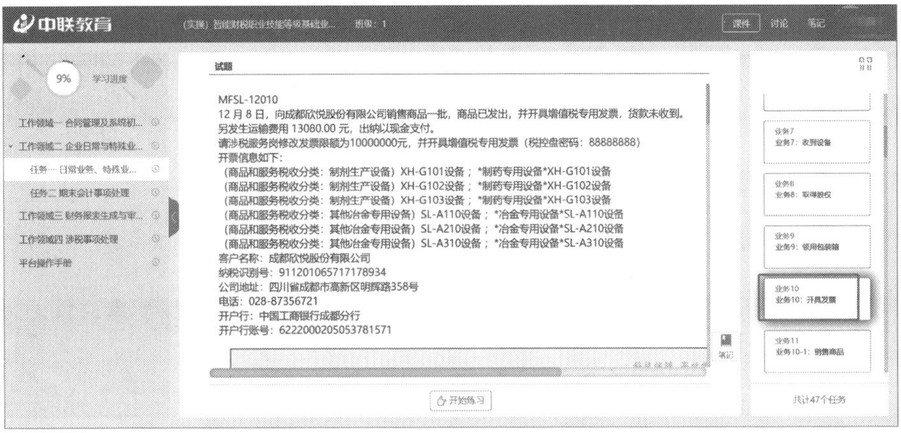

图 4－2－2

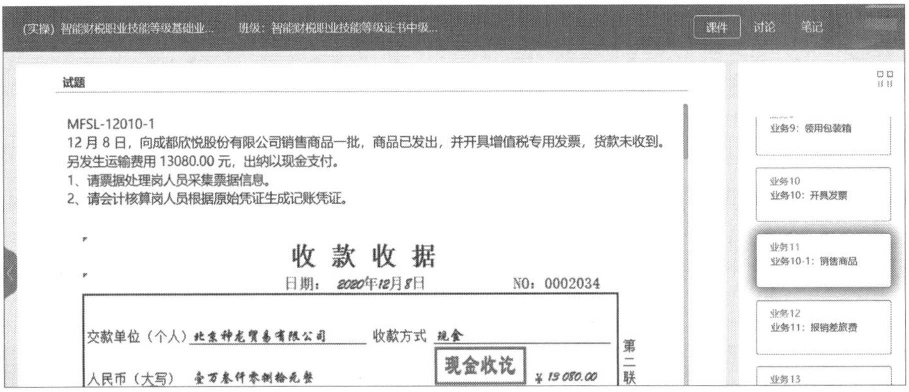

图 4－2－3

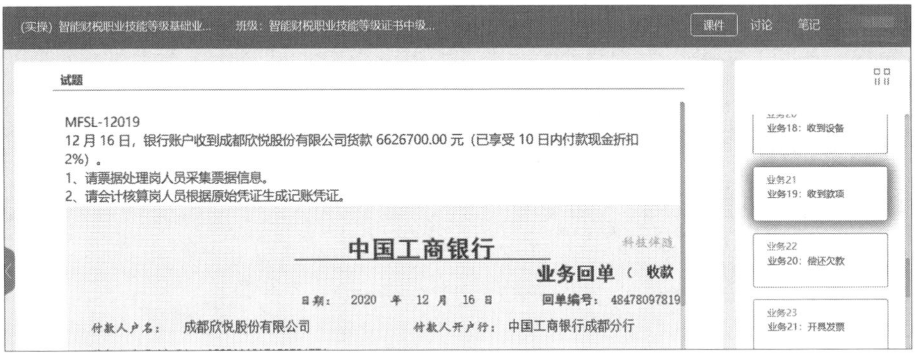

图 4－2－4

第一步，开票。开票流程如图 4－2－5 所示。

（1）修改发票限额。如图 4－2－6、图 4－2－7 所示。

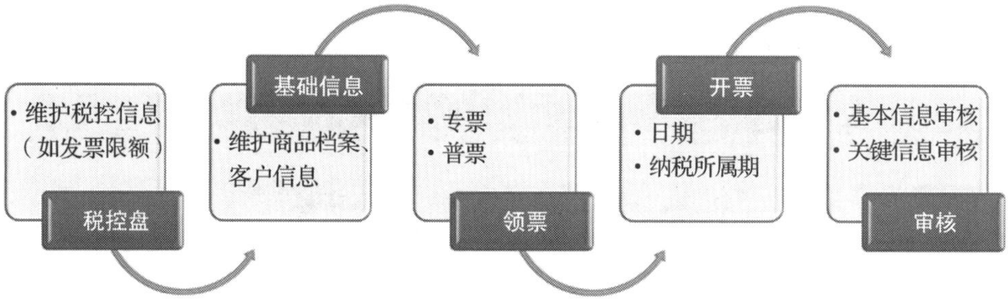

图 4-2-5

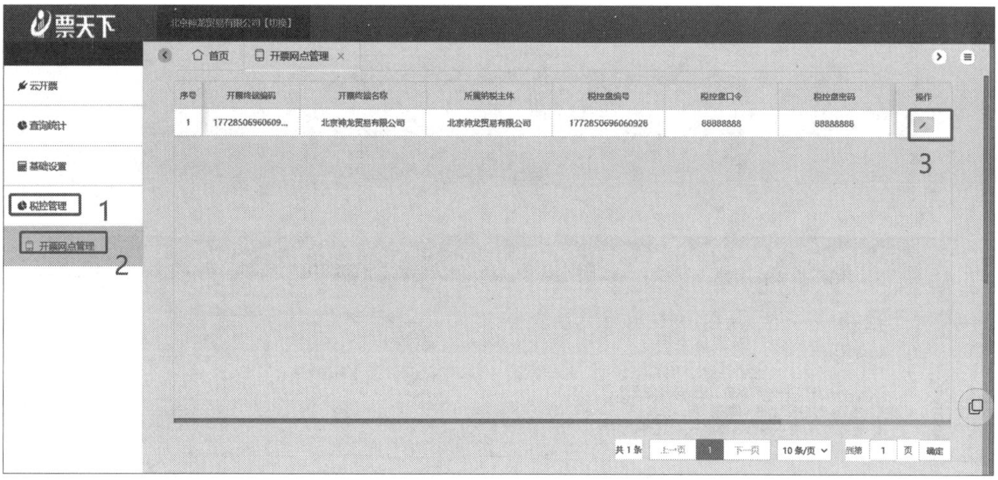

图 4-2-6

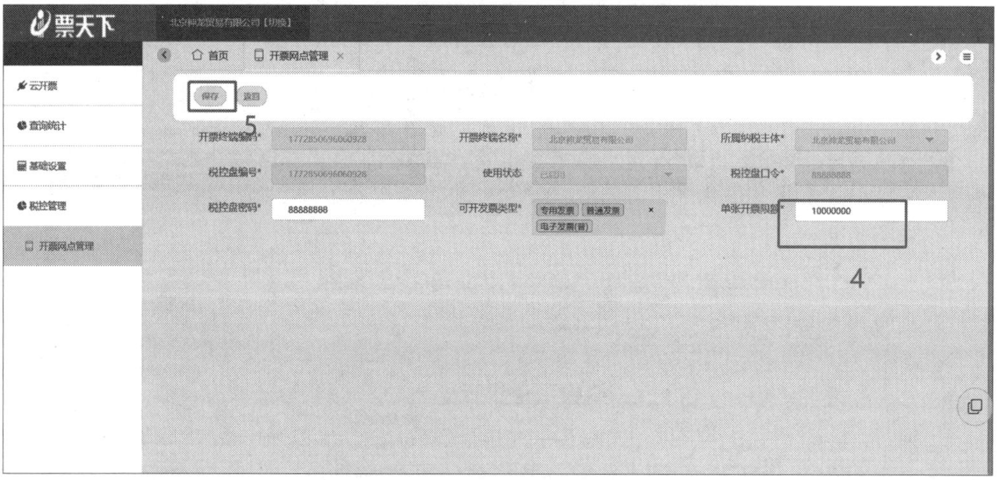

图 4-2-7

（2）新增客户信息。如图 4-2-8、图 4-2-9 所示。

（3）新增商品信息。如图 4-2-10、图 4-2-11 所示。

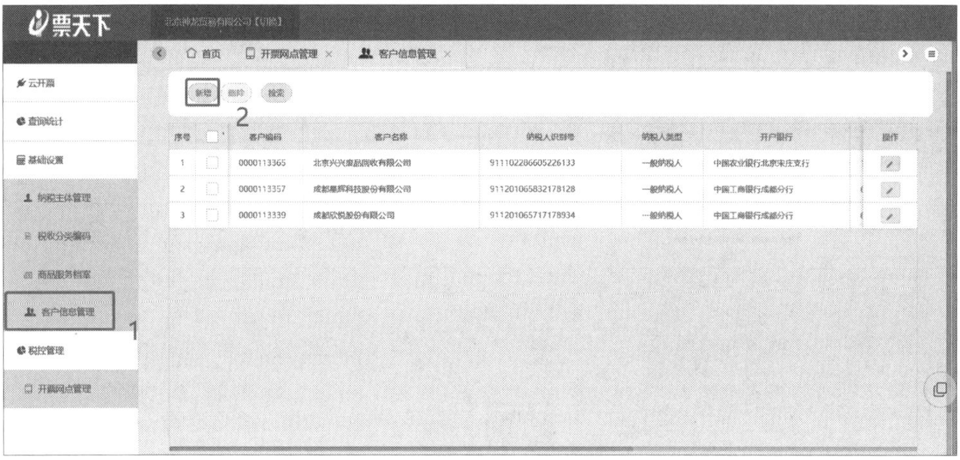

图 4-2-8

图 4-2-9

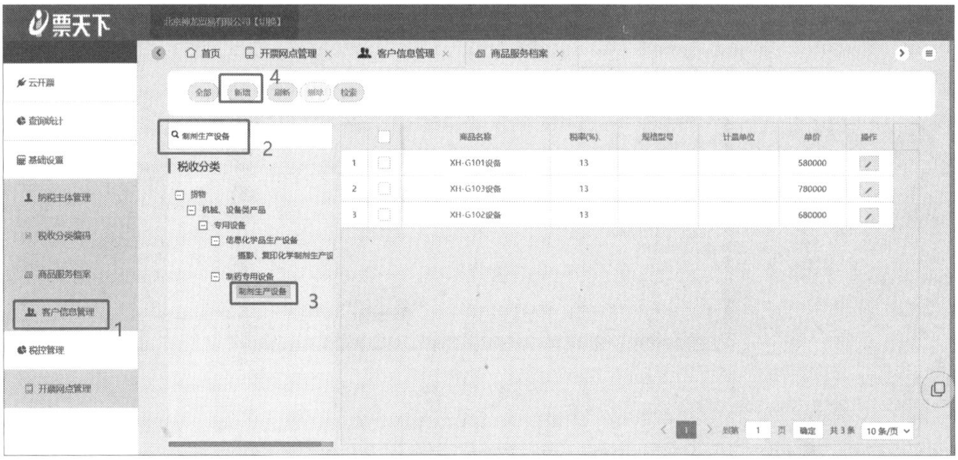

图 4-2-10

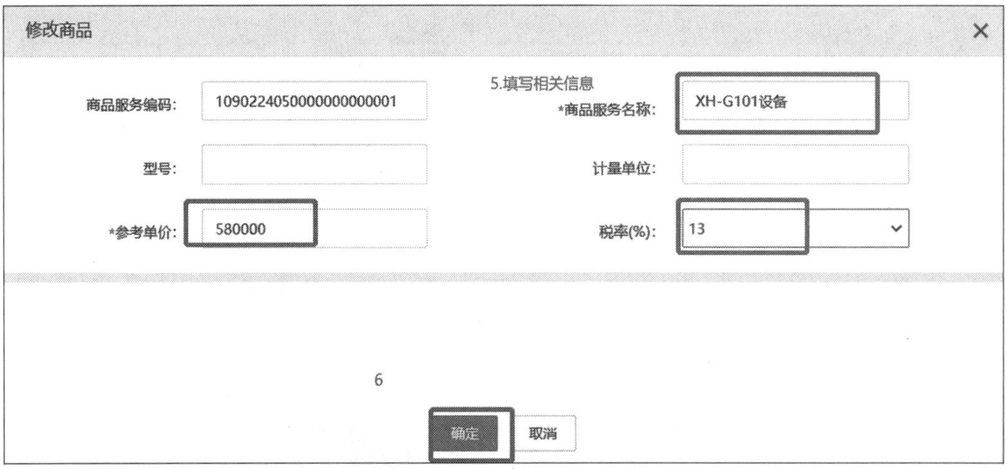

图 4-2-11

（4）领票。如图 4-2-12、图 4-2-13 所示。

图 4-2-12

图 4-2-13

（5）开票。如图 4-2-14、图 4-2-15 所示。

（6）查看发票信息。如图 4-2-16、图 4-2-17 所示。

图 4-2-14

图 4-2-15

图 4-2-16

发票代码：1100121911　　增值税专用发票　　№ 21927793

开票日期：2020-12-08

购买方	*名　　称：	成都欣悦股份有限公司	密码区：9+61749<373*+9*9>>29/69*21-+>854<*6>206*65*2*>82453244>72/09*6787948711+/9/648/4*2*26493935<5<9-0/*5>4>*-9<+4<23-01</08<7-<<55-0
	*纳税人识别号：	911201065717178934	
	*地址、电话：	四川省成都市高新区明辉路358号028-87356721	
	*开户行及账号：	中国工商银行成都分行6222000205053781571	

行号	货物或应税劳务、服务名称	规格型号	单位	数量	单价(不含税)	金额(不含税)	税率	税额
1	*冶金专用设备*SL-A310设备			3	250000	750000.00	13%	97500.00
2	*冶金专用设备*SL-A210设备			3	200000	600000.00	13%	78000.00
3	*冶金专用设备*SL-A110设备			3	180000	540000.00	13%	70200.00
4	*制药专用设备*XH-G103设备			2	780000	1560000.00	13%	202800.00
5	*制药专用设备*XH-G102设备			2	680000	1360000.00	13%	176800.00
6	*制药专用设备*XH-G101设备			2	580000	1160000.00	13%	150800.00
	合计折扣					0.00		0.00
	合　计					¥5970000.00		¥776100.00

图 4－2－17

第二步，票据采集和制单。如图 4－2－18 至图 4－2－23 所示。

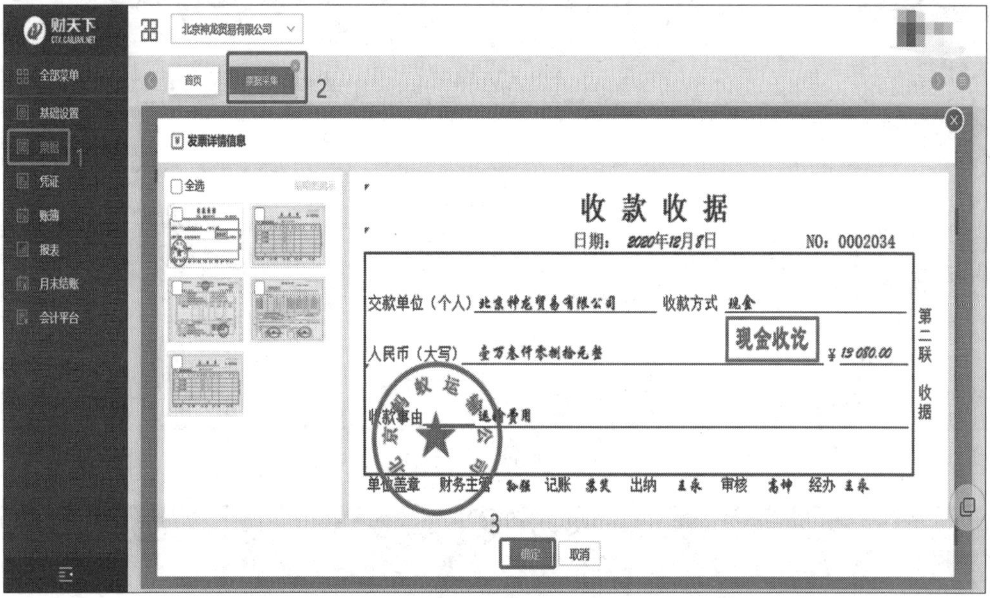

图 4－2－18

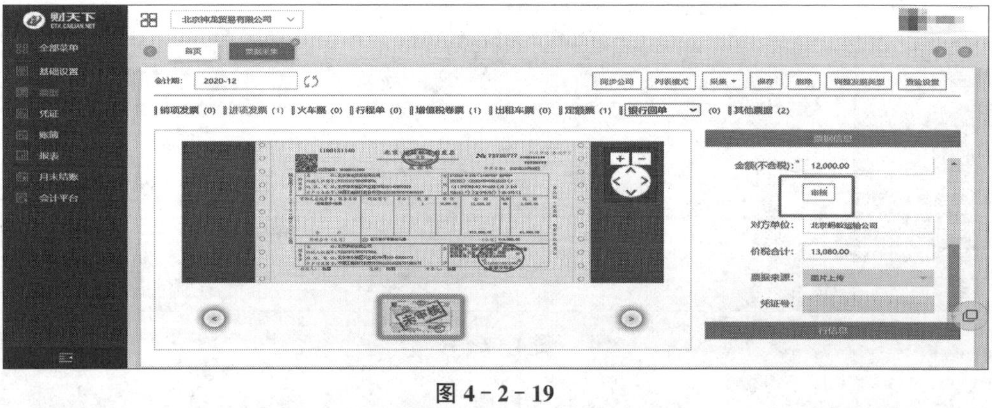

图 4－2－19

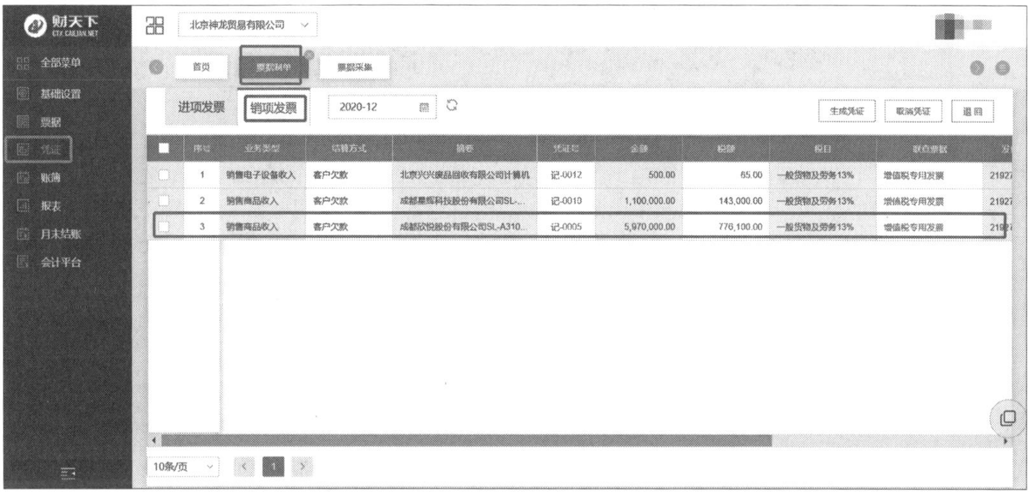

图 4-2-20

序号	摘要	会计科目	数量	借方金额	贷方金额
1	客户欠款	1122 应收账款_成都欣悦股份有限公司		67461000	
2	销售商品收入	600101 主营业务收入-销售商品收入-—…	数量:3.00台 单价:250000.000000		75000000
3	销售商品收入	600101 主营业务收入-销售商品收入-—…	数量:3.00台 单价:200000.000000		60000000
4	销售商品收入	600101 主营业务收入-销售商品收入-—… 辅助项	数量:3.00台 单价:180000.000000		54000000
5	销售商品收入	600101 主营业务收入-销售商品收入-—…	数量:2.00台 单价:780000.000000		156000000
6	销售商品收入	600101 主营业务收入-销售商品收入-—…	数量:2.00台 单价:680000.000000		136000000
7	销售商品收入	600101 主营业务收入-销售商品收入-—…	数量:2.00台 单价:580000.000000		116000000
8	销售商品收入	22210107 应交税费-销项税额			77610000

图 4-2-21

图 4-2-22

序号	摘要	会计科目	借方金额 亿 千 百 十 万 千 百 十 元 角 分	贷方金额 亿 千 百 十 万 千 百 十 元 角 分
1	报销运输仓储费	660114 销售费用-运输、仓储费	1200000	
2	报销运输仓储费	22210101 应交税费-进项税额-本期认证抵扣	108000	
3	现金收支	1001 库存现金		1308000
4				
合计:壹万叁仟零捌拾元整			1308000	1308000

图 4-2-23

注意：销售过程中由销售方承担的运费计入销售费用。

第三步，附有现金折扣的销售业务（见图 4-2-4），在收款时按照收到的销售款和客户享受的现金折扣新增记账凭证，如果是企业常见业务，可以将其设置为常用凭证。编制的凭证如图 4-2-24 所示。

序号	摘要	会计科目	借方金额 亿 千 百 十 万 千 百 十 元 角 分	贷方金额 亿 千 百 十 万 千 百 十 元 角 分
1	收到货款	1002 银行存款	662670000	
2	收到货款	660305 财务费用-现金折扣	11940000	
3	收到货款	1122 应收账款_成都欣悦股份有限公司		674610000

图 4-2-24

注意：因为智能财税练习平台中的案例是 2020 年 12 月份的业务，2021 年 1 月 1 日后，执行《企业会计准则》的非上市企业才开始正式执行新收入准则《企业会计准则第 14 号——收入》（财会〔2017〕22 号），所以这里我们依然按照旧收入准则执行。如果遇到 2021 年 1 月 1 日以后执行《企业会计准则》的企业案例，则要按照新收入准则处理。

新收入准则实施后，财政部会计司就现金折扣的会计处理给出明确答复，对于销售方，要求按照“可变对价”进行处理，这属于比较重大的变化。之前是把现金折扣作为融资费用处理的，记入“财务费用——现金折扣”科目；变化之后，现金折扣在确认收入时记入“合同负债”科目，实际发生时再冲减。以上述附有现金的销售业务为例，如果采用新收入准则，则账务处理如下：

（1）确认收入时，将现金折扣计入合同负债：

借：应收账款　　6 746 100

　贷：主营业务收入　　5 850 600

　　合同负债——可变对价　　119 400（合理预估的现金折扣）

　　应交税费——应交增值税（销项税额）　　776 100（按全额确认的销项税额）

（2）收到货款时，按照实际发生额冲减合同负债：

借：银行存款　　6 626 700

　合同负债——可变对价　　119 400

　贷：应收账款　　6 746 100

说明：购买方实际付款时享受的现金折扣比例与预估的比例不一致，导致实际计算的现金折扣多或少的，则直接记入“财务费用——现金折扣”科目。

当然，上述变化只是针对执行《企业会计准则》的企业，对于执行《小企业会计准则》的企业，则没有上述变化。

2. 销售固定资产业务

销售固定资产业务包括销售闲置不用的固定资产、变卖报废固定资产等，该类业务凭证模板的设置方法是：在“导航栏”“会计平台”“业务类型”页面，选择“销项发票”，然后点击“新增”，在弹出的“业务类型详情”窗口填写或选择以下内容，并进行保存。如图 4－2－25 所示。

图 4－2－25

以计算机报废清理为例，业务资料如图 4－2－26、图 4－2－27。

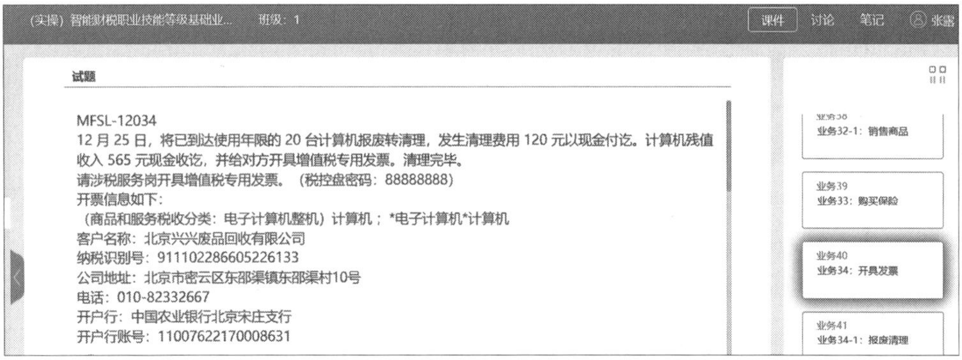

图 4－2－26

该业务销售的是报废的计算机，则该笔业务的业务类型名称为“销售电子设备收入”。

单据类型：选择“增值税专用发票”“增值税普通发票”。

计税办法：选择“适用税率”。

税收分类大类：根据销售的固定资产的类别选择。若销售的固定资产是办公家具、运输设备，税收分类大类选择“货物”；若销售的固定资产是房屋建筑物，税收分类大类选择“不动产”。上述业务为销售报废的计算机，税收分类大类选择“货物”。

该业务的默认税目选择“一般货物及劳务 13%”。以销售报废计算机业务为例，首先

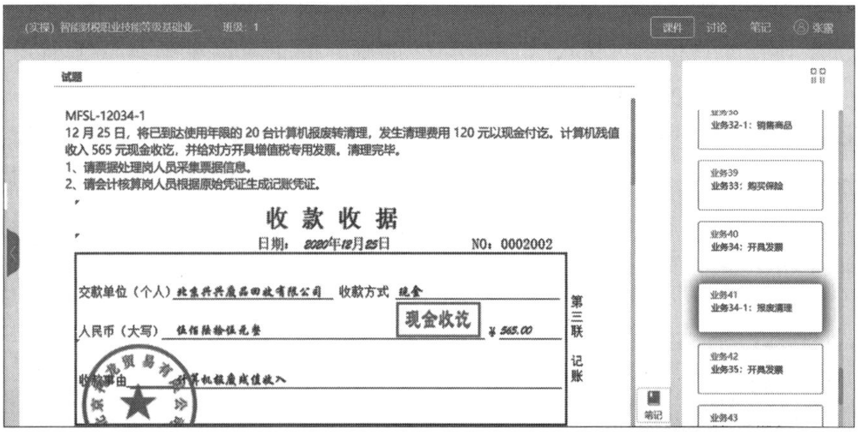

图 4 - 2 - 27

确定销售商品的会计分录，然后在凭证模板中，根据会计分录设置该业务会计分录贷方的摘要、科目、科目方向、取数字段、辅助核算/子科目。

第一行摘要为“销售电子设备收入”，科目为“160601 固定资产清理-电子设备”，科目方向为“贷”，取数字段为“金额”，辅助核算/子科目选择为“商品或劳务及服务”。添加第二行摘要为“销售电子设备收入”，科目为“22210107 应交税费-应交增值税-销项税额”，科目方向为“贷”，取数字段为“税额”，如图 4 - 2 - 28 所示。

图 4 - 2 - 28

设置好业务类型后，就可以进行业务操作，步骤和销售商品的步骤基本相同，首先在票天下为北京兴兴废品回收有限公司开具发票，然后在财天下生成记账凭证。

（1）在票天下开具发票，如图 4 - 2 - 29 所示。

（2）在财天下采集票据，并生成记账凭证，如图 4 - 2 - 30 所示。

请注意发票归类，运费发票归入进项发票，另外 3 张票据归入其他票据。

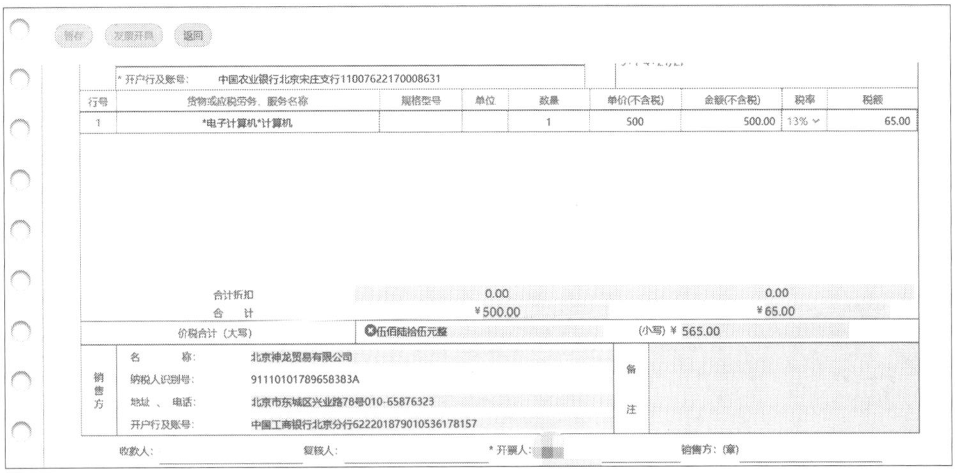

图 4-2-29

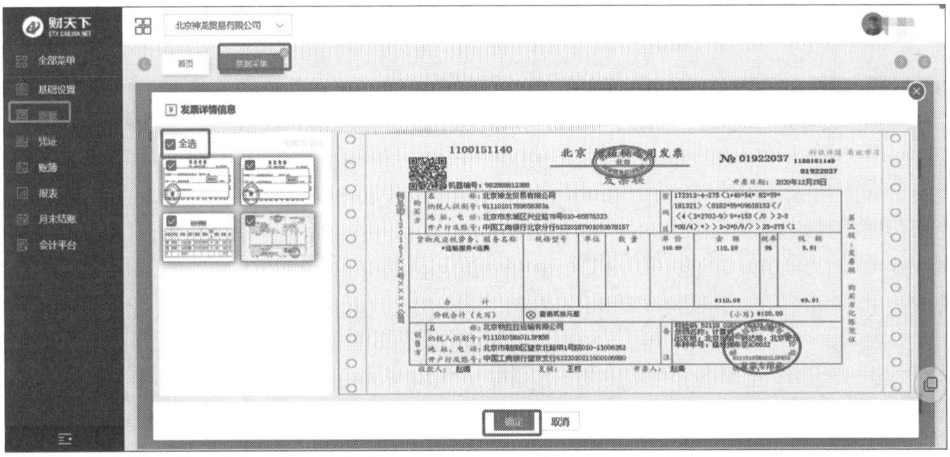

图 4-2-30

点击“凭证”“票据制单”“销项发票”会看到已自动生成一张销售电子设备收入的记账凭证。点击“凭证”“票据制单”“进项发票”会看到已自动生成一张运输费用的记账凭证，如图 4-2-31 至图 4-2-33 所示。

图 4-2-31

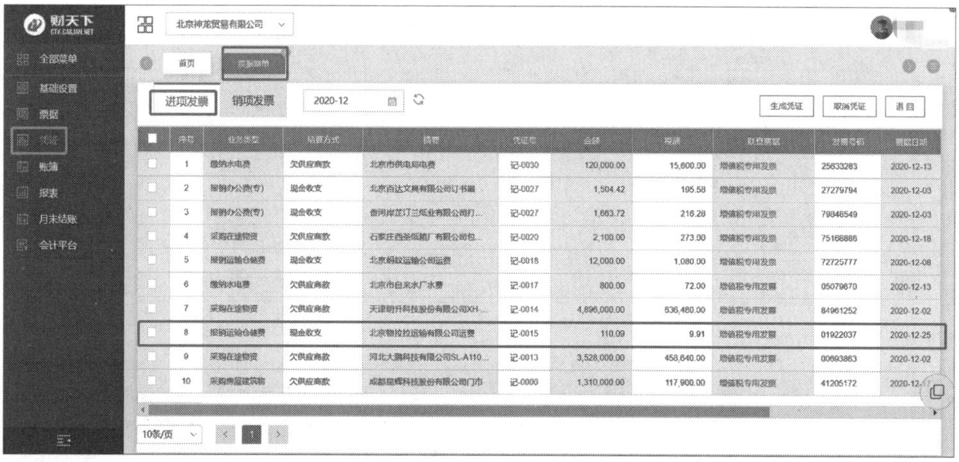

图 4-2-32

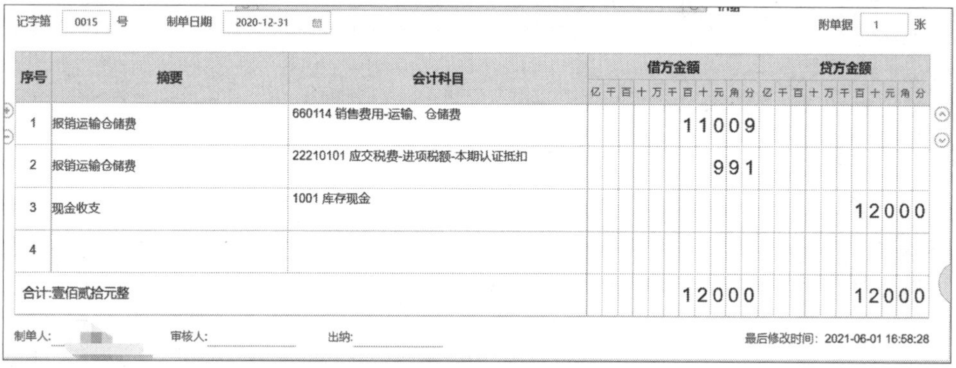

图 4-2-33

3. 采购与付款业务

2020 年 12 月，神龙贸易的采购业务包括采购商品、采购周转材料、采购固定资产、采购无形资产等。2 日，从天津明升科技股份有限公司购买 XH-G 系列设备，从河北大鹏科技有限公司购买 SL-A 系列设备，收到增值税专用发票，货物未入库，款项未支付。

以上述业务为例，操作流程为：点击“财天下”“票据”“票据采集”“审核票据”，然后在“凭证”“票据制单”“进项发票”中可以自动生成一张采购设备的记账凭证，最后编制收款凭证。

操作视频 4-6

第一步，票据采集和审核，采集两张增值税专用发票进项发票并进行审核，如图 4-2-34 所示。

第二步，自动生成两张凭证，如图 4-2-35 至图 4-2-37 所示。

第三步，付款业务，内容如图 4-2-38 所示。

(1) 采集票据，如图 4-2-39 所示。

(2) 点击“凭证”“新增凭证”，新增一张付款记账凭证，需要将刚刚采集的银行回单添加到该凭证附件中，再点击“保存”按钮，如图 4-2-40、图 4-2-41 所示。

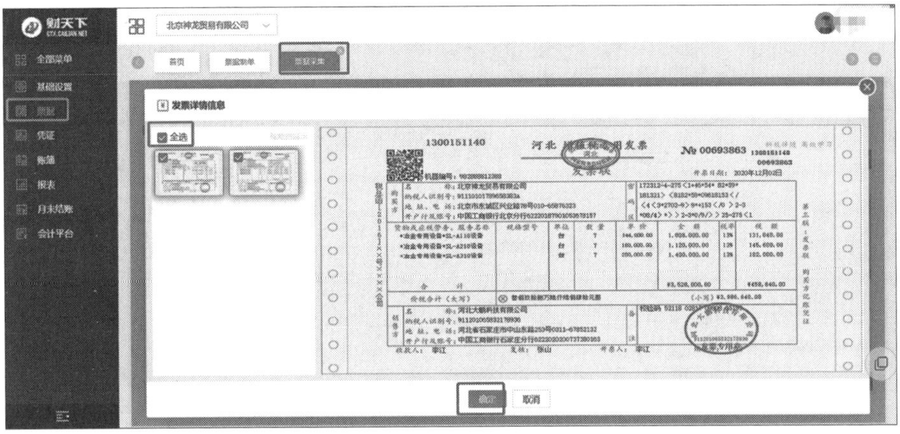

图 4-2-34

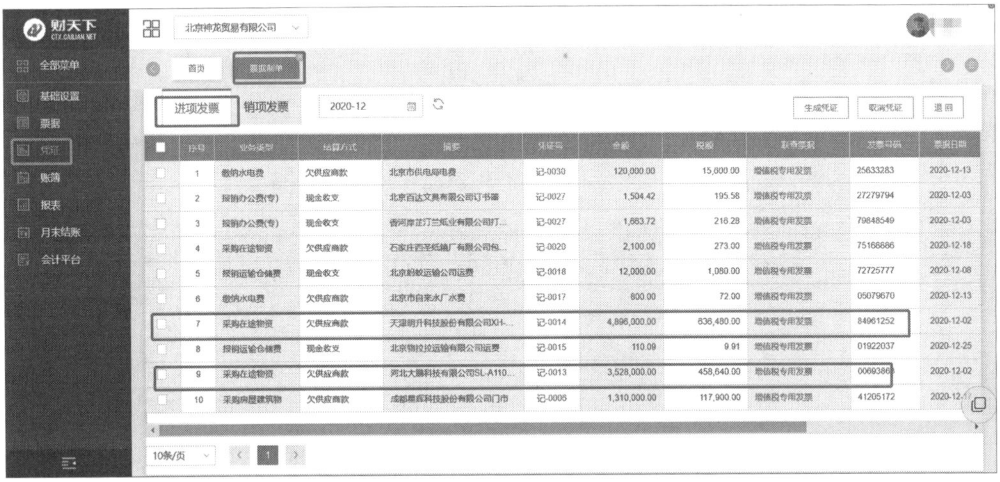

图 4-2-35

序号	摘要	会计科目	数量	借方金额	贷方金额
1	采购在途物资	1402 在途物资_XH-G101设备　辅助项	数量:3.00台 单价:464000.000000	139200000	
2	采购在途物资	1402 在途物资_XH-G102设备	数量:3.00台 单价:544000.000000	163200000	
3	采购在途物资	1402 在途物资_XH-G103设备	数量:3.00台 单价:624000.000000	187200000	
4	采购在途物资	22210101 应交税费-进项税额-本期认证…		63648000	
5	欠供应商款	220201 应付账款-一般_天津明升科技股…			553248000
6					
合计:伍佰伍拾叁万贰仟肆佰捌拾元整				553248000	553248000

图 4-2-36

序号	摘要	会计科目	数量	借方金额	贷方金额
1	采购在途物资	1402 在途物资_SL-A110设备	数量:7.00台 单价:144000.000000	100800000	
2	采购在途物资	1402 在途物资_SL-A210设备	数量:7.00台 单价:160000.000000	112000000	
3	采购在途物资	1402 在途物资_SL-A310设备	数量:7.00台 单价:200000.000000	140000000	
4	采购在途物资	22210101 应交税费-进项税额-本期认证…		45864000	
5	欠供应商款	220201 应付账款-一般_河北大鹏科技有…			398664000
6					
合计:叁佰玖拾捌万陆仟陆佰肆拾元整				398664000	398664000

图 4-2-37

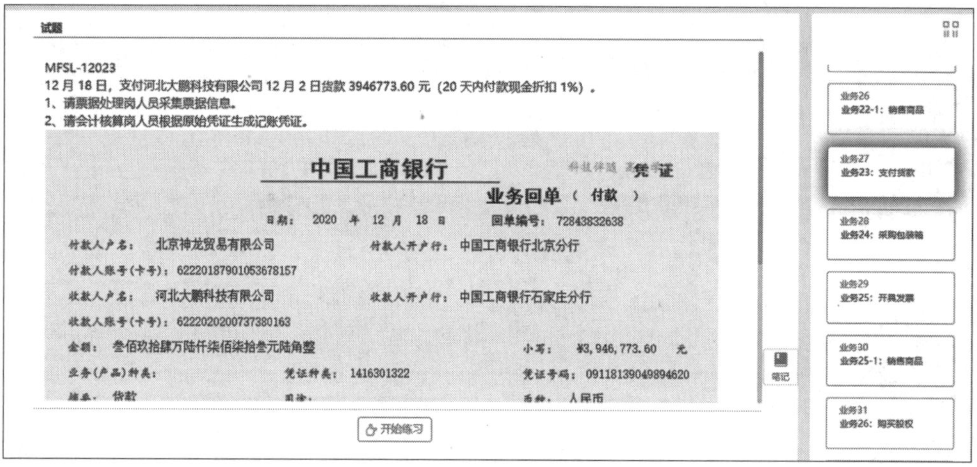

图 4-2-38

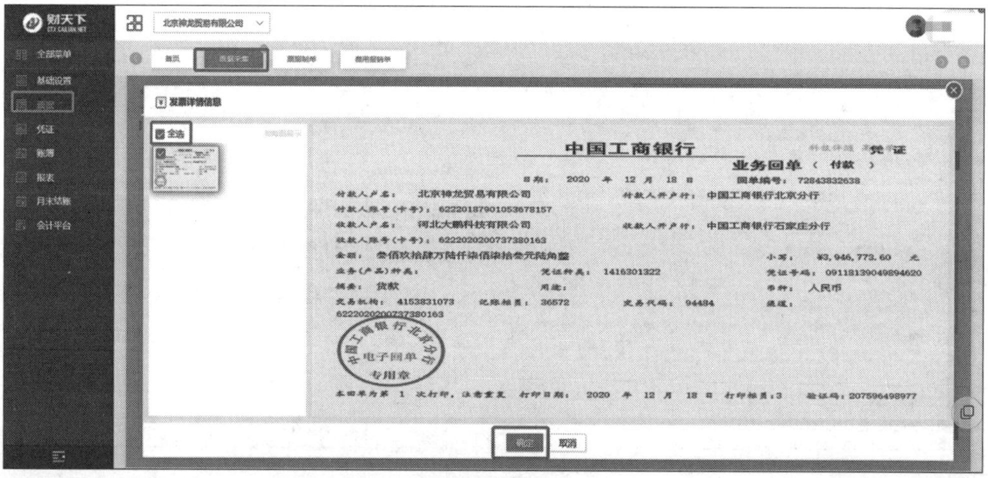

图 4-2-39

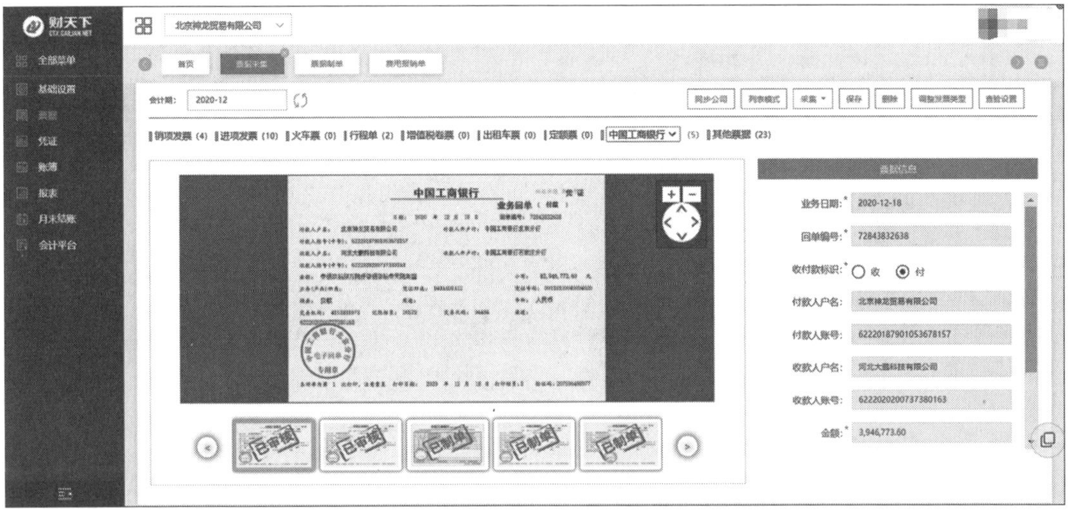

图 4-2-40

图 4-2-41

说明：这里介绍的新收入准则中现金折扣的会计核算变化只是针对销售方的，购买方的会计核算目前是没有变化的。因此，购买方在实际享受现金折扣时，依然可以将其视为一种融资收益，记入“财务费用”科目。

4. 费用报销业务

对于费用报销类业务，采集、归类、审核并保存后，在菜单栏进入“凭证”“费用报销单”页面，填写费用报销业务的相关信息，包括选择费用类型、结算方式、发票类型，填写金额，在附件栏添加采集的票据，然后保存、生成记账凭证、查看和审核记账凭证。

以报销差旅费为例来介绍费用报销类业务的处理，业务内容如图 4-2-42 所示。

操作视频 4-7

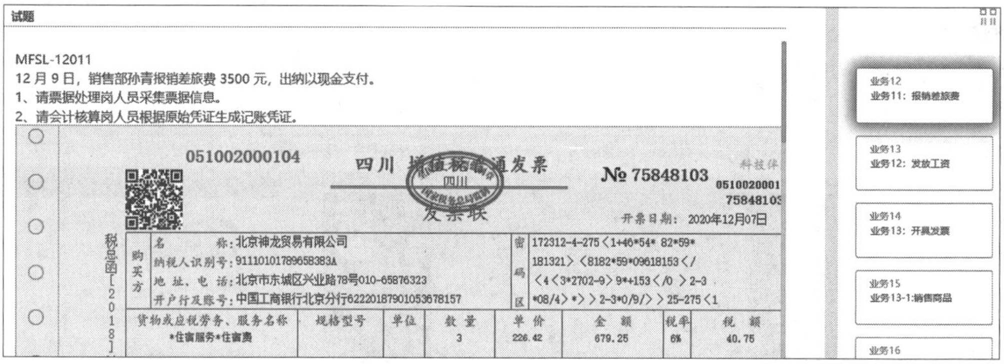

图 4-2-42

题面：12 月 9 日，销售部孙青报销差旅费 3 500 元，出纳以现金支付。

（1）请票据处理岗人员采集票据信息。

（2）请会计核算岗人员根据原始凭证生成记账凭证。

第一步，票据采集，本题需采集四张票据，分别是一张住宿费普通发票、两张行程单和一张差旅费报销单，采集票据的流程不再赘述，要注意票据的类型，其中住宿费普通发票和差旅费报销单放入其他票据类型，行程单放入行程单类型，如果放错，需要手动调整放入正确的票据类型。

本题可以直接通过“凭证”“费用报销单”来处理，具体处理流程如下：

（1）点击“凭证”“费用报销单”，如图 4-2-43 所示。

图 4-2-43

（2）选择费用类型和发票类型。在填写费用报销相关信息时，需要先选择费用类型和发票类型，这道题是报销购买飞机票费用，所以费用类型选择“国内航空铁路旅客运输”，发票类型选择“行程单”，如图 4-2-44 所示，然后才能点击上传附件，上传两张行程单后，系统会自动读取行程单上的金额，不用手动输入。

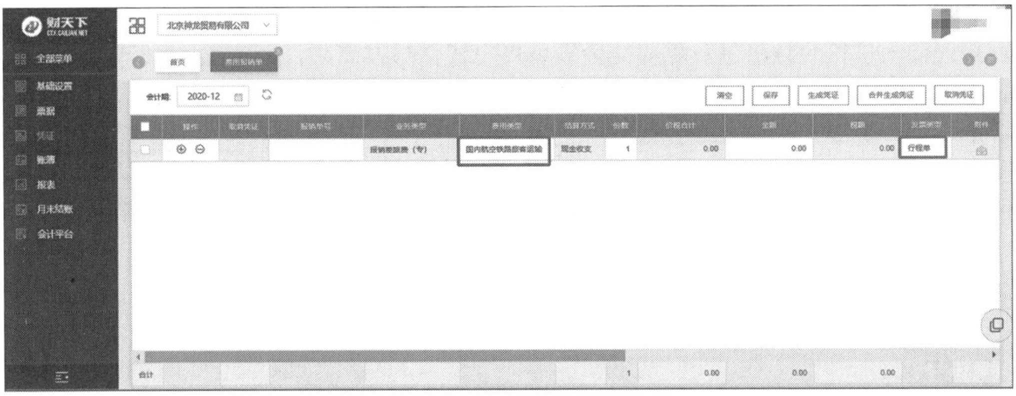

图 4-2-44

（3）上传附件，附件选择两张行程单，如图 4-2-45 所示。

图 4-2-45

（4）点击左边加号新增一行，填写住宿费信息，如图 4-2-46 所示。

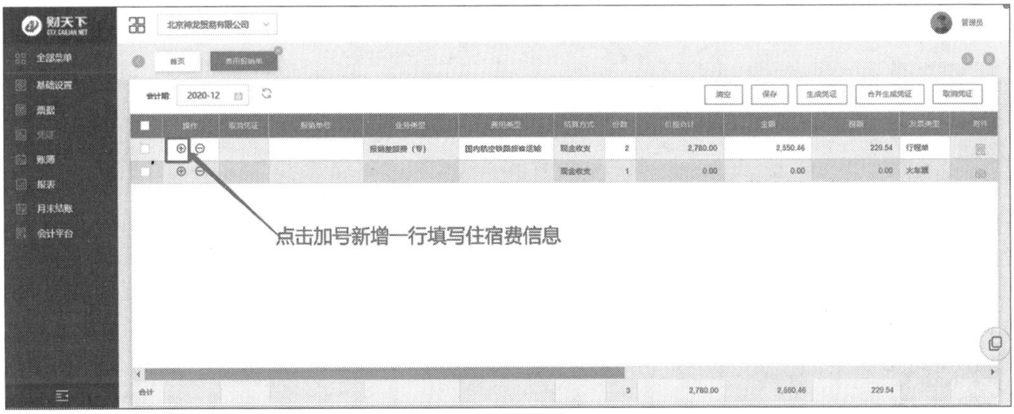

图 4-2-46

（5）选择费用类型和发票类型。住宿费的费用类型选择“差旅费”，发票类型选择“其他票据”。注意，此时如果点击上传附件的图标，会显示“填写第二行价税合计”，因为目前费用报销单中系统只能自动读取行程单和火车票数据，其他票据需要手动输入，所以需要先输入价税合计信息。填写完金额后再上传住宿发票附件，如图 4－2－47 所示。

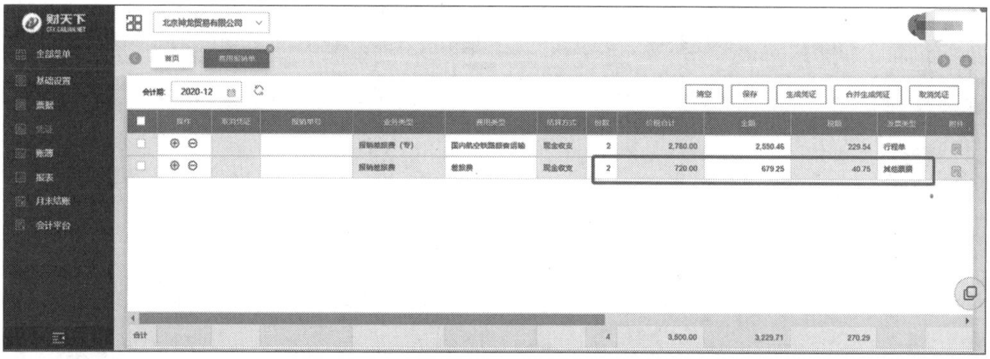

图 4－2－47

（6）合并生成记账凭证。选中两行内容，然后点击右上角的“合并生成记账凭证”，即可生成一张费用报销记账凭证。生成的记账凭证里默认报销差旅费记入“管理费用-差旅费”科目，但是本题中是销售部人员报销费用，所以需要将科目改为“销售费用-差旅费”并保存，如图 4－2－48、图 4－2－49 所示。

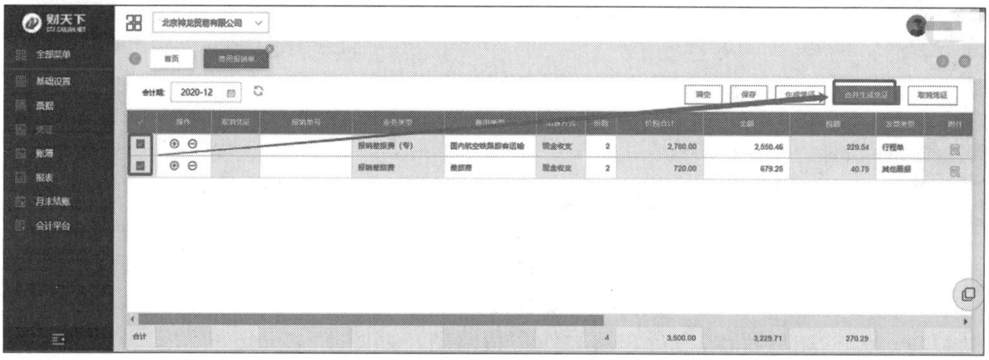

图 4－2－48

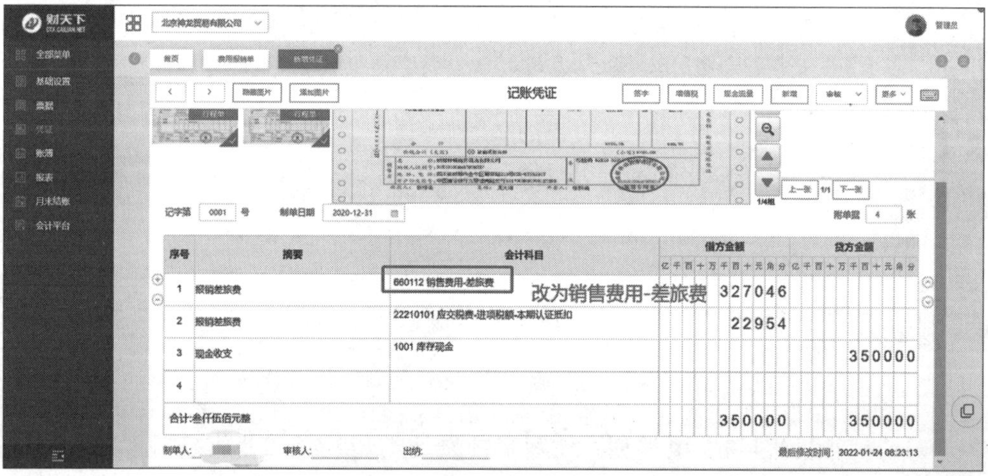

图 4－2－49

5. 银行回单类票据、其他票据和业务的制单与审核

这类票据的处理为：在“凭证”“新增凭证”中填制记账凭证并保存为“常用凭证”，或者通过调用“常用凭证”生成记账凭证，然后添加原始凭证，进行保存并审核。

6. 客户出纳进行出纳签字

记账凭证经审核后，还需要客户的出纳对记账凭证进行复核，并由出纳签字。

操作视频 4－8

任务二　企业特殊业务的处理

一、采购业务中存货损失的成因及账务处理

业务情景

库管部收到从石家庄西圣有限公司购买的包装箱，验收入库时发现短少 5 个，其余均验收入库。经查实，短少系供应商少发，供应商承诺下月初将剩余 5 个包装箱发出。

准备知识

1. 采购业务中存货损失的成因及处理

（1）途中合理损耗：计入存货采购成本。

（2）途中超定额损耗：如不能查明原因，计入管理费用。

（3）供应商少发货造成短缺：由供货商补货或退款。

（4）供应商发的货质量有问题：退货或换货。

（5）运输部门责任造成的损失：由运输部门赔偿。

（6）个人责任造成的损失：由个人赔偿。

（7）由于不可抗力造成的非常损失，如自然灾害造成的损失：扣除残值和赔偿后的净损失计入营业外支出。

途中合理损耗、非常损失这两种情况的增值税可以抵扣，其余非正常损失的增值税不能抵扣，已经抵扣的，应作进项税额转出处理。

2. 采购业务中存货损失的会计分录

（1）验收入库时发现损失，在未查明原因、未处理前，存货损失先计入待处理财产损溢，会计分录如下：

借：库存商品

　　待处理财产损失——待处理流动资产损溢（损失部分的采购成本）

　贷：在途物资

（2）查明原因后，分不同情况进行处理，非正常损失的情况不允许增值税进项税额抵

扣，已抵扣的要做进项税额转出处理。会计分录如下：

借：管理费用（途中超定额损耗）

　　应付账款（供应商责任，退款或退货）

　　其他应收款（运输单位赔偿、个人赔偿、保险公司赔偿）

　　营业外支出——非常损失（不可抗力造成的净损失）

　贷：待处理财产损溢——待处理流动资产损溢

　　　应交税费——应交增值税（进项税额转出）（非正常损失部分已抵扣的增值税要做进项税额转出处理）

业务操作

库管部收到购买的包装箱，验收入库时发现短少5个，系供应商少发，供应商承诺下月初补发。因此，只需对入库的包装箱进行会计处理，少发的5个包装箱等供应商补发后再进行入库处理。

此业务的会计分录为：

借：周转材料——在库——包装箱　　1 950

　贷：在途物资——包装箱　　1 950

该业务应进入“凭证”“新增凭证”填制记账凭证，并保存为常用凭证供以后调用，再进行保存、审核。

第一步，采集入库单并审核，如图4－2－50所示。

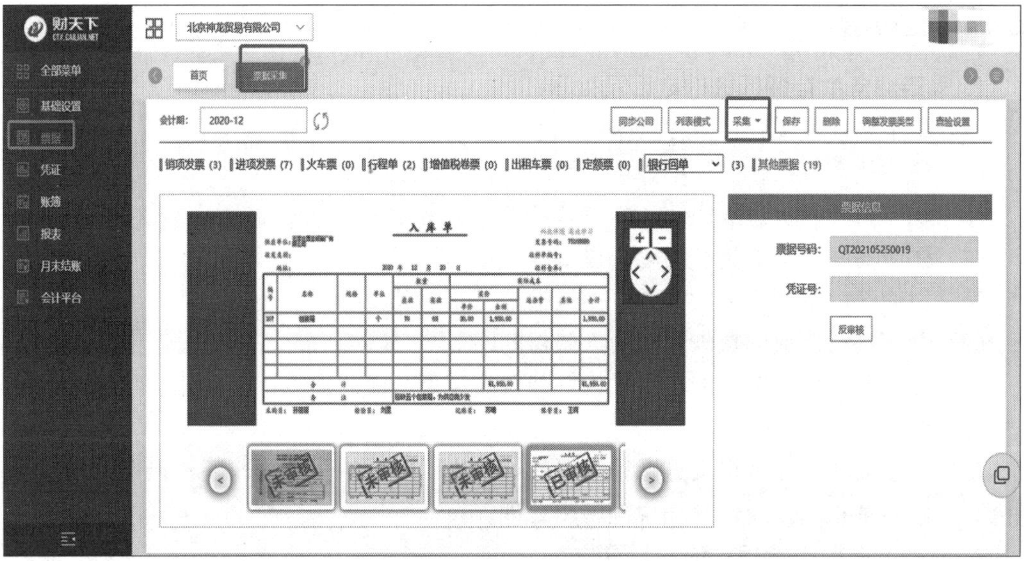

图4－2－50

第二步，新增凭证，如图4－2－51所示。如果该业务为企业常见业务，还可以将此凭证保存为常用凭证。

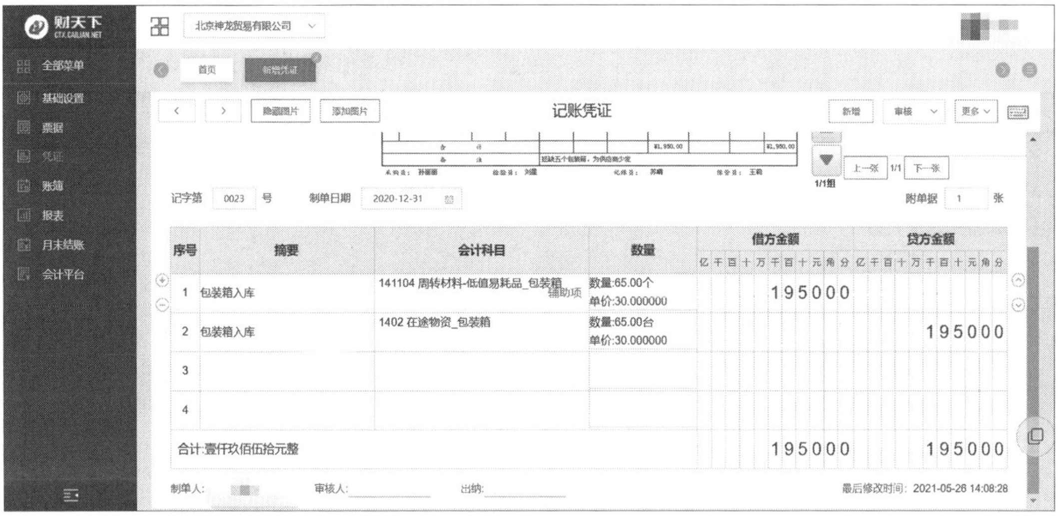

图 4－2－51

二、分期收款销售业务制单及审核

业务情景

12 月 17 日，神龙贸易向西安汉斯公司销售一批设备，合同规定神龙贸易采用分期收款方式销售商品。该批设备不含税价款共计 354 万元，西安汉斯公司在 2020 年 12 月 17 日支付 50％货款，2021 年 2 月 16 日支付剩余 50％货款。该批设备已于当日发出。

准备知识

分期收款销售商品会计处理的基本理论是实质重于形式。企业销售商品，如分期收款发出商品，即商品已经交付，货款分期收回，若时间超过 3 年，销货方大量的资金长时间被购货方占用，按照资金的时间价值理论，销货方往往要求购货方在以后每期付款时按照占用资金数额的大小另外支付一定数量的货币资金作为代价，于是双方在合同或协议中约定的价款往往高于公允价值，那么从实质上看延期收取的货款具有融资性质，是销货方向购货方提供的免息信贷，企业应当按照应收的合同或协议价款的公允价值确定收入金额，而不能按照双方在合同或协议中约定的价款确认收入。

如果分期收回的时间小于 3 年则不具有融资性质，不具有融资性质分期收款销售商品的会计处理，应按照正常的市场销售价格确定应收款项，在发出商品时按照合同或协议约定的价款确认收入，同时结转相关成本。

业务流程

本业务中收款期间隔 3 个月，不属于融资性质的分期收款业务，应按照正常的销售业务处理，增值税发票应按总销售额开具。业务流程如图 4－2－52 所示。

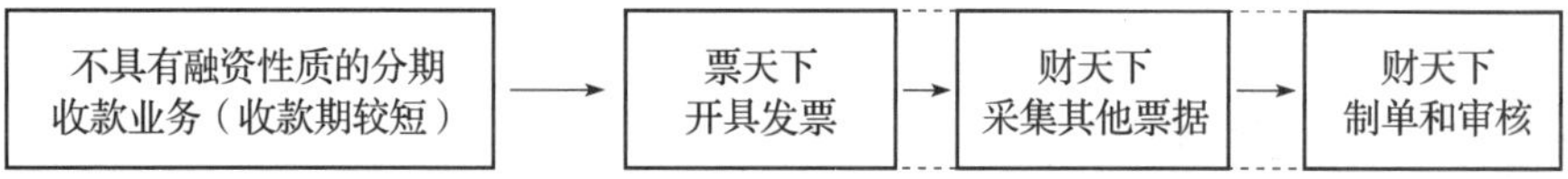

图 4-2-52

业务操作

该业务中分期收款的账务处理为：

2020 年 12 月 17 日确认收入，收到 50%货款：

借：应收账款	4 000 200	
贷：主营业务收入		3 540 000
应交税费——应交增值税（销项税额）		460 200
借：银行存款	2 000 100	
贷：应收账款		2 000 100

2021 年 2 月 16 日收到剩余 50%货款：

借：银行存款	2 000 100	
贷：应收账款		2 000 100

（1）销售业务操作：开具发票→生成销售收入记账凭证。

（2）收款业务操作：应进入“凭证”“新增凭证”填制记账凭证，并保存为常用凭证供以后调用，再进行保存、审核。

具体操作如下：

第一步，登录票天下点击“发票开具”，如图 4-2-53 所示。

图 4-2-53

第二步，登录财天下，点击“凭证”“票据制单”。查看自动生成的凭证，如图 4-2-54、图 4-2-55 所示。

图 4-2-54

序号	摘要	会计科目	数量	借方金额	贷方金额
1	客户欠款	1122 应收账款_西安汉斯股份有限公司 辅助项		400020000	
2	销售商品收入	600101 主营业务收入-销售商品收入-—...	数量:1.00台 单价:600000.000000		60000000
3	销售商品收入	600101 主营业务收入-销售商品收入-—...	数量:1.00台 单价:710000.000000		71000000
4	销售商品收入	600101 主营业务收入-销售商品收入-—...	数量:1.00台 单价:820000.000000		82000000
5	销售商品收入	600101 主营业务收入-销售商品收入-—...	数量:2.00台 单价:200000.000000		40000000
6	销售商品收入	600101 主营业务收入-销售商品收入-—...	数量:2.00台 单价:225000.000000		45000000
7	销售商品收入	600101 主营业务收入-销售商品收入-—...	数量:2.00台 单价:280000.000000		56000000
8	销售商品收入	22210107 应交税费-销项税额			46020000

图 4-2-55

第三步，点击“凭证”“新增凭证”，查看收款凭证，如图 4-2-56 所示。

图 4-2-56

第四步，设置常用凭证，点击“更多”“存为常用凭证”，如图 4-2-57 所示。收取剩余 50%款项时，可以直接调用常用凭证。

图 4-2-57

三、长期股权投资业务制单及审核

业务情景

业务：12 月 7 日，神龙贸易以 1 800 000 元的价格自非关联方取得河北大鹏科技有限公司 60%的股权，并取得对河北大鹏科技有限公司的控制权。

业务：12 月 19 日，神龙贸易按照天津明升科技股份有限公司净资产 50 000 000 元购买其 100%的股权，当日转账付讫。

准备知识

长期股权投资是指通过投资取得被投资单位的股份。企业对其他单位的股权投资，通常视为长期持有，以及通过股权投资控制被投资单位，或对被投资单位施加重大影响，或为了与被投资单位建立密切关系，以分散经营风险。

长期股权投资的核算方法有两种：一是成本法；二是权益法。

1. 成本法核算的范围

（1）企业能够对被投资的单位实施控制的长期股权投资，即企业对子公司的长期股权投资。

（2）企业对被投资单位不实施控制、共同控制或具有重大影响，且在活跃市场中没有报价、公允价值不能可靠计量的长期股权投资。

2. 权益法核算的范围

（1）企业对被投资单位实施共同控制的长期股权投资，即企业对其合营企业的长期股权投资。

（2）企业对被投资单位具有重大影响（占股权的 20%～50%）的长期股权投资，即企业对其联营企业的长期股权投资。

采用成本法时，除追加或收回投资外，长期股权投资的账面价值一般应保持不变。投资单位取得长期股权投资后，当被投资单位实现净利润时不作账务处理。被投资单位宣告分派的利润或现金股利，不管是在被投资单位接受投资前还是接受投资后实现的，都确认为当期投资收益。投资企业确认投资收益，仅限于所获得的被投资单位在接受投资后产生的累计净利润的分配额，所获得的被投资单位宣告分派的利润或现金股利超过上述数额的部分，作为初始投资成本的收回，冲减投资的账面价值。

采用权益法时，投资企业取得投资时应该将成本（取得长期股权投资的成本）与所享份额（按持股比例享有被投资单位所有者权益公允价值的份额）进行比较，如果前者大于后者，则不调整长期股权投资的初始账面价值，即以取得的成本作为初始账面价值，如果前者小于后者，则要调整长期股权投资的初始账面价值，即以所享份额的公允价值作为它的初始价值，将二者的差额计入营业外收入。投资企业应在取得股权投资后，按应享有或应分担的被投资单位当年实现的净利润或发生的净亏损的份额（法规或公司章程规定不属于投资企业的净利润除外），调整投资的账面价值，并确认为当期投资损益。投资企业按被投资单位宣告分派的利润或现金股利计算应分得的部分，相应减少投资的账面价值。

业务操作

1. 分析业务，确定会计分录

神龙贸易购买河北大鹏科技有限公司 60%股权，取得对河北大鹏科技有限公司的控制权，该投资是长期股权投资，后续计量应采用成本法，按照初始投资成本计价。编制的会计分录为：

借：长期股权投资——成本（河北大鹏科技有限公司）　　18 000 000

　贷：银行存款　　1 800 000

神龙贸易购买天津明升科技股份有限公司 100%的股权，取得对天津明升科技股份有限公司的控制权，该投资是长期股权投资，后续计量应采用成本法，按照初始投资成本计价。编制的会计分录为：

借：长期股权投资——成本（天津明升科技股份有限公司）　　50 000 000

　贷：银行存款　　50 000 000

2. 新增记账凭证

进入“凭证”“新增凭证”填制记账凭证，并保存为常用凭证供以后调用，再进行保存、审核。

以神龙贸易购买大鹏科技公司股权为例，说明长期股权投资业务的操作步骤。股权转让协议如图 4－2－58 所示。

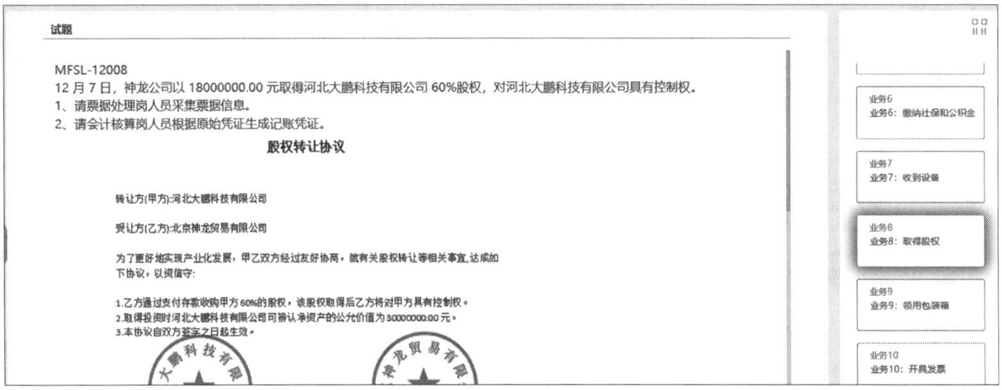

图 4－2－58

第一步，进行票据采集。依次点击“财天下”“票据”“票据采集”“审核票据”，如图 4-2-59 所示。

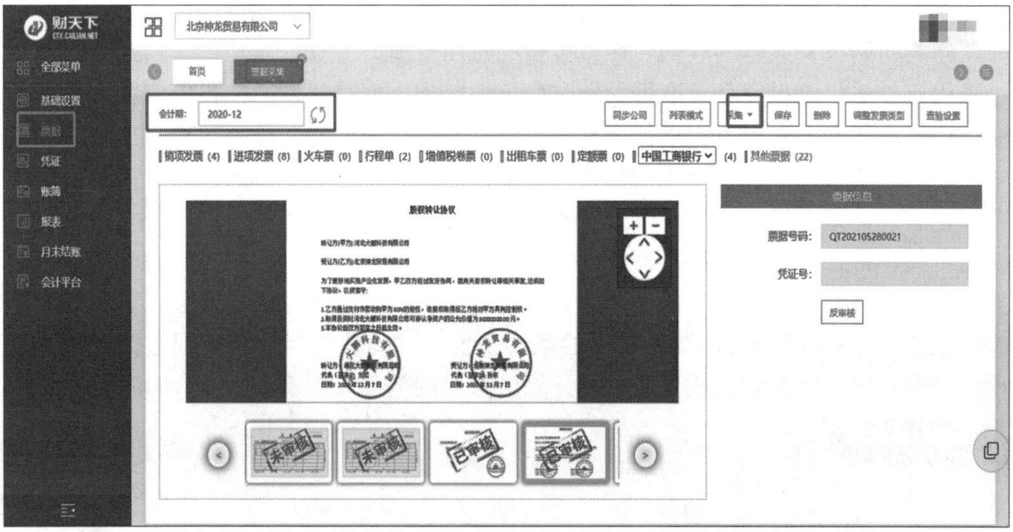

图 4-2-59

第二步，新增凭证。依次点击“财天下”“凭证”“新增凭证”“添加图片”“保存”。如果该业务为常用凭证，也可以将其设置为常用凭证模板，如图 4-2-60 所示。

图 4-2-60

四、债务重组业务制单及审核

业务情景

12 月 16 日，神龙贸易应付天津景阳股份有限公司的款项 8 500 000 元到期，当日，神龙贸易就该债务与天津景阳股份有限公司达成偿债协议，减免神龙贸易 500 000 元债务，剩余 8 000 000 元款项立即偿还。

准备知识

债务重组，是指在不改变交易对方的情况下，经债权人和债务人协定或法院裁定，就清偿债务的时间、金额或方式等重新达成协议的交易。也就是说，只要修改了原定债务偿还条件的，即债务重组时确定的债务偿还条件不同于原协议的，均看作债务重组。

业务操作

1. 分析业务，确定会计分录

操作视频 4－9

神龙贸易应付天津景阳股份有限公司货款 8 500 000 元，其无力全部偿还，景阳公司给予 500 000 元的债务减免，收回 8 000 000 元货款，发生债务重组损失 500 000 元。该业务的会计分录为：

（1）债权人（假设该业务没有计提坏账准备）：

借：银行存款　　8 000 000

　　投资收益——债务重组损失　　500 000

　贷：应收账款——神龙公司　　8 500 000

（2）债务人：

借：应付账款——天津景阳股份有限公司　　8 500 000

　贷：银行存款　　8 000 000

　　　投资收益——债务重组利得　　500 000

2. 新增凭证

在“凭证”“新增凭证”中填制记账凭证，并保存为常用凭证供以后调用，再进行保存、审核。

第一步，票据采集。依次点击“财天下”“票据”“票据采集”“审核票据”，如图 4－2－61 所示。

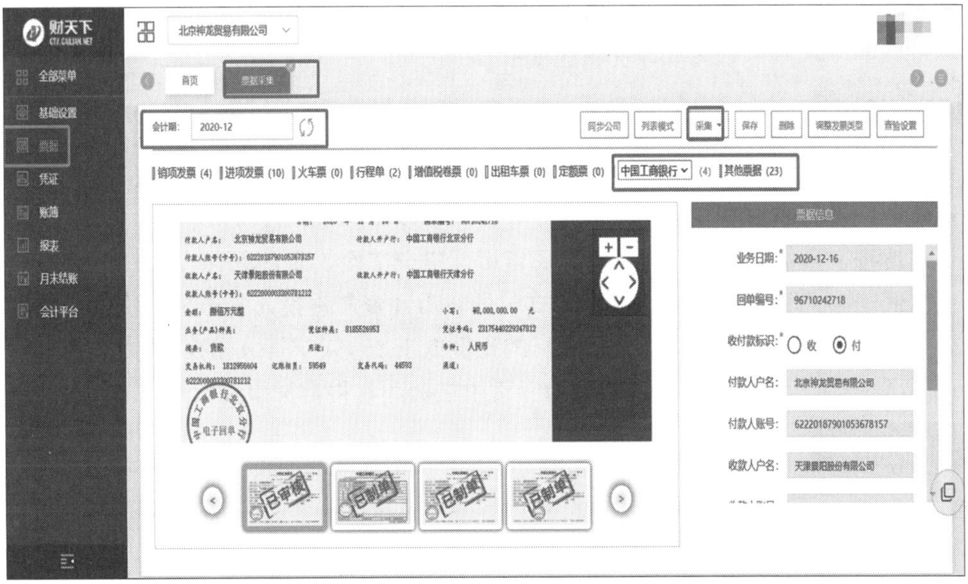

图 4－2－61

第二步，新增凭证。依次点击“财天下”“凭证”“新增凭证”“添加图片”“保存”“更多”“存为常用凭证”，如图 4－2－62 所示。

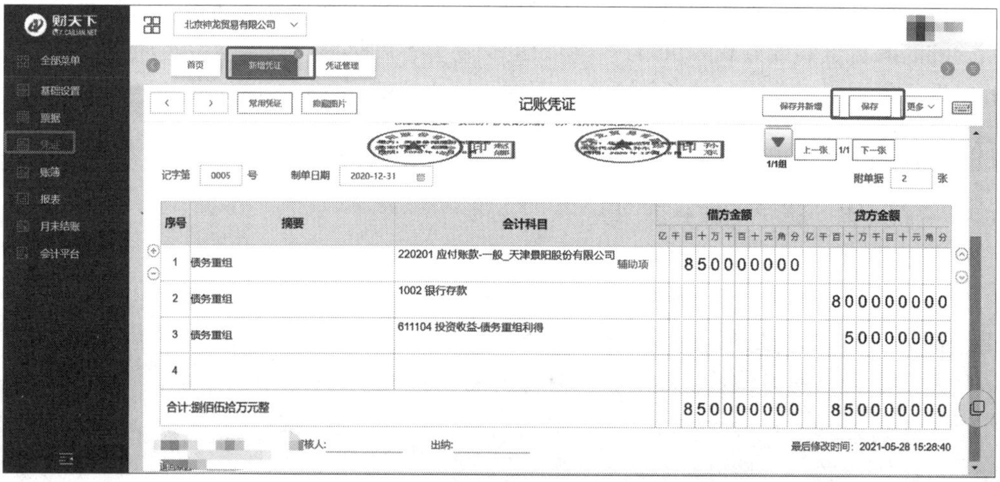

图 4－2－62

五、非货币性资产交换业务制单及审核

业务情景

12 月 17 日，神龙贸易与成都星辉科技股份有限公司协商，用本公司 XH-G103 和 SL-A310 两台机器设备换取成都星辉公司在成都高新区门市店面 1 个。当日发出的两台机器设备不含税售价分别为 820 000 元和 280 000 元，并开具增值税专用发票。该门市店面评估价为 1 310 000 元，增值税为 117 900 元，共计 1 427 900 元，当日已完成过户手续。另外，神龙贸易需向成都星辉公司补价 184 900 元，当日转账付讫。该业务属于非货币性资产交换，具有商业实质，按公允价值计量。

准备知识

非货币性资产交换是指交易双方主要以存货、固定资产、无形资产和长期股权投资等非货币性资产进行的交换。该交换不涉及或只涉及少量的货币性资产。

认定涉及少量货币性资产的交换为非货币性资产交换，通常以补价占整个资产交换金额的比例低于 25%（不含）作为参考。支付的货币性资产占换入资产公允价值（或占换出资产公允价值与支付的货币性资产之和）的比例低于 25%（不含）的，视为非货币性资产交换；高于 25%（含 25%）的，则视为以货币性资产取得非货币性资产。

业务操作

1. 分析业务，确定会计分录

该业务是以库存商品交换门市店面（属于房屋建筑物），该业务支付的补价小于换入资产公允价值的 25%（184 900÷1310 000×100%＝14.11%），换入资产、换出资产公允价值能够可靠计量，具有商业实质，因此该业务属于非货币性资产交换，按公允价值计量。

该业务的会计分录为：

（1）换出产品按收入确认：

借：应收账款——成都星辉科技股份有限公司　　1 243 000
　贷：主营业务收入（XH-G103）　　820 000
　　主营业务收入（SL-A310）　　280 000
　　应交税费——应交增值税（销项税额）　　143 000

（2）换入门市店面按购入固定资产处理：

借：固定资产——房屋建筑物　　1 310 000
　应交税费——应交增值税（进项税额）　　117 900
　贷：应付账款——成都星辉科技股份有限公司　　1 427 900

（3）支付补价：

借：应付账款——成都星辉科技股份有限公司　　1 427 900
　贷：银行存款　　184 900
　　应收账款——成都星辉科技股份有限公司　　1 243 000

（4）月末按账面价值结转换出库存商品的销售成本，换出库存商品的销售成本采用先进先出法核算，与其他情况发出或销售库存商品的成本一起计算。

借：主营业务成本（XH-G103）
　主营业务成本（SL-A310）
　贷：库存商品（XH-G103）（金额按转出库存商品的账面价值确定）
　　库存商品（SL-A310）（金额按转出库存商品的账面价值确定）

假如该业务不具有商业实质，则该业务按换出库存商品的账面价值计量，相应的会计分录为：

借：固定资产——房屋建筑物（金额按换出资产的账面价值和应支付的相关税费确定）
　应交税费——应交增值税（进项税额）
　贷：库存商品（XH-G103）（金额按转出库存商品的账面价值确定）
　　库存商品（SL-A310）（金额按转出库存商品的账面价值确定）
　　应交税费——应交增值税（销项税额）（金额按库存商品的计税价格计算确定）
　　银行存款（支付的补价）

根据会计分录可以看到，非货币性资产交换实际上就是采购和销售业务同时发生，因此可以将该业务拆分为换入房屋建筑物（相当于购买房屋建筑物业务）、换出库存商品（相当于销售业务）、支付补价、应收账款与应付账款冲抵、结转库存商品销售成本（按账面价值计量，不用确认销售收入和结转销售成本）五笔业务类型，相应的会计分录和凭证也拆分为五笔。

2. 业务流程

（1）换入房屋建筑业务。换入房屋建筑相当于购买房屋建筑，其会计分录为：

借：固定资产——房屋建筑物　　1 310 000

　　应交税费——应交增值税（进项税额）　　117 900

　贷：应付账款——成都星辉科技股份有限公司　　1 427 900

该业务可通过业务类型设置凭证模板。进入“导航栏”“会计平台”“业务类型”，选择“进项发票”，点击“新增”按钮，在弹出的“业务类型详情”窗口录入以下内容并保存，如图 4－2－63 所示。

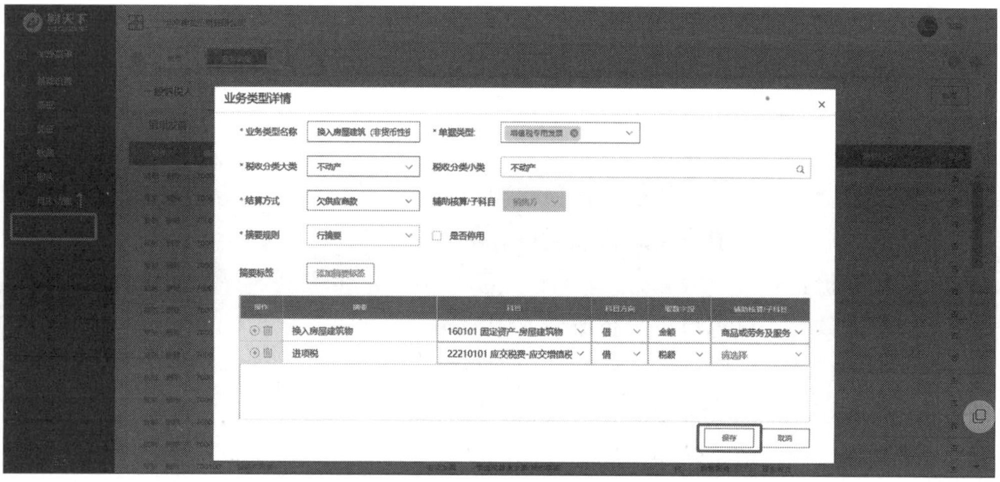

图 4－2－63

业务类型名称：填写“换入房屋建筑（非货币性资产交换）”；

单据类型：选择“增值税专用发票”；

税收分类大类：选择“不动产”；

税收分类小类：选择“不动产”；

结算方式：选择“欠供应商款”；

摘要规则：选择“行摘要”；

凭证模板第一行：摘要为“换入房屋建筑”，会计科目为“160101 固定资产-房屋建筑物”，科目方向选择“借”，取数字段选择“金额”；

凭证模板第二行：摘要为“进项税”，会计科目为“22210101 应交税费-应交增值税-（进项税额）”，科目方向选择“借”，取数字段选择“税额”。

（2）换出库存商品业务。该业务是按公允价值计量的，则换出库存商品的会计分录为：

借：应收账款——成都星辉科技股份有限公司　　1 243 000

　贷：主营业务收入（XH-G103）　　820 000

　　　主营业务收入（SL-A310）　　280 000

　　　应交税费——应交增值税（销项税额）　　143 000

该业务可通过业务类型设置凭证模板。进入“菜单栏”“会计平台”“业务类型”，选择“销项发票”。在弹出的“业务类型详情”窗口录入以下内容并保存，如图 4－2－64 所示。

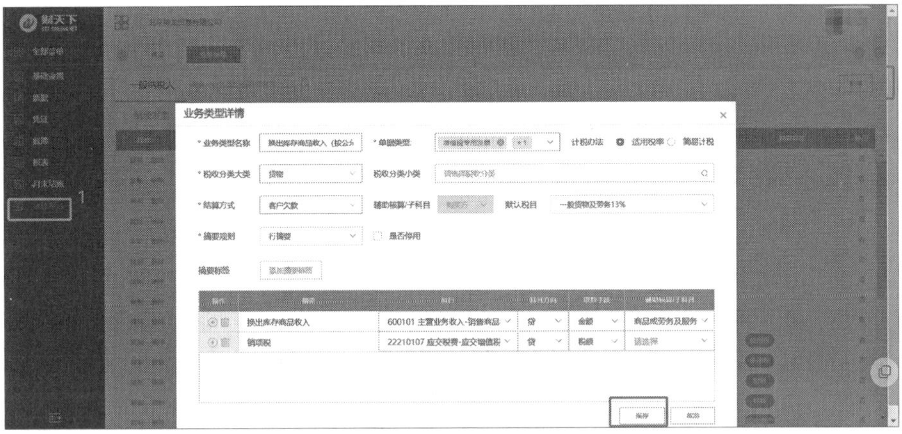

图 4-2-64

业务类型名称：填写“换出库存商品收入（按公允价值计量的非货币性资产交换）”；

单据类型：选择“增值税专用发票”和“增值税普通发票”；

计税办法：选择“适用税率”；

税收分类大类：选择“货物”；

税收分类小类：此选项只能选择一小类，而换出商品有两类，因此该项不选择；

结算方式：选择“客户欠款”；

摘要规则：选择“行摘要”；

凭证模板第一行：摘要为“换出库存商品收入”，会计科目为“6001 主营业务收入-销售商品”，科目方向选择“贷”，取数字段选择“金额”；

凭证模板第二行：摘要为“销项税”，会计科目为“22210107 应交税费-应交增值税-（销项税额）”，科目方向选择“贷”，取数字段选择“税额”。

（3）支付补价业务。与应收账款和应付账款冲抵共同编制会计分录：

借：应付账款——成都星辉科技股份有限公司　　1 427 900

　贷：银行存款　　184 900

　　　应收账款——成都星辉科技股份有限公司　　1 243 000

进入“凭证”“新增凭证”后填制记账凭证，并保存为常用凭证供以后该类业务调用，再进行保存。

（4）结转库存商品销售成本。月末按账面价值结转换出库存商品的销售成本，换出库存商品的销售成本采用先进先出法核算，与其他情况发出或销售库存商品成本一起计算：

借：主营业务成本（XH-G103）

　　主营业务成本（SL-A310）

　贷：库存商品（XH-G103）（金额按转出库存商品的账面价值确定）

　　　库存商品（SL-A310）（金额按转出库存商品的账面价值确定）

月末结转成本操作：依次点击“月末结账”“月末结转”“结转销售成本”“按明细结转”“计算”“生成凭证”，如图 4-2-65 所示。

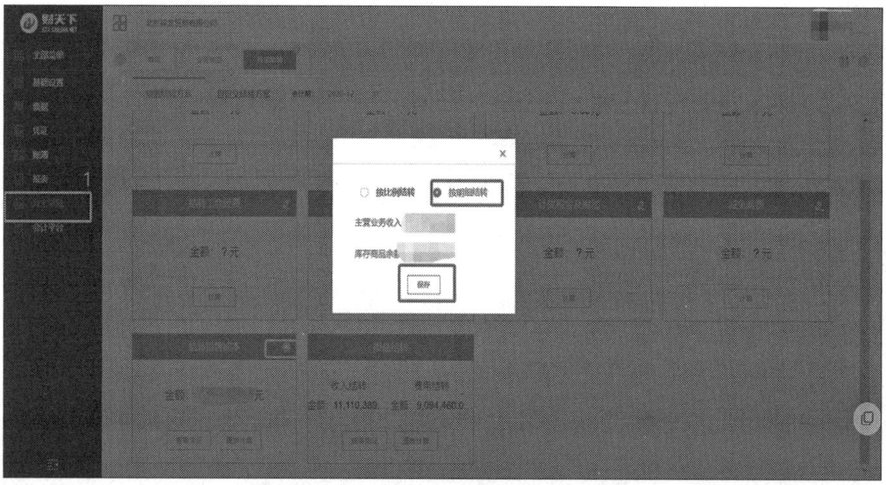

图 4-2-65

工作领域三

期末会计事项处理

期末会计事项处理业务综述

（1）业务范围：期末会计事项处理。

（2）业务分类：计提类、薪酬类、税费类、期末结转类、财务报表的编制与审核。

（3）技能目标：学会设置月末结转业务的结转方案，能运用月末结转方案生成记账凭证，能在智能财税平台完成月末结账，能编制和审核财务报表。

任务一 月末结转业务制单及审核

业务情景

期末会计事项包括月末结转、月末结账、凭证装订与保管等。月末结转业务包括计提折旧和摊销、分配职工薪酬、分配水电费、结转销售成本、计提借款利息、计提各项税费、期间损益结转、结转本年利润、结转利润分配等。

2020 年 12 月 31 日，神龙贸易结转业务包含：审核记账凭证、结转本月销售成本。计提本月企业所得税、结转本月损益、结转本年利润、计提法定盈余公积、根据董事会的决定将本年剩余可分配利润的 50％向投资者分配、审核记账凭证。

准备知识

月末需要结转的会计科目有收入类、费用类、成本类、支出类以及税金类等。

结转收入时，应该借记“主营业务收入”“其他业务收入”等科目，贷记“本年利润”科目。结转费用时，应该借记“本年利润”科目，贷记“管理费用”“销售费用”“财务费用”等科目。结转成本支出时，应借记“本年利润”科目，贷记“主营业务成本”“其他业务成本”科目。结转税金时，应该借记“本年利润”科目，贷记“税金及附加”科目。经过上述结转后，“本年利润”科目的贷方余额即税前会计利润，借方余额即亏损。然后，根据利润总额和纳税调整事项确认并结转所得税费用，借记“所得税费用”和“递延所得税资产”（或贷方）科目，贷记“应交税费——应交所得税”和“递延所得税负债”（或借方）科目，结转所得税费用，应该借记“本年利润”科目，贷记“所得税费用”科目。年度终了，企业还应将“本年利润”科目的本年累计余额转入“利润分配——未分配利润”科目，结转完成后“本年利润”科目应无余额。

业务流程

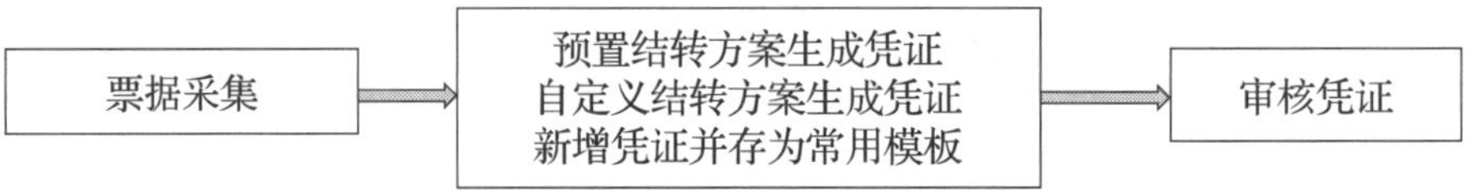

业务操作

月末结转业务可以通过预置结转方案、自定义结转方案、新增凭证并保存为常用模板供以后调用三种方式处理。

操作视频 4－10

1. 预置结转方案

财天下平台预置了待摊费用摊销、计提折旧、计提公司社保、结转福利费、结转工会经费、结转未交增值税、计提税金及附加、减免两费、结转销售成本、损益结转等月末结转业务的结转方案，供自动取数计算并生成记账凭证，如图 4－3－1 所示。

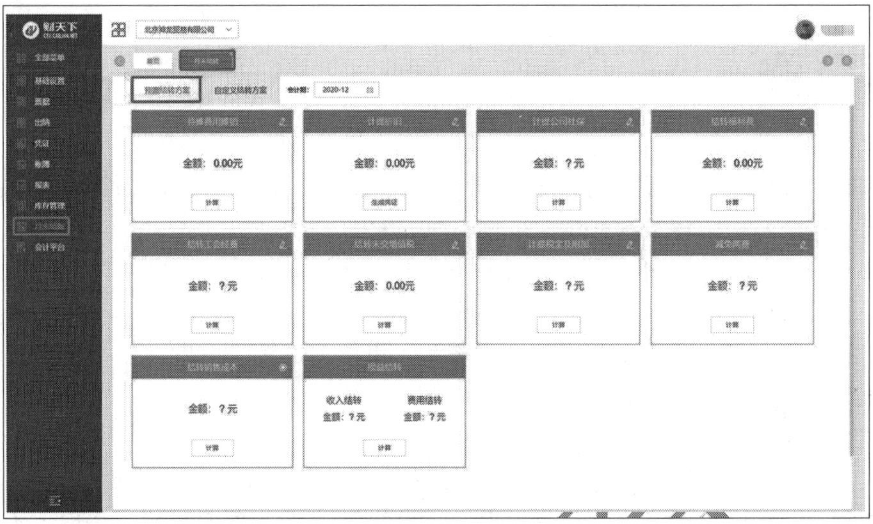

图 4－3－1

在神龙贸易 2020 年 12 月期末结转业务中，可以采用预置结转方案生成记账凭证的业务有结转未交增值税、计提税金及附加、结转销售成本、损益结转等。

注意：计提折旧、计提社保等无法采用预置结转方案生成记账凭证，因为计提折旧结转方案中的取值是上期的发生额，而这里是新建账套的第一个月，没有上期数据，从下月起才可使用该预置结转方案。

采用预置结转方案进行期末结转业务账务处理的操作方法是：选择、查看、修改预置结转方案。在预置结转方案右上角有一个表示修改的笔的图标，点击这个图标，即可进入“结转方案”窗口，查看、修改该方案，并保存。如结转未交增值税的预置结转方案，如图 4－3－2、图 4－3－3 所示。

图 4-3-2

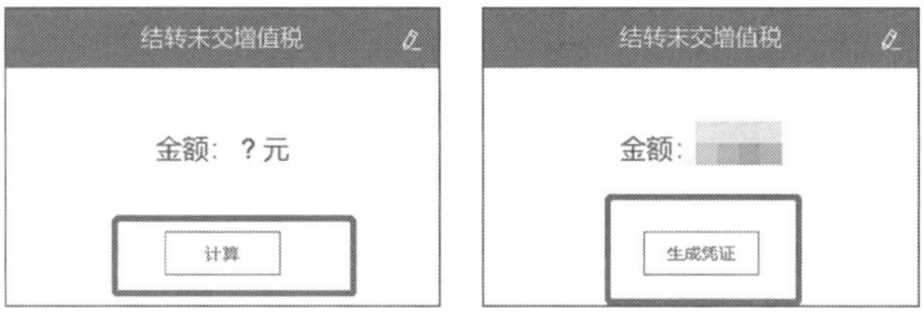

图 4-3-3

点击预置结转方案上的“计算”按钮，系统会自动计算金额。

金额计算好后，点击预置结转方案上的“生成凭证”按钮，自动生成期末结转业务的记账凭证。

若需添加原始凭证，进入“凭证”“凭证管理”查看自动生成的记账凭证，添加原始凭证，并审核该记账凭证。

采用预置结转方案进行结转销售成本业务账务处理的操作方法是：在预置结转销售成本方案右上角有一个表示“设置”的小图标，点击这个图标，即可进入“结转方案”窗口，需要选择“按比例结转”还是“按明细结转”，一般来说，采用计划成本法可以选择“按比例结转”，因为神龙贸易采用实际成本法，所以选择“按明细结转”，保存后再点击计算、生成凭证即可，如图 4-3-4、图 4-3-5 所示。

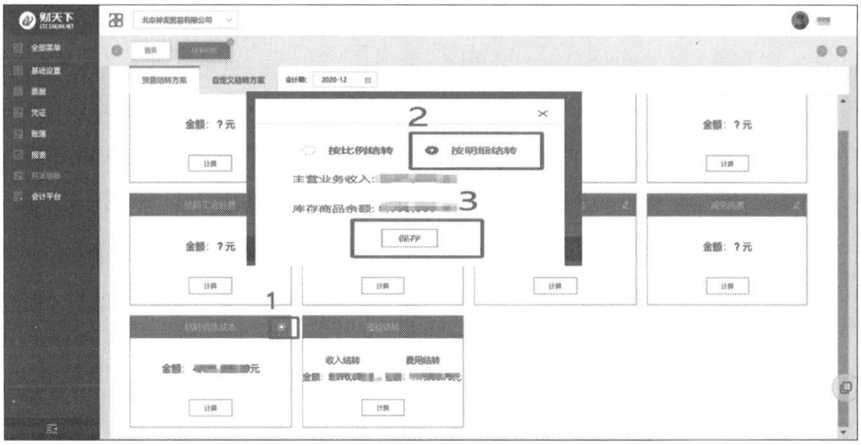

图 4-3-4

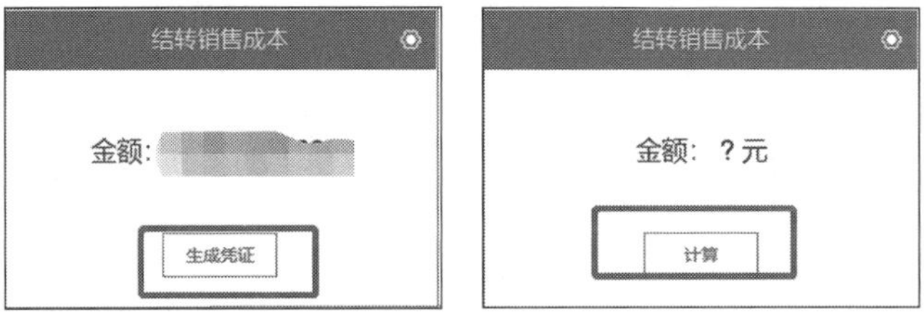

图 4－3－5

2. 自定义结转方案

自定义结转方案设置记账凭证模板的操作方法如下：

（1）设置结转方案。选择“月末结账”“月末结转”“自定义结转方案”，进入自定义结转方案页面，点击新增结转方案中的“＋”号，在弹出的“结转方案”窗口，设置月末结转业务的凭证模板：确定会计分录，填写结转方案的名称、摘要，凭证科目的名称、方向、金额的公式。金额的公式需要填写取数来源科目、取值类型、期间、百分比，设置好后保存，如结转本年利润，如图 4－3－6 所示。

操作视频 4－11

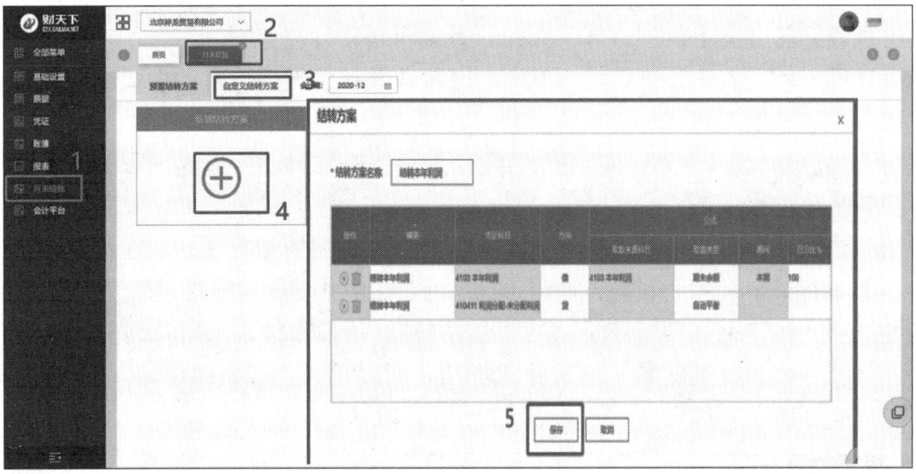

图 4－3－6

（2）计算金额和生成凭证，如图 4－3－7 所示，并添加原始凭证和审核。

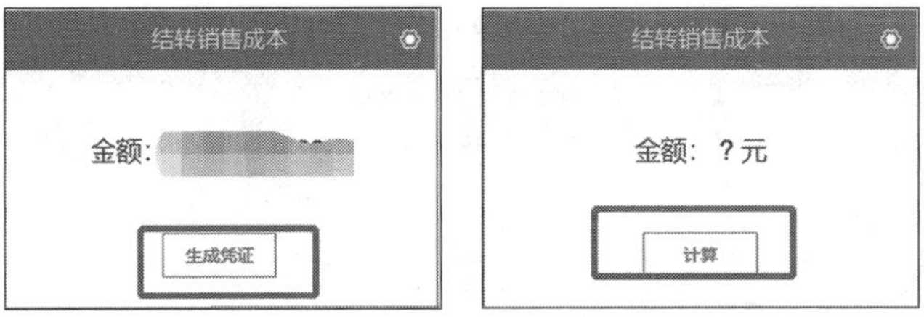

图 4－3－7

3. 新增凭证并保存为常用模板供以后调用

对于不能采用预置结转方案、自定义结转方案的月末结转业务，只能通过新增凭证制单和审核，并保存为常用模板供以后调用处理。

任务二　财务报表编制及审核

业务情景

编制与审核北京神龙贸易有限公司2020年12月财务报表，包括资产负债表、利润表、现金流量表。

准备知识

智能财税平台可以智能生成资产负债表、利润表、现金流量表三大报表，会计人员只需要核对相关信息即可。

1. 资产负债表的编制

在我国，资产负债表采用账户式。

（1）"年初余额"各栏的编制方法。"年初余额"栏内各项数字，应根据上年末资产负债表的"期末余额"栏内所列数字填列。

（2）"期末余额"各栏的编制方法。"期末余额"栏主要有以下几种填列方法：

1）根据总账科目余额直接填列，主要有"交易性金融资产""长期待摊费用""短期借款""应付票据""应付利息""应付职工薪酬""其他应付款""实收资本""资本公积""盈余公积"等项目；

2）根据总账科目的期末余额分析计算填列（如"货币资金"项目，根据"库存现金""银行存款""其他货币资金"科目的期末余额合计数计算填列）；

3）根据有关总账所属的明细科目的期末余额分析计算填列（如"应收账款"项目，应根据"应收账款""预收账款"两个科目所属的有关明细科目的期末借方余额扣除计提的减值准备后计算填列）；

4）根据有关总账科目和明细科目的期末余额分析计算填列（如"长期借款"项目，根据"长期借款"总账科目期末余额，扣除"长期借款"科目所属明细科目中反映的、将于一年内到期的长期借款部分分析计算填列）；

5）根据有关资产类科目与其备抵科目抵消后的净额填列（如"无形资产"项目，根据"无形资产"科目的期末余额，减去"无形资产减值准备"与"累计摊销"备抵科目余额后的净额填列）。

2. 利润表的编制

利润表是根据"收入－费用＝利润"的基本关系来编制的。利润表正表的格式有两种：单步式利润表和多步式利润表，我国的利润表采用多步式。

（1）计算营业利润。其计算公式为：

营业利润＝主营业务收入＋其他业务收入＋投资收益－主营业务成本－其他业务成本－税金及附加－销售费用－管理费用－财务费用－资产减值损失±公允价值变动损益

（2）计算利润总额。其计算公式为：

利润总额＝营业利润＋营业外收入－营业外支出

（3）计算净利润（或净亏损）。其计算公式为：

净利润＝利润总额－所得税费用

3. 现金流量表的编制

现金流量表分为主表和附表。主表的各项目金额实际上就是每笔现金流入、流出的归属，而附表的各项目金额则是相应会计科目的当期发生额或期末与期初余额的差额。

业务流程

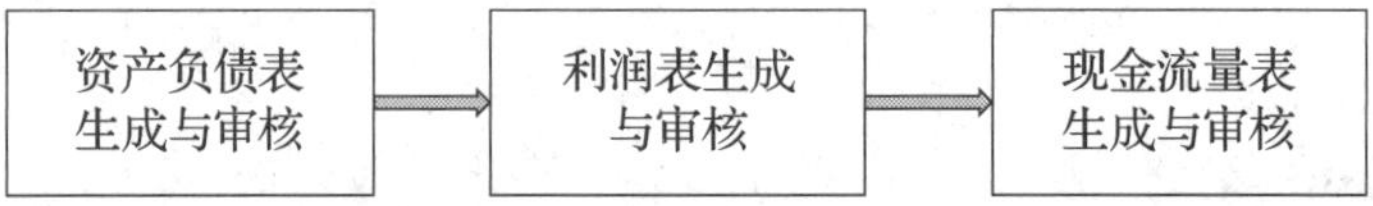

业务操作

1. 资产负债表

在财天下平台，选择“报表”“资产负债表”，进入资产负债表页面，系统自动从账套中取数、计算并生成资产负债表，如图 4－3－8 所示。资产负债表可以分为月报和季报，月报需要审核，可以打印、导出。

图 4－3－8

2. 利润表

在财天下平台，选择“报表”“利润表”，进入利润表页面，系统自动从账套中取数、计算并生成利润表，如图 4－3－9 所示。利润表可以分为月报和季报，月报需要审核，可以打印、导出。

图 4-3-9

3. 现金流量表

在财天下平台，选择“报表”“现金流量表”，进入现金流量表页面，系统自动从账套中取数、计算并生成现金流量表，如图 4-3-10 所示，在页面右上角标签中，可选择“期初”“审核”“打印”“导出”，选择“期初”就可以跳转至现金流量表期初页面。

图 4-3-10

任务三　月末结账

业务情景

2021 年 1 月 5 日，神龙贸易进行月末结账。

准备知识

月末结账检查的项目包括：

(1) 期初余额检查是基于系统启用期间的检查，需要检查的内容包括：

1) 期初余额试算是否平衡。检查期初余额的借方金额与贷方金额是否相等，若不相等，则无法结账。在启用期间之后月份的结转检查时，不再检查期初余额。

2) 年初余额试算是否平衡。检查年初余额的借方金额与贷方金额是否相等，不相等则无法结账。

3) 损益类项目是否存在期初/年初余额。一般情况下，期末损益类科目的余额会结转到“本年利润”科目，因此损益类科目一般不应有期初余额和年初余额，若有余额，则无法结账。

(2) 暂存凭证检查：本月是否存在暂存凭证。

(3) 本月的凭证数及审核情况检查，若本月有未审核的凭证，则无法结账。

(4) 凭证断号及序时检查：本月凭证是否存在断号。

结账时，需要进行凭证断号的整理和序时凭证的整理：在“凭证管理”“更多”“凭证号管理”中进行断号和序时凭证的整理。

(5) 损益结转检查：损益科目结转情况。月末结账时，损益类科目必须全部进行损益结转，否则无法结账。

(6) 现金流量表检查：本期金额、本年累计是否平衡。

(7) 报表审核检查：资产负债表、利润表是否已审核。

(8) 出纳签字检查：是否存在出纳未签字的凭证。

月末结账检查时应注意：月末结账时，系统自动判断生成结转以前年度损益调整的凭证，用户无须手动结转；年末结账时，系统自动判断生成结转本年利润的凭证，用户无须手动结转。

业务流程

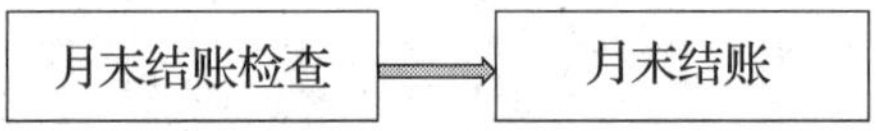

业务操作

在财天下平台，月末结账是自动完成的。月末结账之前要先进行对账，对账是通过月末结账检查进行的：在财天下平台导航栏，选择“月末结账”“月末结账”，进入月末结账页面，点击“月末检查结账”按钮，进行月末结账检查，如图 4-3-11 所示，检查通过后就可自动结账了。如果检查失败，则需要根据显示的检查结果和存在的问题，进行相应的修改和调整，然后再重新进行检查，检查通过就可以自动结账了。

比如财务报表未审核，如图 4-3-12 所示，此时就需要先将财务报表审核后再重新进行月末结账检查，只有检查通过才能自动结账。

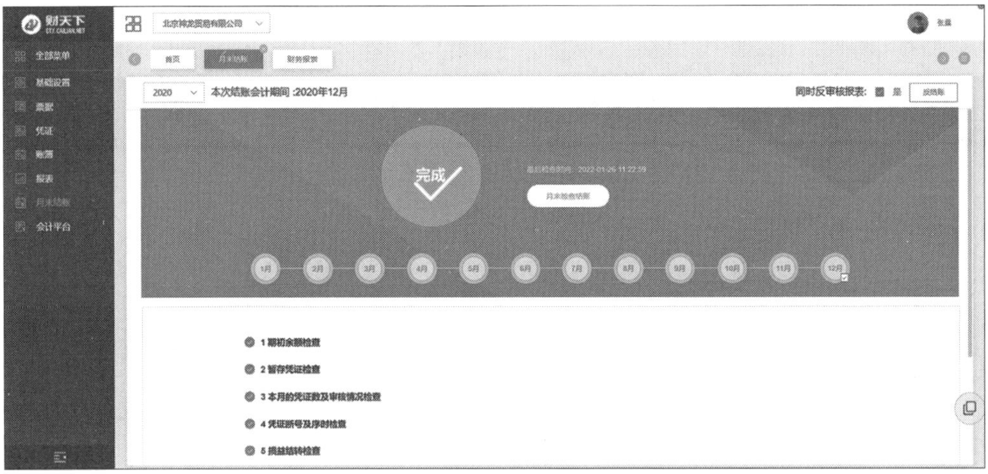
财天下
全部菜单
基础设置
票据
凭证
账簿
报表
月末结账
会计平台
北京神龙贸易有限公司
首页
月末结账
财务报表
2020
本次结账会计期间 :2020年12月
同时反审核报表:
反结账
完成
月末检查结账
1月
2月
3月
4月
5月
6月
7月
8月
9月
10月
11月
12月
1 期初余额检查
2 暂存凭证检查
3 本月的凭证数及审核情况检查
4 凭证断号及序时检查
5 损益结转检查

图 4－3－11

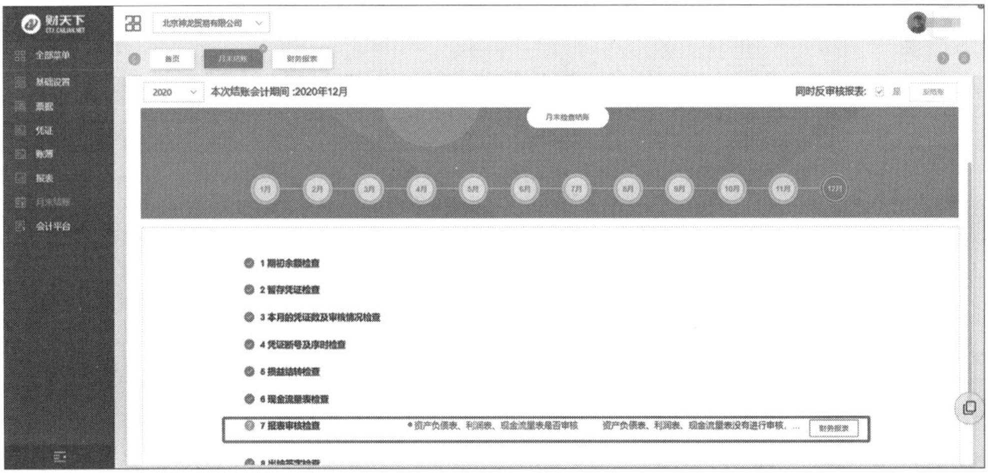
财天下
全部菜单
基础设置
票据
凭证
账簿
报表
月末结账
会计平台
北京神龙贸易有限公司
首页
月末结账
财务报表
2020
本次结账会计期间 :2020年12月
同时反审核报表:
月末检查结账
1月
2月
3月
4月
5月
6月
7月
8月
9月
10月
11月
12月
1 期初余额检查
2 暂存凭证检查
3 本月的凭证数及审核情况检查
4 凭证断号及序时检查
5 损益结转检查
6 现金流量表检查
7 报表审核检查
* 资产负债表、利润表、现金流量表是否审核
资产负债表、利润表、现金流量表没有进行审核。...
财务报表

图 4－3－12

工作领域四

涉税事项处理

涉税事项处理业务综述

（1）业务范围：纳税申报与企业所得税汇算清缴。

（2）业务分类：编制增值税申报表、城建税及附加申报表、企业所得税预缴申报表，进行企业所得税年度汇算清缴。

（3）技能目标：了解增值税纳税申报流程，会进行增值税、城建税及附加纳税申报，了解企业所得税纳税申报流程，会进行企业所得税预缴申报和年度汇算清缴。

任务　纳税申报与企业所得税汇算清缴

业务情景

2021 年 1 月 6 日，神龙贸易编制 2020 年 12 月的增值税申报表、城建税及附加申报表、第四季度的企业所得税预缴申报表，并进行纳税申报。

2021 年 1 月 8 日，神龙贸易编制 2020 年企业所得税年度汇算清缴申报表，并进行纳税申报。

准备知识

1. 增值税纳税申报的注意事项

（1）不是没有收入就可以零申报。进行增值税纳税申报时有零申报的选项，那么什么情况下才可以零申报呢？企业在纳税申报的所属期内没有发生应税收入或所得，才可以进行零申报。例如，企业所得税纳税人当期未经营，收入、成本、费用、支出等都为零，可以进行零申报。

（2）进行零申报时要判断是否需要缴纳印花税。什么时候交印花税要看是否有印花税应税业务。根据《中华人民共和国印花税法》的相关规定，下列凭证为应纳税凭证：合同，包括借款合同、融资租赁合同、买卖合同、承揽合同、建设工程合同、运输合同、技术合同、租赁合同、保管合同、仓储合同和财产保险合同；产权转移书据；营业账簿。进行证券交易的单位和个人，也应按照规定缴纳印花税。

（3）每月申报增值税时需要重点关注的内容：牢记进项税额准予从销项税额中抵扣的 7 类凭证；牢记进项税额不得从销项税额中抵扣的 7 种情形；牢记增值税视同销售的 11 种情形。这部分内容在“财务会计”课程中有详细介绍。

2. 企业所得税汇算清缴的注意事项

报表填报时有以下几个易错点：

(1)《企业所得税年度纳税申报表主表》(A100000) 第13行“利润总额”应与财务报表中的“利润总额”一致，基础信息表“103资产总额”平均值的计算公式中资产总额期初、期末值应与财务报表“资产总额”期初、期末值一致。

(2) 一般情况下，《企业所得税年度纳税申报表主表》(A100000) 第1行“营业收入”与第11行“营业外收入”的合计数，应大于当年度增值税申报年度累计销售收入。《企业所得税年度纳税申报基础信息表》(A000000) 为必填表，只有在完整填报《企业所得税年度纳税申报基础信息表》(A000000) 并保存后方能进入下一步，增加其他申报表。

(3) 一般情况下，《职工薪酬支出及纳税调整明细表》第1行第1列“工资薪金支出”的“账载金额”不应为0。

(4)《企业所得税年度纳税申报基础信息表》(A000000) 中的“基本经营情况”为所有企业必填项目；“有关涉税事项情况”为选填项目，存在或者发生相关事项的企业必须填报；“主要股东及分红情况”为小型微利企业免填项目，非小型微利企业必须填报。

(5) 小型微利企业免填报《一般企业收入明细表》(A101010)、《金融企业收入明细表》(A101020)、《一般企业成本支出明细表》(A102010)、《金融企业支出明细表》(A102020)、《事业单位、民间非营利组织收入、支出明细表》(A103000)、《期间费用明细表》(A104000)。除前述规定的表单、项目外，小型微利企业可结合自身经营情况选择表单填报。若未发生表单中规定的事项，则无须填报。

(6) 所有纳税人都必须填报《弥补亏损明细表》(A106000)。该表中的以前年度亏损数由系统自动填入，纳税人对第8列“当年待弥补亏损额”有疑义的，可咨询主管税务机关。

(7)《企业所得税年度纳税申报基础信息表》(A000000) 中“104从业人数”若与季度预缴申报表填报的全年从业人数平均值不一致，且导致小型微利企业标志发生改变的，应先更正第四季度预缴申报表。

(8) 纳税人只要发生资产折旧、摊销等事项，无论是否纳税调整，均须填报《资产折旧、摊销及纳税调整明细表》(A105080)。

(9) 无论是否享受优惠政策，高新技术企业中资格在有效期内的纳税人均需填报《高新技术企业优惠情况及明细表》(A107041)、《研发费用加计扣除优惠明细表》(A107012)。

(10) 分支机构不具有法人资格，其经营情况应并入企业总机构，由企业总机构汇总计算应纳税款，并享受相关优惠政策。

(11) 需要更正以前年度申报表的，应从更正起始年度起逐年更正以后各年度申报表。未按要求更正申报表的，将对纳税人历年亏损、捐赠支出等以前年度结转数据产生影响，导致纳税人申报错误。

业务流程

增值税纳税申报流程：发票采集→会计记账→生成一般纳税人增值税申报表基础数据→修改补充数据→减免政策符合性检查→审核增值税申报表→确认上报增值税申报表→税款缴纳→银行扣款。

企业所得税纳税申报流程：票据管理→会计记账→结账→生成一般纳税人企业所得税

申报表基础数据→修改补充数据→减免政策符合性检查→审核企业所得税申报表→确认上报企业所得税申报表→税款缴纳→银行扣款。

业务操作

在财天下平台完成建立账套、基础设置、制单与审核、编制和审核财务报表的工作后，即可在规定时间内进入金税师纳税申报平台自动生成纳税申报表进行纳税申报和企业所得税汇算清缴。

操作视频 4－12

金税师纳税申报平台可以实现财务报表→纳税申报表一键智能转换。有财天下账套的，可以直接从财天下账套自动取数生成纳税申报表，若为非财天下账套，可以通过导入其财务数据生成纳税申报表。

北京神龙贸易有限公司有财天下账套，系统可以直接从其财天下账套自动取数生成企业所得税汇算清缴的主表和附表、增值税纳税申报表、城市维护建设税、教育费附加、地方教育费附加纳税申报表。具体操作如下。

1. 登录纳税申报平台并进入“纳税工作台”

登录金税师纳税申报平台，在左侧菜单栏点击进入“纳税工作台”，选择并点击申报企业名称，跳转到报表详情页。因为是申报 2020 年 12 月增值税和所得税，所以申报日期选择 2021 年 1 月，如图 4－4－1 所示。

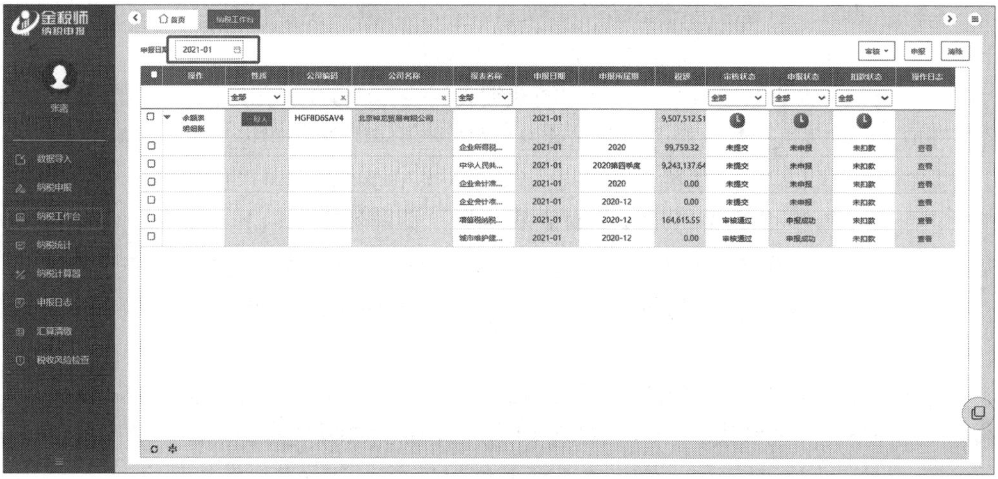

图 4－4－1

2. 查看、核对、补充基本信息与税务信息

点击申报企业名称，在申报企业基本信息与税务信息页面，查看和核对其基本信息与税务信息。

基本信息页面：财天下账套可从客户信息中同步各项基本信息，如图 4－4－2 所示。若记账服务未启用，则认为是非财天下账套，可自行维护客户基本信息。

税务信息页面：税务信息是指报税相关信息，如申报密码、行业等，是为报税做准备的。在该页面还要编辑客户需要申报的税种：向下滑屏，勾选本公司需要申报的税种及申报周期等，如图 4－4－3 所示。

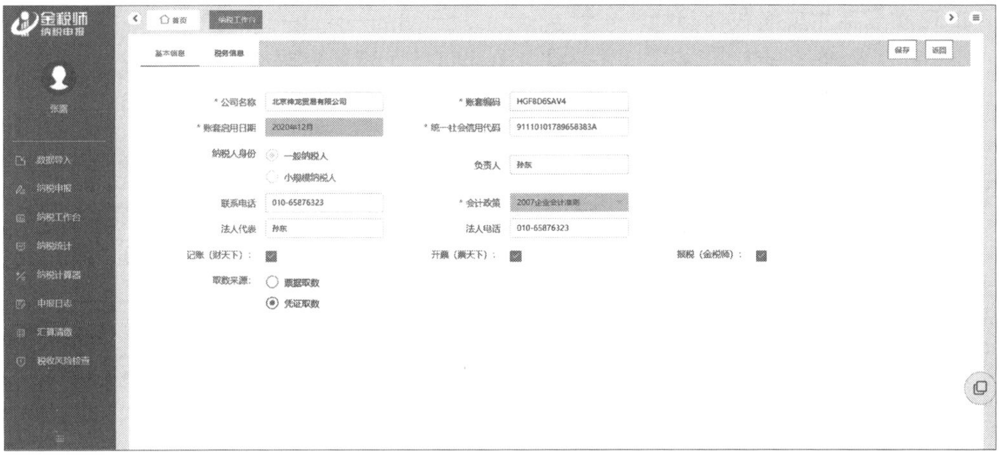

图 4-4-2

图 4-4-3

3. 选择申报日期

基本信息和税务信息核查无误后，在税务信息中确认增值税申报的时间，返回选择申报日期。若按月申报，申报日期为申报的税种所属月份的次月；若按季申报，申报日期为申报的税种所属季度的次季度的第一个月。北京神龙贸易有限公司的纳税申报日期为 2021 年 1 月，如图 4-4-4 所示。

图 4-4-4

4. 自动取数生成纳税申报表

在纳税工作台的报表名称栏，选择并点击北京神龙贸易有限公司所要申报的报表种类并查看，如图 4-4-5 所示。

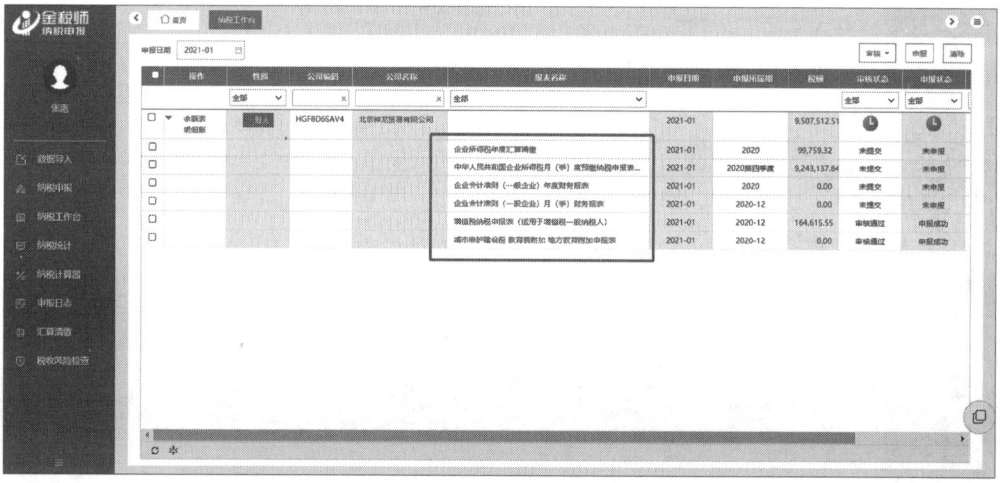

图 4-4-5

这些报表包括企业所得税年度汇算清缴、中华人民共和国企业所得税月（季）度预缴纳税申报表（A类）、企业会计准则（一般企业）年度财务报表，企业会计准则（一般企业）月（季）财务报表、增值税纳税申报表（适用于增值税一般纳税人），以及城市维护建设税、教育费附加、地方教育费附加申报表。

点击这些报表，即可进入这些报表的页面，系统会自动从财天下平台神龙贸易账套的财务报表中自动取数生成这些报表。

5. 审核纳税申报表并报送

（1）审核增值税纳税申报表。首先，对进项税发票进行复核，对本期可以抵扣的进项税发票进行归类。其次，对销项发票进行复核，复核发票开具是否符合要求，发票内容是否齐全，销项税额计算是否正确。最后，复核增值税申报表的填写是否符合要求，内容是否完整，是否适用于一般纳税人。

（2）审核城市维护建设税、教育费附加、地方教育费附加申报表。注意审核增值税减免情况，以及根据销售规模大小来判断其是否能减征城市维护建设税，是否免征教育费附加、地方教育费附加等。

（3）审核企业所得税纳税申报表。点击“中华人民共和国企业所得税月（季）度预缴纳税申报表（A类）”，进入税表，将企业所得税纳税申报表的数据与财天下中相关科目发生额的数据进行核对，包括营业收入、营业成本、利润总额等数据，保证税表和相关账面记录一致。

智能财税基础业务五

社会共享中级外包实务

学习指引与学习目标

财税外包是在西方国家发展较快的一种财务管理模式，主要做法是将整个财务管理活动根据企业的需要分解成若干模块，将这些模块中企业不擅长管理或不具有比较优势的部分外包给那些在该方面居于行业领先水准的专业机构处理。财税外包不仅适合各种规模的企业，不局限于一般的记账报税等项目，还包括往来账目管理、工作管理。出纳外包等多种可选服务，更全面地为企业解决财税问题。

中联教育开发的智能财税平台可以实现商旅与费用报销外包、固定资产外包、薪酬外包、业财一体化外包、成本核算外包。其中，薪酬外包与初级外包的业务操作完全一致，在此不再赘述。本部分主要介绍商旅与费用报销外包、薪税业务外包、购销业务外包、成本核算外包、固定资产业务外包等。通过学习和完成相应任务，可以实现以下学习目标：

（1）能在商旅与费用报销平台上设置基础信息；设置业务处理规则；设置业务类型，包括地区级别、交通工具、休息日、报销标准等。

（2）会启用供应链模块；会对供应链模块进行基础设置。

（3）了解供应链模块中企业采购与应付业务流程；能独立完成采购与应付业务全流程核算。

（4）了解供应链模块中企业销售与收款业务流程；能独立完成销售与收款业务全流程核算。

（5）了解企业库存管理业务流程；能独立完成库存管理业务全流程核算。

（6）了解成本核算外包业务；会建立账套和定义成本模型；会录入相关基础信息、分配定额等信息；会录入各车间出库单、入库单；会录入工费清单的总工资和总制造费用；会进行月末在产品管理；会在供应链模块进行成本月结。

（7）了解固定资产外包业务；会对资产管理模块进行基础设置；了解固定资产增加的账务处理；会在资产管理模块处理自建固定资产业务；会在资产管理模块处理购置固定资产业务；会在资产管理模块处理资产更新改造业务；了解固定资产折旧和出售的账务处理；会在资产管理平台处理固定资产折旧业务；会在资产管理平台处理固定资产出售业务。

思维导图

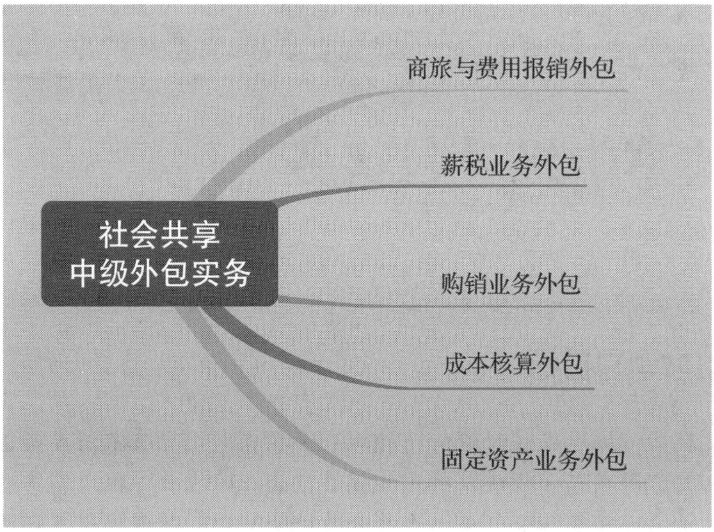

工作领域一

商旅与费用报销外包

商旅与费用报销业务综述

（1）业务范围：商旅与费用报销业务。

（2）业务分类：出差申请单的填写与审批、费用报销单的填写与审批。

（3）业务流程：接单与初始设置→商旅业务处理→费用报销处理。

（4）技能目标：会在外包平台上建立基础信息；会设置业务处理规则；会设置业务类型；会在商旅费控平台上填写出差申请；会通过第三方平台预订机票和酒店；会审核出差申请单；会在商旅费控平台上填写差旅报销单；会审批差旅报销单并放款；会计算相关税费。

任务一　接单与初始设置

业务情景

业务：深圳助学信息科技有限公司（以下简称深圳助学公司）与紫霖财税签订了商旅与费用报销外包业务合同。

初始设置：深圳助学公司管理层要求通过系统管理差旅标准与报销业务，系统对超标预订进行提示，控制报销成本。

操作视频 5-1

准备知识

商旅管理，是指企业在专业商旅管理服务团队的协助下对差旅活动进行整体规划并全面执行监控，优化差旅管理流程与政策，整合采购资源，从而在不影响业务开展和出行体验的前提下，降低企业差旅成本并提高员工出行效率。财税共享服务中心通过商旅服务平台实现对客户的商旅费用业务进行处理与管理。

商旅与费用报销外包服务主要能给企业带来以下好处：

（1）帮助企业缓解短期资金周转压力，提供约定账期内无息免担保垫资月结服务，企业先消费后结算，资金流动次数增加，减轻资金周转压力，提升资金利用率。

（2）规范企业员工出差管理，最大限度地帮助企业简化其差旅审批、差旅费预借、报销、记账统计等工作流程，大幅度减轻人工工作量，提高工作效率，也使商旅出行更轻松便捷。规范企业财务凭证使用，统一提供票据，避免灰色损耗。

（3）帮助企业解决公司与雇员谁先支付出差费用的矛盾，大大减少出差费用核销工作量，让员工有更多精力开展业务。

（4）通过大规模采购机票、酒店等差旅产品，降低企业员工出差成本，通过组织管控杜绝实报实销中出现的漏洞。

商旅与费用报销业务初始设置流程见图 5－1－1。

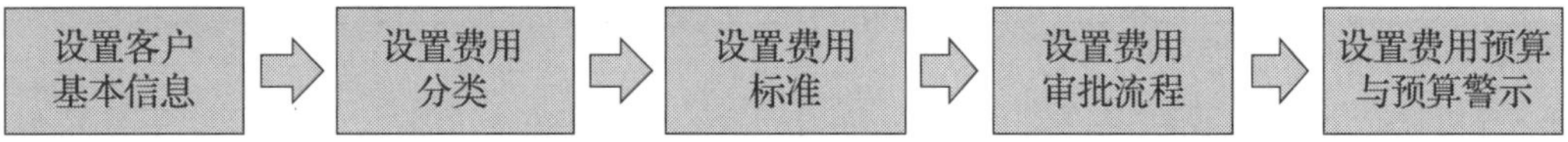

图 5－1－1

业务操作

（1）查阅资料，设置客户基本信息。

（2）设置费用分类。商旅费用报销的内容主要是员工在日常工作过程中所发生的差旅费及相关交通费等，费用分类如表 5－1－1 所示。

表 5－1－1

费用类别	基本含义	取得票据
交通费	出差过程中发生的公共交通费以及相关手续费	公交车票、乘车记录、机票、火车票等
出租车费	出差过程中发生的出租车费	出租车票
住宿费	出差过程中发生的住宿费	住宿发票
差旅补助	出差补助	—

（3）设置费用标准。按照一类、二类、三类地区设定不同的住宿标准，同时，不同级别员工的出差补助也不相同。公司员工应在标准限额内进行报销。具体操作，如图 5－1－2 至图 5－1－5 所示。

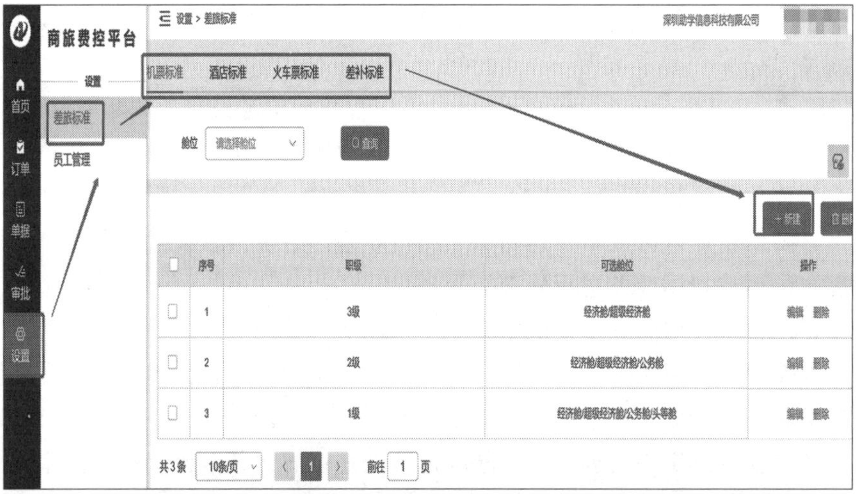

图 5－1－2

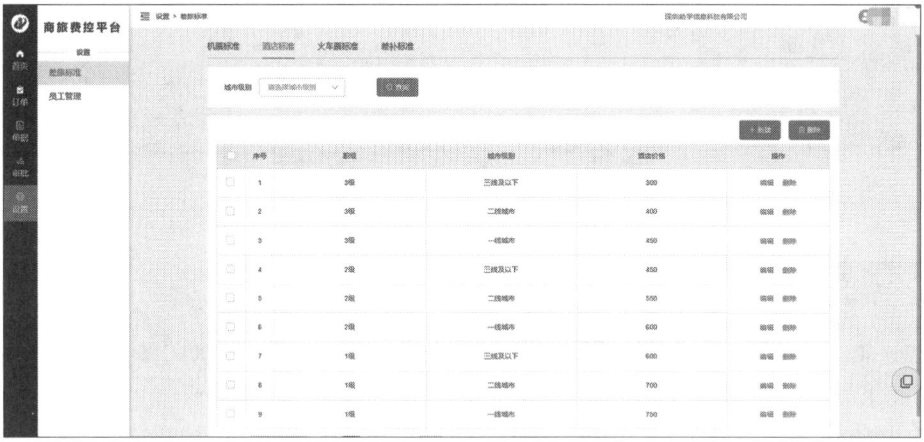

图 5-1-3

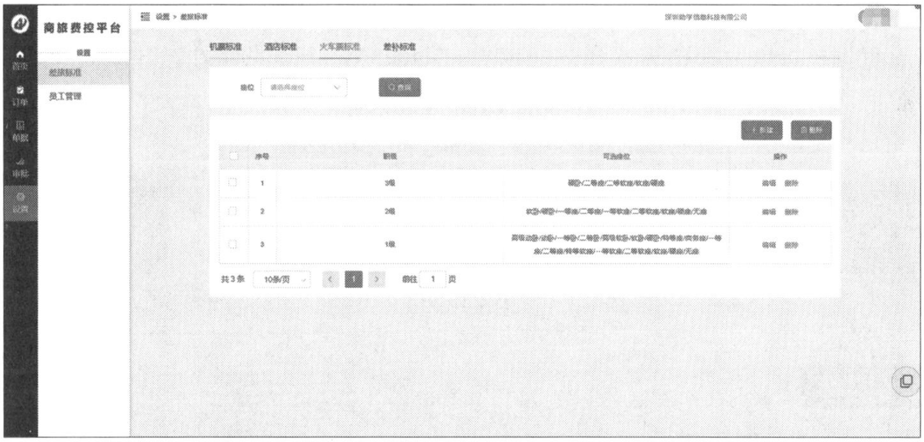

图 5-1-4

图 5-1-5

（4）设置费用审批流程。深圳助学信息科技有限公司规定：三万元以内由本部门经理审批，超过三万元由总经理审批。

（5）设置费用预算与预算警示。深圳助学信息科技有限公司管理层要求通过系统管理差旅标准与报销，系统对超标预订进行提示，控制报销成本，根据设置好的预算指标，对未超出预算部分进行报销。

任务二　商旅业务处理

业务情景

2020 年 11 月 5 日，深圳助学信息科技有限公司财务部员工张明申请去北京出差，按照公司要求，员工应填写出差申请单、通过第三方平台预订机票和酒店。

准备知识

在商旅业务中，企业员工通过商旅费控平台进行差旅申请并取得相关领导审批，商旅费控平台根据预置规则和预算选择供应商并自动派单，企业员工在商旅费控平台采购机票、预订酒店等，取得发票等报销凭证，用于后续报销。

智能财税平台中商旅业务的操作流程如图 5－1－6 所示。

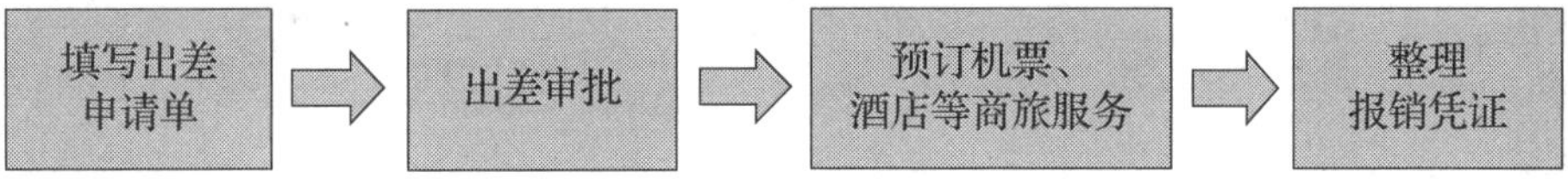

图 5－1－6

业务操作

（1）填制出差申请单。依次点击“单据”“出差申请单”“新建”，按照要求填写相关信息，如图 5－1－7、图 5－1－8 所示。

（2）出差审批。点击“审批”“出差申请”“审批”，核对出差人员、出差日期、地点、事由等信息，没有问题就可以点击“同意”按钮，如图 5－1－9、图 5－1－10 所示。

操作视频 5－2

图 5－1－7

图 5-1-8

图 5-1-9

图 5-1-10

（3）预订机票、酒店等商旅服务。点击“首页”“机票预订”（“酒店预订”“车票预订”），然后按照要求选择需要购买机票的时间、地点进行购买，如图 5-1-11、图 5-1-12 所示。

图 5－1－11

图 5－1－12

（4）整理报销凭证。取得纸质原始凭证（包括住宿费发票、往返机票）后，按照公司财务部要求整理，报销时再上交财务部。

任务三 费用报销处理

业务情景

2020 年 11 月 11 日，张明出差回来根据实际情况填写报销申请单，相应人员审核并放款。

准备知识

根据企业报销制度和流程，在财税共享服务中心处理员工借款报销业务，包括借款、还款、报销冲借款等业务，进行借款报销核算并生成记账凭证。

智能财税平台中费用报销业务的操作流程如图 5－1－13 所示。

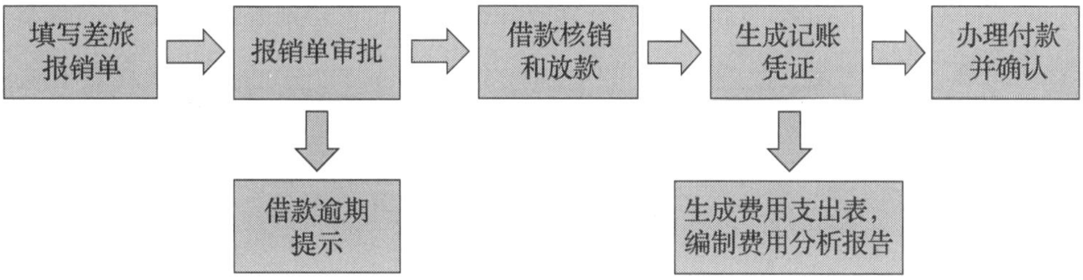

图 5－1－13

业务操作

（1）填制差旅报销单。依次点击“单据”、“差旅报销单”、“新增报销”、“选择”、“关联申请单新增”或者“手工新增”报销单、“确定”。注意：如果是在商旅费控平台申请出差，可以选择“关联申请单新增”，如果是纸质申请单，选择“手工新增”，如图 5－1－14 至图 5－1－16 所示。

图 5－1－14

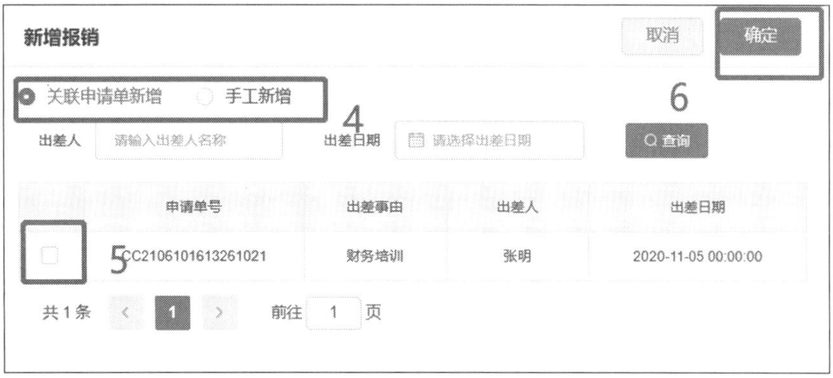

图 5－1－15

图 5-1-16

（2）根据企业报销制度和流程，审核差旅报销单和原始凭证。依次点击“审批”“报销申请”“审批”。注意核对票据金额和补贴金额是否正确，如图 5-1-17、图 5-1-18 所示。

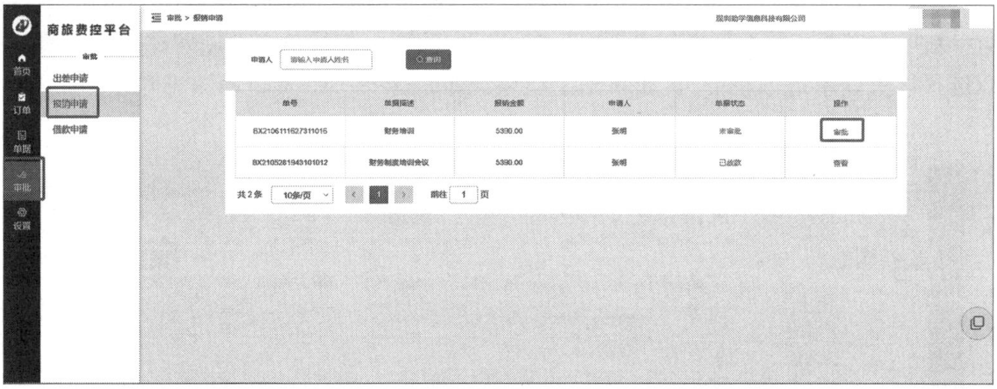

图 5-1-17

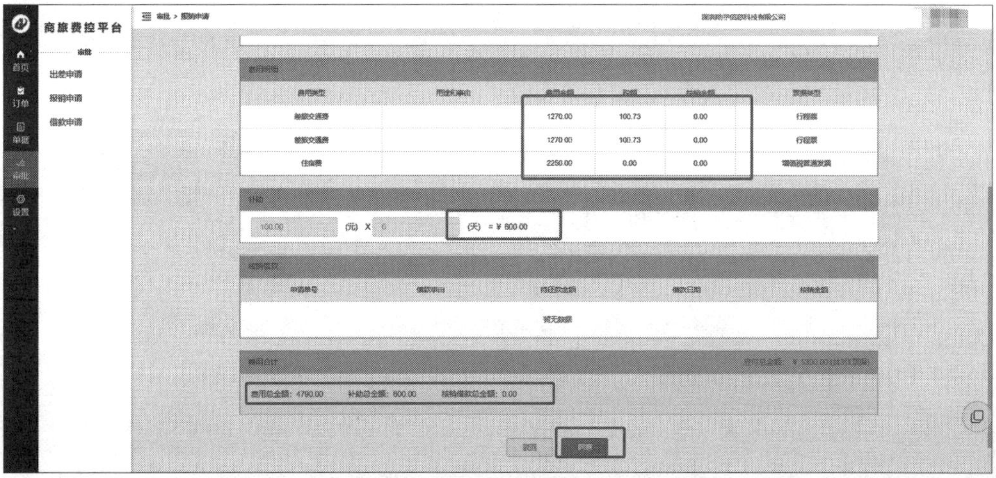

图 5-1-18

（3）处理员工借款报销业务，包括借款、还款、报销冲借款等业务，进行借款报销核算并生成记账凭证（自动生成）。这一步会关联财天下平台内容，在练习平台中没有体现。

（4）办理付款并确认。依次点击“审批”“报销申请”“放款”，将已经通过审批的报销申请单进行放款处理，如图 5－1－19 所示。

图 5－1－19

（5）对已借出到期未归还款项进行逾期提示。

（6）月末，根据全月数据生成本月费用支出表，对比期初预算表，填写费用分析表，完成简单的费用分析报告。

工作领域二

薪税业务外包

操作视频 5 - 3

薪税业务外包与智能财税初级中的工资及社保业务外包操作相同，详见初级外包实务中的介绍，这里不再赘述。

工作领域三

购销业务外包

购销业务外包综述

（1）业务范围：购销业务外包。

（2）业务分类：基础设置、采购与应付业务、销售与应收业务、库存管理与存货核算业务。

（3）业务流程：

为客户建立账套→启用供应链模块→基础设置→录入期初数据→录入购销业务→库存管理与月结→凭证审核。

（4）技能目标：会建立账套；会启用供应链模块；会对供应链模块进行基础设置；能独立完成采购与应付业务全流程核算；能独立完成销售与应收业务全流程核算；能独立完成库存管理与存货业务全流程核算。

任务一　接单与初始设置

操作视频 5－4

业务情景

北京星晨办公用品有限公司（以下简称星晨公司）始建于 2016 年，该公司位于北京市，主要经营签字笔、计算器、打印纸等商品的销售，企业工商注册等资料显示，公司适用 2007 年企业会计准则，为一般纳税人，属于中型流通企业。公司设立行政部、财务部、采购部、销售部、库管部 5 个部门，同时设有 1 个商品库，由库管部负责管理。

请根据客户信息建立账套，启用供应链模块。设置基础信息，完善公司主体信息、部门信息、人员信息、计量单位，以及存货、往来单位和个性化设置。

准备知识

购销业务外包主要帮助企业处理采购与付款、销售与收款，存货发出、取得和计价等业务。智能财税业务平台的采购与付款功能主要处理物资采购报账、对外付款报账、提交审批、单据初审、财务复核、凭证生成及付款结算相关业务；销售与收款功能主要处理发票报账、收款报账、提交审批、单据初审、财务复核、凭证生成及收取款项相关业务，同时智能财税共享服务中心应根据企业的需求，设置存货发出的计价方法。

具体业务操作流程如图 5－3－1 所示。

图 5－3－1

业务操作

（1）在财天下平台新建账套，启用供应链模块。

（2）在供应链操作平台上进行采购、库存、销售业务基础设置。

（3）在供应链操作平台上进行库存管理基础设置。

星晨公司5月初存货信息如表5-3-1所示。

表5-3-1 北京星晨办公用品有限公司5月存货期初余额 金额单位：元

商品编码	商品名称	规格型号	计量单位	数量	单价	金额	科目编码	科目名称	仓库	核算辅助
00001	齐力草稿纸	A4	包	2 000	22	44 000.00	1405	库存商品	南仓库	存货、数量
00002	齐力打印纸	A3	包	2 000	45	90 000.00	1405	库存商品	南仓库	存货、数量
00003	齐力计算器	双电源	个	1 000	20	20 000.00	1405	库存商品	南仓库	存货、数量
00004	大米签字笔	0.5mm	盒	2 000	10	20 000.00	1405	库存商品	南仓库	存货、数量
00005	大米圆球笔	0.38mm	盒	2 000	7	14 000.00	1405	库存商品	南仓库	存货、数量

1）设置计量单位，如图5-3-2、图5-3-3所示。

图5-3-2

图5-3-3

2）录入存货信息，如图5-3-4至图5-3-6所示。

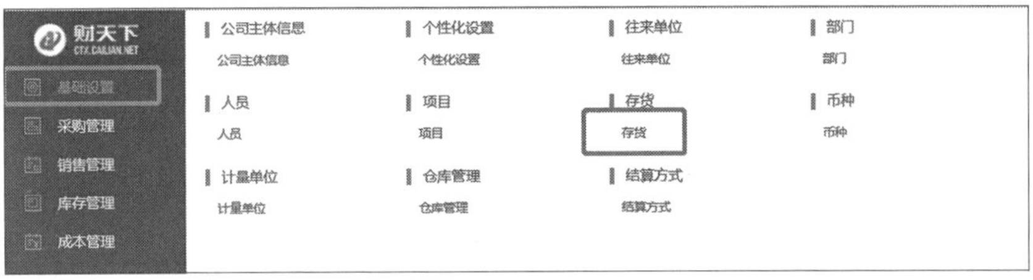

图 5-3-4

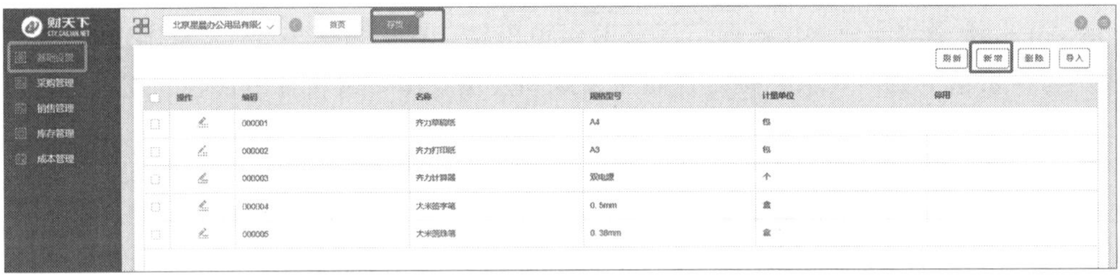

图 5-3-5

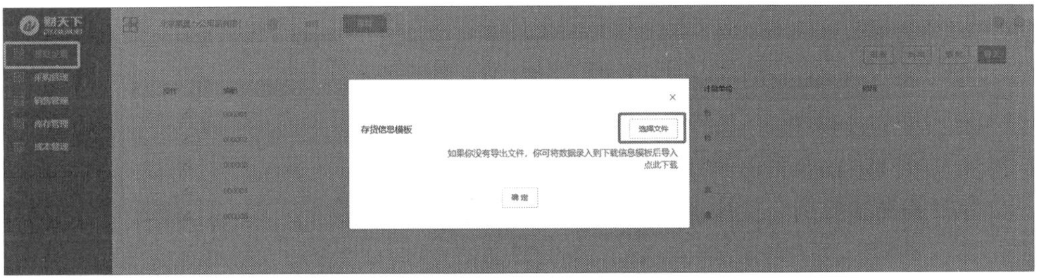

图 5-3-6

3）录入存货期初余额如图 5-3-7、图 5-3-8 所示。

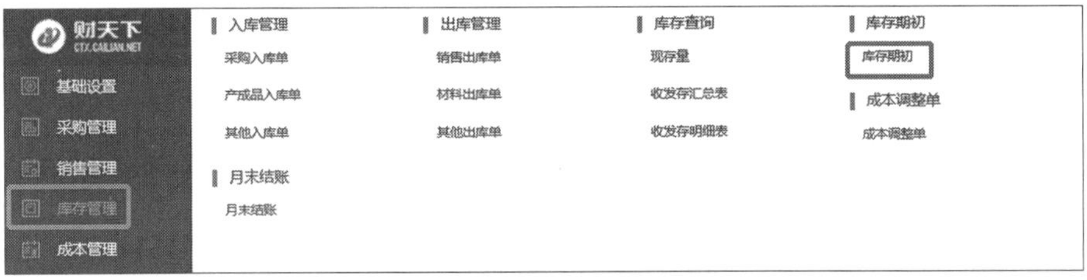

图 5-3-7

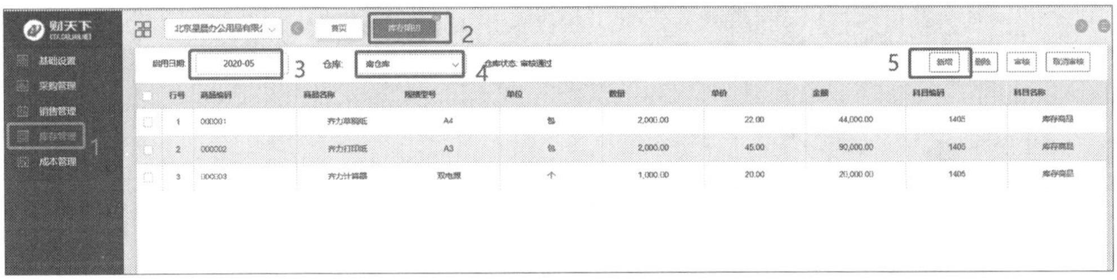

图 5-3-8

供应链系统的初始化设置是后面购销业务操作的重要基础工作，一定要认真完成设置，否则可能会影响后续操作的准确性。

任务二　采购与应付业务处理

业务情景

5月2日，星晨公司采购人员李浩鹏与沈阳大米办公用品有限责任公司签订采购合同，采购0.5mm大米签字笔1 000盒，每盒不含税价格10元，0.38mm大米圆珠笔800盒，每盒不含税价格7元，要求在签订合同当天送到公司仓库，验收合格且收到发票后付款。

操作视频5-5　操作视频5-6　操作视频5-7

准备知识

1. 采购流程与核算

相关人员将企业发生的物资采购业务在网上进行填报，并提交相关票据。财税共享服务中心将相关单据扫描，提交审核。企业根据自身的业务流程对票据审核结束后，财税共享服务中心复核人员对单据进行复核，系统自动生成采购业务的会计凭证。

2. 付款结算与核算

采购完成后，根据上传的合同、采购入库单等票据，财税共享服务中心提交付款单并审批，根据审批结果结算付款办理，系统自动生成会计凭证，财税共享服务中心工作人员对记账凭证进行审核并入账。

采购与付款业务流程如图5-3-9所示。

图5-3-9

采购预付流程如图5-3-10所示。

图5-3-10

业务操作

（1）在智能财税平台上对采购订单及采购收货单的填制和审核进行处理。

（2）在智能财税平台上依据发票内容编制应付单。

（3）在智能财税平台上录入应付单信息并审核。

（4）在智能财税平台上完成付款。

星晨公司的采购与付款业务的具体操作如下：

（1）新增采购合同订单信息。进入供应链系统，点击“采购管理”“合同订单列表”“新增”，如图 5－3－11 所示。

图 5－3－11

填写订单时应注意：执行期间是签订合同日到付款结束日；附件信息处需要上传合同附件；采购明细处的“资产”，是指是否为固定资产。如图 5－3－12 所示。

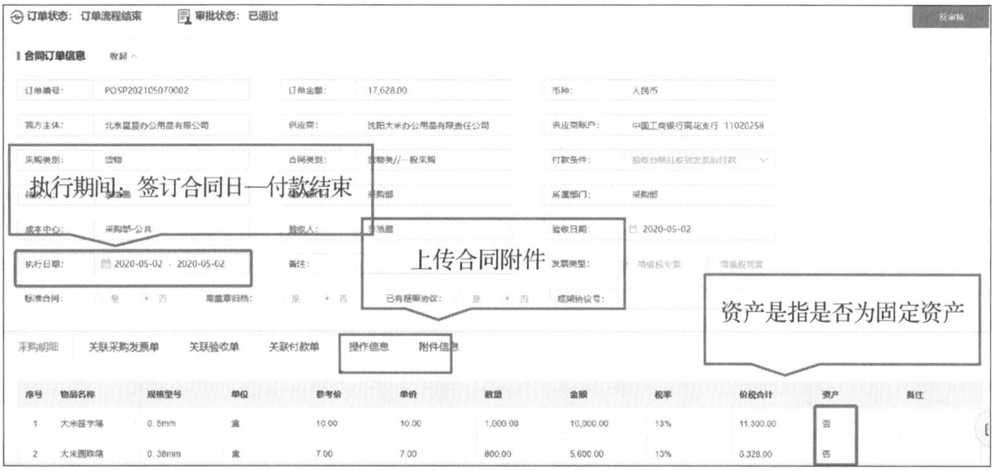

图 5－3－12

（2）进入订单页面审核，如图 5－3－13 所示。

图 5－3－13

（3）生成采购发票并保存。点击订单页面最下方的“生成采购发票”，注意修改发票日期，一般系统默认的是系统时间，如图 5－3－14、图 5－3－15 所示。

图 5－3－14

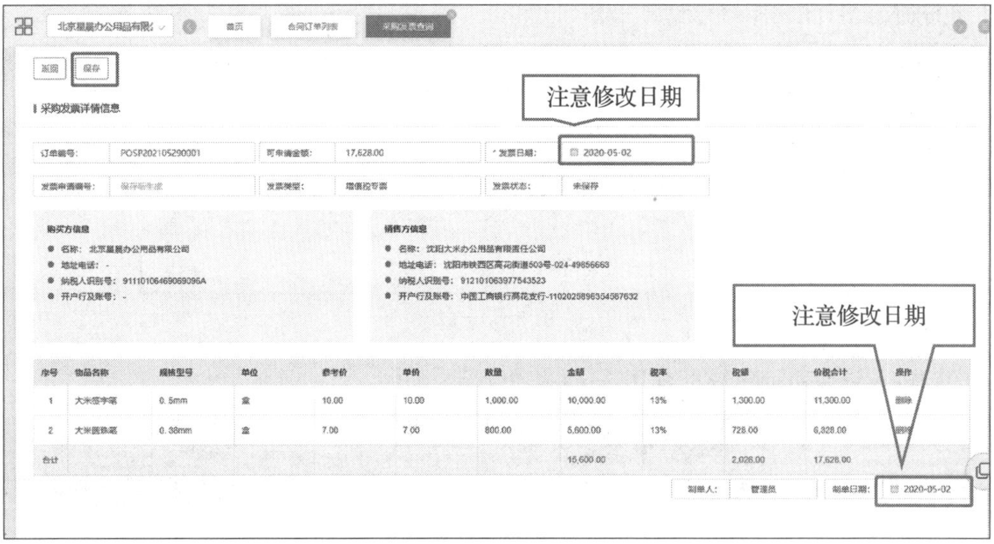

图 5－3－15

（4）审核采购发票。依次点击“采购管理”“采购发票查询”“审核”，如图 5－3－16 所示。

（5）推送发票到财天下生成凭证。选中该业务生成的发票，点击“推送至财天下”，如图 5－3－17 所示，这样做是为了在财天下自动生成采购业务凭证。

（6）收到货物，发起验收。点击“采购管理”“发起验收”，填写验收相关信息，如图 5－3－18 至图 5－3－20 所示。

（7）审批通过验收单。依次点击“采购管理”“验收单查询”“审批通过”，如图 5－3－21 所示。

图 5-3-16

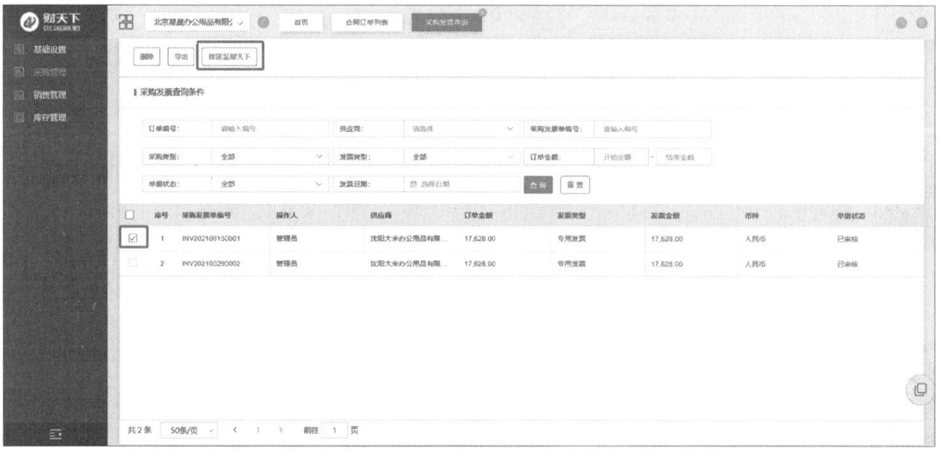

图 5-3-17

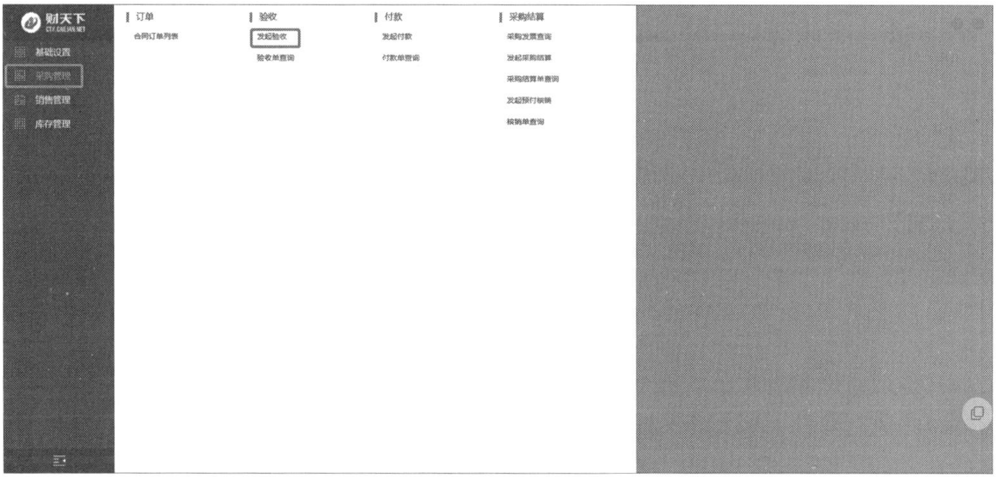

图 5-3-18

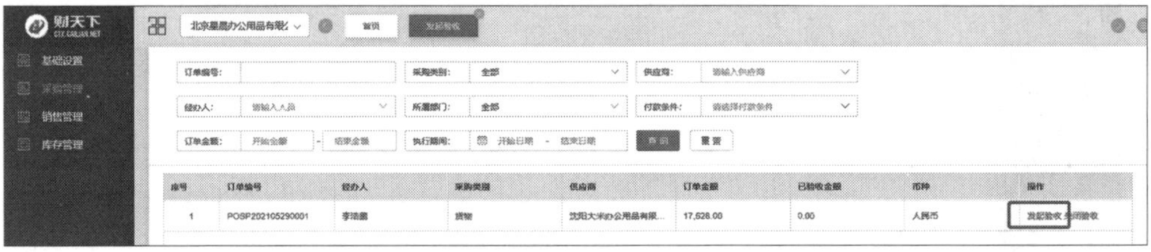

图 5-3-19

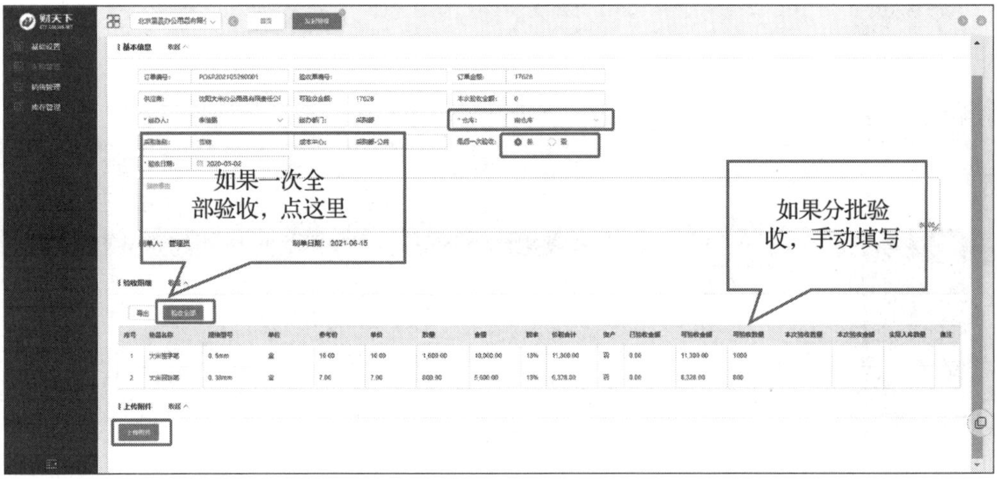

图 5-3-20

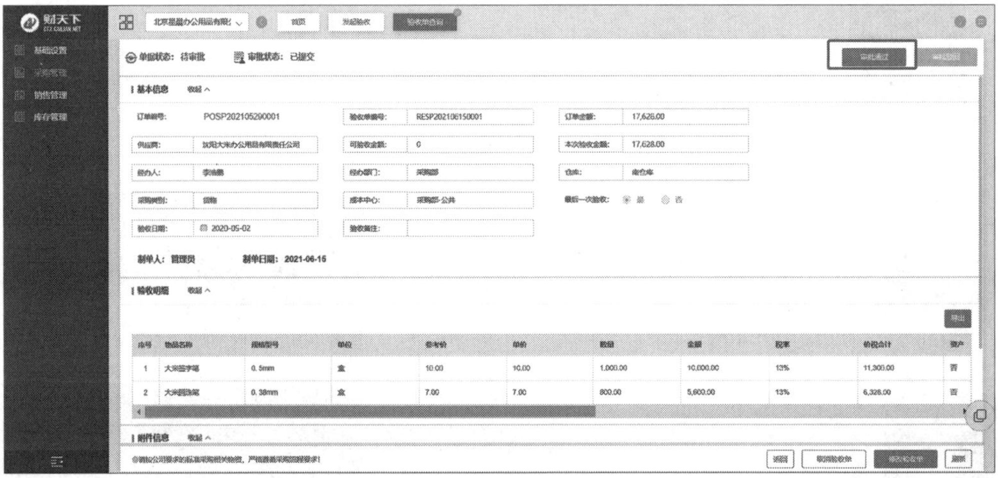

图 5-3-21

（8）生成入库单并审核。在验收单页面的下方点击“生成入库单”，然后选中该业务的入库单并进行审核，如图 5-3-22、图 5-3-23 所示。

（9）发起采购结算。点击“采购管理”“发起采购结算”，如图 5-3-24 所示。这里注意，若采购当月结算，则不需要将结算单推送到财天下，只有在货到单未到的情况下，需要暂估入账时才需要将结算单推送到财天下，如图 5-3-25 所示。

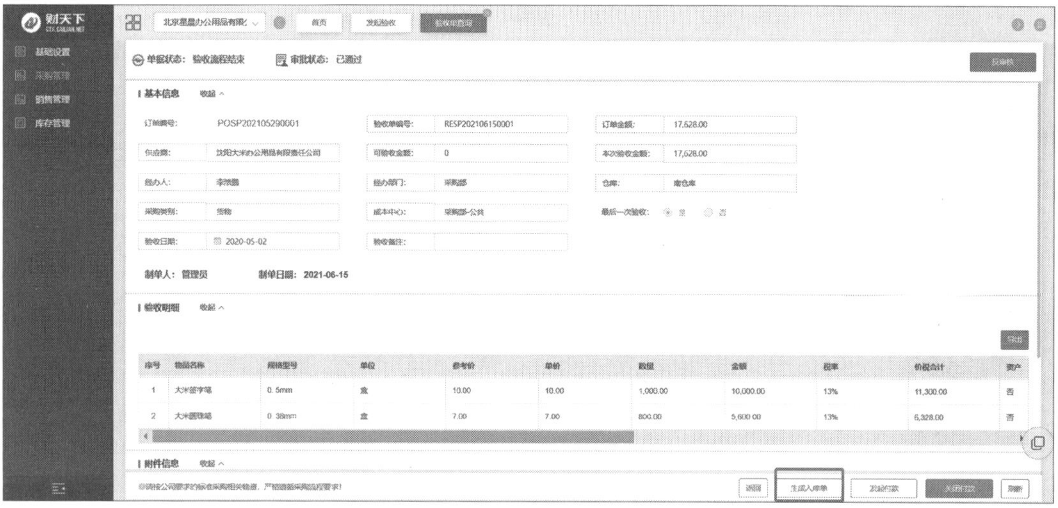

图 5 - 3 - 22

图 5 - 3 - 23

图 5 - 3 - 24

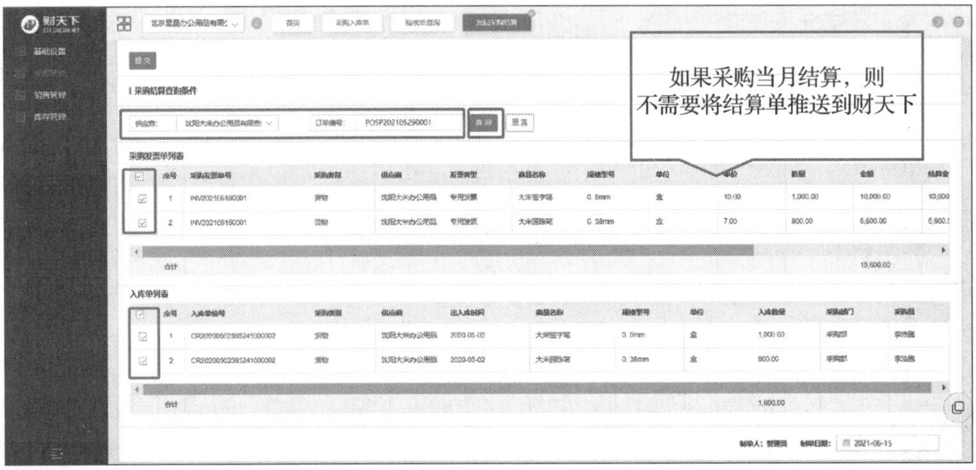

图 5-3-25

（10）推送入库单到财天下，生成入库凭证，如图 5-3-26 所示。注意，一定是采购结算之后再推送入库单，否则生成的凭证会有问题。

图 5-3-26

（11）发起付款。这是采购付款的最后一个环节，依次点击“采购管理”“发起付款”“验收付款”，勾选相应结算发票，点击“保存”“提交”，因为是最后一次付款，不是预付款，所以选择“验收付款”，如图 5-3-27 至图 5-3-29 所示。

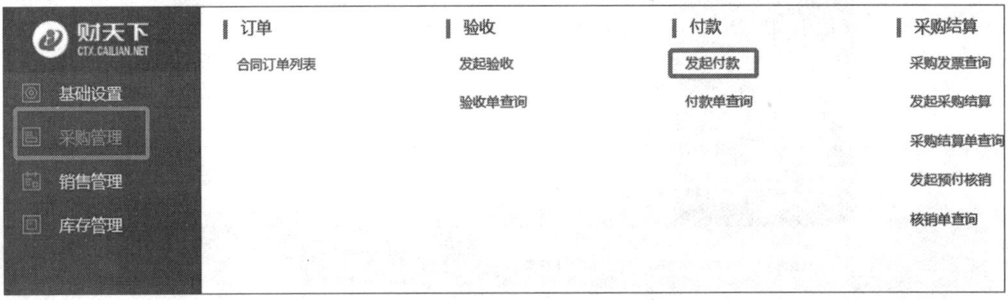

图 5-3-27

图 5－3－28

图 5－3－29

（12）审核付款单，支付货款。点击“采购管理”“付款单查询”，选中该业务付款单，点击“审核”“确认付款”，如图 5－3－30、图 5－3－31 所示。

图 5－3－30

图 5-3-31

(13) 推送付款单到财天下，生成付款记账凭证。点击“采购管理”“付款单查询”，选中该业务付款单，点击“推送至财天下”，如图 5-3-32 所示。该操作是为了在财天下自动生成一张付款记账凭证，如图 5-3-33 所示。

图 5-3-32

图 5-3-33

(14) 在财天下查询凭证，如图 5-3-34 至图 5-3-37 所示（采集原始凭证，放入相应记账凭证附件中）。

购销合同

合同编号 37659865

购货单位（甲方）：　北京星晨办公用品有限公司

供货单位（乙方）：　沈阳大米办公用品有限责任公司

根据《中华人民共和国合同法》及国家相关法律、法规之规定，甲乙双方本着平等互利的原则，就甲方购买乙方货物一事达成以下协议。

一、货物的名称、数量及价格：

货物名称	规格型号	单位	数量	单价	金额	税率	价税合计
大米签字笔	0.5mm	盒	1000	10.00	10,000.00	13%	11,300.00
大米圆珠笔	0.38mm	盒	800	7.00	5,600.00	13%	6,328.00
合计（大写）	壹万柒仟陆佰贰拾捌元整						¥17,628.00

二、交货方式和费用承担：交货方式：销货方送货，交货时间：2020年05月02日前，交货地点：北京市朝阳区亚运村大屯路1号，运费由销货方承担。

三、付款时间与付款方式：签订合同当天，要求当日送到公司仓库，验收合格后且收到发票后付款，并开具增值税专用发票。

四、质量异议期：订货方对供货方的货物质量有异议时，应在收到货物后15日内提出，逾期视为货物质量合格。

五、未尽事宜经双方协商可作补充协议，与本合同具有同等效力。

六、本合同自双方签字、盖章之日起生效；本合同壹式贰份，甲乙双方各执壹份。

甲方（签章）：	乙方（签章）：
授权代表：董[illegible]	授权代表：王[illegible]
地址：北京市朝阳区亚运村大屯路1号	地址：沈阳市铁西区高花街道503号
电话：010-57982828	电话：024-49856663
日期：2020年05月02日	日期：2020年05月02日

图 5-3-34

2100151140

辽宁增值税专用发票

№ 43552800　2100151140

43552800

发票联

机器编号：982888812388　　开票日期：2020年05月02日

购买方		密码区
名称：北京星晨办公用品有限公司 纳税人识别号：91110106469069096A 地址、电话：北京市朝阳区亚运村大屯路1号010-57982828 开户行及账号：中国银行北京亚运村支行6216612800013578655		172312-4-275＜1+46*54* 82*59* 181321＞＜8182*59*09618153＜/ ＜4＜3*2702-9＞9*+153＜/0 ＞2-3 *08/4＞*＞＞2-3*0/9/＞＞25-275＜1

货物或应税劳务、服务名称	规格型号	单位	数量	单价	金额	税率	税额
*文具*大米签字笔	0.5mm	盒	1000	10.00	10,000.00	13%	1,300.00
*文具*大米圆珠笔	0.38mm	盒	800	7.00	5,600.00	13%	728.00
合计					¥15,600.00		¥2,028.00
价税合计（大写）	⊗壹万柒仟陆佰贰拾捌元整				（小写）¥17,628.00		

销售方	备注
名称：沈阳大米办公用品有限责任公司 纳税人识别号：912101063977543523 地址、电话：沈阳市铁西区高花街道503号024-49856663 开户行及账号：中国工商银行高花支行1102025896354587632	校验码 52118 0281[illegible]

收款人：赵丽　　复核：郝萍　　开票人：赵丽　　销售方：（章）

税总函〔2016〕××号××××公司

第三联：发票联　购买方记账凭证

图 5-3-35

入库单 No. 58861105

供货单位：沈阳大米办公用品有限责任公司　　2020 年 05 月 02 日

编号	品名	规格	单位	数量	单价	金额	备注
004	大米签字笔	0.5mm	盒	1000	10.00	10,000.00	
005	大米圆珠笔	0.38mm	盒	800	7.00	5,600.00	
合计						15,600.00	

仓库主管：李子晨　记账：王妍丁　保管：李子晨　经手人：金晶　制单：李子晨

图 5-3-36

中国银行 网上银行电子回单

电子回单号码：40167936232

付款人	户名	北京星晨办公用品有限公司	收款人	户名	沈阳大米办公用品有限责任公司
	账号	6216612800013578655		账号	1102025896354587632
	开户银行	中国银行北京亚运村支行		开户银行	中国工商银行高花支行
金额		人民币（大写）：壹万柒仟陆佰贰拾捌元整　¥17,628.00 元			
摘要		支付货款	业务种类		
用途					
交易流水号		98291228581122	时间戳		2020-05-02
（印章：中国银行 电子回单专用章）		备注： 验证码：83236244			
记账网点	255	记账柜员	196	记账日期	2020年05月02日

打印日期：2020年05月02日

图 5-3-37

任务三　销售与应收业务处理

业务情景

5 月 8 日，星晨公司销售部李欣与北京博实商贸有限责任公司签订销售合同，销售 0.5mm 大米签字笔 200 盒，每盒不含税价格 15 元，0.38mm 大米圆珠笔 300 盒，每盒不含税价格 12 元，合同约定当天发货并开具增值税专用发票，当日收到货物（收货人信息即公司开票信息）。

操作视频 5-8

5 月 12 日，星晨公司收到北京博实商贸有限责任公司货款。

准备知识

销售完成后，销售业务流程为：相关人员在智能财税共享平台上传销售发票，并提交销售合同等其他相关票据，共享服务中心将相关单据扫描，提交审核。企业根据自身的业务流程对票据审核结束后，共享服务中心复核人员对单据进行复核，系统自动生成销售业务的会计凭证。

收款业务流程为：根据上传的合同、销售出库单等票据，共享服务中心提交收款单并审批，根据审批结果办理收款，系统自动生成会计凭证。共享服务中心工作人员对收款凭证进行审核并入账。

一般销售业务流程如图 5－3－38 所示。

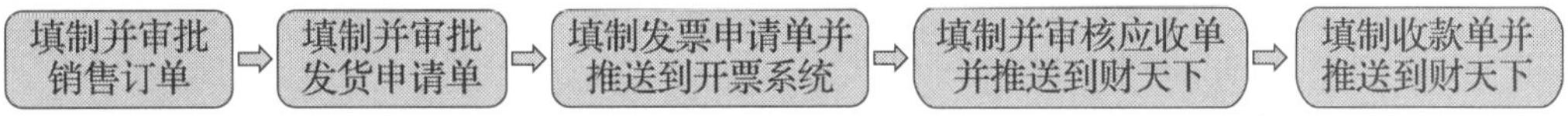

图 5－3－38

销售预收流程如图 5－3－39 所示。

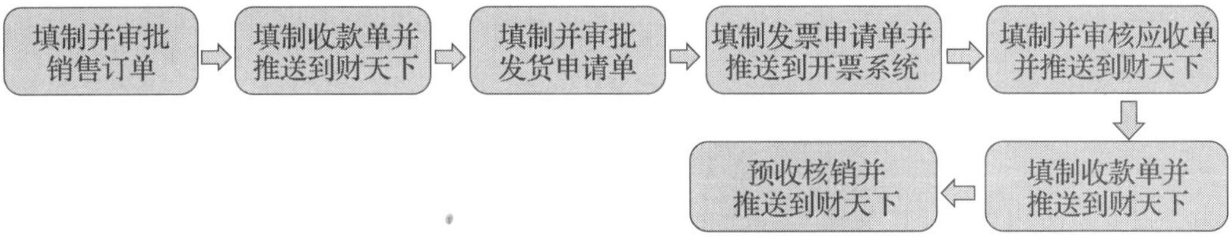

图 5－3－39

业务操作

（1）在供应链平台上对销售订单及发货单的填制和审核进行处理。

（2）在供应链平台上依据发票内容编制应收单。

（3）在供应链平台上录入应收单信息并审核。

（4）在供应链平台上完成收款。

星晨公司的销售及应收业务的具体操作如下：

（1）录入销售订单信息。依次点击“销售管理”“销售订单”“新增”，如图 5－3－40、图 5－3－41 所示。

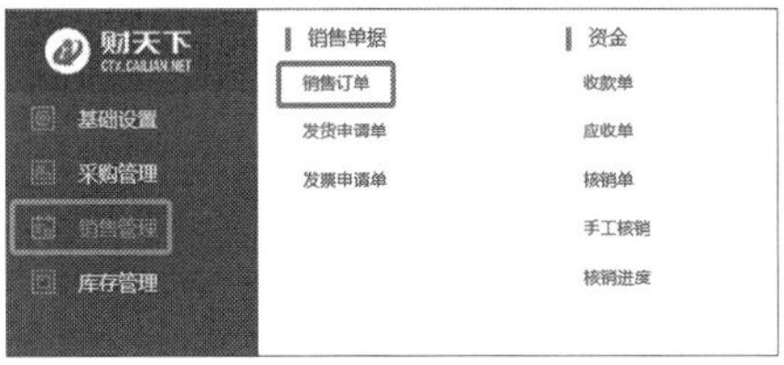

图 5－3－40

（2）审批销售订单信息。提交订单之后，点击“订单审批”。

（3）录入发货申请单。依次点击“销售管理”“发货申请单”“新增”“保存”“提交”“审核”，如图 5－3－42 和图 5－3－43 所示。

图 5-3-41

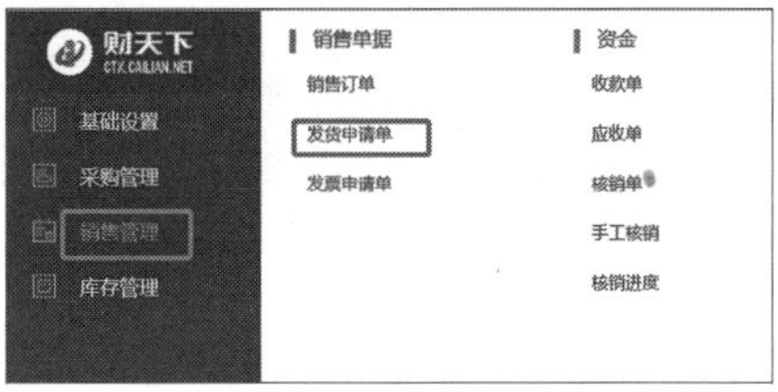

图 5-3-42

图 5-3-43

（4）审批发货申请单。选中需要审批的发货申请单，进入申请单页面，核对发货信息等相关信息后点击左上角的“审批”，如图 5-3-44 所示。

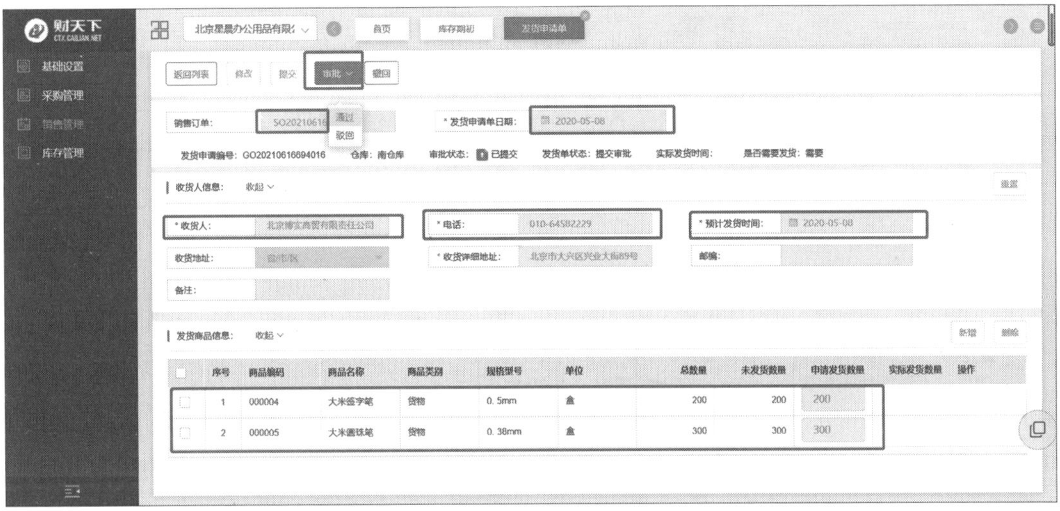

图 5-3-44

（5）录入发票申请单。依次点击“销售管理”“发票申请单”“新增”“保存”“提交”“审批”，如图 5-3-45 至图 5-3-47 所示。

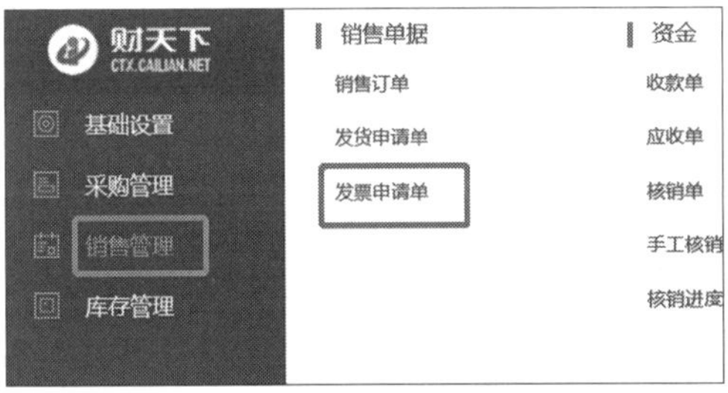

图 5-3-45

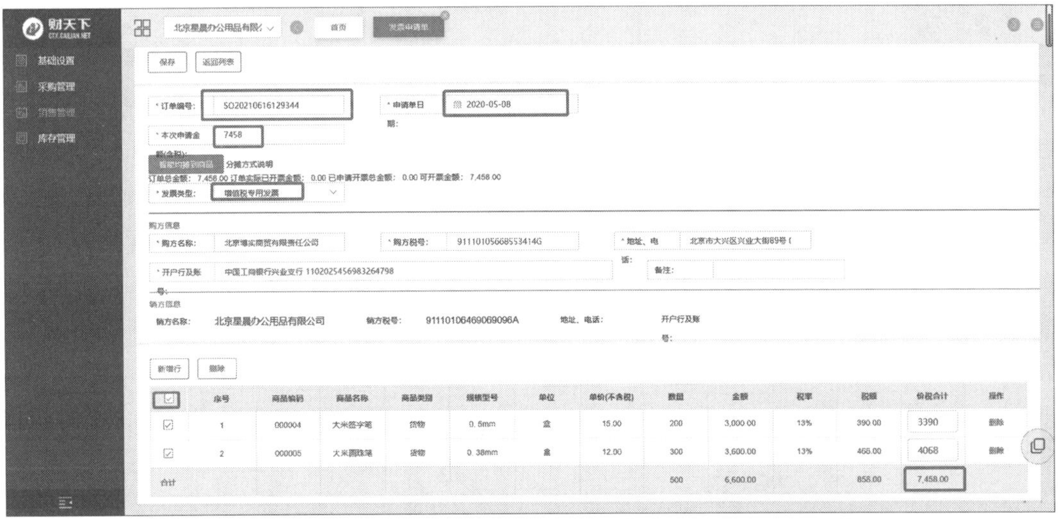

图 5-3-46

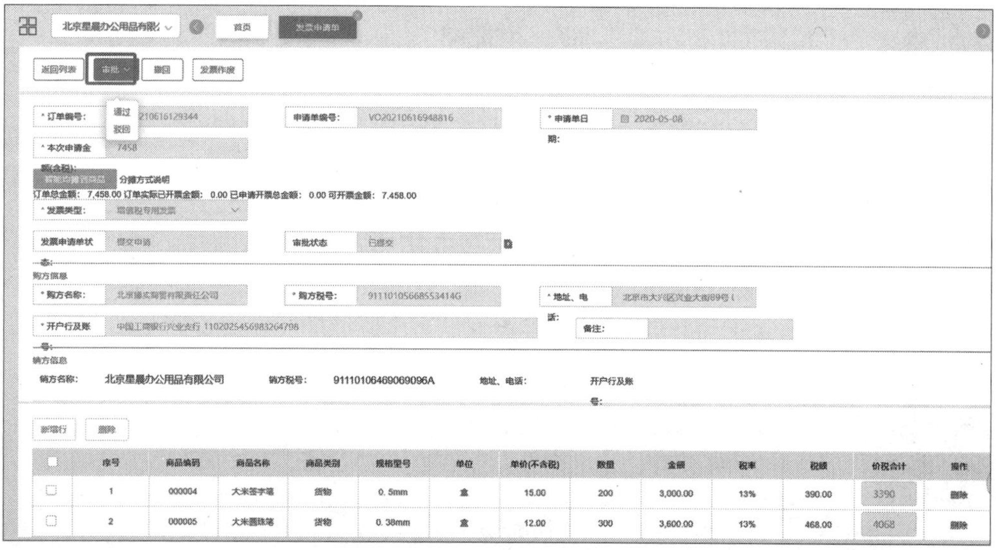

图 5-3-47

（6）将发票申请单提交至开票系统，自动生成发票。选中该订单，点击左上角“推送至开票系统”，系统自动开票，如图 5-3-48、图 5-3-49 所示。

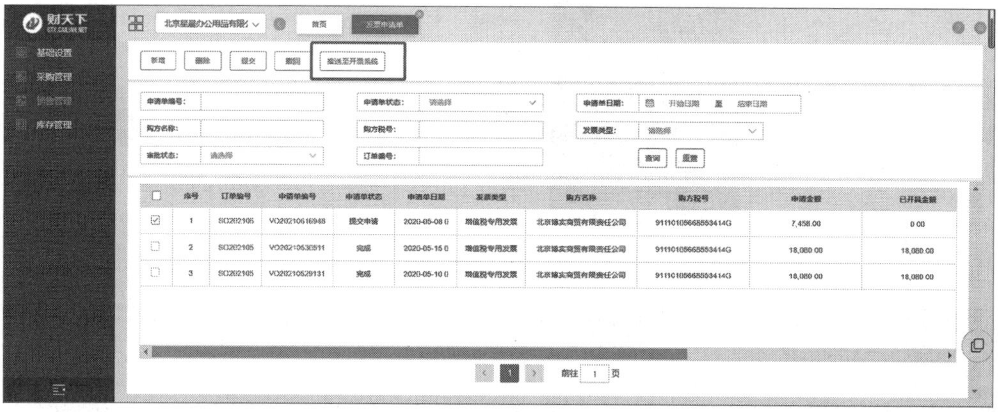

图 5-3-48

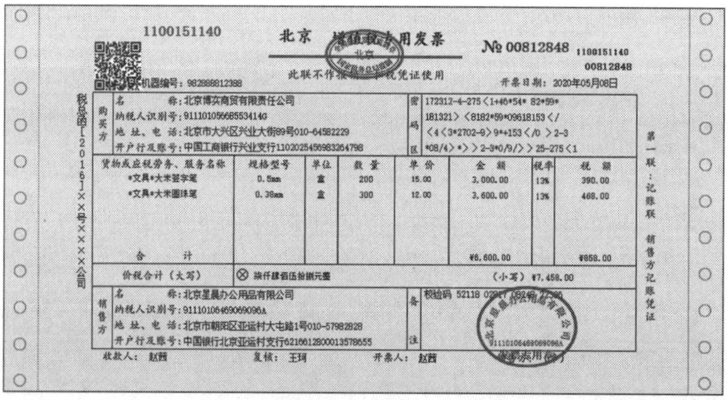

图 5-3-49

（7）提交应收单至财天下。应收单是系统自动生成的，相关人员需要推送应收单至财天下系统，财天下自动生成销售记账凭证，如图 5－3－50 至图 5－3－52 所示。

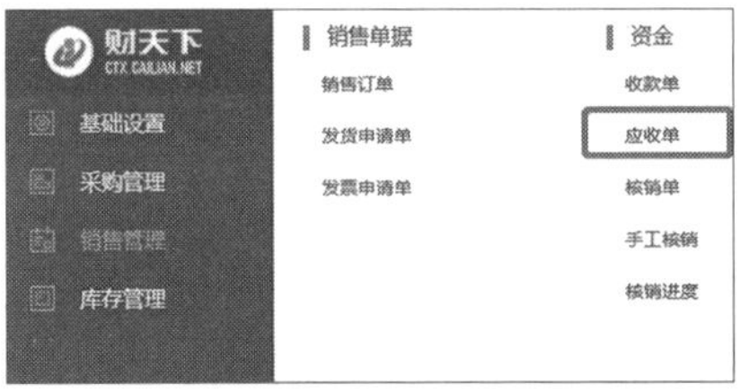

图 5－3－50

图 5－3－51

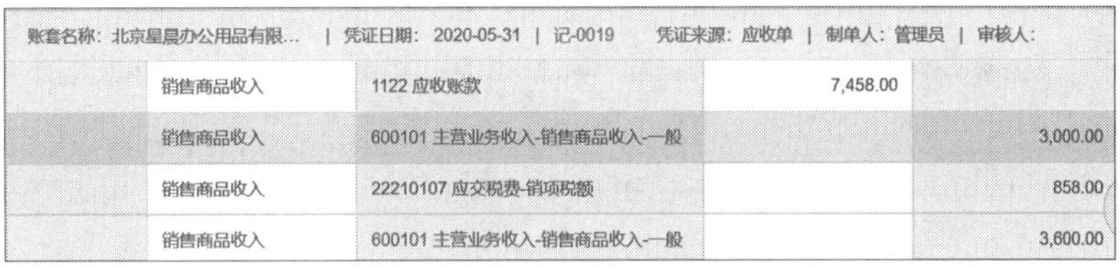

账套名称：北京星晨办公用品有限…　|　凭证日期：2020-05-31　|　记-0019　凭证来源：应收单　|　制单人：管理员　|　审核人：

销售商品收入	1122 应收账款	7,458.00	
销售商品收入	600101 主营业务收入-销售商品收入-一般		3,000.00
销售商品收入	22210107 应交税费-销项税额		858.00
销售商品收入	600101 主营业务收入-销售商品收入-一般		3,600.00

图 5－3－52

（8）收到货款，录入收款单。依次点击“销售管理”“收款单”“新增”“保存”“提交”，如图 5－3－53、图 5－3－54 所示。

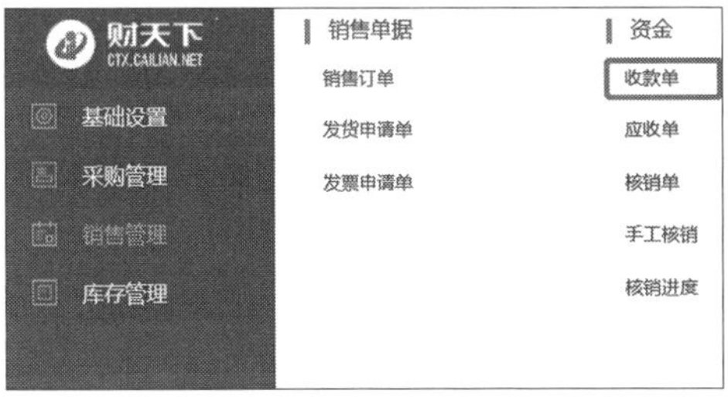

图 5－3－53

（9）审批收款单并推送到财天下。点击收款单编号进入审批界面，核对收款金额，进行审批，审批完成后，将该收款单推送到财天下，财天下会自动生成收款凭证，如图 5－3－55 至图 5－3－58 所示。

图 5-3-54

图 5-3-55

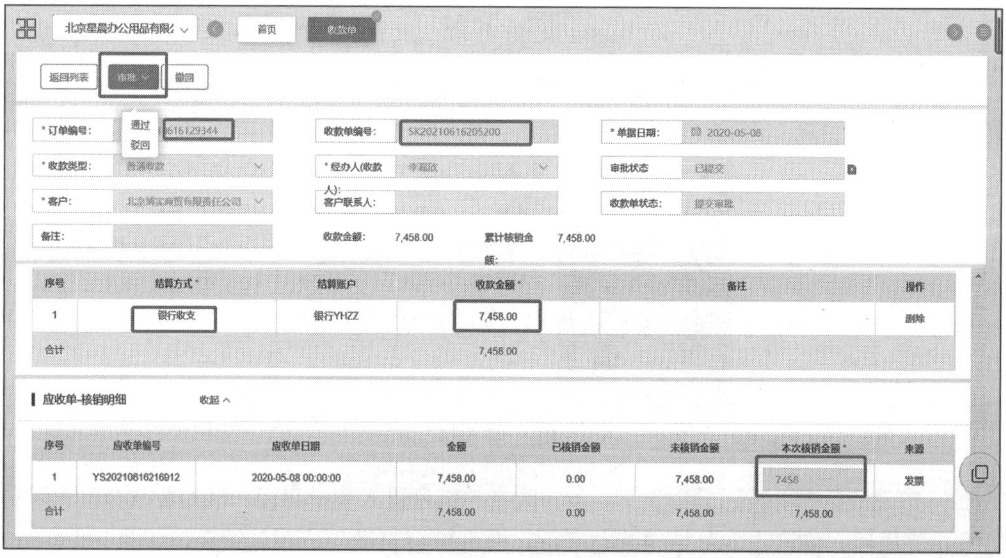

图 5-3-56

图 5-3-57

账套名称：北京星晨办公用品有限…　|　凭证日期：2020-05-31　|　记-0020　凭证来源：收款单　|　制单人：管理员　|　审核人：

实收账款	1002 银行存款	7,458.00	
实收账款	1122 应收账款		7,458.00

图 5-3-58

（10）在财天下查询凭证。因为在供应链系统中上传的附件不能同步到财天下，所以还需要在财天下系统采集原始凭证。先在财天下的票据采集中采集原始凭证，然后将原始凭证放入相应记账凭证附件中，如图 5-3-59 至图 5-3-62 所示。

1100151140　北京　增值税专用发票　№ 00812848　1100151140　00812848

此联不作报销、扣税凭证使用　开票日期：2020年05月08日

机器编号：982888812388

购买方　名称：北京博实商贸有限责任公司
纳税人识别号：91110105668553414G
地址、电话：北京市大兴区兴业大街89号010-64582229
开户行及账号：中国工商银行兴业支行1102025456983264798

密码区　172312-4-275＜1+46*54* 82*59* 181321＞＜8182*59*09618153＜/ ＜4＜3*2702-9＞9*+153＜/0 ＞2-3 *08/4＞*＞＞2-3*0/9/＞＞25-275＜1

货物或应税劳务、服务名称	规格型号	单位	数量	单价	金额	税率	税额
*文具*大米签字笔	0.5mm	盒	200	15.00	3,000.00	13%	390.00
*文具*大米圆珠笔	0.38mm	盒	300	12.00	3,600.00	13%	468.00
合　计					¥6,600.00		¥858.00

价税合计（大写）　⊗柒仟肆佰伍拾捌元整　（小写）¥7,458.00

销售方　名称：北京星晨办公用品有限公司
纳税人识别号：91110106469069096A
地址、电话：北京市朝阳区亚运村大屯路1号010-57982828
开户行及账号：中国银行北京亚运村支行6216612800013578655

备注　校验码 52118 02947 08249 72390

收款人：赵茜　复核：王珂　开票人：赵茜

第一联：记账联　销售方记账凭证

图 5-3-59

出　库　单　　No. 48196800

购货单位：北京博实商贸有限责任公司　　2020 年 05 月 08 日

编号	品名	规格	单位	数量	单价	金额	备注
004	大米签字笔	0.5mm	盒	200			
005	大米圆珠笔	0.38mm	盒	300			
合		计					

第一联 存根联

仓库主管：李子晨　记账：王妍丁　保管：李子晨　经手人：金晶　制单：李子晨

图 5-3-60

购销合同

合同编号 39728914

购货单位（甲方）：北京博实商贸有限责任公司

供货单位（乙方）：北京星晨办公用品有限公司

根据《中华人民共和国合同法》及国家相关法律、法规之规定，甲乙双方本着平等互利的原则，就甲方购买乙方货物一事达成以下协议。

一、货物的名称、数量及价格：

货物名称	规格型号	单位	数量	单价	金额	税率	价税合计
大米签字笔	0.5mm	盒	200	15.00	3,000.00	13%	3,390.00
大米圆珠笔	0.38mm	盒	300	12.00	3,600.00	13%	4,068.00
合计（大写）	柒仟肆佰伍拾捌元整						¥7,458.00

二、交货方式和费用承担：交货方式：销货方送货，交货时间：2020年05月08日前，交货地点：北京市大兴区兴业大街89号，运费由购货方承担。

三、付款时间与付款方式：收到货物7日内付款。

四、质量异议期：订货方对供货方的货物质量有异议时，应在收到货物后15日内提出，逾期视为货物质量合格。

五、未尽事宜经双方协商可作补充协议，与本合同具有同等效力。

六、本合同自双方签字、盖章之日起生效；本合同壹式贰份，甲乙双方各执壹份。

甲方（签章）：　　　　乙方（签章）：

授权代表：刘宏　　　　授权代表：李

地址：北京市大兴区兴业大街89号　　地址：北京市朝阳区亚运村大屯路1号

电话：010-64582229　　电话：010-57960828

日期：2020 年 05 月 08 日　　日期：2020 年 05 月 08 日

（印章：北京博实商贸有限责任公司；北京星晨办公用品有限公司）

图 5-3-61

中国工商银行 网上银行电子回单

电子回单号码：39350538041

付款人	户名	北京博实商贸有限责任公司	收款人	户名	北京星晨办公用品有限公司
	账号	1102025456983264798		账号	6216612800013578655
	开户银行	中国工商银行兴业支行		开户银行	中国银行北京亚运村支行
金额		人民币（大写）：柒仟肆佰伍拾捌元整			¥7,458.00 元
摘要		收到货款	业务种类		
用途					
交易流水号		24526841388997	时间戳		2020-05-08
		备注：			
		验证码：19571967			
记账网点	519	记账柜员	469	记账日期	2020年05月08日

（印章：中国工商银行 电子回单专用章）

打印日期：2020年05月08日

图 5-3-62

任务四　库存管理与存货核算

业务情景

5月31日，北京星晨办公用品有限公司结转销售产品成本。请根据公司实际业务进行供应链月末结账并生成记账凭证。

操作视频 5－9

准备知识

存货盘点是指企业对自己库存的存货及特殊存货在库位的基础上进行存货清点。月末，企业一般要进行定期盘点，每月定期盘点采用动态盘点，即自盘为主、抽盘为辅的方式。盘点方法由仓库根据实际情况确定。若账实相符，即可进行库存月结，月结后财天下会生成成本结转记账凭证，财务会计人员采集出入库原始凭证添加至记账凭证附件，财务主管审核凭证。

库存管理流程如图 5－3－63 所示。

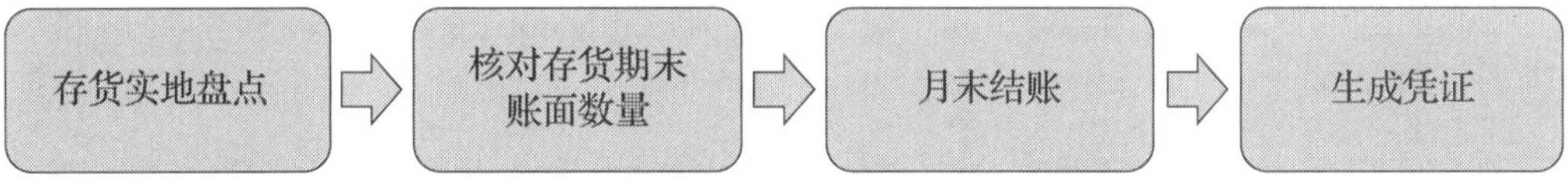

图 5－3－63

业务操作

（1）企业进行存货盘点。

（2）上传存货入库单。

（3）上传存货出库单。

（4）月末结账。

（5）生成月末成本结转记账凭证。

（6）审核凭证。

星晨公司的结转销售成本业务具体操作如下：

（1）公司进行存货盘点。星晨公司 2020 年 5 月 31 日盘点结果为账实相符，不需要调整账面数。

（2）上传存货入库单。供应链系统在任务二采购与应付业务中已经生成了入库单和记账凭证，如图 5－3－64 所示，因此此步可以忽略。

（3）上传存货出库单。供应链系统在任务三销售与应收业务中已经生成了出库单，如图 5－3－65 所示，因此此步可以忽略，直接进入月末结账。

（4）月末结账。点击“库存管理”“月末结账”，在结账月份下方点“结账”，如图 5－3－66、图 5－3－67 所示。

图 5-3-64

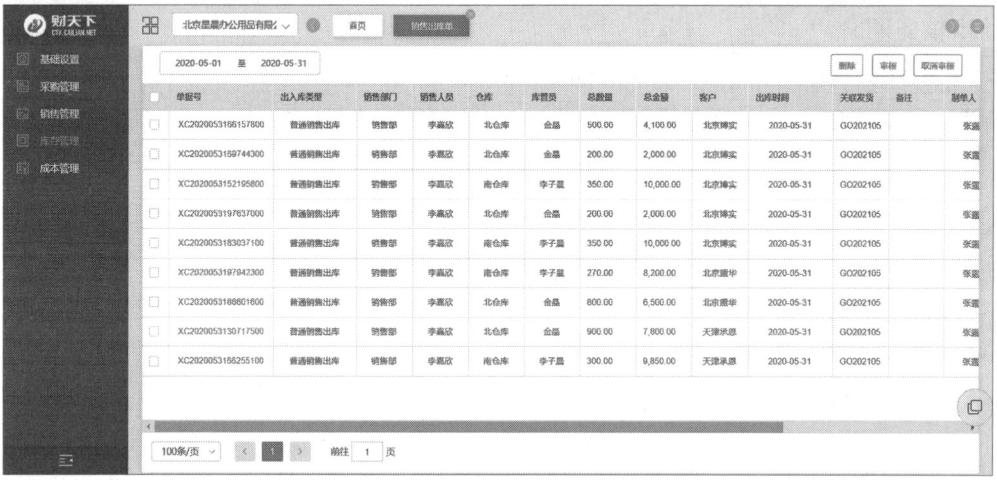

图 5-3-65

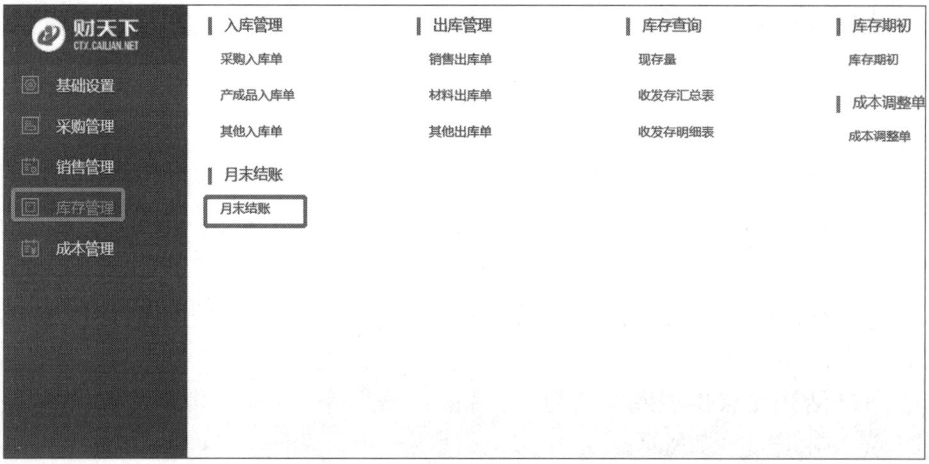

图 5-3-66

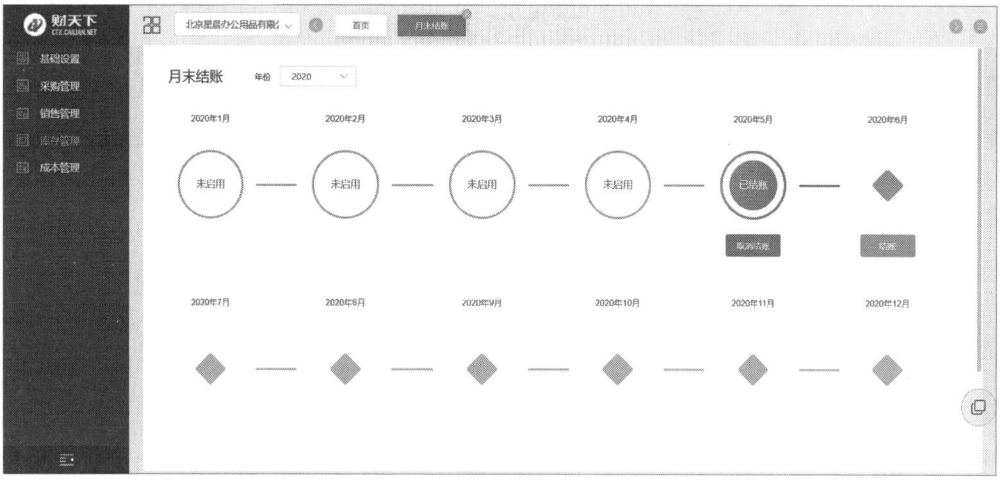

图 5-3-67

（5）生成月末成本结转记账凭证。月末结账后，财天下系统自动结转当月成本，生成记账凭证，如图 5-3-68 所示。

账套名称：北京星晨办公用品有限...　|　凭证日期：2020-05-31　|　记-0042　　凭证来源：销售出库　|　制单人：张露　|　审核人：

		销售出库	640101 主营业务成本-销售商品成本	6,750.00	
		销售出库	640101 主营业务成本-销售商品成本	2,000.00	
29		销售出库	640101 主营业务成本-销售商品成本	1,100.00	
		销售出库	1405 库存商品		1,100.00
		销售出库	1405 库存商品		6,750.00
		销售出库	1405 库存商品		2,000.00

图 5-3-68

（6）审核凭证。在结转成本的凭证中附上出库单，并审核凭证。

工作领域四

成本核算外包

成本核算外包业务综述

（1）业务范围：成本核算。

（2）业务分类：成本核算。

（3）业务流程：初始建账→录入基础数据→日常业务处理→月末结账。

（4）技能目标：会建立账套；会定义成本模型；会录入相关基础信息、分配定额等信息；会录入各车间出库单、入库单；会录入工费清单的总工资和总制造费用；会进行成本月结。

任务一　初始建账

操作视频 5－10

业务情景

紫霖财税共享服务中心接受了北京美味多食品有限公司的成本核算外包业务，将为其建立新的账套，开通供应链系统，启用成本模块。

准备知识

成本核算外包是指企业将自身的成本核算业务外包给专业公司来处理。企业成本核算是一个较为复杂且专业性较强的工作，企业若想提高成本核算效率，需要花费大量的人力物力开发软件、聘用专业人才。成本核算外包的优点是专业事情交给专业的人做，既节约了企业的人工成本，又可以通过专业软件使核算结果更准确，更利于企业成本管理。当然，成本核算外包也有风险，有秘方或者保密技术的企业需要做好保密工作。

成本核算外包业务的初始建账业务流程如图 5－4－1 所示。

图 5－4－1

业务操作

业务 1：建立账套，相关信息如图 5－4－2 所示。

试题

MFMWD-01
了解美味多食品的成本核算信息，建立账套，重新导入部门信息（先删除后导入），导入人员信息、存货信息等基础设置。
公司名称：北京美味多食品有限公司
会计准则：2007企业会计准则
建账会计期：2020年8月
统一社会信用代码（纳税人识别号）：91120104500263524A
纳税人类型：一般纳税人
法人代表：汪丹
经营地址：北京市昌平区小汤山科技园8号
电话：010-80116158
邮编：102200
开户行：工商银行昌平区支行(基本存款账户)
开户行银行账号：6222022102004101818
E-mail：mwdsp@163.com

开始练习

图 5－4－2

操作步骤

1. 重新导入部门信息

（1）打开“基础设置”中的“辅助核算”，点击“部门”，勾选全部部门，先点击“删除”，再点击“平台导入”，如图 5－4－3 所示。

图 5－4－3

（2）选择“美味多部门导入模板 .xlsx”文件，点击“开始上传”，如图 5－4－4 所示。

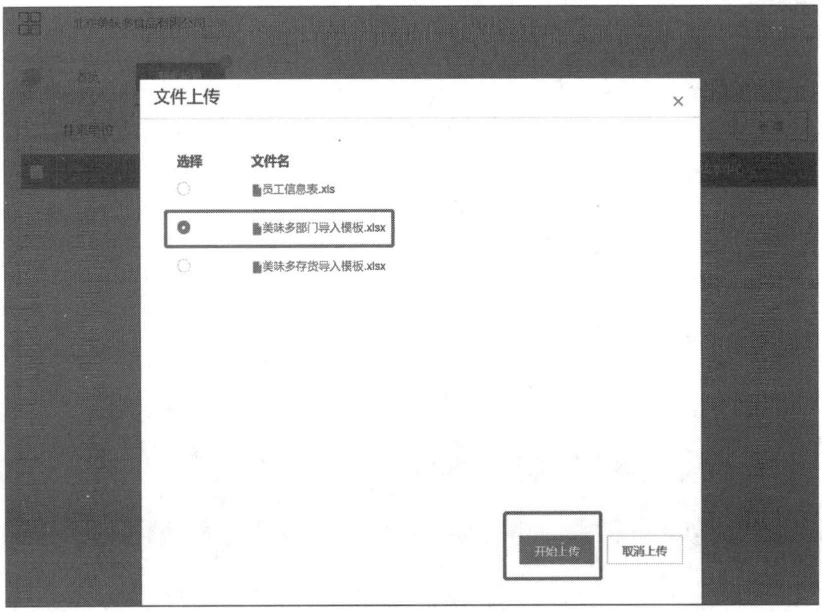

图 5-4-4

(3) 操作完毕，如图 5-4-5 所示。

图 5-4-5

2. 导入人员和存货信息

(1) 打开“基础设置”中的“辅助核算”，点击“人员”/“存货”，点击“平台导入”，分别选择对应的文件，点击“开始上传”。

(2) 操作完毕，如图 5-4-6、图 5-4-7 所示。

操作	工号	姓名	所属部门	证件类型	证件号码	手机	邮箱	离职
	101	王书诚	总经办	居民身份证	31010119750711519X	18610670193		
	201	宋峰	财务部	居民身份证	310101197911015414	13822635255		
	301	杜一帆	销售部	居民身份证	310101198209294753	18890249198		
	302	王子帅	销售部	居民身份证	31010119780315479X	13833665084		
	401	宋智阳	采购部	居民身份证	310101197907295628	13300971196		
	501	杜广平	库管部	居民身份证	440303198507072470	15645261914		
	502	杜广博	库管部	居民身份证	440304199003073999	18755462067		
	503	胡向龙	库管部	居民身份证	440306199005061339	18933640879		
	601	宋雨	加工车间	居民身份证	440307198708310841	18500152345		

图 5-4-6

操作	编码	名称	规格型号	计量单位	停用
	000001	草莓		千克	
	000002	蓝莓		千克	
	000003	白砂糖		千克	
	000004	明胶		千克	
	000005	柠檬酸		千克	
	000006	玻璃密封瓶		个	
	000007	草莓果酱熟料		千克	
	000008	蓝莓果酱熟料		千克	
	000009	草莓果酱		瓶	

图 5-4-7

业务 2：定义成本模型，相关信息如图 5-4-8 所示。

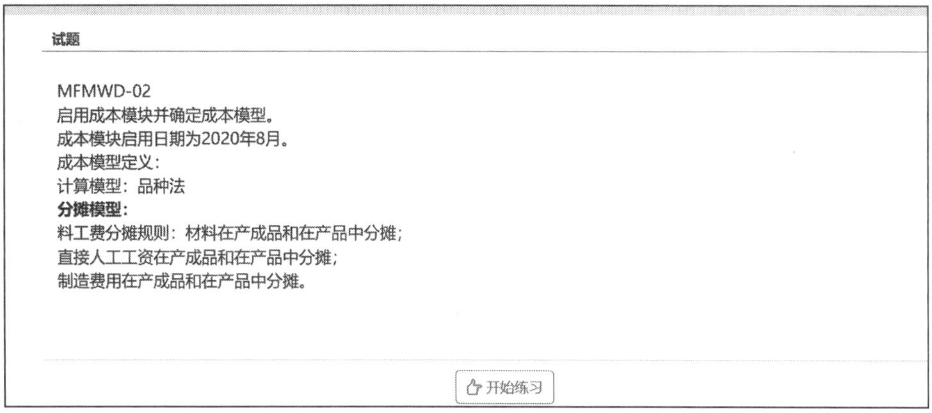
试题

MFMWD-02
启用成本模块并确定成本模型。
成本模块启用日期为2020年8月。
成本模型定义：
计算模型：品种法
分摊模型：
料工费分摊规则：材料在产成品和在产品中分摊；
直接人工工资在产成品和在产品中分摊；
制造费用在产成品和在产品中分摊。

开始练习

图 5-4-8

操作步骤

1. 启用“成本模块”

打开“基础设置”中的“公司主体信息”，勾选“启用成本”，把成本启用时间改为“2020-08”，点击“保存”，如图 5-4-9 所示。

图 5-4-9

2. 进行“个性化设置”

打开“基础设置”中的“个性化设置”，点击“成本”，查看内容是否正确，若不正确，需要修改，如图 5-4-10 所示。

图 5-4-10

业务 3：录入基础信息，相关信息如图 5-4-11 所示。

试题

MFMWD-03

录入仓库管理、结算方式、库存期初余额等。

仓库信息表

编码	名称	地址	仓库管理员
CK0001	原料库	北京市昌平区小汤山科技园 8 号 801 室	杜广平
CK0002	半成品库	北京市昌平区小汤山科技园 8 号 802 室	杜广博
CK0003	成品库	北京市昌平区小汤山科技园 8 号 803 室	胡向龙

结算方式

结算方式编码	结算方式名称	结算方式类型	收	付	标记
10	现金收支	现金	是	是	
20	银行收支	银行	是	是	银行

存货期初

存货名称	仓库	计量单位	数量	单价	金额
草莓	原料库	KG	3000.00	25.00	75000.00
蓝莓	原料库	KG	3000.00	80.00	240000.00
白砂糖	原料库	KG	1500.00	8.00	12000.00
明胶	原料库	KG	800.00	100.00	80000.00
柠檬酸	原料库	KG	800.00	50.00	40000.00
玻璃密封瓶	原料库	个	60000.00	1.00	60000.00

图 5-4-11

操作步骤

1. 录入“仓库管理”

（1）打开“基础设置”中的“仓库管理”，点击“新增”，如图 5-4-12 所示。

图 5-4-12

（2）根据业务信息录入仓库的名称、地址、存货分类以及仓库管理员，填完后，点击“确定”，如图 5-4-13 所示。

（3）操作完毕，如图 5-4-14 所示。

图 5-4-13

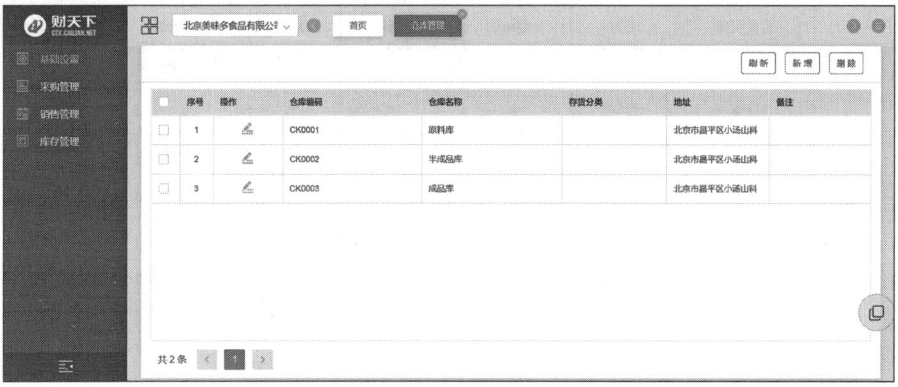

图 5-4-14

2. 录入“结算方式”

打开“基础设置”中的“结算方式”，点击“新增”，根据业务资料录入相关信息，如图 5-4-15 所示。

图 5-4-15

3. 录入“库存期初”数据

(1) 打开“库存管理”的“库存期初”，点击“新增”，如图 5-4-16 所示。

图 5-4-16

(2) 根据业务信息录入仓库、商品的名称、数量以及单价，点击“确定”，如图 5-4-17 所示。

图 5-4-17

(3) 录入完毕，选择相应的“仓库”，分别点击“审核”，直到“仓库状态”都显示“审核通过”，如图 5-4-18 所示。

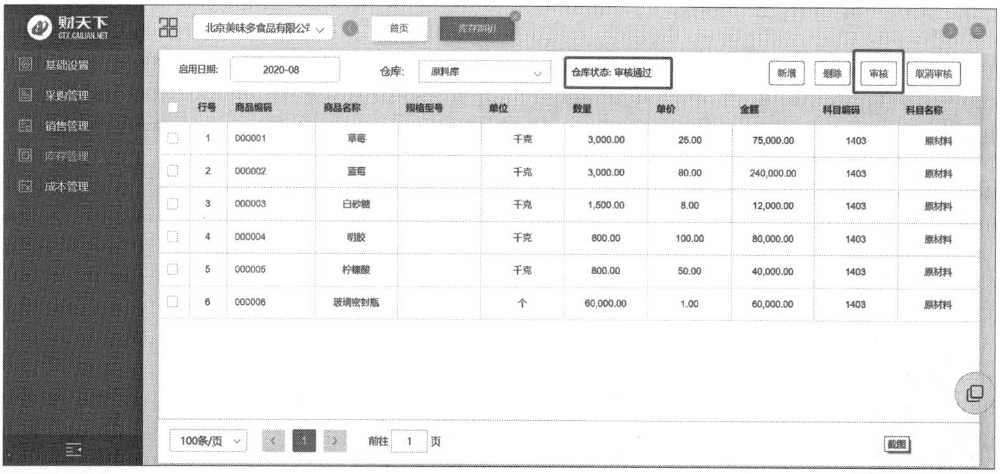

图 5-4-18

业务 4：录入分配定额，相关信息如图 5-4-19 所示。

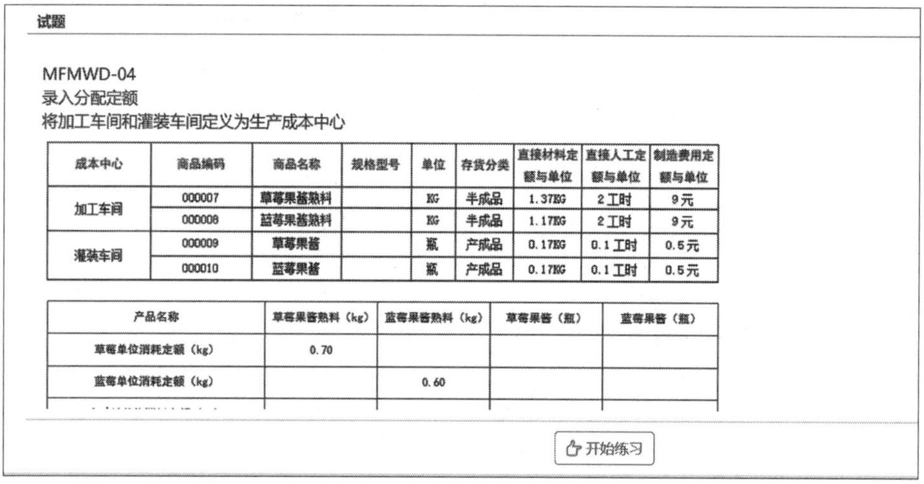
试题

MFMWD-04
录入分配定额
将加工车间和灌装车间定义为生产成本中心

成本中心	商品编码	商品名称	规格型号	单位	存货分类	直接材料定额与单位	直接人工定额与单位	制造费用定额与单位
加工车间	000007	草莓果酱熟料		KG	半成品	1.37KG	2工时	9元
	000008	蓝莓果酱熟料		KG	半成品	1.17KG	2工时	9元
灌装车间	000009	草莓果酱		瓶	产成品	0.17KG	0.1工时	0.5元
	000010	蓝莓果酱		瓶	产成品	0.17KG	0.1工时	0.5元

产品名称	草莓果酱熟料（kg）	蓝莓果酱熟料（kg）	草莓果酱（瓶）	蓝莓果酱（瓶）
草莓单位消耗定额（kg）	0.70			
蓝莓单位消耗定额（kg）		0.60		

开始练习

图 5-4-19

操作步骤

（1）打开“成本管理”中的“分配定额”，点击加工车间的“+”，根据业务资料录入相关信息。灌装车间也是一样的操作，如图 5-4-20 和图 5-4-21 所示。

（2）录入对应存货的名称、直接人工和直接费用的定额，点击“确定”，如图 5-4-22 和图 5-4-23 所示。

（3）点击加工车间的直接人工定额的“+”，录入对应的直接材料的定额，对应增加的制造费用定额的操作也是一样的。灌装车间的分配定额要分开操作，如图 5-4-24 所示。

操作视频 5-11

（4）录入对应材料的名称、直接材料定额，点击“确定”，如图 5-4-25 和图 5-4-26 所示。

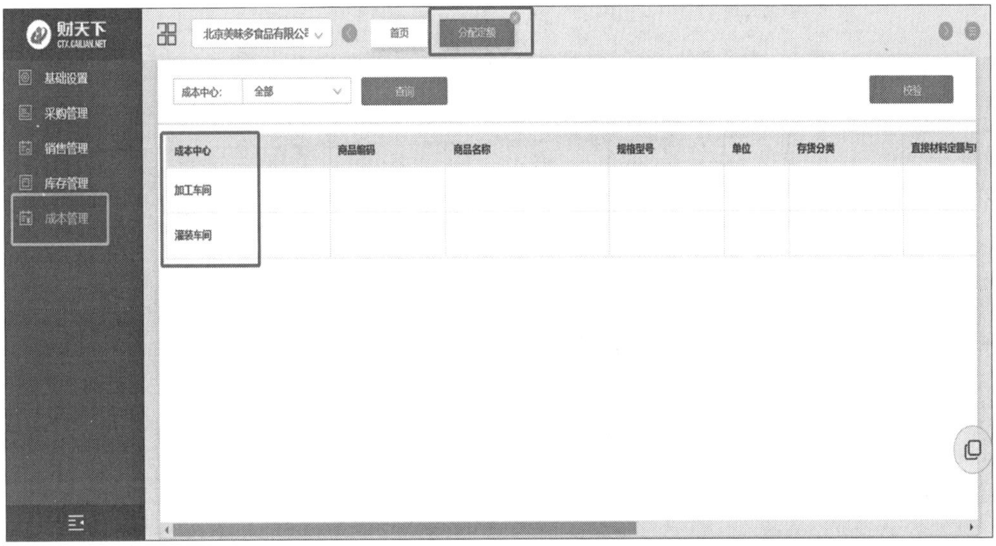

图 5－4－20

图 5－4－21

图 5－4－22

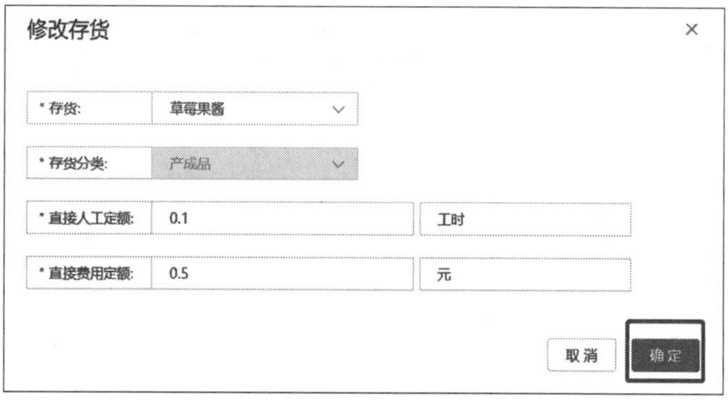

图 5-4-23

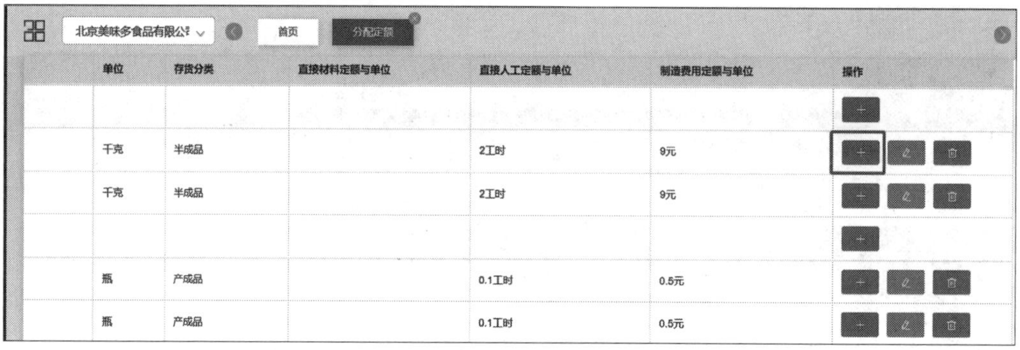

图 5-4-24

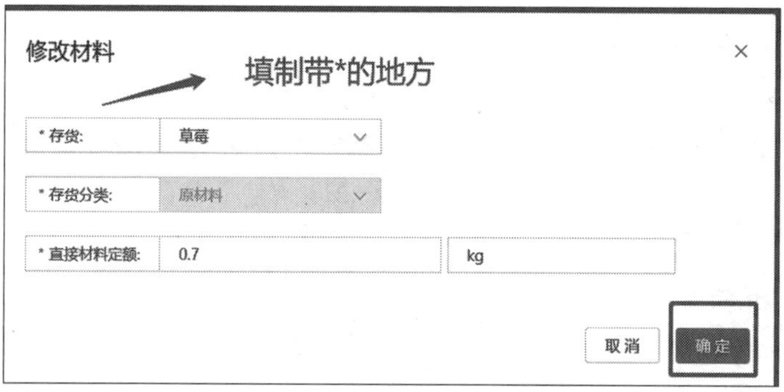

图 5-4-25

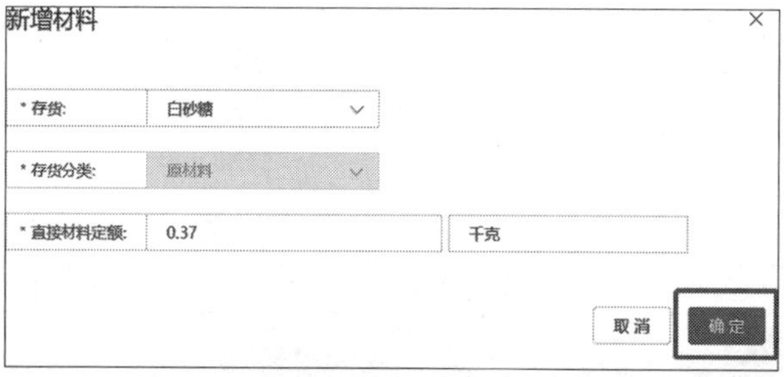

图 5-4-26

（5）操作完毕，点击“校验”。

业务 5：录入 8 月初在产品信息，相关资料如图 5－4－27 所示。

试题

MFMWD-05

录入8月初在产品

成本中心	商品编码	商品名称	规格型号	存货分类	直接材料成本	直接人工成本	制造费用成本	总成本
加工车间	000007	草莓果酱熟		半成品	1053.32	0	0	1053.32
	000008	蓝莓果酱熟		半成品	1558.22	0	0	1558.22
灌装车间	000009	草莓果酱		产成品	0	0	0	0
	000010	蓝莓果酱		产成品	0	0	0	0

开始练习

图 5－4－27

操作视频 5－12

操作步骤

打开“成本管理”的“月初在产品”，点击“　”，根据业务资料，进行编辑，如图 5－4－28 所示。

图 5－4－28

任务二　日常业务处理

业务情景

北京美味多食品有限公司主营业务为蓝莓果酱和草莓果酱的生产与销售。请根据其 8

月份的生产领料、完工入库等信息处理该公司 8 月份的成本核算日常业务。

准备知识

在所有企业中，制造企业的成本核算业务具有代表性，因为制造企业的业务经营过程完整地反映了从材料购进、产品生产、产品销售及收益分配的全过程。在制造企业中，成本核算的内容主要包括：

（1）供应过程中材料成本的归集、分配、计算与核算。

（2）生产过程中生产费用的归集与分配，产品成本的计算与核算。

（3）销售过程中产品销售成本的计算与核算。

（4）生产经营过程中各种期间费用的归集与核算。

（5）将成本计算与核算的结果以成本报表的方式进行报告与分析。

如果手工计算和处理这些内容需要较多时间和人力，而使用智能财税平台进行成本核算只需要录入基础信息、出入库数据就可以计算单位成本、生成成本结转凭证，节省了很多人力和时间，让财务人员有更多时间做成本分析和成本管理，为企业创造更大的价值。

业务操作

业务 6：录入加工车间材料出库单，相关信息如图 5－4－29 所示。

试题

MFMWD-06

8月1日，加工车间宋雨领用原材料，录入材料出库单并审核。

1）草莓果酱熟料领料单汇总

品名	计量单位	数量	单价	金额	出入库类型	领用部门	领用人员
草莓	KG	1190	25.00	29750.00	生产领用	加工车间	宋雨
白砂糖	KG	629	8.00	5032.00	生产领用	加工车间	宋雨
明胶	KG	255	100.00	25500.00	生产领用	加工车间	宋雨
柠檬酸	KG	255	50.00	12750.00	生产领用	加工车间	宋雨
合计				73032.00			

2）蓝莓果酱熟料领料单汇总

品名	计量单位	数量	单价	金额	出入库类型	领用部门	领用人员
蓝莓	KG	1020	80.00	81600.00	生产领用	加工车间	宋雨

图 5－4－29

操作步骤

（1）打开“库存管理”中的“材料出库单”，点击“新增”，如图 5－4－30 所示。

（2）根据业务资料填写相关信息，修改“出库时间”，点击“添加”，如图 5－4－31 和图 5－4－32 所示。

（3）勾选需要增加的材料，点击“确定”，如图 5－4－33 所示。

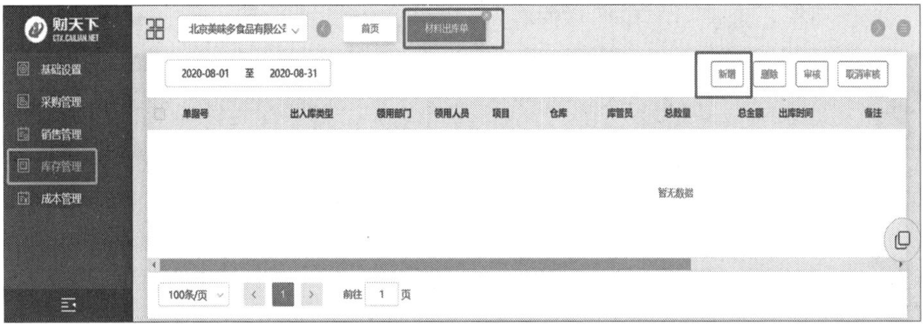

图 5-4-30

图 5-4-31

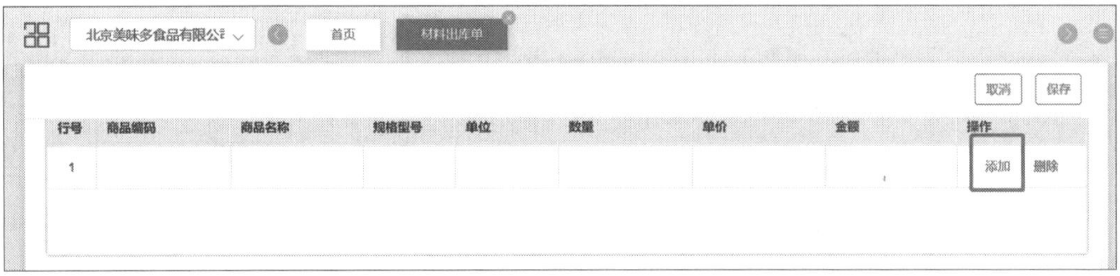

图 5-4-32

图 5-4-33

（4）操作完毕，点击右上角的“保存”，如图 5－4－34 所示。

图 5－4－34

（5）选择出库单，点击“审核”，如图 5－4－35 所示。

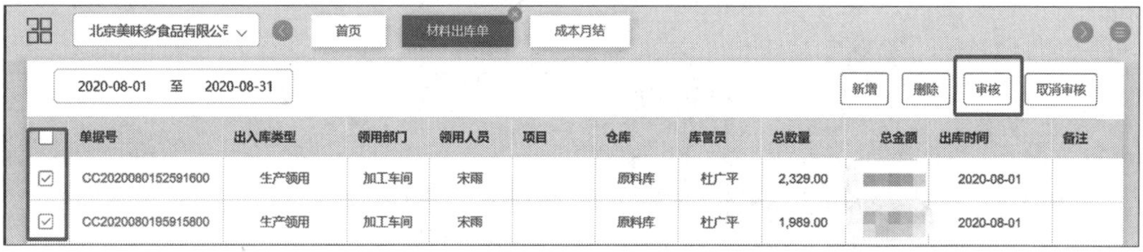

图 5－4－35

业务 7：录入工费清单的总工资和总制造费用，相关信息如图 5－4－36 所示。

试题

MFMWD-07

录入工费清单的总工资和总制造费用

成本中心	工资	制造费用
加工车间	68,000.00	30,600.00
灌装车间	3,400.00	1700.00

开始练习

图 5－4－36

操作视频 5－13

操作步骤

打开“成本管理”中的“工费清单”，点击“ ”进行编辑，如图 5－4－37 所示。

图 5－4－37

业务 8：录入半成品入库清单，相关信息如图 5－4－38 所示。

试题

MFMWD-08
8月15日录入半成品入库清单

成本中心	仓库	存货	数量	单价
加工车间	半产品库	草莓果酱熟料	1700	71.96
加工车间	半产品库	蓝莓果酱熟料	1700	91.66

开始练习

图 5－4－38

操作步骤

（1）打开“库存管理”的“产成品入库单”，点击“新增”，如图 5－4－39 所示。

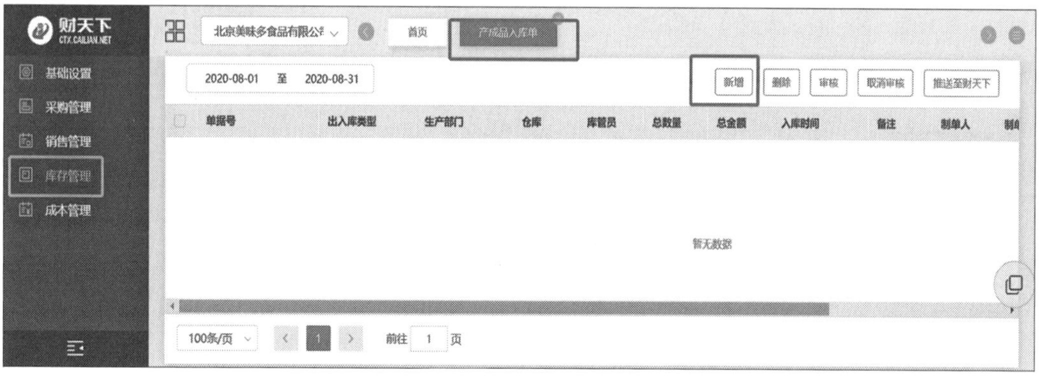

图 5－4－39

（2）根据业务资料填制相关信息，修改“入库时间”，点击“添加”，如图 5－4－40 和图 5－4－41 所示。

（3）选择相应的半成品，点击“确定”，如图 5－4－42 所示。

（4）操作完毕，点击“保存”，如图 5－4－43 所示。

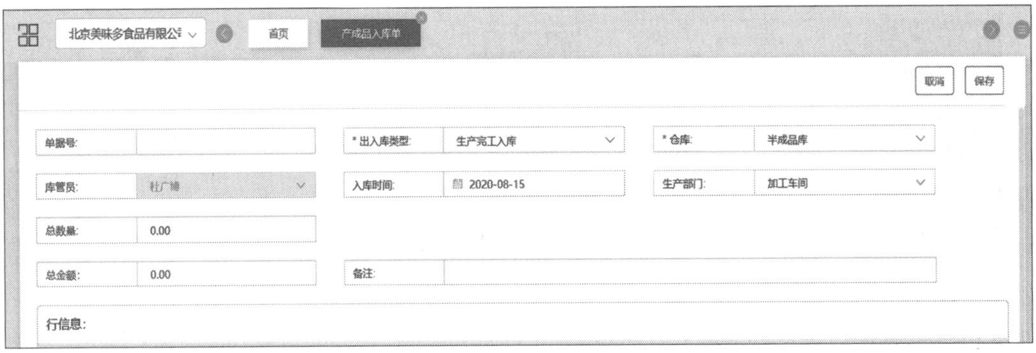

图 5－4－40

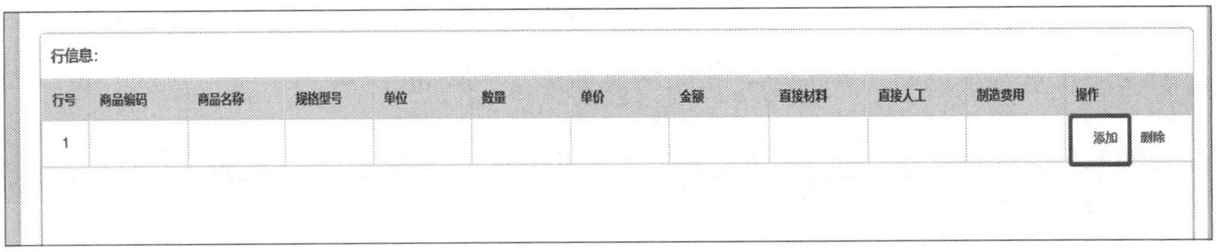

图 5－4－41

图 5－4－42

图 5－4－43

（5）选择入库单，点击“审核”，如图 5－4－44 所示。

图 5－4－44

业务 9：录入罐装车间材料出库单，相关信息如图 5－4－45 所示。

试题

MFMWD-09

8月15日，灌装车间杜少娟领用半成品材料和原材料，录入材料出库单并审核。

1）草莓果酱领料单汇总

品名	计量单位	数量	单价	金额	出入库类型	领用部门	领用人员
草莓果酱熟料	KG	1700	71.96	122,332.00	生产领用	灌装车间	杜少娟
玻璃密封瓶	KG	10000	1.00	10,000.00	生产领用	灌装车间	杜少娟
合计				132,332.00			

2）蓝莓果酱领料单汇总

品名	计量单位	数量	单价	金额	出入库类型	领用部门	领用人员
蓝莓果酱熟料	KG	1700	91.66	155,822.00	生产领用	灌装车间	杜少娟
玻璃密封瓶	KG	10000	1.00	10,000.00	生产领用	灌装车间	杜少娟
合计				165,822.00			

开始练习

图 5－4－45

操作步骤

除了灌装车间领用不同仓库的材料，需要分开填制外，其他操作与业务 6 相同。操作完毕，如图 5－4－46 所示。

图 5－4－46

业务 10：录入产成品入库清单，相关信息如图 5－4－47 所示。

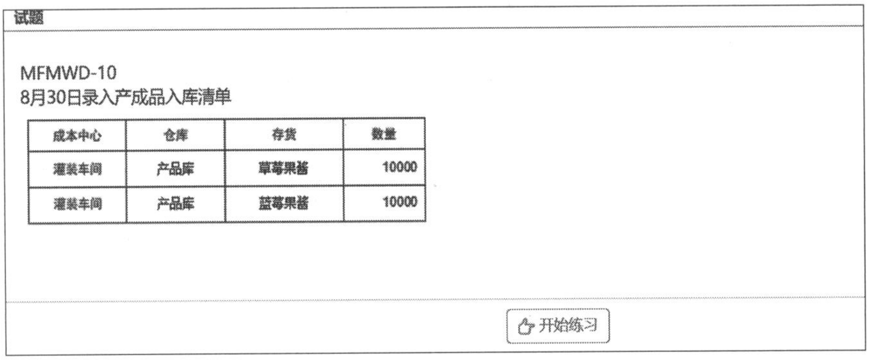
试题

MFMWD-10
8月30日录入产成品入库清单

成本中心	仓库	存货	数量
灌装车间	产品库	草莓果酱	10000
灌装车间	产品库	蓝莓果酱	10000

开始练习

图 5-4-47

操作步骤

填制灌装车间产成品入库清单的操作与业务 8 相同。操作完毕，如图 5-4-48 所示。

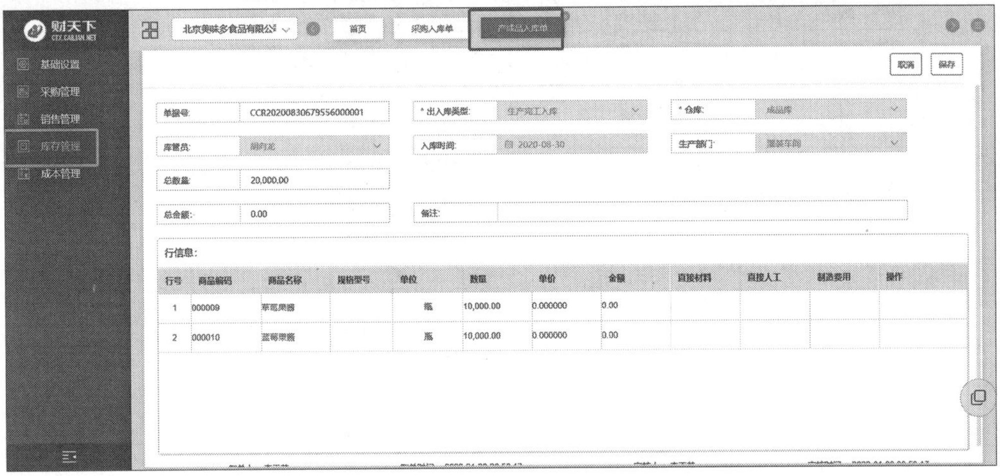

图 5-4-48

任务三　月末结账

业务情景

月末，录入北京美味多食品有限公司的在产品信息，并进行成本月结。

准备知识

在智能财税平台成本月结之后会自动生成结转成本的凭证，包括生成领用和完工入库的凭证。在月末结账时，注意检查半成品、产成品成本计算表和分配表的数据，查看产品数量录入是否正确、要素费用的计算和分配是否正确等。月结完成之后相关数据会被推送到财天下，财天下智能生成成本结转凭证，主要分录如下：

（1）生产领用原材料：

借：生产成本

　贷：原材料

（2）生产完工入库：

借：库存商品

　贷：生产成本

会计人员需要在财天下采集出入库单据，加入各成本结转凭证的附件中，最后由主管会计审核凭证的正确性。

操作视频 5－14

业务操作

业务 11：进行月末在产品管理，相关信息如图 5－4－49 所示。

成本中心	约当系数	存货	数量
灌装车间	0.5	草莓果酱	100
灌装车间	0.5	蓝莓果酱	100

图 5－4－49

操作步骤

（1）打开“成本管理”中的“月末在产品”，点击“新增”，如图 5－4－50 所示。

图 5－4－50

（2）根据业务信息，填写存货的名称、数量以及完工程度，点击“确定”，如图 5－4－51 所示。

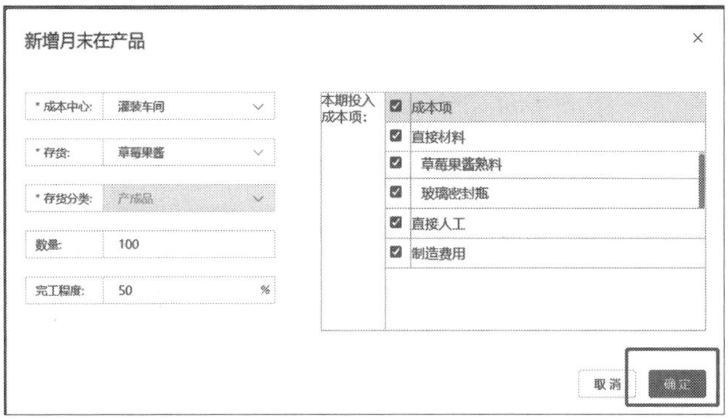

图 5 - 4 - 51

(3) 操作完毕，如图 5 - 4 - 52 所示。

图 5 - 4 - 52

业务 12：进行成本月结，计算半成品成本和产成品成本并推送至财天下。

操作步骤

(1) 打开“成本管理”中的“成本月结”，依次点击“关账”“获取材料清单”“开始计算”“获取半成品领用数据”“开始计算”。操作完毕，显示蓝色，即成本月结完成，如图 5 - 4 - 53 所示。

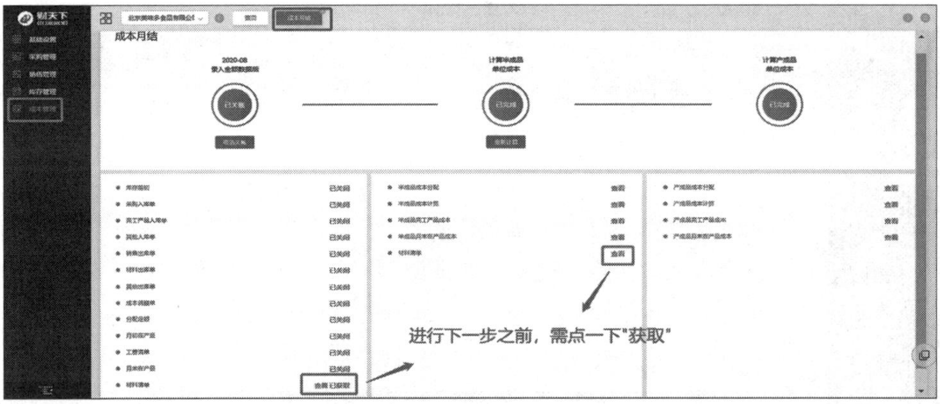

图 5 - 4 - 53

(2) 打开“库存管理”中的“月末结账”，点击“结账”。操作完毕，显示蓝色，即库存月结完成，如图 5 - 4 - 54 所示。

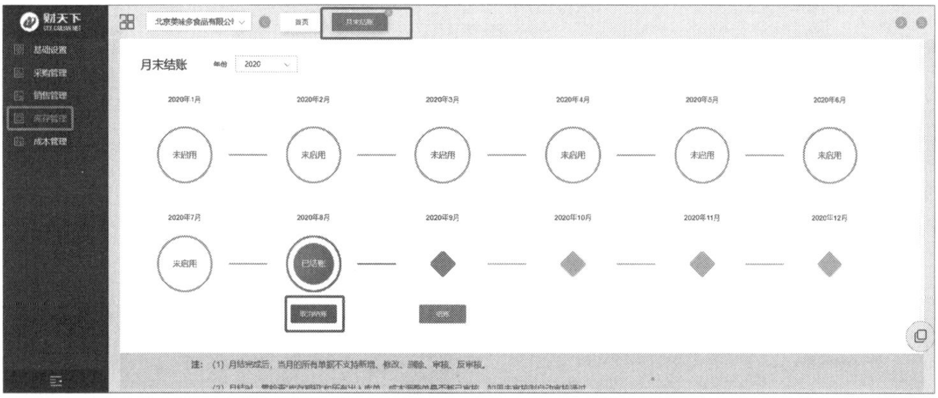

图 5-4-54

业务 13：查看生产完工入库的记账凭证。

操作步骤

打开“凭证”中的“凭证管理”，选择“2020 年 8 月”，可查看相应的记账凭证。生产领用材料出库的记账凭证如图 5-4-55 至图 5-4-60 所示，生产完工入库的记账凭证如图 5-4-61、图 5-4-62 所示。

序号	摘要	会计科目	数量	借方金额	贷方金额
1	生产领用材料出库	500101 生产成本-直接材料_白砂糖	数量:459.00个 单价:8.000000	367200	
2	生产领用材料出库	500101 生产成本-直接材料_明胶	数量:255.00个 单价:100.000000	2550000	
3	生产领用材料出库	500101 生产成本-直接材料_柠檬酸	数量:255.00个 单价:50.000000	1275000	
4	生产领用材料出库	500101 生产成本-直接材料_蓝莓	数量:1020.00个 单价:80.000000	8160000	
5	生产领用材料出库	1403 原材料_蓝莓	数量:1020.00个 单价:80.000000		8160000
6	生产领用材料出库	1403 原材料_白砂糖	数量:459.00个 单价:8.000000		367200
7	生产领用材料出库	1403 原材料_明胶 辅助项	数量:255.00个 单价:100.000000		2550000
8	生产领用材料出库	1403 原材料_柠檬酸	数量:255.00个 单价:50.000000		1275000
9					
合计:壹拾贰万叁仟伍佰贰拾贰元整				12352200	12352200

图 5-4-55

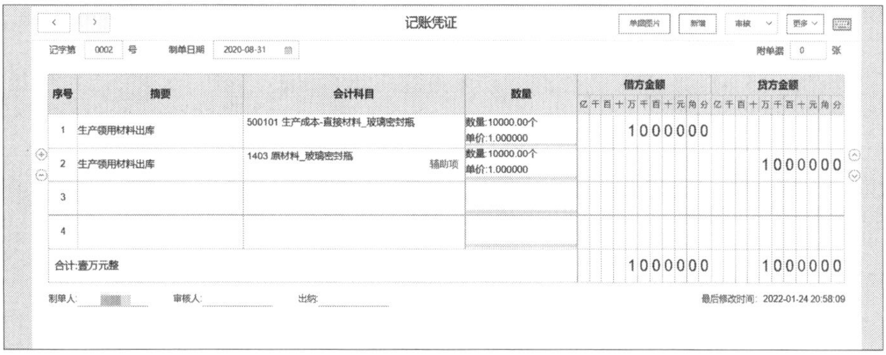

序号	摘要	会计科目	数量	借方金额	贷方金额
1	生产领用材料出库	500101 生产成本-直接材料_玻璃密封瓶	数量:10000.00个 单价:1.000000	1000000	
2	生产领用材料出库	1403 原材料_玻璃密封瓶 辅助项	数量:10000.00个 单价:1.000000		1000000
3					
4					
合计:壹万元整				1000000	1000000

制单人：　审核人：　出纳：　最后修改时间：2022-01-24 20:58:09

图 5-4-56

记账凭证

序号	摘要	会计科目	数量	借方金额	贷方金额
1	生产领用材料出库	500101 生产成本-直接材料_白砂糖	数量:629.00个 单价:8.000000	503200	
2	生产领用材料出库	500101 生产成本-直接材料_明胶	数量:255.00个 单价:100.000000	2550000	
3	生产领用材料出库	500101 生产成本-直接材料_柠檬酸	数量:255.00个 单价:50.000000	1275000	
4	生产领用材料出库	500101 生产成本-直接材料_草莓	数量:1190.00个 单价:25.000000	2975000	
5	生产领用材料出库	1403 原材料_草莓	数量:1190.00个 单价:25.000000		2975000
6	生产领用材料出库	1403 原材料_白砂糖 辅助项	数量:629.00个 单价:8.000000		503200
7	生产领用材料出库	1403 原材料_明胶	数量:255.00个 单价:100.000000		2550000
8	生产领用材料出库	1403 原材料_柠檬酸	数量:255.00个 单价:50.000000		1275000
9					
合计:柒万叁仟零叁拾贰元整				7303200	7303200

图 5-4-57

记账凭证

记字第 0004 号　制单日期 2020-08-31　附单据 0 张

序号	摘要	会计科目	数量	借方金额	贷方金额
1	生产领用材料出库	500101 生产成本-直接材料_玻璃密封瓶	数量:10000.00个 单价:1.000000	1000000	
2	生产领用材料出库	1403 原材料_玻璃密封瓶 辅助项	数量:10000.00个 单价:1.000000		1000000
3					
4					
合计:壹万元整				1000000	1000000

制单人:　审核人:　出纳:　最后修改时间: 2022-01-24 20:58:10

图 5-4-58

记账凭证

记字第 0005 号　制单日期 2020-08-31　附单据 0 张

序号	摘要	会计科目	数量	借方金额	贷方金额
1	生产领用材料出库	500101 生产成本-直接材料_蓝莓果酱熟料 辅助项	数量:1700.00个 单价:102.471881	17420220	
2	生产领用材料出库	1403 原材料_蓝莓果酱熟料	数量:1700.00个 单价:102.471881		17420220
3					
4					
合计:壹拾柒万肆仟贰佰零贰元贰角				17420220	17420220

制单人:　审核人:　出纳:　最后修改时间: 2022-01-24 20:58:10

图 5-4-59

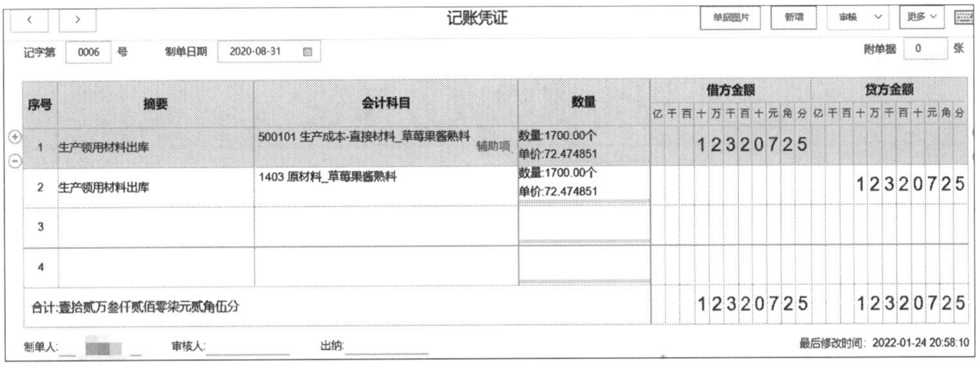

记账凭证

记字第 0006 号　制单日期 2020-08-31　附单据 0 张

序号	摘要	会计科目	数量	借方金额	贷方金额
1	生产领用材料出库	500101 生产成本-直接材料_草莓果酱熟料　辅助项	数量:1700.00个 单价:72.474851	12320725	
2	生产领用材料出库	1403 原材料_草莓果酱熟料	数量:1700.00个 单价:72.474851		12320725
3					
4					
合计:壹拾贰万叁仟贰佰零柒元贰角伍分				12320725	12320725

制单人: [redacted]　审核人:　出纳:　最后修改时间: 2022-01-24 20:58:10

图 5 - 4 - 60

记账凭证

序号	摘要	会计科目	数量	借方金额	贷方金额
1	生产完工入库	1403 原材料_草莓果酱熟料	数量:1700.00个 单价:72.580000	12338600	
2	生产完工入库	1403 原材料_蓝莓果酱熟料　辅助项	数量:1700.00个 单价:102.580000	17438600	
3	生产完工入库	500101 生产成本-直接材料_蓝莓果酱熟料	数量:1700.00个 单价:102.580000		12508600
4	生产完工入库	500101 生产成本-直接材料_草莓果酱熟料	数量:1700.00个 单价:72.580000		7408600
5	生产完工入库	500102 生产成本-直接人工_蓝莓果酱熟料	数量:1700.00个 单价:102.580000		3400000
6	生产完工入库	500102 生产成本-直接人工_草莓果酱熟料	数量:1700.00个 单价:72.580000		3400000
7	生产完工入库	500103 生产成本-制造费用_蓝莓果酱熟料	数量:1700.00个 单价:102.580000		1530000
8	生产完工入库	500103 生产成本-制造费用_草莓果酱熟料	数量:1700.00个 单价:72.580000		1530000
9					
合计:贰拾玖万柒仟柒佰柒拾贰元整				29777200	29777200

图 5 - 4 - 61

记账凭证

序号	摘要	会计科目	数量	借方金额	贷方金额
1	生产完工入库	1405 库存商品_草莓果酱	数量:10000.00个 单价:13.500000	13500000	
2	生产完工入库	1405 库存商品_蓝莓果酱	数量:10000.00个 单价:18.580000	18580000	
3	生产完工入库	500101 生产成本-直接材料_蓝莓果酱	数量:10000.00个 单价:18.580000		18330000
4	生产完工入库	500101 生产成本-直接材料_草莓果酱　辅助项	数量:10000.00个 单价:13.500000		13250000
5	生产完工入库	500102 生产成本-直接人工_蓝莓果酱	数量:10000.00个 单价:18.580000		170000
6	生产完工入库	500102 生产成本-直接人工_草莓果酱	数量:10000.00个 单价:13.500000		170000
7	生产完工入库	500103 生产成本-制造费用_蓝莓果酱	数量:10000.00个 单价:18.580000		80000
8	生产完工入库	500103 生产成本-制造费用_草莓果酱	数量:10000.00个 单价:13.500000		80000
9					
合计:叁拾贰万零捌佰元整				32080000	32080000

图 5 - 4 - 62

工作领域五

固定资产业务外包

固定资产业务外包综述

（1）业务范围：固定资产外包业务。

（2）业务分类：固定资产的增加、固定资产的变更、固定资产的处置。

（3）业务流程：基础设置→固定资产增加的处理→固定资产变更的处理→计提折旧→固定资产的处置。

（4）技能目标：了解固定资产外包业务；会对资产管理模块进行基础设置；会在资产管理模块处理自建固定资产业务；会在资产管理模块处理购置固定资产业务；会在资产管理模块处理资产更新改造业务；会在资产管理模块处理固定资产折旧业务；会在资产管理模块处理固定资产出售业务。

任务一　基础设置

业务情景

紫霖财税共享服务中心接受杭州康健医疗器械有限公司的固定资产外包业务，为其设立账户，并进行基础设置。主要内容为启用资产管理模块、部门设置、录入客户和供应商信息、设置辅助核算、录入期初数据等。

准备知识

固定资产业务外包服务是企业将公司固定资产相关业务处理外包给第三方专业服务公司，第三方专业服务公司利用资产管理平台对客户的固定资产进行管理。资产管理平台的功能主要包括新建固定资产、购置固定资产、计提固定资产折旧、固定资产报废和出售等业务的处理。

在财天下新建账套，启用资产管理模块，然后对客户基础信息进行设置，录入客户固定资产期初数据，业务流程如图 5－5－1 所示。

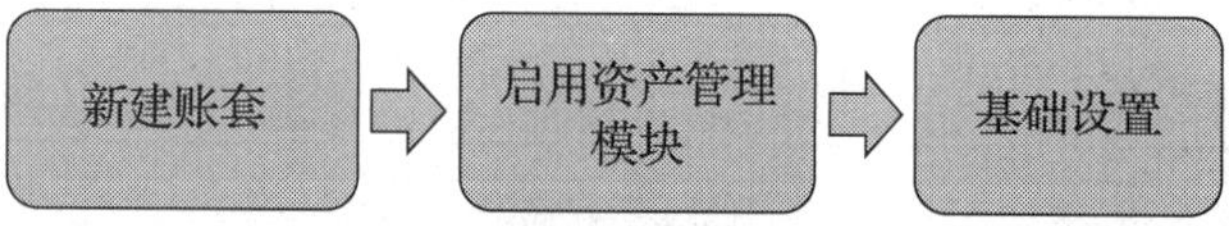

图 5－5－1

业务操作

业务 1：进行基础设置，相关信息如图 5－5－2 所示。

操作视频 5－15

试题

MFKJ-00
根据企业提供的信息，进行账套基础设置，公司设立行政部、财务部、采购部、销售部、库管部、生产部6个部门
个性化设置：默认会计期为最小未结账会计月月末
客户辅助核算：应收票据、应收账款、预收账款
供应商辅助核算：预付账款、应付票据、应付账款/一般
公司名称：杭州康健医疗器械有限公司
建账会计期：2020年5月
统一社会信用代码（纳税人识别号）：91110106469069096C
法人代表：汪鑫
经营地址：杭州市余杭区经济技术开发区1号
电话：0571-57982828
开户行：中国银行杭州市余杭支行(基本存款账户)
开户行银行账号：6216612800013578655
传　真：0571-57982828
E-mail：kjyl@yh.com.cn
记账本位币：人民币

开始练习

图 5－5－2

操作步骤

1. 修改“个性化设置”

打开“基础设置”中的“个性化设置”，勾选“最小未结账月”，修改默认会计期。修改完毕，点击“保存”，如图 5－5－3 所示。

图 5－5－3

2. 修改会计科目的“辅助核算”

（1）打开“基础设置”中的“会计科目”，搜索需要修改的科目名称，如图 5－5－4 所示。

（2）搜索“应收票据”，点击“ ”进行修改，如图 5－5－5 所示。

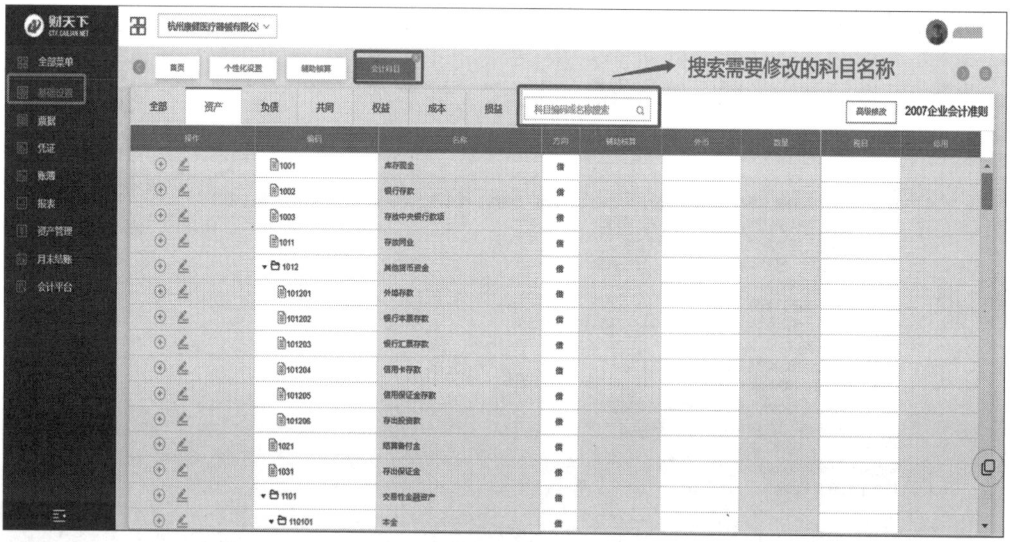

图 5-5-4

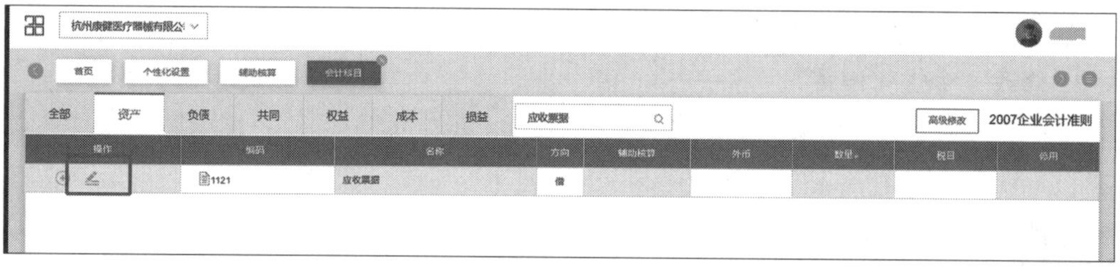

图 5-5-5

（3）勾选“辅助核算”，根据业务资料选择相应的辅助核算，点击“确认”，如图 5-5-6 所示。

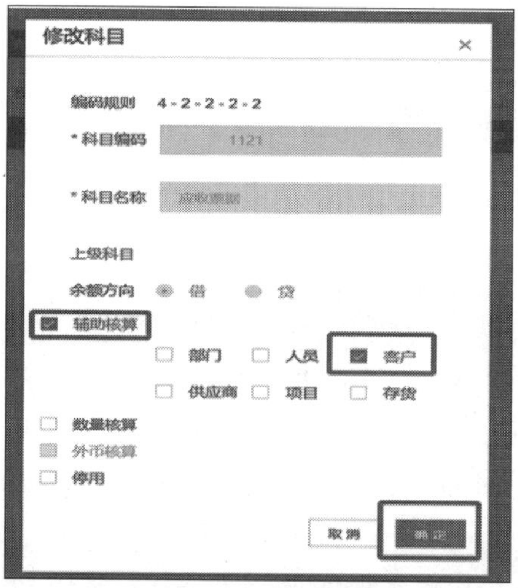

图 5-5-6

3. 添加供应商和客户信息

打开“基础设置”中的“辅助核算”，点击“往来单位”“新增”，根据业务资料录入相关信息，点击“确定”，如图 5-5-7 所示。

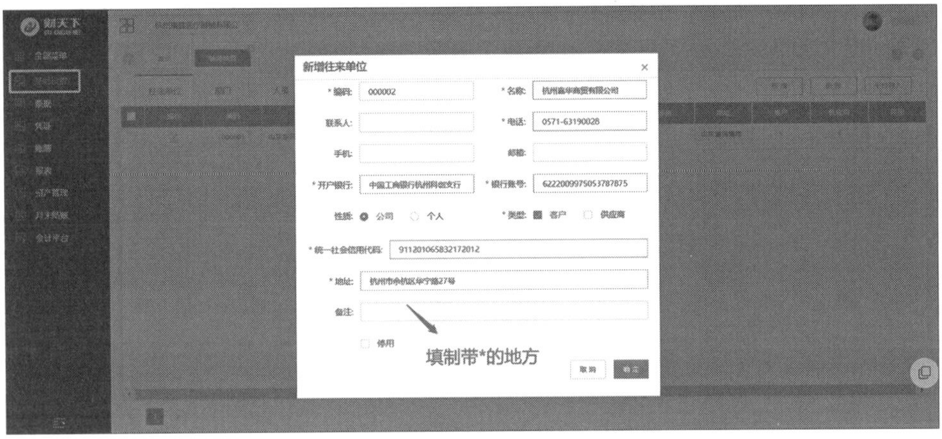

图 5-5-7

业务 2：录入固定资产期初数据，相关信息如图 5-5-8 所示。

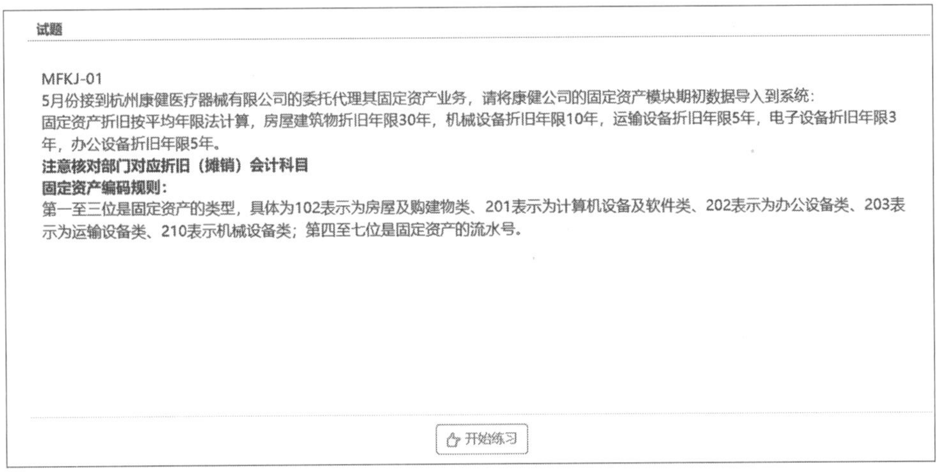
试题

MFKJ-01

5月份接到杭州康健医疗器械有限公司的委托代理其固定资产业务，请将康健公司的固定资产模块期初数据导入到系统：

固定资产折旧按平均年限法计算，房屋建筑物折旧年限30年，机械设备折旧年限10年，运输设备折旧年限5年，电子设备折旧年限3年，办公设备折旧年限5年。

注意核对部门对应折旧（摊销）会计科目

固定资产编码规则：

第一至三位是固定资产的类型，具体为102表示为房屋及购建物类、201表示为计算机设备及软件类、202表示为办公设备类、203表示为运输设备类、210表示机械设备类；第四至七位是固定资产的流水号。

开始练习

图 5-5-8

操作步骤

1. 导入固定资产期初数据

打开“资产管理”中的“资产卡片”，点击右上角的“导入”，选择文件，点击“确认”，如图 5-5-9 所示。

2. 修改“部门费用科目设置”

打开“资产管理”中的“部门费用科目设置”，点击右上角的“修改”设置科目，设置完毕，点击“保存”，如图 5-5-10 所示。

注意：根据“部门”填制相应的科目。

图 5-5-9

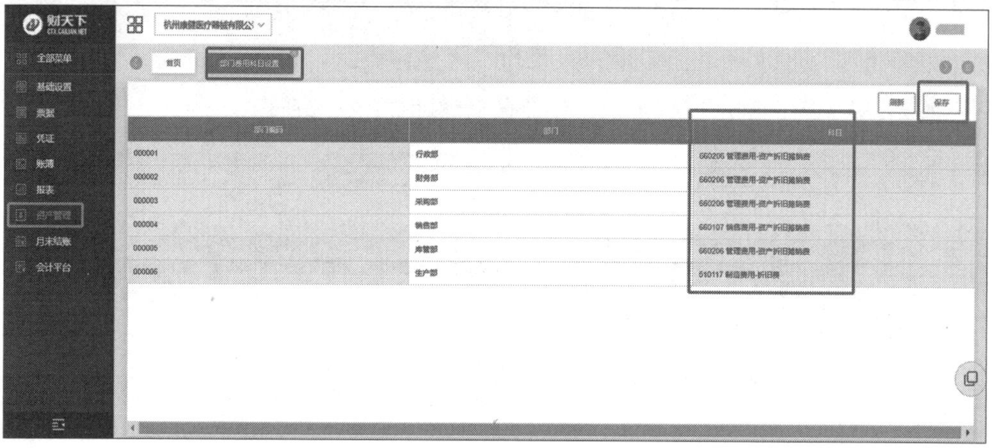

图 5-5-10

任务二　固定资产增加和更新改造

业务情景

固定资产增加业务包含自建和购置固定资产，以及更新改造固定资产。由资产管理岗人员为杭州康健医疗器械有限公司处理固定资产的增加和更新改造相关业务。

准备知识

固定资产的取得，按其来源不同可分为购入、自建、其他单位投入、融资租入、接受捐赠和盘盈等。智能财税平台基本可以实现智能生成固定资产增加的相关凭证，会计人员需要审核凭证是否有误。固定资产更新改造是指以新的固定资产替换因磨损而丧失使用价值的固定资产，或以新技术对原有的固定资产进行技术改造。

1. 固定资产增加和更新改造业务账务处理

（1）股东投入固定资产：

借：固定资产

　贷：实收资本

（2）购入不需要安装的固定资产：

借：固定资产（买价＋运杂费）

　　应交税费——应交增值税（进项税额）（取得专票）

　贷：银行存款

（3）购入需要安装的固定资产：

1）支付货款和税费：

借：在建工程

　　应交税费——应交增值税（进项税额）

　贷：银行存款

2）支付运费、包装费：

借：在建工程

　　应交税费——应交增值税（进项税额）

　贷：银行存款

3）支付安装费：

借：在建工程

　贷：银行存款

4）完工交付使用：

借：固定资产

　贷：在建工程

（4）自建固定资产：

1）购入工程物资：

借：工程物资

　　应交税费——应交增值税（进项税额）

　贷：银行存款

2）领用工程物资：

借：在建工程

　贷：工程物资

3）发生其他费用：

借：在建工程

　贷：银行存款/应付职工薪酬

4）完工交付使用：

借：固定资产

　贷：在建工程

（5）盘盈固定资产：

借：固定资产

　贷：以前年度损益调整

（6）固定资产更新改造：

1）将固定资产账面价值转入在建工程：：

借：在建工程

　　累计折旧

　贷：固定资产

2）发生改扩建工程支出：

借：在建工程

　贷：银行存款等

3）替换部分按照账面价值冲减在建工程：

借：营业外支出

　贷：在建工程

4）取得被替换部分变价收入：

借：银行存款

　贷：营业外支出

　　　应交税费——应交增值税

5）达到预定可使用状态：

借：固定资产

　贷：在建工程

2. 固定资产增加和更新改造业务处理流程图

固定资产自建和购置业务处理流程如图 5－5－11 所示。

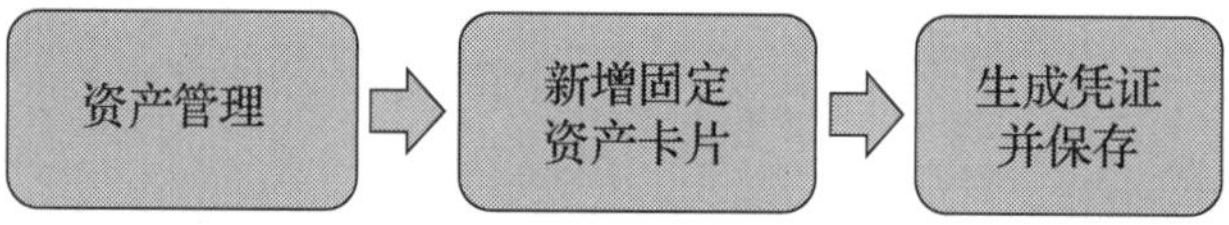

图 5－5－11

固定资产更新改造处理流程如图 5－5－12 所示。

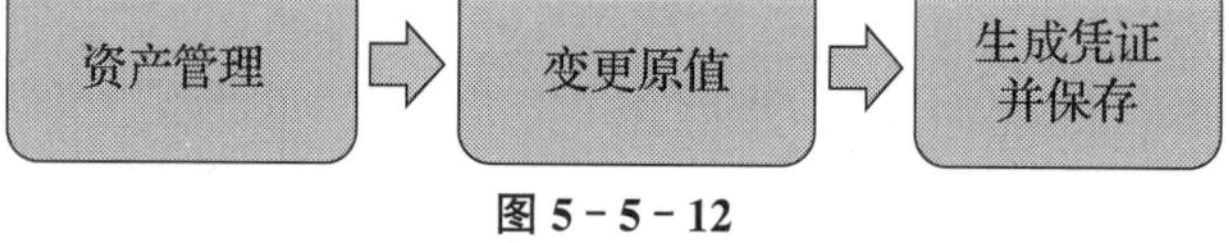

图 5－5－12

业务操作

操作视频 5－16

业务 1：公司自建熔喷布厂房，经验收投入使用，固定资产验收单如图 5－5－13 所示。

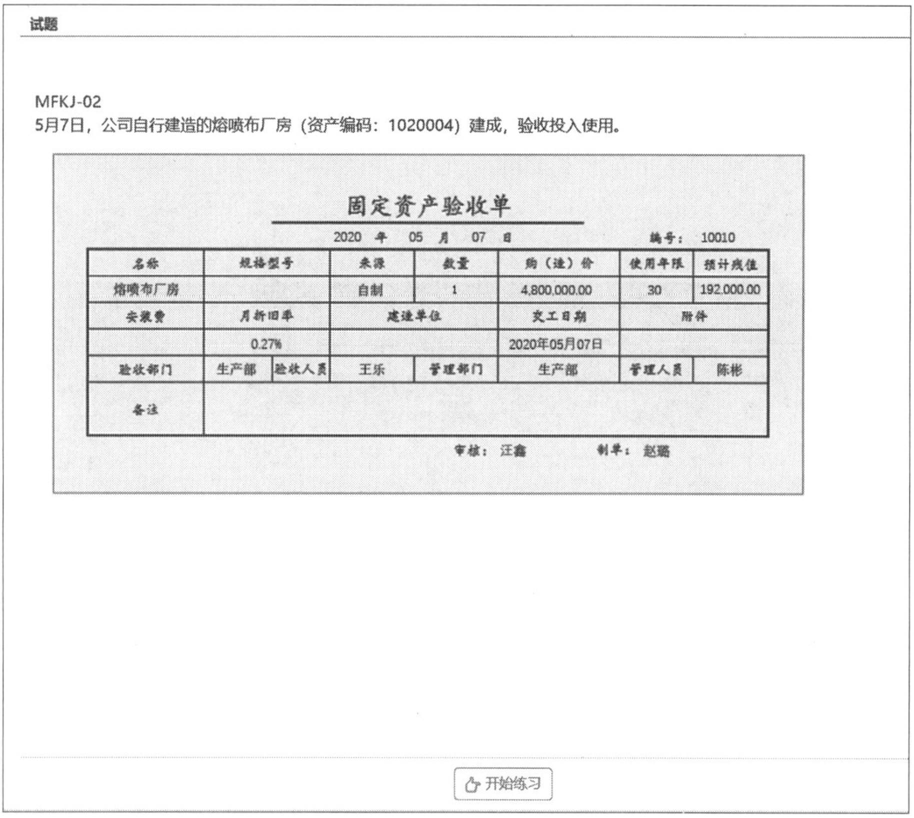

试题

MFKJ-02

5月7日，公司自行建造的熔喷布厂房（资产编码：1020004）建成，验收投入使用。

固定资产验收单

2020 年 05 月 07 日　　编号：10010

<table>
<tr><td>名称</td><td colspan="2">规格型号</td><td>来源</td><td>数量</td><td>购（建）价</td><td>使用年限</td><td>预计残值</td></tr>
<tr><td>熔喷布厂房</td><td colspan="2"></td><td>自制</td><td>1</td><td>4,800,000.00</td><td>30</td><td>192,000.00</td></tr>
<tr><td>安装费</td><td colspan="2">月折旧率</td><td colspan="2">建造单位</td><td>交工日期</td><td colspan="2">附件</td></tr>
<tr><td></td><td colspan="2">0.27%</td><td colspan="2"></td><td>2020年05月07日</td><td colspan="2"></td></tr>
<tr><td>验收部门</td><td>生产部</td><td>验收人员</td><td>王乐</td><td>管理部门</td><td>生产部</td><td>管理人员</td><td>陈彬</td></tr>
<tr><td>备注</td><td colspan="7"></td></tr>
</table>

审核：汪鑫　　制单：赵璐

开始练习

图 5－5－13

操作步骤

（1）打开“资产管理”中的“资产卡片”，点击“新增”，根据业务资料录入相关信息，点击“保存”，如图 5－5－14 所示。

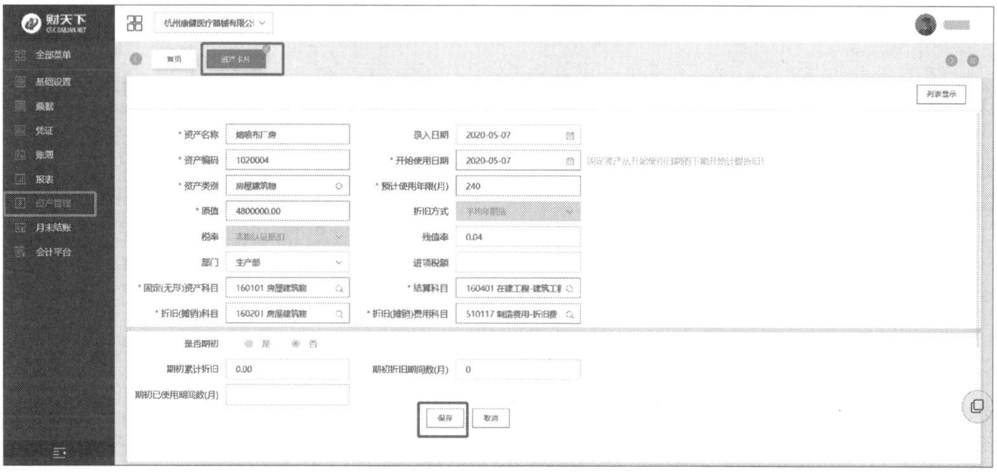

图 5－5－14

注意：本账套的“资产类别”根据“资产编码”前 3 位判断；检查“结算科目”是否正确，如不正确，需要修改；检查“折旧摊销费用科目”是否正确，如不正确，根据“部门”进行修改。

（2）选择新增的卡片，点击“生成凭证”，如图 5-5-15 所示。

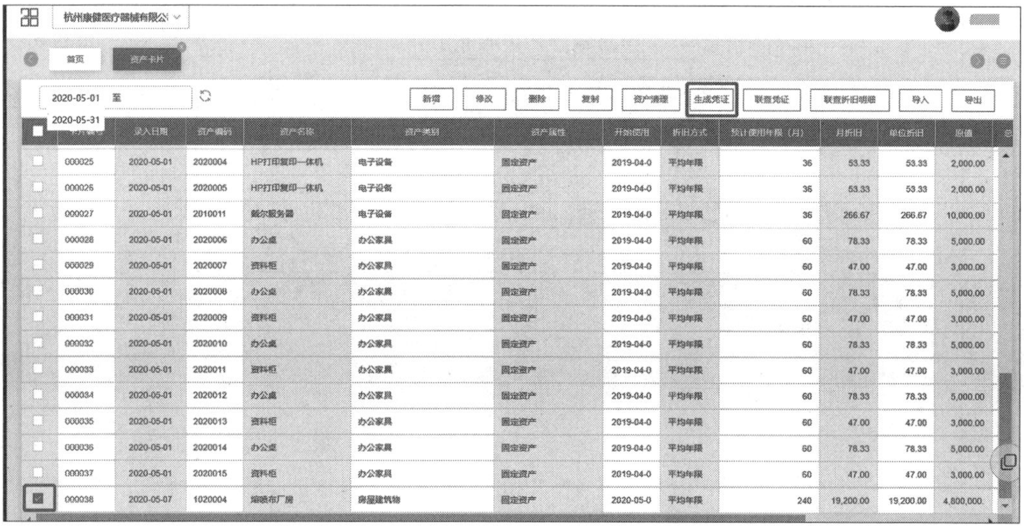

图 5-5-15

（3）点击“查询凭证”，查看凭证，如图 5-5-16 所示。

图 5-5-16

业务 2：公司从山东东风机械厂采购熔喷布生产线（资产编码：2100006），经验收投入使用，不含税价格 100 万元，取得增值税专用发票。相关凭证如图 5-5-17 所示。

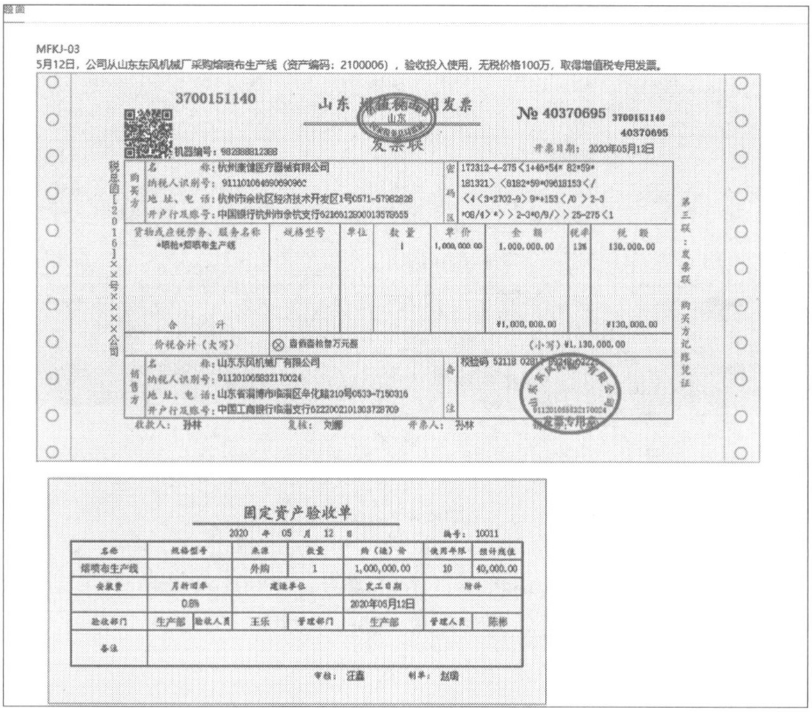

图 5－5－17

操作步骤

（1）跟业务 1 的操作流程相同，添加“资产卡片”，如图 5－5－18 所示。

操作视频 5－17

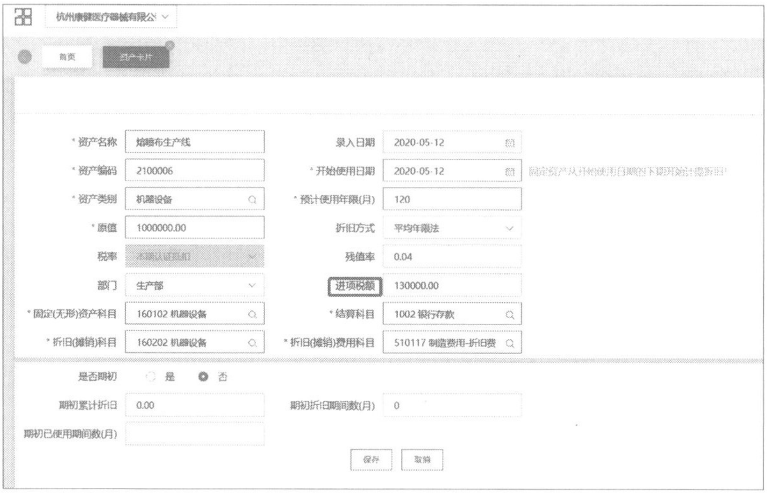

图 5－5－18

注意：由于取得的是增值税专用发票，因此“进项税额”项需要填上金额。

（2）生成的凭证如图 5－5－19 所示。

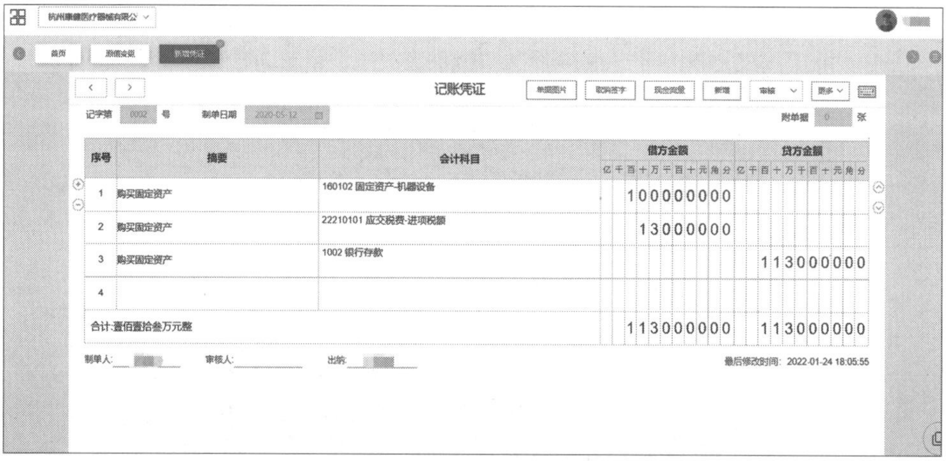

记账凭证

记字第 0002 号　制单日期 2020-05-12　附单据 0 张

序号	摘要	会计科目	借方金额	贷方金额
1	购买固定资产	160102 固定资产-机器设备	100000000	
2	购买固定资产	22210101 应交税费-进项税额	13000000	
3	购买固定资产	1002 银行存款		113000000
4				
合计:壹佰壹拾叁万元整			113000000	113000000

制单人:　审核人:　出纳:　最后修改时间: 2022-01-24 18:05:55

图 5－5－19

业务 3：公司对销售部的马自达轿车（卡片编号：000010）增加可视化导航系统，可视化导航系统价值 3 000 元。相关凭证如图 5－5－20、图 5－5－21 所示。

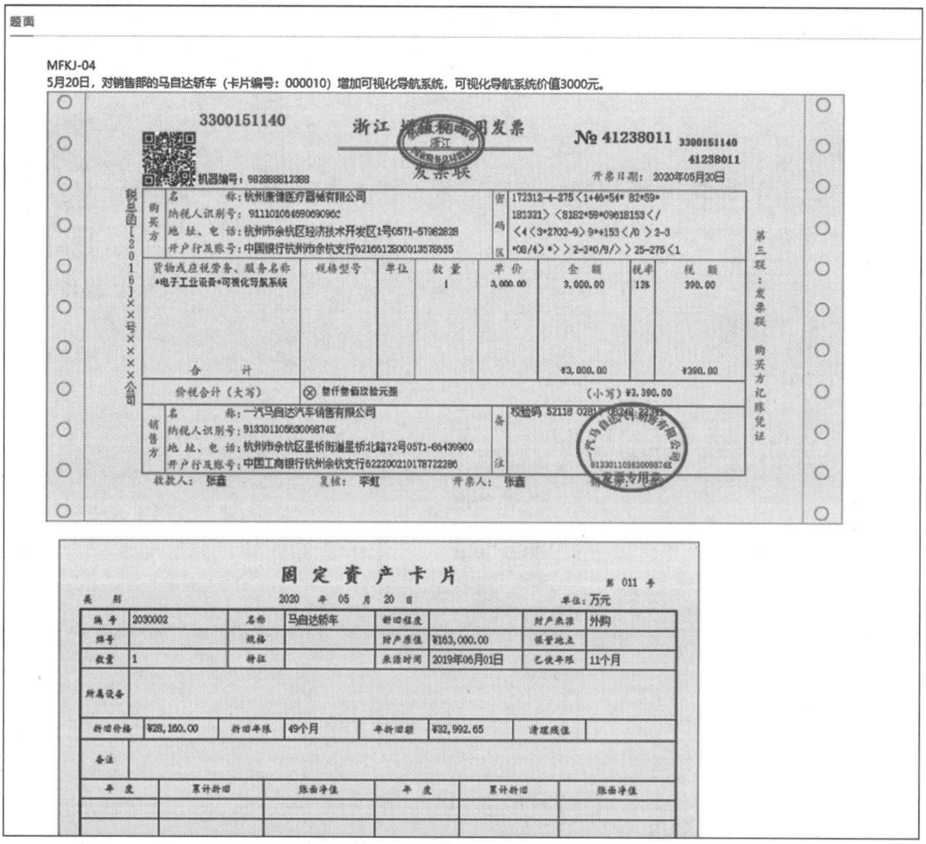

题面

MFKJ-04

5月20日，对销售部的马自达轿车（卡片编号：000010）增加可视化导航系统，可视化导航系统价值3000元。

3300151140　浙江增值税专用发票　№ 41238011　3300151140　41238011

发票联　开票日期：2020年05月20日

购买方　名称：杭州康健医疗器械有限公司

货物或应税劳务、服务名称	规格型号	单位	数量	单价	金额	税率	税额
*电子工业设备*可视化导航系统			1	3,000.00	3,000.00	13%	390.00
合计					¥3,000.00		¥390.00

价税合计（大写）叁仟叁佰玖拾元整　（小写）¥3,390.00

销售方　名称：一汽马自达汽车销售有限公司

收款人：张鑫　复核：李虹　开票人：张鑫

固定资产卡片

2020 年 05 月 20 日　第 011 号　单位：万元

编号	2030002	名称	马自达轿车	折旧程度		财产来源	外购
牌号		规格		财产原值	¥163,000.00	保管地点	
数量	1	特征		来源时间	2019年06月01日	已使年限	11个月
所属设备							
折旧价格	¥28,160.00	折旧年限	49个月	年折旧额	¥32,992.65	清理残值	
备注							

图 5－5－20

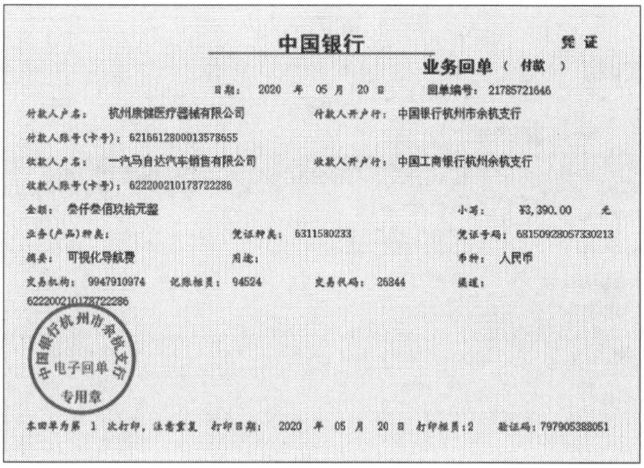

中国银行　凭证
业务回单（付款）
日期：2020 年 05 月 20 日　回单编号：21785721646
付款人户名：杭州康健医疗器械有限公司　付款人开户行：中国银行杭州市余杭支行
付款人账号（卡号）：6216612800013578655
收款人户名：一汽马自达汽车销售有限公司　收款人开户行：中国工商银行杭州余杭支行
收款人账号（卡号）：6222002101787222286
金额：叁仟叁佰玖拾元整　小写：¥3,390.00 元
业务（产品）种类：　凭证种类：6311580233　凭证号码：68150928057330213
摘要：可视化导航费　用途：　币种：人民币
交易机构：9947910974　记账柜员：94524　交易代码：25844　渠道：
6222002101787222286
中国银行杭州市余杭支行　电子回单　专用章
本回单为第 1 次打印，注意重复　打印日期：2020 年 05 月 20 日　打印柜员：2　验证码：797905388051

图 5-5-21

操作视频 5-18

操作步骤

（1）打开“资产管理”中的“原值变更”，点击“新增”。根据业务资料录入相关信息，点击“确定”，如图 5-5-22 所示。

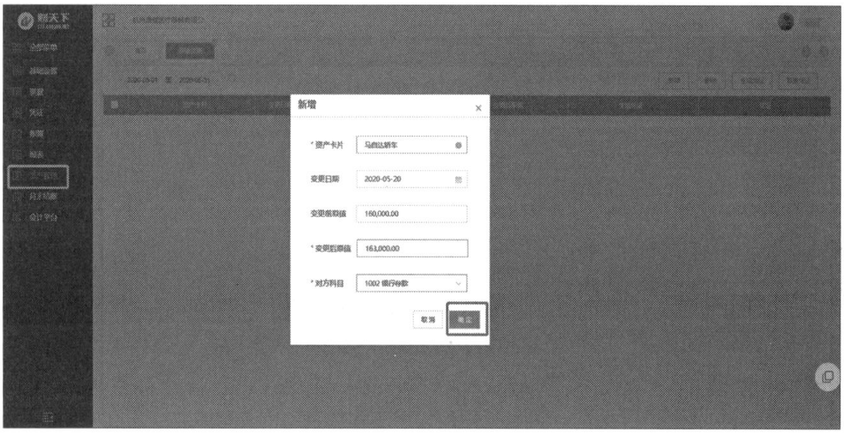

图 5-5-22

（2）选择新增的卡片，点击“生成凭证”，如图 5-5-23 所示。

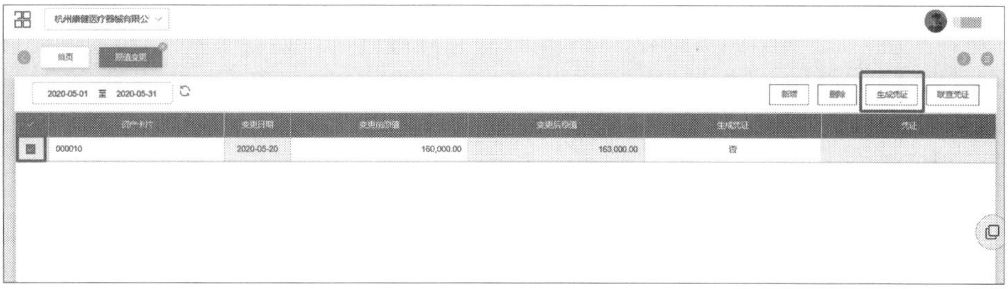

图 5-5-23

（3）由于收到了“增值税专用发票”，需要修改凭证，完成后点击“保存”，如图 5-5-24 所示。

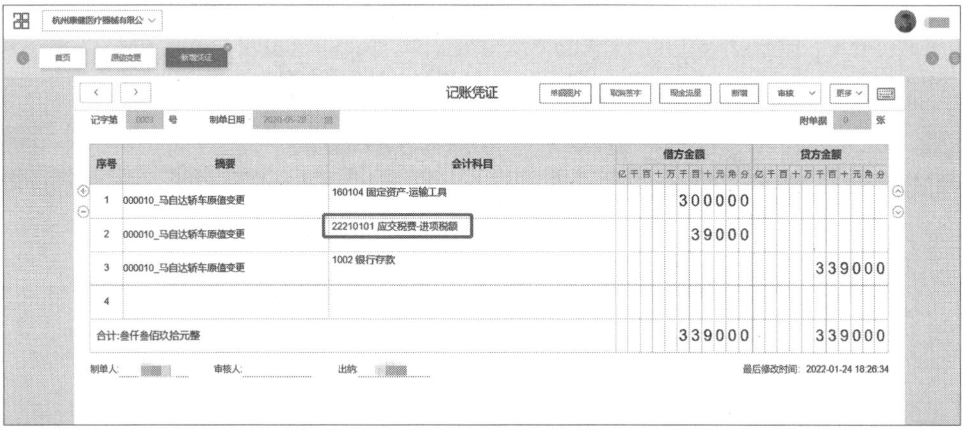

图 5-5-24

任务三　固定资产后续业务

业务情景

杭州健康医疗器械有限公司 5 月 31 日计提当月固定资产折旧，并出售财务部的戴尔服务器。

准备知识

智能财税平台可以智能计提折旧，需要注意的是，如果当月有固定资产报废或者出售业务，按照固定资产计提折旧的规则“当月增加当月不计提折旧，当月减少当月仍然计提折旧”，一般应该先计提折旧再减少固定资产，否则会影响折旧金额的准确性。

1. 固定资产后续业务账务处理

（1）计提固定资产折旧：

借：制造费用（车间资产）

　　管理费用（管理部门资产）

　　销售费用（销售部门资产）

　贷：累计折旧

（2）固定资产报废：

1）固定资产转入清理：

借：固定资产清理

　　累计折旧

　　固定资产减值准备

　贷：固定资产

2）发生清理费用：

借：固定资产清理

　贷：银行存款

3）收回出售价款、残料、赔款等：

借：银行存款

　　原材料

　　其他应收款

　贷：固定资产清理

　　　应交税费——应交增值税（销项税额）

4）结转清理净损益：

借：营业外支出

　贷：固定资产清理

或

借：固定资产清理

　贷：营业外收入

（3）出售固定资产。第1)～3）项和固定资产报废的会计分录相同，最后结转清理净损失的分录为：

借：资产处置损益

　贷：固定资产清理

或

借：固定资产清理

　贷：资产处置损益

2. 固定资产后续业务流程

固定资产计提折旧业务处理流程如图5－5－25所示。

图5－5－25

固定资产出售业务处理流程如图5－5－26所示。

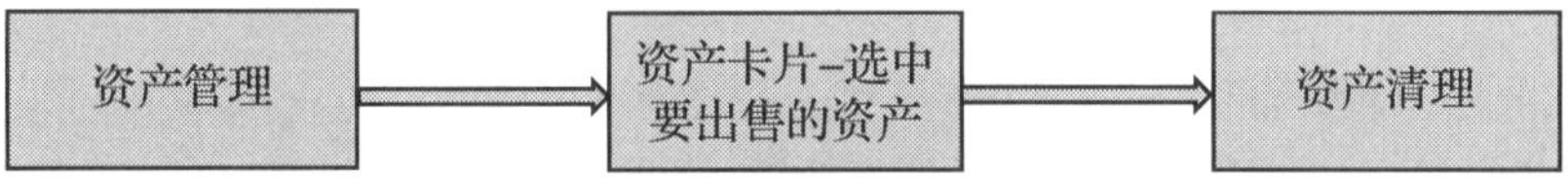

图5－5－26

注意：自动生成的固定资产清理凭证只有一张固定资产减少凭证，还需手动录入出售固定资产和结转清理损益的凭证。

业务操作

业务1：5月31日，计提当月固定资产折旧。

操作步骤

操作视频5－19

（1）打开“资产管理”中的“折旧及摊销”，选择需要计提折旧的期间，点击“折旧及摊销”，如图5－5－27所示。

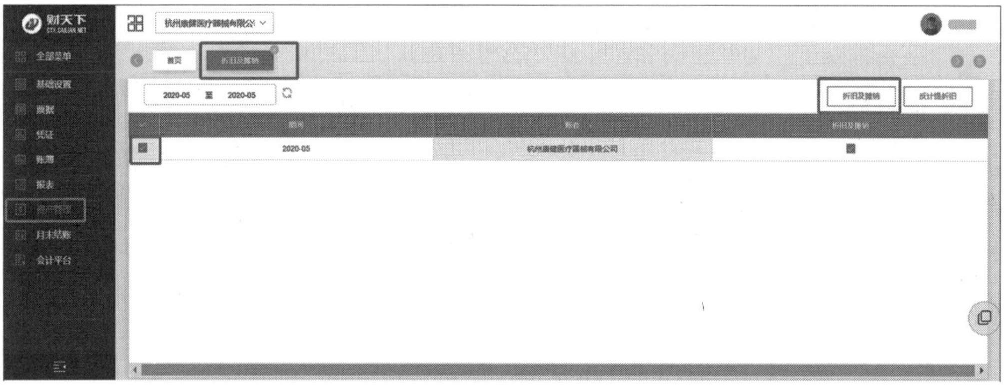

图 5-5-27

(2) 点击“凭证”中的“凭证管理”，可查看该业务的凭证，如图 5-5-28 所示。

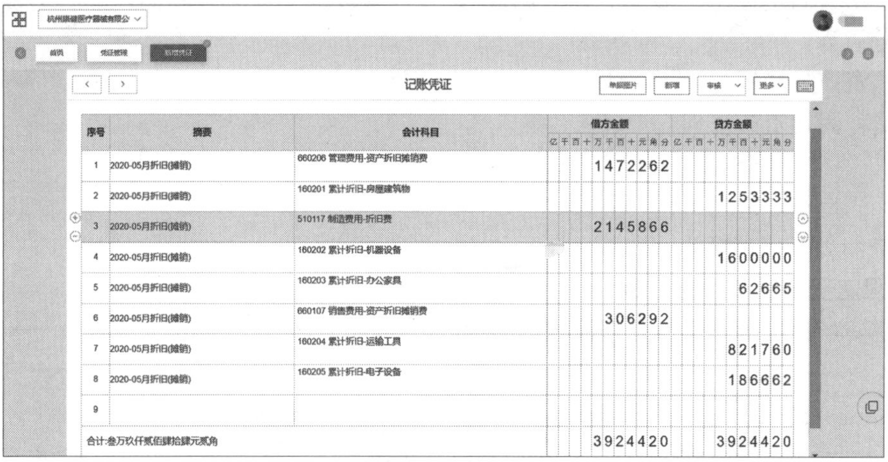

记账凭证

序号	摘要	会计科目	借方金额	贷方金额
1	2020-05月折旧(摊销)	660206 管理费用-资产折旧摊销费	1472262	
2	2020-05月折旧(摊销)	160201 累计折旧-房屋建筑物		1253333
3	2020-05月折旧(摊销)	510117 制造费用-折旧费	2145866	
4	2020-05月折旧(摊销)	160202 累计折旧-机器设备		1600000
5	2020-05月折旧(摊销)	160203 累计折旧-办公家具		62665
6	2020-05月折旧(摊销)	660107 销售费用-资产折旧摊销费	306292	
7	2020-05月折旧(摊销)	160204 累计折旧-运输工具		821760
8	2020-05月折旧(摊销)	160205 累计折旧-电子设备		186662
9				
合计:叁万玖仟贰佰肆拾肆元贰角			3924420	3924420

图 5-5-28

业务 2：出售戴尔服务器，相关信息如图 5-5-29 所示。

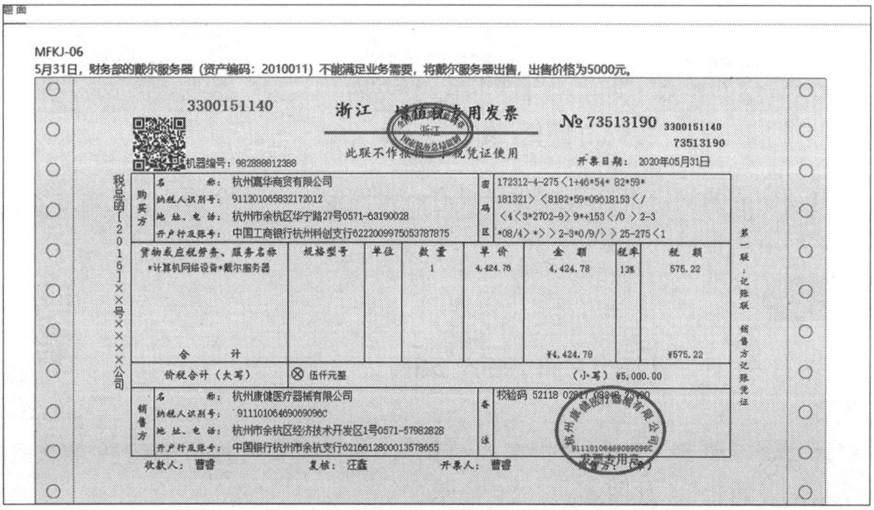

题面

MFKJ-06

5月31日，财务部的戴尔服务器（资产编码：2010011）不能满足业务需要，将戴尔服务器出售，出售价格为5000元。

3300151140　浙江增值税专用发票　№ 73513190　3300151140　73513190

此联不作报销、扣税凭证使用　机器编号：982888812388　开票日期：2020年05月31日

购买方　名称：杭州嘉华商贸有限公司　纳税人识别号：911201065832172012　地址、电话：杭州市余杭区华宁路27号0571-63190028　开户行及账号：中国工商银行杭州科创支行6222009975053787875

货物或应税劳务、服务名称	规格型号	单位	数量	单价	金额	税率	税额
*计算机网络设备*戴尔服务器			1	4,424.78	4,424.78	13%	575.22
合计					¥4,424.78		¥575.22
价税合计（大写）	⊗伍仟元整				（小写）¥5,000.00		

销售方　名称：杭州康健医疗器械有限公司　纳税人识别号：91110106469069096C　地址、电话：杭州市余杭区经济技术开发区1号0571-57982828　开户行及账号：中国银行杭州市余杭支行6216612800013578655

收款人：曹睿　复核：汪鑫　开票人：曹睿　销售方：（章）

图 5-5-29

操作视频 5－20

操作步骤

（1）打开“资产管理”中的“资产卡片”，选择减少的固定资产，点击“资产清理”，如图 5－5－30 所示。

（2）在“资产管理”的“资产清理”中，可查询到凭证，如图 5－5－31 所示。

图 5－5－30

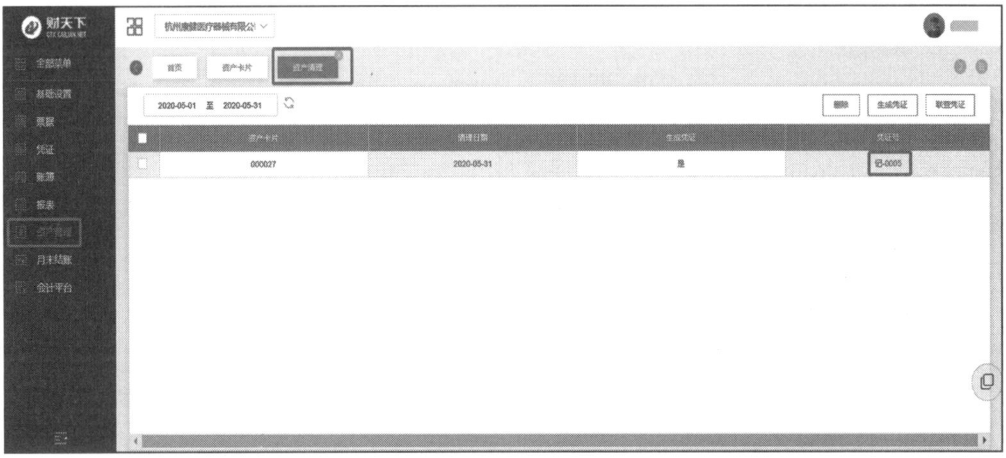

图 5－5－31

（3）生成的固定资产清理凭证如图 5－5－32 所示。

（4）依次点击“凭证”“新增凭证”“新增”，手动添加两张凭证，如图 5－5－33 和图 5－5－34 所示。

注意：“资产清理”必须在计提折旧后；结转清理损益的金额前把同一笔业务的“固定资产清理”数据做成 T 形账，根据得出的结果，判断该业务是取得了收益还是发生了损失。

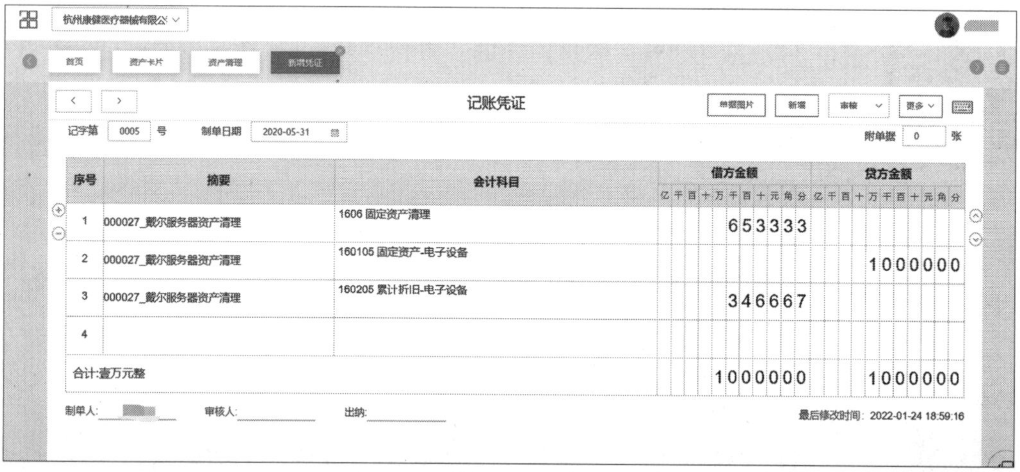

杭州康健医疗器械有限公司

首页 资产卡片 资产清理 新增凭证

记账凭证

单据图片 新增 审核 更多

记字第 0005 号 制单日期 2020-05-31 附单据 0 张

序号	摘要	会计科目	借方金额	贷方金额
1	000027_戴尔服务器资产清理	1606 固定资产清理	653333	
2	000027_戴尔服务器资产清理	160105 固定资产-电子设备		1000000
3	000027_戴尔服务器资产清理	160205 累计折旧-电子设备	346667	
4				
合计:壹万元整			1000000	1000000

制单人: 审核人: 出纳: 最后修改时间: 2022-01-24 18:59:16

图 5－5－32

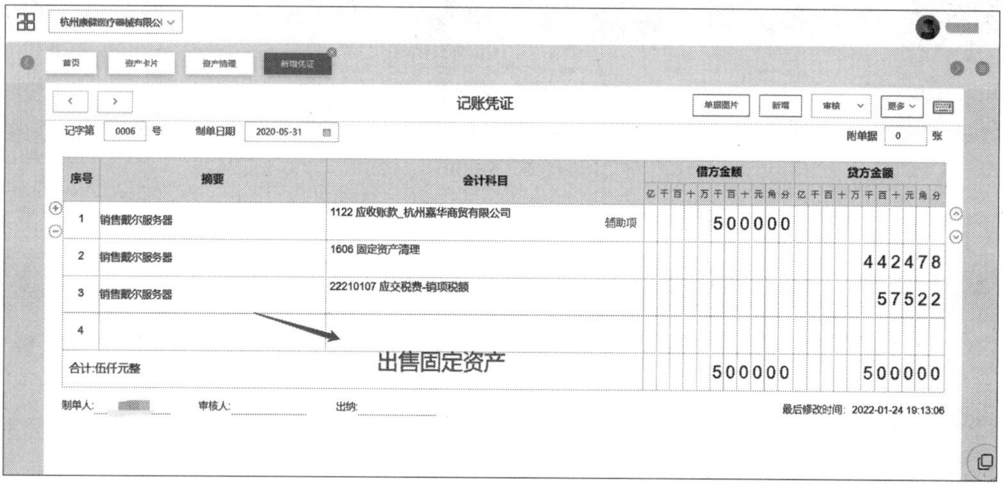

杭州康健医疗器械有限公司

首页 资产卡片 资产清理 新增凭证

记账凭证

单据图片 新增 审核 更多

记字第 0006 号 制单日期 2020-05-31 附单据 0 张

序号	摘要	会计科目	借方金额	贷方金额
1	销售戴尔服务器	1122 应收账款_杭州嘉华商贸有限公司 辅助项	500000	
2	销售戴尔服务器	1606 固定资产清理		442478
3	销售戴尔服务器	22210107 应交税费-销项税额		57522
4				
合计:伍仟元整			500000	500000

出售固定资产

制单人: 审核人: 出纳: 最后修改时间: 2022-01-24 19:13:06

图 5－5－33

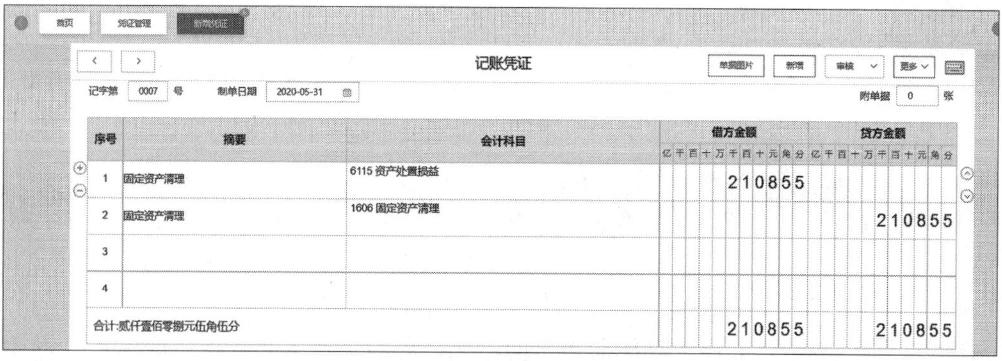

首页 凭证管理 新增凭证

记账凭证

单据图片 新增 审核 更多

记字第 0007 号 制单日期 2020-05-31 附单据 0 张

序号	摘要	会计科目	借方金额	贷方金额
1	固定资产清理	6115 资产处置损益	210855	
2	固定资产清理	1606 固定资产清理		210855
3				
4				
合计:贰仟壹佰零捌元伍角伍分			210855	210855

图 5－5－34

参考文献

1. 中联集团教育科技有限公司. 智能财税基础业务（初级）. 北京：高等教育出版社，2019.

2. 中联集团教育科技有限公司. 智能财税职业技能等级证书中级标准介绍.

3. 中联集团教育科技有限公司. 智能财税职业技能等级证书初级标准介绍.

4. 中联集团教育科技有限公司. 财天下系统操作手册.

5. 中联集团教育科技有限公司. 供应链系统操作手册.

6. 中联集团教育科技有限公司. 中联差旅费控实训系统使用说明.

7. 中联集团教育科技有限公司. 票天下系统操作手册.

8. 中联集团教育科技有限公司. 金税师系统操作手册.

附录　智能财税社会共享平台学习指引

智能财税社会共享平台是由中联集团教育科技有限公司开发的业票财税融智能化教学实操平台，与真实的社会共享平台相似，学生通过相应实操能有效提高处理智能财务、智能税务和其他企业事务的能力。本教材是由深圳信息职业技术学院、广东工贸职业技术学院和中联教育联合开发出版，教材中以智能财税社会共享平台为基础，讲解数字经济时代下智能财税社会共享平台的发展和实操过程，并配有实操讲解视频。该平台目前供“1+X”智能财税证书试点单位免费使用，如有读者需要实操练习，可以联系作者申请临时账号。

教师版开课步骤：

（1）登录平台官网，依次点击“在线课程”“课程中心”“智能财税”“开课”，就可以在“我的班课”“理论课”观看平台上的教学视频。

中联教育
我的班课
实训资源
课程中心
应用中心
个人中心
平台首页
课程中心
课程库
课程库（共10门课）
全部
智能财税
智能估值
智能审计
社交电商
请输入课程名称
智能财税职业技能等级业务3-社会共享中级企业管家
课程简介：
课时：12
创建人：张冠宇老师
开课
智能财税职业技能等级业务2-社会共享中级外包服务
智能财税职业技能等级业务1-社会共享中级代理实务
2020年智能财税网络研修班视频课

中联教育
我的班课
实训资源
课程中心
应用中心
个人中心
平台首页
我的班课
理论课
实训课
我教的课（共3门课）
全部
智能财税
智能估值
智能审计
社交电商
智能财税职业技能等级业务1-社会共享中级代理实务
课程简介：
班级名称：1
课时：12
详情
进入课堂
智能财税职业技能等级业务2-社会共享中级外包服务
智能财税职业技能等级业务3-社会共享中级企业管家
0人在学

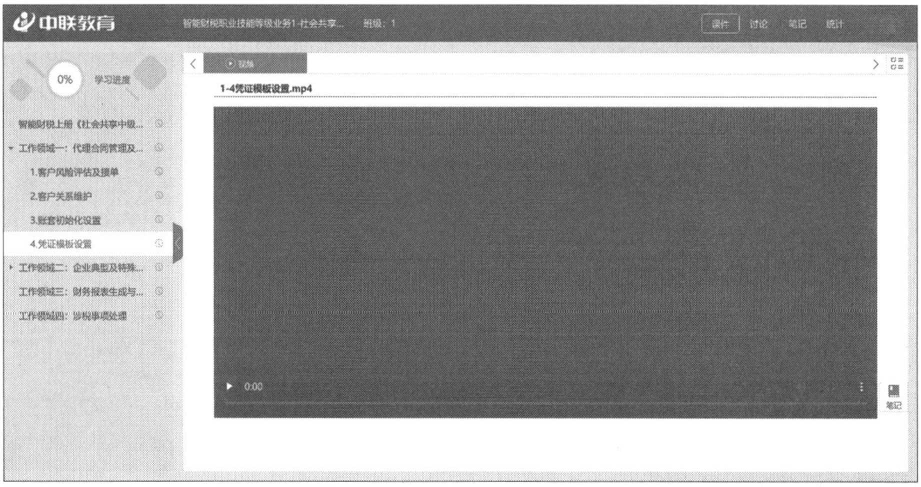
中联教育
智能财税职业技能等级业务1-社会共享…
班级：1
课件
讨论
笔记
统计
0%
学习进度
智能财税上册《社会共享中级…
工作领域一：代理合同管理及…
1.客户风险评估及接单
2.客户关系维护
3.账套初始化设置
4.凭证模板设置
工作领域二：企业典型及特殊…
工作领域三：财务报表生成与…
工作领域四：涉税事项处理
1-4凭证模板设置.mp4
0:00
笔记

（2）在平台首页，依次点击“在线课程”“实训资源”“智能财税”“开课”，就可以在“我的班课”“实训课”进行实操练习，根据实训案例资料，在“三天下”和政务仿真系统进行实操训练。

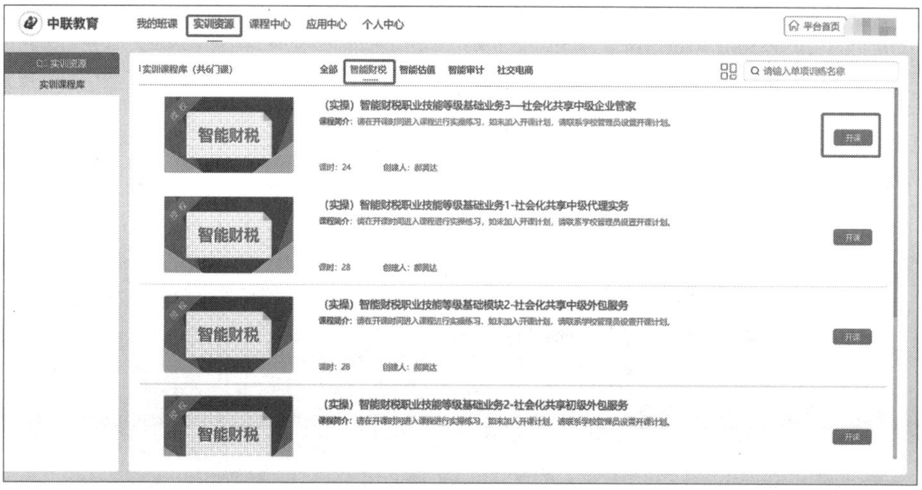

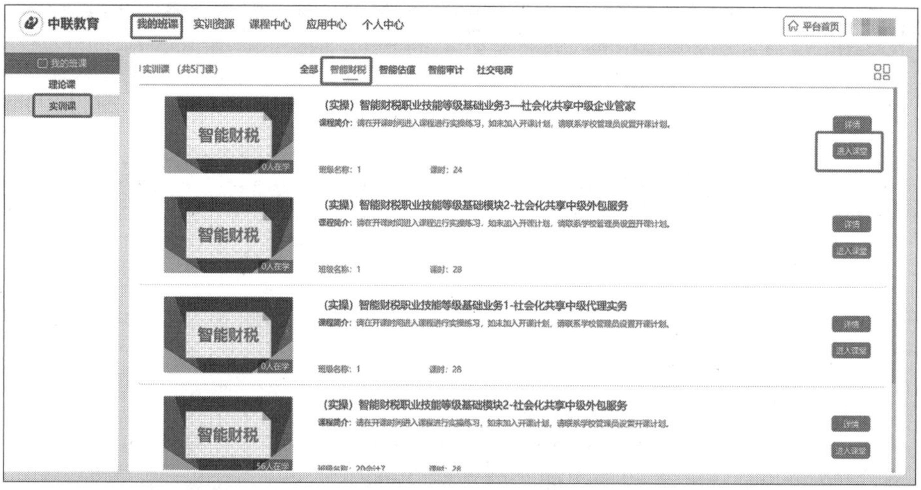

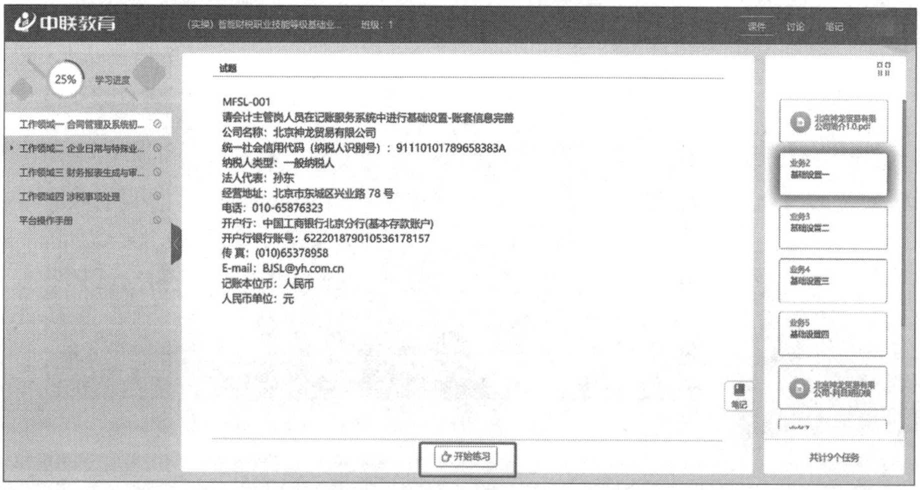

学生版操作步骤：

（1）观看教学视频：进入平台首页，依次点击“在线课程”“理论课程”“开始学习”。

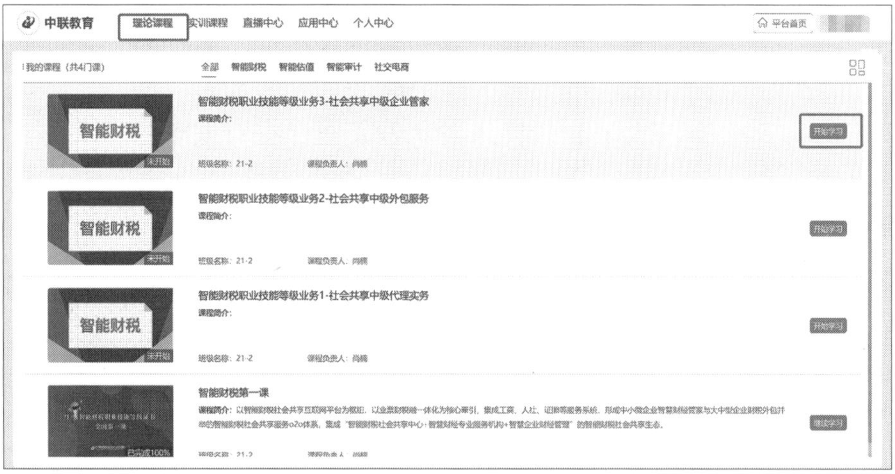

（2）进行实操练习：进入平台首页，依次点击“在线课程”“实训课程”“智能财税”“开始学习”。

新编21世纪高等职业教育精品教材　智慧财经系列

智能财税综合实训手册

主　编/朱　吉　张　露　林　娜

中国人民大学出版社
·北京·

CONTENTS 目录

智能财税基础业务一　社会共享初级代理实务

智能财税基础业务二　社会共享初级外包实务

智能财税基础业务三　社会共享企业管家

智能财税基础业务四　社会共享中级代理实务

智能财税基础业务五　社会共享中级外包服务

基础知识训练答案

智能财税基础业务一　社会共享初级代理实务

工作领域一　中小微企业发票代理开具

基础知识训练

一、单选题

1. 发票委托开具是指把本公司的发票开具权限委托给（　　），由其代为开具发票的行为。

A. 委托方　B. 代理记账公司　C. 税务机关　D. 购买方

2. 财税共享服务中心票据岗员工为具有开票资格的一般纳税人代开纸质发票业务，在设置纳税主体档案配置税控信息完成后，在“发票领购”页面点击“领购”按钮，输入（　　）。

A. 税控盘密码　B. 开票终端　C. 发票类型　D. 领用数量

3. 进行发票开具时，需填写商品信息，应该（　　）。

A. 在财天下主界面，执行“基础设置”中进行

B. 在金税师主界面，执行“基础设置”中进行

C. 在票天下主界面，执行“基础设置”中进行

4. 关于为无开票资格的纳税人代开纸质发票，下列说法错误的是（　　）。

A. 登录票天下进行信息录入

B. 登录电子税务局进行信息录入

C. 填写发票票面信息并复核、审核无误后提交税务机关

D. 首次登录时，需下载 CA 控件并安装

二、多选题

1. 财税共享服务中心员工按要求为被代理公司开具纸质发票和增值税专用纸质发票前需要做的工作有（　　）。

A. 对开票信息进行认真核查　B. 领取发票

C. 登录国家税务局网站　D. 登录金税师

2. 财税共享服务中心根据企业需求登录国家电子税务局的方式有（　　）。

A. 账号登录　B. CA 登录　C. 授权人登录　D. 自然人登录

E. 电子证照登录

3. 委托公司（纳税主体）向代理记账公司申请代开发票服务，需提供（　　）。

A. 税控盘　B. 纳税人识别号　C. 开户银行账号　D. 公司名称

4. 下列有关为委托方开具电子发票的说法中，正确的是（　　）。

A. 新增填写发票前，要选择开票类型，应选“普票（电）”

B. 在填写电子发票接收信息时，接收手机号和邮箱都要填

C. 开具的电子发票可在财天下中下载电子发票留底

D. 电子发票的发行使人们不用再担心发票丢失

三、判断题

1. 为小规模纳税人代开纸质发票过程中，申请单提交后如发现有误，仍可在票天下平台修改。（　　）

2. 填开发票的单位和个人在经营业务发生之前和之后都可以开具发票。（　　）

实务操作训练

为具有开票资格的纳税人代开纸质发票。

登录中联教育（https://zledusx.cailian.net/）学习中心，选择实训课程“智能财税职业技能等级基础业务 1-社会化共享初级代理实务”，完成工作领域一任务一中业务 1 的训练，为陈鸿公司代理开具普票。

业务评价

完成开票业务的操作后，参照下表判断自己对技能点的掌握情况，若已掌握，请打“√”。

操作要点	完成情况
进入票天下，熟悉云开票功能	
申领发票，掌握发票领购、查询以及基础设置的功能	
使用云开票功能开具发票	

工作领域二　中小微企业单据整理与制单

基础知识训练

一、单选题

1. 北京惠龙家具商贸有限责任公司是增值税一般纳税人，财税共享服务中心代理该公司账务，共收到该公司 1 张发票（见下图），进行票据采集、查验后，票据信息显示的发票类型是（　　）。

4500151140　广西增值税专用发票　№ 94713930　4500151140　94713930
发票联
机器编号：982888812388　开票日期：2019年11月14日

购买方	名　　称：北京惠龙家具商贸有限责任公司 纳税人识别号：788592101833394024 地址、电话：北京市朝阳区诺阳路042号010-81394836 开户行及账号：工行北京市海桥路支行73815294369101			密码区	172312-4-275＜1+46*54* 82*59* 181321＞＜8182*59*09618153＜/ ＜4＜3*2702-9＞9*+153＜/0 ＞2-3 *08/4＞*＞＞2-3*0/9/＞＞25-275＜1		
货物或应税劳务、服务名称	规格型号	单位	数量	单价	金额	税率	税额
*文化办公用设备*打印机			10	560.00	5,600.00	13%	728.00
合　计					¥5,600.00		¥728.00
价税合计（大写）	⊗陆仟叁佰贰拾捌元整				（小写）¥6,328.00		
销售方	名　　称：南宁科析仪器有限公司 纳税人识别号：91110112M694866036 地址、电话：南宁市尔奇路919号0771-44885192 开户行及账号：工行南宁市奥丰路支行3302230528875313434			备注	校验码 21185 02817 08248 45194		

收款人：　复核：　开票人：　销售方：（章）

第三联：发票联　购买方记账凭证

A. 销项专票　　B. 销项普票　　C. 进项专票　　D. 进项普票

2. 财税共享服务中心票据岗员工整理一般纳税人费用类票据时，对于注明本企业员工身份信息的航空运输电子客票行程单和铁路车票，在采集完成后票据制单时，其费用类型应选择（　　）。

A. 销项发票　　B. 进项发票

C. 国内航空铁路旅客运输服务　　D. 报销差旅费

3. 财税共享服务中心票据岗员工在整理成本类增值税专用发票时，采集完成的票据在“票据采集”界面的（　　）中显示。

A. 销项发票　　B. 进项发票　　C. 费用报销单　　D. 票据制单

4. 北京惠龙家具商贸有限责任公司是增值税一般纳税人，财税共享服务中心代理该公司账务。财税共享服务中心为北京惠龙家具商贸有限责任公司设立账套，同时进行存货、数量、客户和供应商辅助核算，2019 年 11 月 4 日，财税共享服务中心收到北京惠龙家具商贸有限责任公司采购库存商品的成本类发票（见下图），通过票据采集、查验后自动生成记账凭证，下列（　　）记账凭证是财税共享服务中心审核岗员工审核无误的凭证。

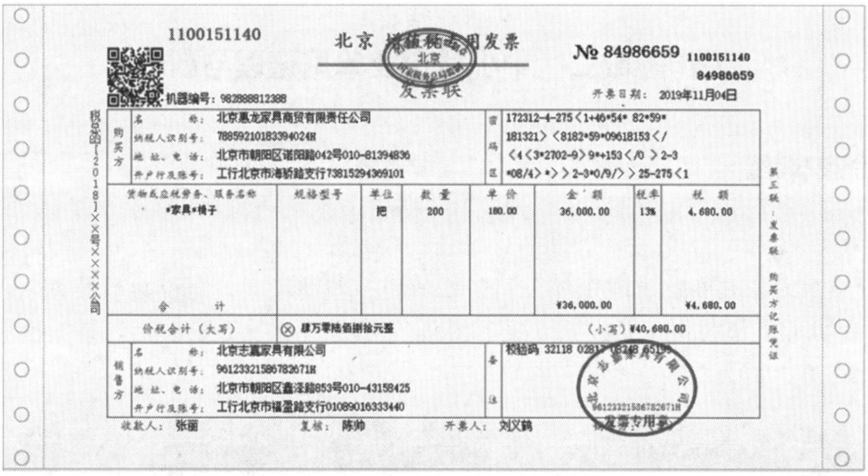

1100151140 北京增值税专用发票 № 84986659 1100151140 84986659

发票联

机器编号：982888812388 开票日期：2019年11月04日

购买方 名称：北京惠龙家具商贸有限责任公司
纳税人识别号：78859210183394024H
地址、电话：北京市朝阳区诺阳路042号010-81394836
开户行及账号：工行北京市海骄路支行73815294369101

密码区 172312-4-275<1+46*54* 82*59* 181321><8182*59*09618153</ <4<3*2702-9>9*+153</0 >2-3 *08/4>*>>2-3*0/9/>>25-275<1

货物或应税劳务、服务名称	规格型号	单位	数量	单价	金额	税率	税额
*家具*椅子		把	200	180.00	36,000.00	13%	4,680.00
合计					¥36,000.00		¥4,680.00

价税合计（大写） ⊗肆万零陆佰捌拾元整 （小写）¥40,680.00

销售方 名称：北京志嘉家具有限公司
纳税人识别号：96123321586782671H
地址、电话：北京市朝阳区鑫泽路853号010-43158425
开户行及账号：工行北京市福盈路支行01089016333440

备注 校验码 32118 0281[illegible] 6519

收款人：张丽 复核：陈帅 开票人：刘义鹤

第三联：发票联 购买方记账凭证

A. 记字第 0001 号 制单日期 2019-11-04 附单据 1 张

序号	摘要	会计科目	借方金额	贷方金额
1	采购办公家具	160103 固定资产-办公家具	3600000	
2	进项税	22210101 应交税费-应交增值税-进项税额	468000	
3	欠供应商款	2202 应付账款		4068000
4				
合计:肆万零陆佰捌拾元整			4068000	4068000

B. 记字第 0001 号 制单日期 2019-11-04 附单据 1 张

序号	摘要	会计科目	数量	借方金额	贷方金额
1	采购办公家具	1405 库存商品-进项16%_椅子	数量:0.00个 单价:0.000000	3600000	
2	进项税	22210101 应交税费-应交增值税-进项税额		468000	
3	欠供应商款	2202 应付账款			4068000
4					
合计:肆万零陆佰捌拾元整				4068000	4068000

C. 记字第 0001 号 制单日期 2019-11-04 附单据 1 张

序号	摘要	会计科目	数量	借方金额	贷方金额
1	采购办公家具	1405 库存商品-进项13%_椅子	数量:200.00个 单价:180.000000	3600000	
2	进项税	22210101 应交税费-应交增值税-进项税额		468000	
3	欠供应商款	2202 应付账款			4068000
4					
合计:肆万零陆佰捌拾元整				4068000	4068000

D. 记字第 0001 号 制单日期 2019-11-04 附单据 1 张

序号	摘要	会计科目	数量	借方金额	贷方金额
1	采购办公家具	1405 库存商品-进项13%_椅子	数量:200.00个 单价:180.000000	3600000	
2	进项税	22210101 应交税费-应交增值税-进项税额		468000	
3	欠供应商款	2202 应付账款_北京志嘉家具有限公司			4068000
4					
合计:肆万零陆佰捌拾元整				4068000	4068000

5. 整理销售发票时，受托方要求委托企业提供从（　　）导出的全部开票记录的电子版文件，与企业提供的纸质版和电子发票信息进行核对，检查是否完整。

A. 移动硬盘　　B. U 盘　　C. 税控盘　　D. 电脑硬盘

6. 取得注明旅客身份信息的航空运输电子客票行程单，能够抵扣增值税进项税额的部分是（　　）。

A. （票价＋燃油附加费）×9%

B. （票价＋燃油附加费）÷(1＋9%)×9%

C. （票价＋燃油附加费＋机场建设费×9%

D. （票价＋燃油附加费＋机场建设费）÷(1＋9%)×9%

7. 取得注明旅客身份信息的铁路车票，能够抵扣增值税进项税额的部分是（　　）。

A. 票价×9%　　B. 票价÷(1＋9%)×9%

C. 票价×3%　　D. 票价÷(1＋3%)×3%

8. 2019 年 12 月 9 日，销售部报销业务招待费并以现金形式支付。

餐厅信息：北京齐野家快餐有限公司；

纳税人识别号：91110000600065019l；

地址、电话：北京市西城区新街口南大街 28 号，010－65225566；

开户行及账号：中国工商银行股份有限公司北京新世界支行，0200080409024507121；

金额为 888.68 元，税率 6%，税额 53.32 元，总额为 942 元，取得的电子普通发票见下图，在生成凭证时，应选择的业务类型是（　　）。

中联教育 教学专用

北京增值税电子普通发票

发票代码:110032756552
发票号码:72756566
开票日期:2019 年 12月 09日
校 验 码10391801572757670857

机器编号:1572756552489

购买方	名　　称：北京陈鸿商贸有限责任公司 纳税人识别号：91110105397030000N 地 址、电 话：北京西城区复兴路25号010-88000000 开户行及账号：中国工商银行复兴路支行02002198009200017600	密码区	+-554-2<66349040--8172495+<-4 --777<12<7590>*196/656+-64>5 +<355>+1-983*/9+169+4-299/++ 200->3/*-5636<62143>3<>28073

货物或应税劳务、服务名称	规格型号	单位	数量	单价	金额	税率	税额
*餐饮服务*餐费			1	888.68	888.68	6%	53.32
合　　计					¥888.68		¥53.32
价税合计（大写）	⊗玖佰肆拾贰元整				（小写）¥942.00		

销售方	名　　称：北京齐野家快餐有限公司 纳税人识别号：91110000600065019l 地 址、电 话：北京市西城区新街口南大街28号010-65225566 开户行及账号：中国工商银行股份有限公司北京新世界支行0200080409024507120	备注	

收款人:杨伟　　复核:郭春　　开票人:杨伟

A. 报销业务招待费-招待费

B. 报销业务招待费-住宿费（本地）

C. 报销业务招待费-餐费（本地招待）

D. 报销职工福利费-餐费（本地福利费）

二、多选题

1. 财税共享服务中心审核岗员工在审核记账凭证时，重点审核（　　）。

A. 内容是否真实　B. 书写是否正确　C. 科目是否正确　D. 金额是否正确

2. 财税共享服务中心理票岗员工对原始票据审核的内容主要包括（　　）。

A. 真实性　B. 合法性　C. 公允性　D. 完整性

3. 收到客户提供的票据后，检查客户提供的资料中是否有客户从其开票系统中下载的《增值税专用发票汇总表》或《增值税普通发票汇总表》时，需特别关注（　　）等信息是否完整。

A. 开票份数　B. 开票统计　C. 开票明细　D. 制表日期

4. 发票的基本联次包括（　　）。

A. 存根联　B. 发票联　C. 抵扣联　D. 记账联

5. 对票据进行分类整理时，首先按照（　　）三个类别对票据进行分类，为数据采集做准备。

A. 收入类　B. 成本类　C. 银行结算类　D. 费用类

6. 平台提供的凭证制单方式有（　　）。

A. 票据制单　B. 新增凭证　C. 费用报销单制单　D. 凭证管理

7. 成本票是公司销售商品或者加工商品过程中所消耗的费用，主要是指直接或间接计入（　　）等的发票和票据。

A. 生产成本　B. 采购成本　C. 制造费用　D. 期间费用

8. 获取成本类发票时，应注意的事项有（　　）。

A. 未填写购买方纳税人识别号或统一社会信用代码的普通发票不予报销

B. 取得提供货物运输服务的发票但未在备注栏注明规定信息的不予报销

C. 取得提供建筑服务的发票但未在备注栏注明规定信息的不予报销

D. 取得销售不动产的发票但未按规定要求填开的不予报销

9. 查验成本类发票时的业务要领包括（　　）。

A. 查验商品和服务税收分类编码是否正确

B. 发票信息与合同信息是否一致

C. 发票与业务对应的交付物是否一致

D. 判断增值税是否作为进项税额抵扣

10. 费用类票据是指计入企业期间费用的票据，主要是计入（　　）的发票和票据。

A. 管理费用　B. 销售费用　C. 财务费用　D. 制造费用

11. 旅客运输服务是指客运服务，包括通过（　　）为旅客个人提供的客运服务。

A. 陆路运输　B. 水路运输　C. 航空运输　D. 管道运输

三、判断题

1. 企业通过银行结算的业务，只要有发票单据对接，就可按照业务类型进行分类整理。（　　）

2. 按照会计核算制度的要求，本地住宿类发票应记入“管理费用——差旅费”科目。（　　）

3. 增值税专用发票仅限于增值税一般纳税人使用，小规模纳税人只能开具普通发票。(　　)

4. 通过扫描或者拍照等方式，可以先将纸质票据转换成电子影像文件，再进行分类查验。(　　)

5. 票据上传结束需要进行信息核对时，应点击“查验”，重点关注票面信息中的票面金额等信息是否采集正确，与行信息是否一致。(　　)

6. 自 2019 年 4 月 1 日开始，一般纳税人取得的旅客运输服务，其进项税额允许从销项税额中抵扣。(　　)

实务操作训练

登录中联教育（https://zledusx.cailian.net/）学习中心，选择实训课程“智能财税职业技能等级基础业务 1-社会化共享初级代理实务”，完成以下练习：

1. 工作领域二任务一中陈鸿公司销售类发票的整理、制单（业务 1）；
2. 工作领域二任务二中飞扬公司采购类发票的整理、制单（业务 1）；
3. 工作领域二任务三中陈鸿公司银行结算单据的整理、制单（业务 2、3）；
4. 工作领域二任务四中陈鸿公司费用类票据的整理、制单（业务 1、2、3、4、5）；

业务评价

完成单据整理、制单业务的操作后，参照下表判断自己对技能点的掌握情况，若已掌握，请打“√”。

操作要点	完成情况
进入财天下，熟悉票据菜单的功能	
进入票据菜单进行票据采集	
根据业务类型手工制单	
根据业务类型自动制单，注意会计期的选择、票据信息和行信息的核验	
熟悉凭证菜单的功能，熟悉增值税发票制单、非增值税发票制单、手工制单	
熟悉凭证的修改以及业务类型的设置	

工作领域三　中小微企业财税规范性审核

基础知识训练

一、单选题

1. 我国目前对增值税一般纳税人采用的计税方法是（　　）。

A. 简易征税法　　B. 直接法　　C. 购进税法　　D. 间接法

2. 自2019年1月1日至2024年12月31日，从事国家非限制和禁止行业，且同时符合年度应纳税额不超过300万元，从业人数不超过（　　）人，资产总额不超过5 000万元等三个条件的企业，为小型微利企业。

A. 300　　B. 30　　C. 500　　D. 50

3. 小规模纳税人发生增值税销售行为，合计月销售额未超（　　）万元的，免征增值税。

A. 10　　B. 20　　C. 30　　D. 40

4. 小规模纳税人发生增值税销售行为，以季度为纳税期的，季度销售额未超（　　）万元的，免征增值税。

A. 10　　B. 20　　C. 30　　D. 40

5. 一般纳税人月（季）度增值税审核业务流程是（　　）。

（1）复核会计科目余额　（2）复核销售发票　（3）复核进项税发票　（4）复核增值税减免税额　（5）复核增值税月（季）度申报表

A.（1）（2）（3）（4）（5）　　B.（3）（2）（1）（4）（5）

C.（3）（1）（2）（4）（5）　　D.（2）（3）（1）（4）（5）

二、多选题

1. 企业会计原始票据审核的内容主要包括（　　）。

A. 真实性　　B. 完整性　　C. 合法性　　D. 可行性

2. 记账凭证的审核内容有（　　）。

A. 内容是否真实　　B. 项目是否齐全　　C. 科目是否正确　　D. 书写是否规范

3. 常规项目审核的内容有（　　）。

A. 原始票据　　B. 记账凭证　　C. 科目余额表　　D. 财务报表

4. 要对小规模纳税人的（　　）进行复核，进而判断其是否具备免征增值税的条件。

A. 销售额数量　　B. 销售额内容　　C. 销售额规模大小　　D. 从业人数

5. 会计报表复核内容有（　　）。

A. 报表所列金额与账簿记录是否一致　　B. 报表项目是否填列齐全

C. 报表的各项数字计算是否正确　　D. 内容是否完整

三、判断题

1. 企业在同一家银行有多个账户时，可以通过查看账户后4位来复核银行账户的准确性。（　　）

2. 自 2018 年 5 月 1 日起，销售货物或者加工、修理修配劳务，销售服务、无形资产、不动产的增值税纳税人，年应征增值税销售额为 500 万元以下的为小规模纳税人。（　　）

3. 在业务招待费的开支中，如果企业没有收入，没有发生增值税纳税义务，业务招待费则不能税前扣除。（　　）

4. 一般企业 5 年内可以税前弥补亏损，高新企业、科技型中小企业 10 年内可以税前弥补亏损。（　　）

5. 小型微利企业的企业所得税统一实行按年预缴。（　　）

实务操作训练

登录中联教育（https://zledusx.cailian.net/）学习中心，选择实训课程“智能财税职业技能等级基础业务 1 -社会化共享初级代理实务”，完成以下练习：

1. 审核工作领域三任务一中陈鸿公司日常票据所生成的凭证；

2. 审核工作领域三任务二中陈鸿公司增值税申报表和企业所得税月（季）预缴纳税申报表。

业务评价

完成以上实务操作后，参照下表判断自己对技能点的掌握情况，若已掌握，请打“√”。

操作要点	完成情况
进入财天下，完成对原始凭证和记账凭证的审核	
检查期末余额，并进行月末结转	
对会计报表进行审核	
在智能平台上对增值税进行核算并审核	
在智能平台上对企业所得税进行核算并审核	

工作领域四　小规模纳税人纳税申报

实务操作训练

登录中联教育（https://zledusx. cailian. net/）学习中心，选择实训课程“智能财税职业技能等级基础业务 1-社会化共享初级代理实务”，完成以下练习：

1. 工作领域四任务一中飞扬公司的增值税纳税季度申报。
2. 工作领域四任务二中飞扬公司的企业所得税纳税申报。

业务评价

完成以上纳税申报的操作后，参照下表判断自己对技能点的掌握情况，若已掌握，请打“√”。

操作要点	完成情况
小规模纳税人的认定标准以及企业所得税相关税收优惠政策	
小规模纳税人增值税和企业所得税的计算和账务处理	
小规模纳税人增值税和企业所得税的申报要求和纳税申报期限	
在智能操作平台上生成和检查增值税纳税申报表和企业所得税纳税申报表	

工作领域五　一般纳税人纳税申报

实务操作训练

登录中联教育（https://zledusx.cailian.net/）学习中心，选择实训课程“智能财税职业技能等级基础业务1-社会化共享初级代理实务”，完成以下练习：

1. 工作领域五任务一中陈鸿公司的增值税纳税申报；
2. 工作领域五任务二中陈鸿公司的第四季度企业所得税纳税申报。

业务评价

完成以上纳税申报的操作后，参照下表判断自己对技能点的掌握情况，若已掌握，请打“√”。

操作要点	完成情况
增值税的纳税申报：	
统计、汇总、整理销售发票	
选择可抵扣的增值税进项发票进行认证抵扣	
进入金税师，点击增值税申报表确认申报日期、填写报表	
检查税表并报送	
企业所得税的纳税申报：	
季度末结账	
进入金税师，生成报表	
检查税表	
检查企业是否符合享受小型微利企业的税收优惠政策	

智能财税基础业务二　社会共享初级外包实务

工作领域一　票据外包服务

基础知识训练

一、单选题

1. 完成下图票据的采集、查验、审核后，依次点击（　　）可查看已生成的凭证。

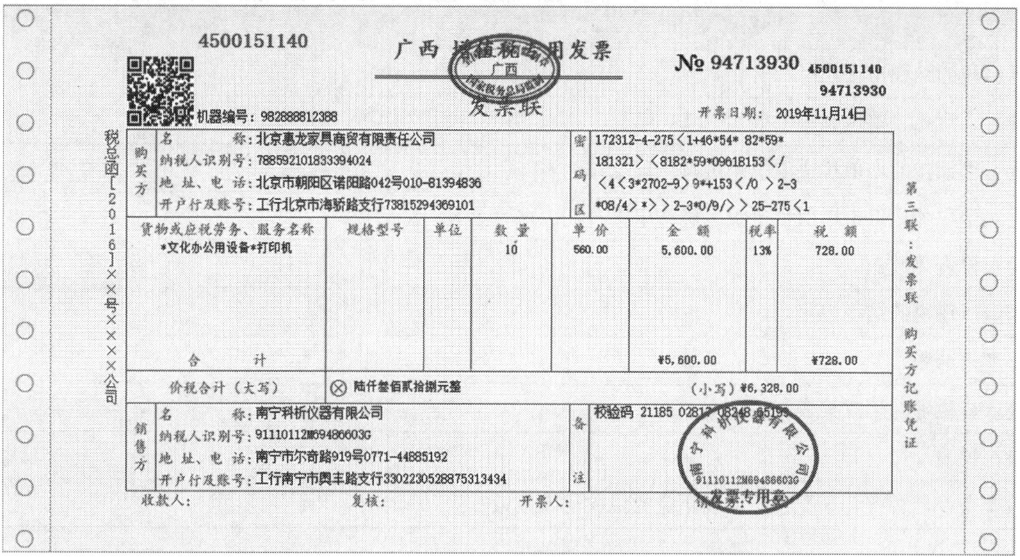

4500151140　　广西增值税专用发票　　№ 94713930　4500151140　94713930

发票联

机器编号：982888812388　　开票日期：2019年11月14日

购买方	名　　称：北京惠龙家具商贸有限责任公司 纳税人识别号：788592101833394024 地 址、电 话：北京市朝阳区诺阳路042号010-81394836 开户行及账号：工行北京市海骄路支行73815294369101			密码区	172312-4-275＜1+46*54* 82*59* 181321＞＜8182*59*09618153＜/ ＜4＜3*2702-9＞9*+153＜/0 ＞2-3 *08/4＞*＞＞2-3*0/9/＞＞25-275＜1		
货物或应税劳务、服务名称	规格型号	单位	数量	单价	金额	税率	税额
*文化办公用设备*打印机			10	560.00	5,600.00	13%	728.00
合　　计					¥5,600.00		¥728.00
价税合计（大写）	⊗陆仟叁佰贰拾捌元整				（小写）¥6,328.00		
销售方	名　　称：南宁科析仪器有限公司 纳税人识别号：91110112M69486603G 地 址、电 话：南宁市尔奇路919号0771-44885192 开户行及账号：工行南宁市奥丰路支行3302230528875313434			备注	校验码 21185 02817 08248 05195		

收款人：　　复核：　　开票人：　　销售方：（章）

第三联：发票联　购买方记账凭证

税总函[2016]××号×××公司

A. “票据采集”“凭证生成”　　B. “凭证”“票据制单”

C. “凭证”“费用报销单”　　D. “票据采集”“审核”

2. 下列不属于员工费用报销票据审核要点的是（　　）。

A. 差旅费用合理性　　B. 附件完整性

C. 是否符合预算范围　　D. 是否规避涉税风险

3. 在费用类票据外包业务处理流程中，下列不属于财税共享服务中心业务处理内容的是（　　）。

A. 票据签收与分类　　B. 票据扫描与识别

C. 票据审查与装订　　D. 票据报销与申请

4. 下列属于办公费发票真实性查验内容的是（　　）。

A. 发票后是否附有商品明细

B. 发票后是否附有办公用品购置审批单

C. 是否存在向商家索取虚假发票情形

D. 审查发票报销额度和限额

5. 电子普通发票受票方每份发票（　　）。

A. 可多次报销　B. 限一次报销　C. 限两次报销　D. 限三次报销

6. 企业财务在收到电子发票时，只需登录（　　）进行票据采集。

A. 财天下平台　B. 票天下平台　C. 金税师平台　D. 供应链平台

7. 采集过的发票会在财天下平台上自动生成相应凭证，并出现在票天下平台（　　）的记录中，发票状态则会显示为“已报销”。

A. 发票登记　B. 发票开具　C. 凭证管理　D. 税控管理

8. 甲公司购买乙公司货物，价税合计 100 万元，甲公司向乙公司支付 100 万元货款，甲公司向乙公司开具大于 120 万元的增值税专用发票。有关乙公司的行为，下列说法正确的是（　　）。

A. 乙公司行为属于金额多计，可以在发票上修改

B. 乙公司行为属于对涉税金额没有把握准确

C. 乙公司行为属于为他人代开增值税发票

D. 乙公司行为属于虚开增值税发票

9. 下列属于发票形成环节审核内容的是（　　）。

A. 检查票据要素是否齐全

B. 检查票据的结算类型是否符合入账要求

C. 关注大额整数发票

D. 检验票据是否符合“三流合一”原则

二、多选题

1. 下列属于常见发票的有（　　）。

A. 机动车销售统一发票　B. 过路过桥费发票

C. 定额发票　D. 电子普通发票

2. 下列属于发票审查内容的有（　　）。

A. 基础信息审查　B. 财务风险审查

C. 发票票面审查　D. 备注栏审查

3. 我国《企业所得税法》第八条规定，企业实际发生的与取得收入有关的、合理的支出，包括（　　），准予在计算应纳税所得额时扣除。

A. 成本　B. 费用　C. 损失和其他支出　D. 税金

4. 下列属于办公费用类票据审核要点的是（　　）。

A. 发票合理性查验　B. 发票真实性查验　C. 发票额度控制　D. 发票真伪判断

5. 电子发票的整理与制单业务最关键的两方面是（　　）。

A. 确保发票的合理性　B. 确保发票限额控制

C. 确保发票的真实性　D. 确保发票的唯一性

三、判断题

1. 企业取得的增值税电子普通发票，为防止出现虚假发票，须通过官方查询平台进

行查询并确认电子发票真伪，查询人不对发票真伪负责。（　　）

2. 财天下可以通过先进的 OCR 光学技术准确地识别出出租车票、地铁票、高速路桥费发票、机票电子行程单和机打卷式发票等，并快速将发票信息归集，储存到“我的发票”发票池中。（　　）

3. 日常办公费用中，办公用品购买和邮寄费是费用管理的重要方面。（　　）

4. 为加强办公费发票额度控制，要根据办公费用报销人员的职务及级别，合理控制报销额度，设置限额。（　　）

5. 企业应根据相关管理办法明确电子会计档案的法律地位，不可以电子形式对发票进行归档保存。（　　）

6. 在“票据采集”业务中，打开“票据”中的“票据采集”页面后，先收集已经扫描好的票据，然后上传图片，这时只会提示票据上传成功数量，不能提示上传失败的数量。（　　）

7. 企业规定出差餐费报销标准为：早餐 30 元，中餐和晚餐各 80 元，一天不超 190 元。如果报销人员拿来一张晚餐 150 元的发票，则晚餐没有超标。（　　）

8. 税前扣除凭证管理中的关联性原则是指税前扣除凭证与其反映的支出相关联且有证明力。（　　）

实务操作练习

登录中联教育（https://zledusx.cailian.net/）学习中心，选择实训课程“智能财税职业技能等级基础业务 2-社会化共享初级外包服务”，完成以下练习：

1. 工作领域一任务二中惠龙家具商贸有限责任公司员工费用类票据的处理及审查；
2. 工作领域一任务三中惠龙家具商贸有限责任公司办公费用类票据的处理及审查。

业务评价

完成以上票据处理与审查的操作后，参照下表判断自己对技能点的掌握情况，若已掌握，请打“√”。

操作要点	完成情况
票据签收与整理	
发票审核，包括基础信息审核、票面审核、财务风险审核、备注栏审核、发票与合同匹配审核、发票与业务内容匹配审核	
登录票天下平台，进行票据扫描与采集	
在票天下平台进行票据识别与校验	
查询票据汇总表	

工作领域二　财务核算外包服务

基础知识训练

一、单选题

1. 采购货物时，增值税专用发票有三联，（　　）作为采购方的记账凭证。

A. 记账联　　B. 抵扣联　　C. 发票联　　D. 存根联

2. （　　）在企业中处于市场与企业接口的位置，其主要职能是为客户提供产品及服务，从而实现企业的资金周转并获取利润，为企业提供生存与发展的动力。

A. 财务部门　　B. 采购部门　　C. 销售部门　　D. 生产部门

3. 在“应收账款”科目中可按照（　　）设置辅助核算，辅助核算就是科目的辅助性的详细说明，无须设置二级明细科目，从而简化科目的层级数量。

A. 供应商　　B. 客户　　C. 往来单位　　D. 存货

4. 下列项目中，不应计入外购材料采购成本的有（　　）。

A. 买价　　B. 外地运杂费

C. 入库前的挑选费　　D. 采购人员的差旅费

5. 在实务中，每月职工的工资额计算是通过编制（　　）完成。

A. 工资分配汇总表　B. 工资结算汇总表　C. 工资结算表　　D. 算术式

6. 生产车间领用低值易耗品时，若采用一次摊销法，其低值易耗品成本应该结转到（　　）账户。

A. “生产成本”　　B. “制造费用”　　C. “管理费用”　　D. “其他业务成本”

二、多选题

1. 合同是当事人之间（　　）民事关系的协议。依法成立的合同受法律保护。

A. 设立　　B. 变更　　C. 终止　　D. 保护

2. 生产成本核算包括（　　）。

A. 固定资产折旧计提　　B. 水电费用计提

C. 低值易耗品摊销　　D. 采购材料成本核算

3. 成本核算采用综合结转分步法，即上一生产步骤的半成品成本转入下一生产步骤时，是以（　　）综合项目计入下一生产步骤成本计算单的方法。

A. 半成品　　B. 直接材料　　C. 制造费用　　D. 直接人工

4. 应收账款是指因销售活动或提供劳务、服务而形成的债权，不包括（　　）。

A. 应收职工欠款

B. 应收债权人货款

C. 长期债权

D. 本公司付出的各类存出保证金

5. 财务核算外包服务的主要内容包括（　　）。

A. 采购业务核算　　B. 生产成本核算　　C. 销售业务核算　　D. 纳税申报

6. 低值易耗品的摊销方法有（　　）。

A. 先进先出法　　B. 一次摊销法　　C. 实地盘点法　　D. 分次摊销法

7. 企业购进材料一批，已验收入库，但到月终时结算凭证仍未到，货款尚未支付。对该项业务，企业应做的处理为（　　）。

A. 材料验收入库时即暂估入账

B. 材料验收入库时只登记原材料明细

C. 月末按暂估价入账，下月初用红字冲回

D. 等下月收到结算凭证付款时入账

8. 企业销售产品，应收账款包括（　　）。

A. 售价　　B. 代垫运杂费　　C. 销项税额　　D. 销售人员工资

三、判断题

1. 采购生产用材料一批，取得增值税专用发票，价税款以银行存款支付，材料尚未验收入库，进行业务核算时，应记入“原材料”科目的借方。（　　）

2. 财务人员的工资应计入财务费用。（　　）

3. 在计算职工工资时，应扣职工个人缴纳的社会保险有工伤保险、养老保险、失业保险、企业年金、医疗保险。（　　）

4. 企业外购材料，支付的增值税税额都可以记入“应交税费——应交增值税（进项税额）”科目的借方。（　　）

5. 一般纳税人销售应税货物，取得的增值税税额都应记入“应交税费——应交增值税（销项税额）”科目的贷方。（　　）

实务操作练习

登录中联教育（https://zledusx.cailian.net/）学习中心，选择实训课程“智能财税职业技能等级基础业务 2-社会化共享初级外包服务”，完成以下练习：

1. 工作领域二任务一中的实训题 2、3、4。
2. 工作领域二任务二中的实训题 3、4、5。
3. 工作领域二任务三中的实训题的业务 2、3。

业务评价

完成以上实务操作后，参照下表判断自己对技能点的掌握情况，若已掌握，请打“√”。

操作要点	完成情况
采购业务核算：	
熟知采购与应付业务流程	
在财天下进行票据采集	
票据扫描与识别	
票据审核与制单	

续表

操作要点	完成情况
生产成本核算：	
在财天下进行领料单处理与核算	
在财天下进行入库单处理与核算	
在财天下进行费用单处理与核算	
销售业务核算：	
接收销售业务有关票据，并扫描每张纸质票据	
进入会计核算云平台进行票据识别与校验	
对业务审批流程与票据进行审核	
在会计核算云平台进行票据制单，自动或手动形成记账凭证	

工作领域三　纳税申报外包服务

基础知识训练

一、单选题

1. 税收管理活动的中心环节是（　　）。

A. 征收监控　　B. 税务稽查　　C. 税收征管　　D. 税务执行

2. 纳税申报的日期是（　　）。

A. 月末　　B. 季末　　C. 年末　　D. 下月月初

3. 企业所得税年度汇算清缴的表单共有（　　）张，企业根据当期实际的经营活动情况选择需要填写的表单。

A. 37　　B. 28　　C. 30　　D. 40

4. 小规模纳税人季度销售额不超过（　　）万元的，免征增值税。

A. 10　　B. 20　　C. 30　　D. 40

5. 对于申报完成但未扣款的企业，在征收期结束时开始缴纳滞纳金，标准是按日加收应缴税款的（　　）。

A. 5%　　B. 3%　　C. 5‰　　D. 3‰

二、多选题

1. 广义的税收征管包括管理服务、（　　）等方面内容。

A. 征收监控　　B. 税务稽查　　C. 税收法制　　D. 税务执行

2. 金税师平台支持的取数方式有（　　）。

A. 自动取数　　B. 手动填写　　C. Excel 文件导入　　D. Word 文档导入

3. 一般纳税人增值税销项税的审核要点有（　　）。

A. 销售额合计金额与财务报表中的营业收入金额是否一致

B. 是否存在未开票收入

C. 是否存在免税收入

D. 不同税率下的销售额是否与实际结算一致

4. 一般纳税人增值税进项税的审核要点有（　　）。

A. 本期可抵扣进项的实际税票信息与税务系统数据是否一致

B. 是否存在可计算抵扣的票据金额，填写是否正确

C. 进项税额转出项目填写是否完整

D. 从业人数是否填写正确

5. 申请退税需要提供的资料有（　　）等。

A. 退税申请审批表

B. 完税凭证等已缴税证明原件、复印件

C. 纳税人报关的会计决算报表原件、复印件

D. 所得税预缴申请表和年终申报表原件、复印件

三、判断题

1. 纳税申报外包可以帮助企业把控涉税风险，协助税务机关排查税收风险。(　　)

2. 在金税师平台中，可以根据导入的财务信息自动匹配勾选需要填写的表单，无须手动维护相关信息。(　　)

3. 一般纳税人每月 1 日必须进行防伪税控开票机的抄税工作。(　　)

4. 纳税人应对纳税申报表逻辑性和有关资料的完整性、准确性进行审核。(　　)

5. 小规模纳税人符合免征增值税条件的，不需要进行纳税申报。(　　)

6. 企业申报纳税后应立即扣款操作，避免发生滞纳金，使企业产生不必要的损失。(　　)

实务操作练习

登录中联教育（https://zledusx.cailian.net/）学习中心，选择实训课程“智能财税职业技能等级基础业务 2-社会化共享初级外包服务”，完成北京子林文化有限公司的增值税税表、企业所得税税表的审核与申报。

业务评价

完成以上纳税审核与申报的操作后，参照下表判断自己对技能点的掌握情况，如已掌握，请打“√”。

操作要点	完成情况
登录金税师平台	
导入财务报表数据	
编制企业增值税报表：先通过自动取数或者利用 Excel 导入科目及其余额表数据，然后生成税表	
编制企业所得税报表：先进行初始设置，然后在金税师平台根据导入的财务信息智能选表并手动维护，导入发生额并与月度表匹配，最后显示税表项目并生成税表	

工作领域四　工资及社保业务外包服务

基础知识训练

一、单选题

1.“五险一金”的缴纳以（　　）为基数。

A. 基本工资　　B. 工资总额

C. 工资总额减去专项附加扣除　　D. 工资总额减去职工福利

2. 下列企业计提管理部门工资的会计分录中，正确的是（　　）。

A. 借：应付职工薪酬——职工工资

　　贷：银行存款

B. 借：应付职工薪酬——职工工资

　　贷：管理费用——职工薪酬——工资薪金

C. 借：管理费用——职工薪酬——工资薪金

　　贷：应付职工薪酬——职工工资

D. 借：生产成本——职工薪酬——工资薪金

　　贷：应付职工薪酬——职工工资

3. 个人所得税中，父母选定子女教育费用的扣除方式后在（　　）内不能变更。

A. 1 个月　　B. 1 个季度　　C. 1 个纳税年度　　D. 3 年

4. 个人所得税中，子女教育费用的扣除标准是每个子女每年（　　）元。

A. 1 000　　B. 1 200　　C. 24 000　　D. 12 000

5. 个人所得税中，住房贷款信息扣除期限最长不超过（　　）。

A. 12 个月　　B. 24 个月　　C. 120 个月　　D. 240 个月

6. 银行发放工资后，企业会收到银行寄来的（　　）。

A. 增值税发票　　B. 银行回单　　C. 合同　　D. 工资单

二、多选题

1. 下列选项属于个人所得税专项附加扣除的是（　　）。

A. 住房租金　　B. 继续教育　　C. 贷款利息　　D. 子女教育

2. 下列选项属于“五险一金”的是（　　）。

A. 生育保险　　B. 人身保险　　C. 失业保险　　D. 医疗保险

3. 办理社保增员，需要提供（　　）资料。

A. 户口本复印件　　B. 身份证复印件

C. 劳动合同复印件　　D. 工资单

4. 以下满足纳税人赡养老人专项附加扣除条件的是（　　）。

A. 子女均已去世的年满 60 岁的祖父母、外祖父母的赡养支出

B. 赡养一位及以上年满 60 岁的父母

C. 赡养岳父岳母或公婆

D. 赡养福利院孤苦老人

5. 关于子女教育费用的专项附加扣除，下列说法正确的是（　　）。

A. 父母一方可按扣除标准的100%扣除

B. 父母两人分别按扣除标准的50%扣除，即平摊

C. 子女在民办学校接受教育的，不能扣除

D. 子女在公办学校接受教育的，可以扣除

6. 关于住房贷款利息费用的专项附加扣除，下列说法正确的是（　　）。

A. 住房贷款利息和住房租金扣除可以同时享受

B. 按每月1 000元的标准定额扣除

C. 纳税人及其配偶一方扣除或者双方平摊

D. 扣除期限最长可以为120个月

7. 补缴三个月以前社保的，需要提供（　　）。

A. 户口本复印件　　B. 个人所得税证明

C. 劳动合同原件及复印件　　D. 工资凭证原件及复印件

8. 获取“个人所得税专项附加扣除采集表”等模板的方式有（　　）。

A. 登录税务局或各省、市税务机关官网下载电子版表格并打印

B. 就近到任何一个办税服务厅领取已经印制好的信息表格

C. 到纳税人所在地个税代扣代缴单位领取

D. 自己定制个性化模板

三、判断题

1. 企业提供给职工配偶、子女、受赡养人、已故员工遗属及其他受益人等的福利，不属于职工薪酬。（　　）

2. 岳父岳母或公婆的赡养费用不可以作为个人所得税专项附加扣除项目。（　　）

3. 个人所得税的申报渠道可以为办税服务厅申报或远程办税端申报。（　　）

4. 关于专项附加扣除的信息采集，纳税人可以直接向税务机关自行采集或者向扣缴单位办理采集。（　　）

5. “五险一金”的缴纳比例，企业可以自行拟定。（　　）

实务操作训练

登录中联教育（https://zledusx.cailian.net/）学习中心，选择实训课程“智能财税职业技能等级基础业务2-社会化共享初级外包服务”，完成北京佳晟食品有限责任公司工资单的编制以及工资发放的账务处理。

业务评价

完成以上实务操作后，参照下表判断自己对技能点的掌握情况，若已掌握，请打“√”。

操作要点	完成情况
登录财天下，点击“智能工资”，查看并维护员工基本信息	
在智能工资平台上导入工资薪金信息计算个税，维护社保公积金信息，自动生成凭证	
保存数字档案	

智能财税基础业务三　社会共享企业管家

工作领域一　企业设立、变更和信息公示

实务操作训练

登录中联教育（https://zledusx.cailian.net/）学习中心，选择实训课程“智能财税职业技能等级基础业务 3 -社会化共享初级企业管家”，完成以下练习：

1. 工作领域一任务一中的企业设立登记；
2. 工作领域一任务四中的企业信息公示填制申报管理。

业务评价

完成以上实务操作后，参照下表判断自己对技能点的掌握情况，若已掌握，请打“√”。

操作要点	完成情况
企业设立登记	
准备申请材料	
登录 e 窗通，进行用户注册与经办人身份认证	
选择申请填报的登记事项	
申请营业执照和刻制印章	
为企业起名	
在平台上填写企业信息并提交证明材料	
多部门联合审批，待审批通过领取营业执照、印章、税控设备和发票	

工作领域二　税务管理

基础知识训练

一、单选题

1. 增值税专用发票已开出，次月发现发票开错，但购货方已经勾选认证，此时开具红字专用发票信息表时应由（　　）。

A. 购货方申请　　B. 销货方申请　　C. 第三方申请　　D. 税务申请

2. 从事生产经营的纳税人应当自领取营业执照之日起（　　）日内，向主管税务机关办理登记。

A. 10　　B. 20　　C. 30　　D. 60

3. 按现行条例，以下行为需要缴纳增值税的是（　　）。

A. 个人转让非上市公司股票

B. 单位转让非上市公司股票

C. 个人转让上市公司股票

D. 单位转让上市公司股票

4. 股权转让合同属于印花税（　　）税目的征收范围。

A. 财产转移书据　　B. 经济合同

C. 营业账簿　　D. 经财政部确定征税的其他凭证

5. 个人转让股权，一般情况下适用的个人所得税税率为（　　）。

A. 3%　　B. 10%　　C. 20%　　D. 25%

二、多选题

1. 根据现行政策，个人转让非上市公司股权，需要缴纳（　　）。

A. 增值税　　B. 消费税　　C. 印花税　　D. 个人所得税

2. 下列属于到税务大厅领购发票需要带的资料有（　　）。

A. 税控盘　　B. 营业执照副本原件

C. 发票专用章　　D. 购票人身份证原件

3. 下列情况可以作废发票的有（　　）。

A. 增值税专票当月开错，未用于申报抵扣，且发票联和抵扣联退回的

B. 发生销货部分退回的

C. 当月开错的普通发票，且未进行非征期抄报的

D. 跨月的普通发票或已抄税的普通发票

4. 增值税发票申领和纳税人信息填写的内容有（　　）。

A. 发票种类　　B. 发票数量　　C. 领票人　　D. 配送地址

5. 开具发票前在“基础设置”“客户信息”中应添加的客户信息有（　　）。

A. 客户名称　　B. 纳税人识别号　　C. 开户银行　　D. 纳税人类型

三、判断题

1. 根据现行政策，个人转让非上市公司股权和上市公司股权均不缴纳增值税，仅需

缴纳印花税和个人所得税。（　　）

2. 小型微利企业一定是小规模纳税人。（　　）

3. 从事生产经营的纳税人应当自领取营业执照之日起 60 日内，向主管税务机关办理税务登记。（　　）

4. 在股权转让过程中，转让方取得的违约金和补偿金不应当计入股权转让所得。（　　）

5. 发票入库、出库必须严格按照发票号码顺序执行。（　　）

6. 到税务大厅领购发票，购票人必须完成实名登记。（　　）

实务操作训练

登录中联教育（https://zledusx.cailian.net/）学习中心，选择实训课程“智能财税职业技能等级基础业务 3 -社会化共享初级企业管家”，完成工作领域三任务一中北京博创中联科技有限公司税务变更的办理。

业务评价

完成以上实务操作后，参照下表判断自己对技能点的掌握情况，若已掌握，请打“√”。

操作要点	完成情况
税务登记操作：	
注意税务登记的时间	
下载电子营业执照	
登录电子税务局，进行网上新户报道，填写纳税人基本信息	
完成实名认证，完成存款账户报告、三方协议填写、发票版式和数量申请	
申请税控盘，领取发票	
税务变更操作：	
了解哪些变更需要先工商变更再税务变更，哪些可以直接税务变更	
登录电子税务局	
点击“我要办税”综合信息报告	

工作领域三　人力资源与“五险一金”管理

实务操作训练

登录中联教育（https://zledusx.cailian.net/）学习中心，选择实训课程“智能财税职业技能等级基础业务3-社会化共享初级企业管家”，完成以下练习：

1. 工作领域四任务二中北京振兴科技有限公司新员工职工社会保险的缴纳。
2. 工作领域四任务三中北京博创中联科技有限公司住房公积金网上开户的办理。

业务评价

完成以上实务操作后，参照下表判断自己对技能点的掌握情况，若已掌握，请打“√”。

操作要点	完成情况
缴纳职工社会保险：	
完成网上申报：先录入员工基本信息再上传员工照片，最后查询信息导入情况	
完成经办审核：社保系统自动审核申请信息，有特殊情况，需到社保窗口办理	
办理网上住房公积金开户：	
登录公积金网站，进入网上业务平台	
经办人注册、临时经办人登录	
公积金单位开户	
公积金开户审核	
办理委托收款业务	

智能财税基础业务四　社会共享中级代理实务

工作领域一　代理合同管理及系统初始化设置

基础知识训练

不定项选择题

1. 首次接受会计代理业务时，财税共享服务中心要做的工作包括（　　）。

A. 评估客户风险　B. 签订代理合同　C. 获取客户信息　D. 建立客户档案

2. 客户风险评估关注的内容是（　　）。

A. 客户的经营范围　B. 客户的信用高低

C. 客户财务风险高低　D. 客户代理费高低

3. 银行结算方式包括（　　）。

A. 支票　B. 银行本票　C. 银行汇票　D. 商业汇票

4. 需要设置供应商辅助核算的科目有（　　）。

A. “应收账款”　B. “应付账款”　C. “预收账款”　D. “预付账款”

5. 需要设置供应商辅助核算的科目有（　　）。

A. “应收票据”　B. “应付票据”　C. “预收账款”　D. “预付账款”

实务操作训练

登录中联教育（https://zledusx.cailian.net/）学习中心，选择实训课程“智能财税职业技能等级基础业务 1-社会化共享中级代理实务”，完成以下练习：

1. 工作领域一中基础设置-账套信息的完善。
2. 工作领域一中个性化设置和会计科目的设置。
3. 工作领域一中辅助核算的往来单位设置、部门和人员信息设置。
4. 工作领域一中辅助核算的存货设置。
5. 工作领域一中导入科目期初，录入现金流量期初余额。
6. 工作领域一中，根据企业实际业务，设置常用凭证模板。
7. 工作领域一中，根据企业实际业务，设置“采购在途物资”业务类型。

业务评价

完成基础设置业务的操作后，参照下表判断自己对技能点的掌握情况，若已掌握，请打“√”。

操作要点	完成情况
进入财天下，熟悉基础设置的内容	
完善账套信息	
进行个性化设置	
进行会计科目设置	
进行辅助核算的往来单位设置、部门和人员信息设置、存货设置	
导入期初余额	
设置常用模板和业务类型	

工作领域二　企业日常与特殊业务处理

基础知识训练

不定项选择题

1. 在财天下可以自动生成凭证的票据是（　　）。

A. 销项发票　　B. 进项发票　　C. 行程单　　D. 增值税卷票

2. 下列根据回单写出的神龙贸易公司的会计分录中，正确的是（　　）。

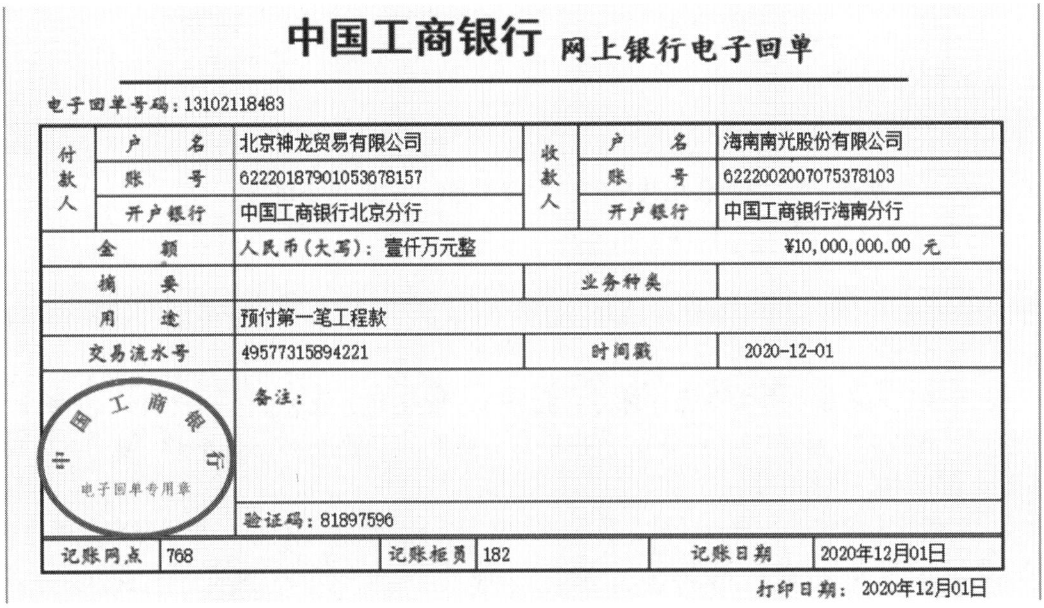

中国工商银行　网上银行电子回单

电子回单号码：13102118483

付款人	户　名	北京神龙贸易有限公司	收款人	户　名	海南南光股份有限公司
	账　号	62220187901053678157		账　号	6222002007075378103
	开户银行	中国工商银行北京分行		开户银行	中国工商银行海南分行
金　额		人民币（大写）：壹仟万元整			¥10,000,000.00 元
摘　要			业务种类		
用　途		预付第一笔工程款			
交易流水号		49577315894221	时间戳		2020-12-01
中国工商银行 电子回单专用章		备注： 验证码：81897596			
记账网点 768		记账柜员 182	记账日期		2020年12月01日

打印日期：2020年12月01日

A. 借：在建工程　　10 000 000

　　贷：银行存款　　10 000 000

B. 借：预付账款　　10 000 000

　　贷：银行存款　　10 000 000

C. 借：预收账款　　10 000 000

　　贷：银行存款　　10 000 000

D. 借：应付账款　　10 000 000

　　贷：银行存款　　10 000 000

3. 在智能财税中级代理业务中，行程单自动生成凭证的方式是（　　）。

A. 票据采集行程单→审核行程单→自动生成凭证

B. 票据采集行程单→审核行程单→费用报销单→填写相关信息→添加行程单附件→自动生成凭证

C. 不能自动生成凭证，只能通过票据采集行程单→审核行程单→手动生成凭证

4. 在智能财税中级代理业务中，销售成本的结转方式有（　　）。

A. 每笔销售业务都手动结转成本

B. 期末统一手动计算结转成本

C. 在财天下期末结转业务中选择结转销售成本的方式，点击计算后生成结转凭证

D. 在财天下期末结账业务中点击结账后自动结转销售成本

5. 经与乙公司协商，甲公司以一台设备换入乙公司的一项专利技术，交换日，甲公司换出设备的账面价值为560万元，公允价值为700万元（等于计税价格），甲公司将设备运抵乙公司并向乙公司开具了增值税专用发票，当日双方办妥了专利技术所有权转让手续。经评估确认，该项专利技术的公允价值为900万元（免增值税），甲公司另以银行存款支付乙公司109万元，甲、乙公司均为增值税一般纳税人，适用的增值税税率均为13%，不考虑其他因素，甲公司换入专利技术的入账价值是（　　）万元。

A. 641　　B. 900　　C. 781　　D. 819

实务操作训练

登录中联教育（https://zledusx.cailian.net/）学习中心，选择实训课程“智能财税职业技能等级基础业务1-社会化共享中级代理实务”，完成以下练习：

1. 工作领域二任务一中日常业务处理。

日常业务中包含：

（1）采购与付款业务实务操作练习：业务4、业务7、业务17、业务20、业务27、业务28、业务34。

（2）销售与收款业务实务操作练习：业务3、业务10、业务11、业务14、业务15、业务25、业务26、业务29、业务30、业务37、业务38、业务40、业务42、业务43、业务44、业务46、业务47。

（3）借款、预付款、费用报销、采购固定资产、资产报废等其他日常业务实务操作练习：业务1、业务2、业务5、业务6、业务9、业务12、业务13、业务16、业务18、业务19、业务22、业务32、业务33、业务35、业务36、业务39、业务41、业务45等。

2. 工作领域二任务一中特殊业务处理：资产交换业务23、业务24，购买股权业务34等。

业务评价

完成以上实务操作后，参照下表判断自己对技能点的掌握情况，若已掌握，请打“√”。

操作要点	完成情况
掌握采购与付款业务实务操作	
掌握销售与收款业务实务操作	
掌握费用报销业务实务操作	
掌握其他日常业务的实务操作	
掌握资产交换和购买股权业务实务操作	

工作领域三　期末会计事项处理

基础知识训练

不定项选择题

1. 下列财务报告的编制要求中，正确的有（　　）。

A. 企业应依据会计准则确认和计量的结果编制财务报表

B. 以持续经营为基础编制财务报表

C. 所有财务报表都按权责发生制编制

D. 各报表项目的列报应在各期保持一致，不得随意变更

2. 下列关于财务报告的表述中，不正确的是（　　）。

A. 如果某个项目单独看不具有重要性，则一般可将其与其他项目汇总列报

B. 如果某个项目具有重要性，则一般应单独列报

C. 资产负债表、利润表、现金流量表和所有者权益变动表在列报上比附注更为重要

D. 按编报时间，财务报告分为年报和中期报告两类

3. 下列各项中，不属于资产负债表所有者权益项目的是（　　）。

A. 盈余公积　　　　B. 其他综合收益

C. 公允价值变动收益　　　　D. 库存股

4. 资产负债表中直接根据有关总账科目的余额填列的项目有（　　）。

A. 短期借款　　B. 实收资本　　C. 应付账款　　D. 资本公积

5. 下列各项中，应在企业资产负债表“预付款项”项目中填列的有（　　）。

A. “应付账款”科目所属明细科目的期末借方余额

B. “应收账款”科目所属明细科目的期末贷方余额

C. “预付账款”科目所属明细科目的期末借方余额

D. “预收账款”科目所属明细科目的期末贷方余额

6. 下列各项中，在利润表中列示的有（　　）。

A. 其他收益　　B. 资产处置收益　　C. 其他综合收益　　D. 投资收益

实务操作训练

登录中联教育（https://zledusx.cailian.net/）学习中心，选择实训课程“智能财税职业技能等级基础业务1-社会化共享中级代理实务”，完成以下练习：

1. 工作领域二中任务二神龙贸易有限公司期末结转业务处理；
2. 工作领域二中任务二神龙贸易有限公司期末结账业务处理；
3. 工作领域三中任务财务报表生成与审核。

业务评价

完成以上实务操作后，参照下表判断自己对技能点的掌握情况，若已掌握，请打“√”。

操作要点	完成情况
掌握财天下期末结转业务的处理	
掌握财天下期末结账业务的处理	
掌握财天下财务报表的生成与审核业务的处理	

工作领域四　涉税事项处理

基础知识训练

不定项选择题

1. 下列各项中，应视同销售货物或服务征收增值税的是（　　）。

A. 王某无偿向其他单位转让无形资产（用于非公益事业）

B. 某公司将外购饮料用于职工福利

C. 某建筑公司外购水泥发生非正常损失

D. 个人股东无偿借款给单位

2. 下列各项中，关于国内旅客运输服务进项税额抵扣业务处理正确的是（　　）。

A. 取得增值税专用发票可以凭票抵扣增值税

B. 取得增值税电子普通发票可以凭票抵扣增值税

C. 取得行程单、公路水路等其他客票需要计算抵扣增值税

D. 取得铁路车票不能抵扣增值税

3. 根据增值税农产品进项税额核定办法的规定，下列说法正确的是（　　）。

A. 扣除率为购进货物的适用税率

B. 耗用率由试点纳税人向主管税务机关申请核定

C. 核定扣除的纳税人购进农产品可选择依扣税凭证抵扣

D. 卷烟生产属于核定扣除试点范围

4. 下列税额中，作为城市维护建设税计税依据的有（　　）。

A. 增值税免抵税额

B. 进口环节缴纳的增值税

C. 实际缴纳的增值税、消费税

D. 直接减免的增值税、消费税

5. 下列所得中，减半征收企业所得税的是（　　）。

A. 海水养殖所得　　　　B. 家禽饲养所得

C. 中药材种植所得　　　　D. 林产品采集所得

实务操作训练

登录中联教育（https://zledusx.cailian.net/）学习中心，选择实训课程“智能财税职业技能等级基础业务1-社会化共享中级代理实务”，完成以下练习：

1. 工作领域四中填写并申报神龙贸易第四季度财务报表、2020年度财务报表。

2. 工作领域四中填写并申报神龙贸易公司企业所得税第四季度预缴纳税申报表。

3. 工作领域四中填写并申报神龙贸易公司2020年12月增值税纳税申报表和城建税、教育费附加纳税申报表。

4. 工作领域四中编制神龙贸易公司2020年企业所得税年度汇算清缴报表，并进行纳税申报。

业务评价

完成以上实务操作后，参照下表判断自己对技能点的掌握情况，若已掌握，请打“√”。

操作要点	完成情况
掌握季度财务报表和年度报表的申报	
掌握企业所得税季度预缴的纳税申报	
掌握增值税纳税申报和城建税、教育费附加纳税申报	
掌握企业所得税年度汇算清缴业务的办理	

智能财税基础业务五　社会共享中级外包服务

工作领域一　商旅与费用报销外包

基础知识训练

不定项选择题

1. 智能财税商旅与费控平台的基础设置内容包括（　　）。

A. 机票标准　　B. 酒店标准　　C. 火车票标准　　D. 差补标准

2. 下列行程单可以抵扣的进项税额为（　　）元。

航空运输电子客票行程单
ITINERARY/RECEIPT OF THE E-TICKET FOR AIR TRANSPORT
印刷序号：SERIAL NUMBER: 81704044173

旅客姓名 NAME OF PASSENGER：张明
有效身份证件号码 ID.NO.：110102199209283003
签注 ENDORSEMENTS/RESTRICTIONS (CARBON)：不得签转

	承运人 CARRIER	航班号 FLIGHT	座位等级 CLASS	日期 DATE	时间 TIME	客票级别/客票类别 FARE BASIS	客票生效日期 NOT VALID BEFORE	有效截止日期 NOT VALID AFTER	免费行李 ALLOW
自 FROM 宝安国际机场	T3	国航CA1358	X	2020-11-05	20：10	X			20K
至 TO 首都国际机场									
至 TO									
至 TO									
至 TO									

票价 FARE：CNY ¥1,220.00　机场建设费 AIRPORT TAX：CN ¥50.00　燃油附加费 FUEL SURCHARGE：YQ　其他税费 OTHER TAXES：　合计 TOTAL：CNY ¥1,270.00

电子客票号码 E-TICKET NO.：8805462084199　验证码 CK.：9720　提示信息 INFORMATION：　保险费 INSURANCE：

销售单位代号 AGENT CODE：SHA314 08211801　填开单位 ISSUED BY：深圳航空有限责任公司　填开日期 DATE OF ISSUE：2020年11月05日

验真网址：WWW.TRAVELSKY.COM　服务热线：400-815-8888　短信验真：发送JP至10669018

A. 100.73　　B. 104.86　　C. 109.8　　D. 114.3

3. 下列关于予以抵扣的进项税额的说法中，正确的有（　　）。

A. 桥、闸通行费发票允许抵扣进项税额＝发票金额÷(1＋5%)×5%

B. 航空运输电子客票行程单允许抵扣进项税额＝（票价＋燃油附加费）÷(1＋9%)×9%

C. 铁路车票允许抵扣进项税额＝票面金额×9%

D. 公路、水路等其他客票允许抵扣进项税额＝票面金额÷（1＋3%）×3%

实务操作训练

登录中联教育（https://zledusx.cailian.net/）学习中心，选择实训课程“智能财税职业技能等级基础模块 2-社会化共享中级外包服务”，完成以下练习：

1. 工作领域一中，填写深圳助学信息科技有限公司差旅标准。

2. 工作领域一中，员工在商旅平台填写出差申请单、预订机票和酒店，填写报销单。

3. 工作领域一中，员工在商旅平台填写报销单（线下出差审批、线上报销）。

业务评价

完成以上实务操作后，参照下表判断自己对技能点的掌握情况，若已掌握，请打“√”。

操作要点	完成情况
在商旅与费控平台进行基础设置	
在商旅与费控平台预订车票、机票和酒店	
在商旅与费控平台填写报销单	
在商旅与费控平台审核单据	

工作领域二　薪税业务外包

基础知识训练

不定项选择题

1. 下列各项中，不属于职工薪酬核算内容的是（　　）。

A. 住房公积金

B. 工会经费和职工教育经费

C. 养老保险

D. 职工因公出差的差旅费

2. 企业计提在建工程人员的职工薪酬，下列会计处理正确的是（　　）。

A. 借记“管理费用”科目，贷记“应付职工薪酬”科目

B. 借记“固定资产”科目，贷记“应付职工薪酬”科目

C. 借记“在建工程”科目，贷记“应付职工薪酬”科目

D. 借记“研发支出”科目，贷记“应付职工薪酬”科目

3. 某企业计提生产车间管理人员基本养老保险费 150 000 元，下列会计处理正确的是（　　）。

A. 借：管理费用　150 000

　　贷：应付职工薪酬——设定提存计划——基本养老保险费　150 000

B. 借：制造费用　150 000

　　贷：应付职工薪酬——设定提存计划——基本养老保险费　150 000

C. 借：制造费用　150 000

　　贷：银行存款　150 000

D. 借：制造费用　150 000

　　贷：其他应付款　150 000

实务操作训练

登录中联教育（https://zledusx.cailian.net/）学习中心，选择实训课程“智能财税职业技能等级基础模块 2-社会化共享中级外包服务”，完成以下练习：

1. 工作领域二中，对北京乐嘉食品有限责任公司进行薪税管理基础设置。主要包括启用“智能工资”模块；部门设置和收入信息设置；计提工资借方科目设置。

2. 工作领域二中对北京乐嘉食品有限责任公司进行辅助核算-人员的基础设置，同步智能工资人员基本信息。

3. 工作领域二中，在智能工资模块进行人员专项信息采集并导入工资表。

4. 工作领域二中，在智能工资模块进行批量设置“五险一金”的基数和计提比例。

5. 工作领域二中，在智能工资模块自动生成记账凭证并审核。

业务评价

完成以上实务操作后，参照下表判断自己对技能点的掌握情况，若已掌握，请打“√”。

操作要点	完成情况
会进行薪税管理基础设置	
掌握智能工资模块人员设置	
会进行智能工资模块人员专项信息采集和工资导入	
会在智能工资模块进行“五险一金”的设置	
会在智能工资模块自动生成记账凭证	

工作领域三　购销业务外包

基础知识训练

不定项选择题

1. 供应链模块可以处理的业务包括（　　）。

A. 存货管理　　B. 销售与收款流程　C. 采购与付款流程　D. 差旅费报销

2. 下列关于智能财税平台采购管理业务流程的选项中，正确的是（　　）。

A. 新增订单→生成采购发票→推送采购发票→验收入库→生成入库单→推送入库单→付款

B. 新增订单→生成采购发票→推送采购发票→验收入库→生成入库单→采购结算→推送入库单→付款→推送付款单

C. 新增订单→预付款→生成采购发票→推送采购发票→验收入库→生成入库单→推送入库单→付款→推送付款单→发起预付款核销→推送核销单

D. 新增订单→预付款→生成采购发票→推送采购发票→验收入库→生成入库单→采购结算→推送入库单→付款→推送付款单→发起预付款核销→推送核销单

3. 下列关于智能财税平台销售管理业务流程的选项中，正确的是（　　）。

A. 新增订单→填写发货申请→发票申请→推送至开票系统→填写应收单并推送到财天下→填写收款单并推送到财天下

B. 新增订单→填写发货申请→发票申请→推送至开票系统→填写收款单并推送到财天下

C. 新增订单→填写收款单并推送到财天下（预收）→填写发货申请→发票申请→推送至开票系统→填写应收单并推送到财天下→填写收款单并推送到财天下→预收核销并推送到财天下

D. 新增订单→填写收款单并推送到财天下（预收）→填写发货申请→发票申请→推送至开票系统→填写收款单并推送到财天下→预收核销并推送到财天下

实务操作训练

登录中联教育（https://zledusx. cailian. net/）学习中心，选择实训课程“智能财税职业技能等级基础模块 2 -社会化共享中级外包服务”，完成以下练习：

1. 工作领域三中，对北京星晨办公用品有限公司启用供应链模块并进行初始设置。

2. 工作领域三中北京星晨办公用品有限公司采购货物、验收入库、付款等业务处理。

3. 工作领域三中北京星晨办公用品有限公司销售商品、发货、收款等业务处理。

4. 工作领域三中，对北京星晨办公用品有限公司进行库存管理月末结账并生成记账凭证。

业务评价

完成以上实务操作后，参照下表判断自己对技能点的掌握情况，若已掌握，请打"√"。

操作要点	完成情况
启用供应链模块并进行初始设置	
掌握采购与付款业务流程操作	
掌握预付款业务流程操作	
掌握销售与收款业务流程操作	
掌握预收款业务流程操作	
掌握库存管理月末结账的操作	
生成正确的记账凭证	

工作领域四　成本核算外包

基础知识训练

不定项选择题

1. 工业企业的生产，按照生产组织可以划分为（　　）。

A. 大量生产　　B. 成批生产　　C. 单步骤生产　　D. 单件生产

2. 下列产品成本计算方法中，属于产品成本计算的基本方法有（　　）。

A. 定额法　　B. 分批法　　C. 分步法　　D. 品种法

3. 品种法适用于（　　）。

A. 大量生产

B. 单步骤生产

C. 管理上不要求分步骤计算成本的多步骤生产

D. 单件小批生产

4. 产品成本计算的分步法，可以分为（　　）。

A. 品种法　　B. 逐步结转法　　C. 分类法　　D. 平行结转法

5. 以下是期末在产品的数量和约当系数，在产品约当产量计算正确的是（　　）。

成本中心	约当系数	存货	数量
灌装车间	0.5	草莓果酱	100
灌装车间	0.5	蓝莓果酱	100

A. 蓝莓果酱 100，草莓果酱 100　　B. 蓝莓果酱 50，草莓果酱 50

C. 蓝莓果酱 50，草莓果酱 100　　D. 蓝莓果酱 100，草莓果酱 50

实务操作训练

登录中联教育（https://zledusx.cailian.net/）学习中心，选择实训课程“智能财税职业技能等级基础模块 2-社会化共享中级外包服务”，完成以下练习：

1. 工作领域四中北京美味多食品有限公司的账套设置、成本模型定义、录入基础信息、分配定额和月初在产品。

2. 工作领域四中北京美味多食品有限公司 8 月材料出库、半成品、产成品入库和工费清单等信息的录入。

3. 工作领域四中，对北京美味多食品有限公司月末在产品数据管理、月末结账业务处理、查看并审核成本核算业务的记账凭证。

业务评价

完成以上实务操作后，参照下表判断自己对技能点的掌握情况，若已掌握，请打“√”。

操作要点	完成情况
进行账套设置、成本模型定义	
掌握基础信息、分配定额和月初在产品的录入业务操作	
掌握材料出库、半成品和产成品入库的录入业务操作	
掌握工费清单的录入业务操作	
掌握成本月结业务操作	
能生成正确的记账凭证	

工作领域五　固定资产业务外包

基础知识训练

不定项选择题

1. 一般纳税人购入不需要安装的生产经营用固定资产，支付的增值税进项税额应记入的科目是（　　）。

A. “固定资产”　　B. “营业外支出”

C. “在建工程”　　D. “应交税费”

2. 下列关于企业计提固定资产折旧会计处理的表述中，正确的是（　　）。

A. 对管理部门使用的固定资产计提的折旧额应计入管理费用

B. 对财务部门使用的固定资产计提的折旧额应计入财务费用

C. 对生产车间使用的固定资产计提的折旧额应计入制造费用

D. 对专设销售机构使用的固定资产计提的折旧额应计入销售费用

3. 下列关于计提固定资产折旧的说法中，正确的有（　　）。

A. 公司当月减少的固定资产当月照提折旧

B. 公司当月增加的固定资产当月开始计提折旧

C. 固定资产提足折旧后仍继续使用的，不需要计提折旧

D. 提前报废但未提足折旧的固定资产要补提折旧

4. 企业结转固定资产清理净损益时，可能涉及的会计科目有（　　）。

A. “资产处置损益”　　B. “营业外收入”

C. “营业外支出”　　D. “长期待摊费用”

5. 下列各项中，应通过“固定资产清理”科目核算的有（　　）。

A. 报废的固定资产　　B. 盘亏的固定资产

C. 改扩建的固定资产　　D. 毁损的固定资产

实务操作训练

登录中联教育（https://zledusx.cailian.net/）学习中心，选择实训课程“智能财税职业技能等级基础模块2-社会化共享中级外包服务”，完成以下练习：

1. 工作领域五中杭州康健医疗器械有限公司固定资产的基础设置。
2. 工作领域五中杭州康健医疗器械有限公司固定资产期初数据的录入。
3. 工作领域五中杭州康健医疗器械有限公司自建固定资产业务的处理。
4. 工作领域五中杭州康健医疗器械有限公司外购固定资产业务的处理。
5. 工作领域五中杭州康健医疗器械有限公司固定资产改建业务的处理。
6. 工作领域五中杭州康健医疗器械有限公司固定资产计提折旧业务的处理。
7. 工作领域五中杭州康健医疗器械有限公司出售固定资产业务的处理。

业务评价

完成以上实务操作后，参照下表判断自己对技能点的掌握情况，若已掌握，请打“√”。

操作要点	完成情况
进行固定资产基础设置	
掌握固定资产期初数据的录入操作	
掌握自建固定资产业务操作	
掌握外购固定资产业务操作	
掌握固定资产改扩建业务操作	
掌握固定资产计提折旧业务操作	
掌握固定资产出售业务操作	

基础知识训练答案

智能财税基础业务一　社会共享初级代理实务

工作领域一

一、单选题

1. B　2. A　3. C　4. A

二、多选题

1. AB　2. ABCDE　3. ABCD　4. AD

三、判断题

1. 错　2. 错

工作领域二

一、单选题

1. C　2. C　3. B　4. D
5. C　6. B　7. B　8. C

二、多选题

1. ABCD　2. ABD　3. ABC　4. BCD
5. ABD　6. ABC　7. AC　8. ABCD
9. ABCD　10. ABC　11. ABC

三、判断题

1. 错　2. 错　3. 错　4. 错
5. 对　6. 错

工作领域三

一、单选题

1. C　2. A　3. A　4. C
5. A

二、多选题

1. ABC　2. ABCD　3. ABCD　4. BC

5. ABCD

三、判断题

1. 对 2. 对 3. 对 4. 对
5. 错

智能财税基础业务二　社会共享初级外包实务

工作领域一

一、单选题

1. B 2. D 3. D 4. C
5. B 6. A 7. B 8. D
9. D

二、多选题

1. ABCD 2. ABCD 3. ABCD 4. ABC
5. CD

三、判断题

1. 错 2. 对 3. 对 4. 对
5. 错 6. 错 7. 错 8. 对

工作领域二

一、单选题

1. B 2. C 3. B 4. D
5. A 6. A

二、多选题

1. ABC 2. ABC 3. AB 4. ACD
5. ABC 6. BD 7. BC 8. ABC

三、判断题

1. 错 2. 错 3. 错 4. 错
5. 错

工作领域三

一、单选题

1. C 2. D 3. A 4. C
5. C

二、多选题

1. ABCD 2. ABC 3. ABCD 4. ABC

5. ABCD

三、判断题

1. 对	2. 错	3. 对	4. 对
5. 错	6. 对		

工作领域四

一、单选题

1. B	2. C	3. C	4. C
5. D	6. B		

二、多选题

1. ABCD	2. ACD	3. ABC	4. AB
5. AB	6. BC	7. ACD	8. ABC

三、判断题

1. 错	2. 对	3. 对	4. 对
5. 错			

智能财税基础业务三　社会共享企业管家

工作领域二

一、单选题

1. A	2. C	3. D	4. A
5. C			

二、多选题

1. CD	2. ABCD	3. AC	4. ABCD
5. ABCD			

三、判断题

1. 对	2. 错	3. 错	4. 错
5. 对	6. 对		

智能财税基础业务四　社会共享中级代理实务

工作领域一

不定项选择题

1. ABCD	2. ABC	3. ABCD	4. AC

5. BD

工作领域二

不定项选择题

1. ABC　　2. B　　3. B　　4. C
5. B

工作领域三

不定项选择题

1. ABD　　2. C　　3. C　　4. ABD
5. AC　　6. ABD

工作领域四

不定项选择题

1. A　　2. ABC　　3. B　　4. AC
5. A

智能财税基础业务五　社会共享中级外包服务

工作领域一

不定项选择题

1. ABCD　　2. A　　3. ABD

工作领域二

不定项选择题

1. D　　2. C　　3. B

工作领域三

不定项选择题

1. ABC　　2. BD　　3. AC

工作领域四

不定项选择题

1. ABD　　2. BCD　　3. ABC　　4. BD
5. B

工作领域五

不定项选择题

1. D　　2. ACD　　3. AC　　4. ABC
5. AD